指数基金策略投资

从入门到精通

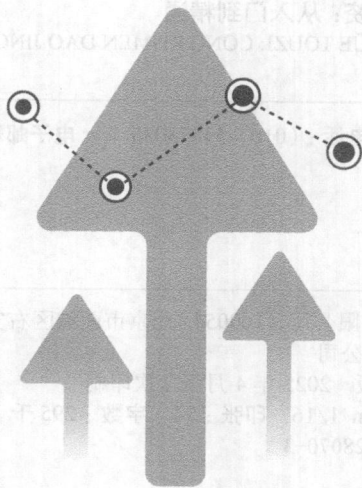

何建 著

中国铁道出版社有限公司
CHINA RAILWAY PUBLISHING HOUSE CO., LTD.

内容简介

根据多年的实操经验，用大家都能听懂、看懂的描述将指数基金策略投资的必要知识、技巧、技能、心得、经验毫无保留地进行体系化分享，以帮助大家从纷繁复杂的指数基金投资中看准"门道"、抓住投资时机，避免自己做"韭菜"，最终实现获利收益。深入浅出地教会大家构建自己的指数基金投资体系。

本书特意分离出实战中必用、好用和常用的知识技能，将枯燥复杂的专业投资原理、术语等，用通俗易懂的方式进行分享讲解。因此，无论你是初级入门学者或是高级老手都可以通过本书有一个"质"的提升。对于高级"玩家"，本书也可以作为一个不同视角的参考，帮助你拓展投资思路和切入点。

图书在版编目（CIP）数据

指数基金策略投资：从入门到精通 / 何建著.—北京：
中国铁道出版社有限公司，2021.9（2025.4重印）
ISBN 978-7-113-28070-3

Ⅰ.①指… Ⅱ.①何… Ⅲ.①指数-基金-投资 Ⅳ.①F830.59

中国版本图书馆CIP数据核字（2021）第114939号

书　　名	**指数基金策略投资：从入门到精通**
	ZHISHU JIJIN CELÜE TOUZI: CONG RUMEN DAO JINGTONG
作　　者	何　建

责任编辑：张亚慧　　编辑部电话：（010）51873035　　电子邮箱：lampard@vip.163.com
编辑助理：张秀文
封面设计：宿　萌
责任校对：苗　丹
责任印制：赵星辰

出版发行：中国铁道出版社有限公司（100054，北京市西城区右安门西街8号）
印　　刷：北京铭成印刷有限公司
版　　次：2021年9月第1版　2025年4月第2次印刷
开　　本：700 mm×1 000 mm 1/16　印张：24　字数：295千
书　　号：ISBN 978-7-113-28070-3
定　　价：79.00元

扭转散户亏损历史的利器

A 股素有"七亏两平一赚"的散户"魔咒",即十个散户中,七个亏钱,两个打平,赚钱的只有一个。但实际上,A 股的长期回报并不差,以对 A 股代表性最强的沪深 300 指数为例,其基期是从 2005 年 1 月 1 日的 1000 点开始,到 2020 年 9 月 30 日的 4587 点,累计上涨 358.7%,长期年化收益率在 10% 左右。对沪深 300 指数 ETF 来说,算上指数分红和打新收益还会更高,能达到年化收益率在 12% 以上。如果拿 A 股最近一轮牛熊市来算,从 2014 年 1 月 1 日至 2020 年 9 月 30 日,投资沪深 300 指数基金的年化回报能达 13% 以上。据此来看,A 股其实是一个长期回报不错的市场。

那为什么大多数散户都没有从 A 股赚到钱呢? 我觉得主要有以下三个原因:

(1)A 股整体长期涨幅好,并不代表所有公司的涨幅都好。经济发展有一个优胜劣汰的过程,整体长期向前发展是无疑的,但从局部来看,会有大量发展不佳的公司在中途被淘汰出局,甚至灭亡。如果你正好长期投资了这类公司的股票,也许就"血本无归"了。个股投资门槛不低,绝对不是懂几个炒作概念,知道几个很牛的公司就可以操作的。随着 A 股逐渐走向成熟化,个股投资越来越专业,越来越需要深入研究,投资者要能深入分析公司所属行业的竞争格局、发展趋势、公司经营模式、财务数据及对未来盈利情况进行预测。这不仅需要很强的专业能力,还需要投入大量的时间和精力,对一般个人投资者来说,这两者一般都不具备。从这点来看,投资股票指数(特别是沪深 300 等宽基指数)的难度就小很多了,盈利确定性也高得多,因为从长期来看,沪深 300 等宽基指数必然上涨。

(2)虽然 A 股在超长期内的主趋势一定是上涨的,但是这种上涨并非一帆风顺,而是在不断地上下震荡中进行的,其间可能会经历长达数年的熊市回调,回调幅度最高可达 50% 以上。如果没有一定的专业投资能力，是很难成功应对各种市场波动对其的扰动，更难以安然度过漫长的熊市。股市的长期走势正如经济社会的历史进程，是在曲折中不断前进的。

（3）很多个人投资者自己并没有行之有效的投资策略或方法，大多数属于不理性的情绪交易者。赚钱从来就不是一件容易的事，投资更是如此。手中没有恰当的武器，只凭一腔热血冲入股市，就好比赤手空拳冲入战场，结果可想而知。尤其 A 股波动很大，且牛短熊长，牛市交易火爆，熊市交易冷清，很多人都是牛市冲进去，熊市割肉出来，高买低卖，赚不到钱是自然的。

本书的主要目的就是以指数基金为交易对象，以客观、科学的量化分析与研究为手段，给大家提供一些易于学习与掌握的指数基金投资方法与策略。希望可以对大家的实战投资起到一些帮助作用如果能正确理解与掌握这些方法与策略，相信一定可以扭转投资亏损的历史，实现长期稳健的收益。同时，我也将尽可能地以通俗易懂的语言为大家解释、讲清楚各种投资方法与策略的逻辑原理、收益风险特征和历史表现。

作　者

2021 年 6 月

| 目 录 |

第4章 技术面分析方法 / 69

第 13 章 网格策略 / 309

第 14 章 股债平衡与指数轮动策略 / 333

第 15 章 网格定投策略 / 361

第 1 章

从零开始了解指数基金

作为指数基金投资策略的交易对象，指数基金本质上是一种基金，虽然它是一种较为特殊的基金。因而，在介绍指数基金之前，我们有必要先对基金的概念、分类等基础知识做一个概括性的介绍，然后再进一步介绍指数基金的特征。

1.1 初识基金

一般我们所说的基金是指证券投资基金，它是一种间接的证券投资方式。

证券投资基金是指通过发售一定份额的基金，将众多不特定投资者的资金汇集起来，形成独立财产，并由基金托管人进行财产托管，由基金管理人使用资金进行股票、债券等金融投资，由投资者共享投资收益、共担投资风险的集合投资方式。简单来讲，就是将投资者的资金集中起来，委托给专业的投资机构（基金管理人）来进行投资，以期获得比自行投资更高的收益，同时按各自投入的资金比例来分享投资收益或者承担投资的亏损。

下面我们以一个实例对基金的运行过程进行说明：

假设有A、B、C三个普通投资者，他们手上各有一笔资金想投资，希望达到增值、保值的目的。但他们三个是投资新手，没有专业的投资知识，不懂得如何去投资股票、债券、货币等投资产品，或是没有时间与精力去研究如何投资，或是手中本金较小，可投资的渠道及品种有限。总之，A、B、C各自都没有足够成熟的条件来单独从事证券投资活动，从而达到使本金增值、保值的目的。

我们再假设有一个专业的投资者甲，甲具有专业的证券投资能力，且有足够的时间与精力来专门从事证券投资活动，而且甲还具有良好的过往投资业绩。那么，对A、B、C来说，他们可以将自己的资金集中起来交给甲来进行投资，让专业的人来做专业的事，这样不但不用自己费心费力地去做投资，还更有可能获得更好的投资业绩。

当然，甲也没有道理免费为A、B、C服务，甲要按照A、B、C各自的资金量收取一定的管理费，或者从投资收益中收取一部分业绩提成。这是甲的权利，相应的，甲也有义务尽可能地为A、B、C创造好的投资业绩，并定期向A、B、C报告集合资金的用途、盈亏等情况。

不过A、B、C还存在一个疑问：万一甲拿着他们的钱跑了或者给他们虚报资金投资情况怎么办? 这时候, 甲就找了一个大家都信得过的大机构——乙, 把A、B、C的钱都放在乙的账户里, 由乙来管钱、记账并监督资金的运作, 甲没有权利从乙的账户中转出资金, 甲只能使用这笔钱来进行证券投资。

在上面所说的这个例子中:

(1)A、B、C的集合资金就是基金, 他们出资认购基金份额, 按投入的资金比例持有对应的基金份额, 是投资基金的委托人与投资者。在现实中, 他们的身份一般是普通的个人投资者, 但是也可以是具有投资理财需要的企业机构。

(2)甲是基金的管理人, 在现实中是基金公司。通过提供专业的投资管理服务, 甲可以从基金中收取基金管理费或者投资收益提成。

(3)乙是基金的托管人, 一般由银行来担任, 负责基金资产的存管并从基金资产中收取托管费。

投资者、基金管理人(基金公司)与基金托管人(银行)的关系如图1-1所示。

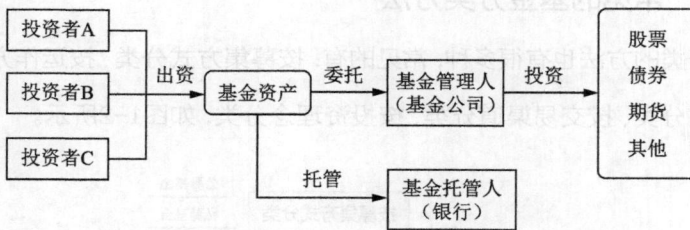

图1-1　投资者、基金管理人(基金公司)与基金托管人(银行)的关系

基金投资者、基金公司和托管银行统称为基金的当事人, 是基金市场最主要的参与主体。

此外, 为了保护基金投资者及相关当事人的合法权益不受非法侵犯, 规范证券投资基金活动, 促进证券投资基金事业与资本市场的健康发展, 对于整个证券投资基金的运行过程将由具有法定监管权的政府机构(证监会)和基金行业自律组织(基金业协会)根据《证券投资基金法》进行监督与管理。

1.2 基金的分类

与股票、债券等直接投资品种不同，基金是一种间接的投资品种。股票代表的是对企业的股权，债券代表的是对企业的债权，而基金代表的是一个证券组合池，这个池子里的底层资产既可能是股票、债券，也可能是期货、期权这样的衍生品，甚至也可能是基金，即基金的基金（Fund of Fund，简称FOF）。股票和债券等直接投资品种的收益风险特征、交易规则等都是明确统一的。比如，一般我们认为股票是高风险投资品种，债券是低风险投资品种，基金则不然，根据基金底仓资产的不同，基金既有可能是高风险投资品种，也可能是低风险投资品种。

总而言之，基金是一个非常庞大且复杂的投资品种，目前国内各种基金的数量加总起来有6000只以上，包含的类别也是多种多样，并且不同类别基金的收益风险特征、交易规则都可能相差很大。因此，有必要先对基金进行分类。

1.2.1 常见的基金分类方法

基金分类的方法也有很多种，常见的有：按募集方式分类、按运作方式分类、按投资对象分类、按交易渠道分类、按投资理念分类，如图1-2所示。

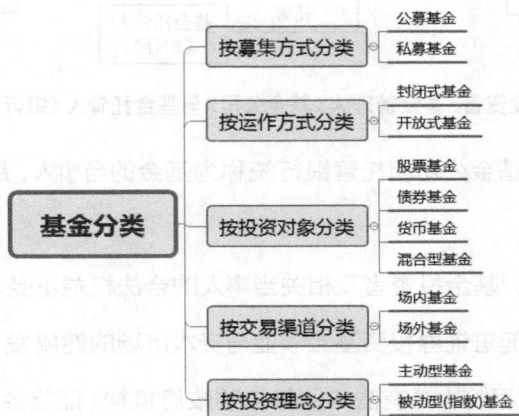

图1-2 常见的基金分类方法

1. 按募集方式分类

根据募集方式的不同，基金可分为公募基金和私募基金。

公募基金可以采取公开发售的形式向社会公众募集资金。公募基金可以公开宣传自己，其资金募集对象是不固定的。公募基金的投资门槛很低，10元甚至1元都可以参与投资，适合中小投资者参与。由于公募基金面向的投资者非常多，一旦出了什么问题会损害到大量投资者的利益，所以它必须受到基金法律、法规的约束，同时接受相关政府部门的监管。

私募基金与公募基金则不同，它只能采取非公开的方式向少数特定投资者募集资金，投资私募基金不能公开进行宣传推广，募资对象的数量也会受到限制。私募基金的投资门槛很高，一般最低投资金额在100万元以上，适合机构投资者和高净值人士参与。

2. 按运作方式分类

根据运作方式的不同，基金可分为封闭式基金和开放式基金。

封闭式基金是指基金份额在基金合同期限内固定不变，即基金募集结束后不再接受投资者申购或者赎回份额，但基金份额可以在证券交易所上市交易。

开放式基金是指基金份额不固定，在基金合同约定的时间都可以向基金公司申购或者赎回份额。开放式基金也可以在证券交易所上市交易。

封闭式基金的优点在于基金份额固定，基金经理不用被动地应对投资者的申购、赎回，基金经理对基金资产具有完全支配的权利，可以以更长远的目标来规划投资。但对基金经理而言，使用封闭式基金缺乏足够的奖惩机制，因为即使基金经理的投资业绩很好，也不能吸引更多的投资者来申购，从而迅速做大基金规模，赚取更多的管理费。另外，即使基金经理存在对基金资产管理不负责任的行为，也不用担心投资者赎回。由于这些问题的存在，所以现在国内发行的基金以开放式基金为主流，封闭式基金很少。

3. 按投资对象分类

根据基金投资对象的不同，可分为股票基金、债券基金、货币基金和混合型基金等。

股票基金以股票为主要投资对象，是最常见的基金。根据证监会的规定，基金资产80%以上投资于股票的为股票基金。

债券基金以债券为主要投资对象。根据证监会的规定，基金资产80%以上投资于债券的为债券基金。

货币基金以短期国债、中央银行票据、银行存款等货币市场工具为投资对象。货币市场基金只能以货币市场工具为投资对象。货币基金之所以叫货币基金，就是因为它具有像货币一样的低风险性和超高流动性，此外它还有一定的稳定收益，可以被当作"准货币""准储蓄"。比如，余额宝作为一种货币基金，可以直接用来购买商品，即具备了货币的支付功能。

混合基金同时以股票、债券和货币市场等为投资对象，资产的配置相对比较灵活。混合基金会依据基金投资目标的不同而设定不同的股票和债券配置比例，据此还可以细分为：偏股型基金、偏债型基金、股债平衡型基金、灵活配置型基金等。如果股票配置比例较高，比如达到50%~70%，那么就叫偏股型基金，如果债券配置比例较高，就叫偏债型基金。如果股票和债券的配置比例差不多，就叫股债平衡型基金。而灵活配置型基金没有具体的比例，会根据市场状况灵活调整配置。

4. 按交易渠道分类

根据基金渠道的不同，基金可以分为场内基金和场外基金。

场内、场外中的"场"其实就是指证券交易所，也就是我们平时所说的股票市场，也称为二级市场。

场内基金就是指在证券交易所上市交易的基金。它在交易时间内，可以像股票一样自由灵活地买卖，因此它的价格在交易时间内是实时变动的。价格由实时的基金份额供需情况决定。场内基金的买卖操作只能在证券账户中完成，相较于股票而言，场内基金的交易手续费很便宜，一般在万分之一至万分之三，并且买卖基金不需要缴纳印花税，而卖出股票是需要缴纳千分之一的印花税的。

场内基金不仅在交易时间内存在由市场供需所影响形成的实时最新交易价格，每个交易日收盘之后，基金公司也会根据基金资产价值来核算单位份额基金的净值。当基金的市场价格大于净值时，我们说基金是溢价的，反之，当基金的市场价格小于净值时，我们说基金是折价的。

场外基金是指没有在证券交易所上市的基金，只能在一级市场向基金公司进行申购或赎回。在每个交易日下午三点收盘后，基金公司都会公布基金的当日净值。投资者在交易日下午三点之前所发出的申购或赎回申请都会以这个净值成交，而下午三点之后发出的申购或赎回申请就得以下一个交易日的净值成交了。总之，场外基金每天只有1个交易价格，这一点和场内基金是大不相同的。

场外基金的买卖平台很多，总的来说分为两种：直销平台和代销平台。直销平台是指直接通过基金公司自身的渠道来申购或赎回基金，现在各大基金公司的网站和App里都可以申购或赎回基金。代销平台包括银行、证券公司及支付宝、天天基金、蛋卷基金等具有基金销售资格的基金销售机构。

直销平台和代销平台有个较为明显的区别，那就是在直销平台一般只能买固定一个基金公司发行的基金产品，而在代销平台则能买不同基金公司发行的基金产品。另外，不同的场外基金买卖渠道的申赎手续费是不完全相同的，有时候可能会相差很大。对于投资者来说，从不同渠道买卖的基金是完全一样的，所以有必要选择手续费最便宜的渠道来买卖。

目前A股市场的场内基金绝大多数都是开放式基金。也就是说，我们既可以在场内以最新的市场价格来买卖这些基金，也可以在场外以基金净值向基金公司申购或赎回这些基金。当基金存在溢价或折价时，就会产生获利空间。对于溢价的基金，可以先通过场外渠道申购该基金，待基金份额到账之后就在场内卖出。对于折价的基金，可以先在场内买入，然后通过在场外向基金公司赎回。但要注意的是，无论在场内买卖基金还是在场外申赎基金，都是存在交易成本的，只有当基金的溢价或折价空间大于交易成本时，才可以获利。

5. 按投资理念分类

根据投资理念的不同，可以将基金分为主动型基金与被动（指数）型基金。

主动型基金是以寻求取得超越市场的业绩表现为目标的一种基金，而被动型基金并不主动寻求取得超越市场的表现，而是试图复制市场表现。

被动型基金一般选取特定的指数作为跟踪的对象，试图以尽可能小的误差复制这一特定指数的收益表现，因此又被称为指数型基金。

上面我们列举了5种常见的基金分类方法，其他分类方法还有：按法律形式可分为契约型基金和公司型基金；按投资目标可以分为增长型基金、收入型基金和平衡型基金；按资金来源可以分为在岸基金和离岸基金。相对而言，这些基金分类方法使用的频率及对投资者的意义都不大，因此我们在这里不再详述。

1.2.2 一些特殊的基金

随着基金行业的发展，出现了越来越多的创新性基金产品，比如ETF（交易型开放式指数基金）、LOF（上市型开放式基金）、分级基金、QDII基金（合格境内机构投资者）、FOF（基金的基金）、保本基金等。相较于传统基金产品，这些创新性的基金产品往往具有非常鲜明、突出的特点，并且这些基金也并不完全适用于传统的基金分类方法。

ETF是本书关注的焦点基金品种，它不仅可以在交易所内上市交易，还可以在场外向基金公司申购与赎回，和普通场外基金用现金申赎的方式不同，ETF是以实物的方式进行申购。此外，就投资对象而言，ETF既有跟踪股票指数的股票类ETF，也有跟踪债券指数的债券类ETF，或是跟踪大宗商品的商品类ETF。

LOF也是既可以在交易所内上市交易，也可以在场外向基金公司申赎，但与ETF不同，LOF并不是实物申赎，而是现金申赎；此外，LOF也不一定是被动的指数型基金,也可以是主动管理型基金。

分级基金是指通过按照事先约定的基金风险收益分配,将基础份额分为预期风险收益不同的子份额,并可将其中的某部分或全部份额上市交易的结构化证券投资基金。分级基金基本都是被动型的指数基金,只是它存在母基、A份额和B份额三种收益风险性质完全不同的份额。其中,B份额是跟踪指数的杠杆化产品。

QDII基金是指在一国境内设立,经该国有关部门批准从事境外证券市场的股票、债券等有价证券投资的基金。它为国内投资者参与国际市场投资提供了极大便利。

FOF是指以其他证券投资基金为投资对象的基金,是一种双重的间接投资品种。一般而言,FOF中80%以上的基金资产投资于其他基金。

保本基金是指运用保本投资策略进行运作的基金,在保证基金份额持有人在保本周期到期时本金不受损的前提下,尽可能地追求更高的投资收益。

1.3　指数基金的魅力所在

指数基金虽然也叫被动基金,但是这并不代表指数基金的投资管理是消极的,而是因为指数基金的交易决策行为是由它所跟踪的指数的编制方案所决定的,指数基金的投资管理只需被动地按着其编制方案进行即可。也就是说,指数基金买什么、买多少,什么时候卖、卖多少都是提前决定好的,是完全公开透明的。

主动型基金则不然,主动型基金的投资管理完全由基金经理主观决定,基金经理会基于自己所掌握的投资方法来对市场进行分析和研究,进而形成选股与择时等交易决策。主动基金的交易决策行为是由基金经理相机而定的,是不公开透明的。

被动跟踪指数的根据指数编制方案完全公开透明地进行投资是其核心特点,也正是由于这个特点，指数基金有着许多优点，成为所有基金中最有魅力的品种。

1.3.1　指数基金

要谈指数基金，首先必须要知道股票指数是什么。如果我们平时有关注财经类新闻，那么一定会经常听到"上证综指""沪深300指数""创业板指数"等词，它们就是股票指数，更准确来说是"股票价格指数"。

股票价格指数，是由一篮子股票的价格按某种加权方式计算而来，用于描述股票市场整体价格的变化情况。这一篮子股票其实就是一个股票投资组合，里面可能包含几十只甚至几百只股票，而这些股票叫作该指数的成分股。当股票指数上涨时，说明这一篮子股票的价格整体上来说是上涨的；反之，当股票指数下跌时，说明这一篮子股票价格整体上来说是下跌的。

所谓指数基金，就是以特定的指数为投资对象的基金。该基金是通过购买并持有该指数成分股的方式来实现对该指数收益表现的复制。从理论上来说，指数基金既可以是跟踪股票指数的，也可以是跟踪债券指数的，或者是跟踪商品指数。但在实际情况中，绝大多数指数基金都是跟踪股票指数的，跟踪其他类指数的指数基金数量非常少，规模也普遍不大，所以一般当我们提到指数基金时，基本是指股票指数基金。

指数基金并不主动寻求取得超越所跟踪指数的表现，而是试图以尽可能小的误差复制所跟踪指数的收益表现。假如投资者购买了以沪深300指数为跟踪对象的指数基金，就等于是买了沪深300指数。基本上后面沪深300指数涨了多少，这只指数基金也会涨多少，跌了时也是一样的。

1.3.2　指数基金的优点

指数基金自诞生之日起，在欧美等成熟资本市场获得了极大的发展。随着A股市场越来越走向成熟化，指数基金这一非常适合普通投资者的投资品种越来越受欢迎，出现在我们视野中的频率也越来越高。究其根本，还是因为指数基金有如下诸多显著的优点：

1. 分散投资风险

股票指数是由一篮子股票构成的，这一篮子股票可能包含不同行业、不同板块、不同风格的各种股票。投资指数基金就等于一次性投资了这一篮子股票，所以指数基金本身就是一个股票投资组合，可以起到分散投资风险的作用。单只股票有可能产生非系统性的风险，也就是我们俗称的"踩雷"，但是包含一篮子股票的指数基金一般不会存在太大的踩雷风险。

2. 被动投资

随着A股市场的有效程度越来越高，想获得超越市场平均水平的收益越来越难，特别是处于投研劣势、信息劣势境地的中小投资者，与其花费大量时间和精力去挑选能取得超额收益的个股或者主动型基金，还不如直接投资指数基金，特别是像沪深300指数这种最具市场代表性的宽基指数，获取市场平均收益率。这样做的性价比更高，也更有效。从长期来看，经济社会是不断地向前发展的，那么作为经济晴雨表的股票市场，其利润也必然是在不断上涨的。如果我们长期持有对股票市场代表性最强的规模类指数基金，可以说最终必然是会盈利的。

3. 便捷投资

指数基金的核心目的就是去复制目标指数的收益表现，实现对目标指数的高效率跟踪。因此，如果我们想要投资所看好的某一行业或板块时，只需去投资跟踪这些行业或板块的指数基金，就可以实现对这些行业或板块的投资。比如，当我们看好证券板块的后市表现时，不用费心挑选证券公司，只要直接买跟踪证券指数的指数基金就可以了。类似的，看好医药板块就直接买医药类指数基金；看好中小盘股，就直接买跟踪中小盘指数的指数基金。

4. 成本低廉

指数基金的投资成本低廉主要体现在两个方面：一是有着较低的基金管理费

率。对于指数基金，基金公司通常只需收取每年0.5%甚至更低的管理费用，而主动型基金每年要收取1.5%的管理费用。二是有着非常低的交易手续费，场内指数基金的交易手续费率一般会比股票更低一些，大多在万分之一至万分之三，且无须缴纳印花税，而股票卖出时光印花税就要缴纳千分之一的手续费，指数基金买卖一个回合的交易手续费基本上只有股票交易手续费的十分之一左右。

5. 高度透明

由于指数基金是被动地跟踪股票指数的，追求跟踪偏离度和跟踪误差的最小化，而股票指数的编制方案是完全公开透明的，所以指数基金的资产持仓情况基本上也是完全公开透明的。基金资产持仓的高度透明带来一个明显的好处，那就是我们可以非常明确且清晰地知道指数基金的风险收益特征，这对于投资者进行资产配置具有很重要的意义，也正是因为这一点，指数基金才能成为一种非常适合策略投资的证券品种。

1.4　指数基金中最耀眼的那颗星：ETF

根据不同的分类方法，指数基金可以分为多种类型，比如根据投资对象的不同可以分为股票类指数基金、债券类指数基金、商品类指数基金等；再比如，根据指数基金所跟踪的股票指数的编制方法与性质的不同又可以分为规模类指数基金、行业类指数基金和主题类指数基金等。

对于我们所关心的指数基金投资策略，其核心投资对象是股票类指数基金，从投资策略的交易执行层面来讲，对我们最有意义的指数基金分类方法是根据交易机制的不同来定的，且最适合作为投资策略交易对象的ETF（交易型开放式指数基金）也是按这种分类方法而来的。

1.4.1 指数基金的类型

根据交易机制的不同，指数基金可以分为场外指数基金、ETF（交易型开放式指数基金）、指数型LOF（上市型开放式指数基金）、ETF联接基金。

场外指数基金是最普通的指数基金，它不可以在场内交易，只能以现金的形式在场外向基金公司申购或赎回。ETF和指数型LOF既可以在场内交易，又可以在场外向基金公司申赎，区别在于ETF需要以股票实物进行申赎，而LOF则是以现金进行申赎。ETF联接基金是将绝大部分基金财产投资于某一目标ETF的场外基金，不可以在场内交易，只能以现金向基金公司申赎。它与普通场外指数基金的区别在于，ETF联接基金投资的是目标指数的ETF。从这个角度来看，ETF联接基金也是基金的基金，而普通场外指数基金投资的是目标指数的成分股。

1.4.2 ETF

交易型开放式指数基金（Exchange Traded Fund，简称为ETF），是一种创新性的投资产品。自20世纪90年代于北美诞生后，在全球范围内获得了迅猛发展，已经成为当今全球资本市场中最受欢迎的基金产品之一。

简单来说，ETF是一种指数化投资工具。通过买卖ETF就可以很方便地实现对ETF所跟踪指数中一篮子证券的买卖。所以ETF本质上是一种指数基金，并且投资者既可以在证券交易所（即二级市场）像买卖股票一样按最新的市场价格买卖ETF，又可以向基金公司（即一级市场）申购或赎回ETF份额。不过，ETF的申赎必须是实物申赎，而非现金申赎。所谓实物申赎，是指申购ETF时必须以一篮子股票向基金公司换取ETF份额，赎回时也是用ETF份额向基金公司换回一篮子股票。

ETF的核心特点有三个：指数基金、交易型基金、实物申赎。下面我们分别具体来进行说明：

1. 指数基金

ETF本质上是一种特殊的指数基金，它拥有指数基金的一系列特点。投资

ETF就等于是投资ETF所跟踪的股票指数，期望获取和所跟踪股票指数一样的风险收益表现。ETF当然也拥有指数基金的一系列优点，比如分散投资风险、被动投资、便捷投资，成本低廉、高度透明等。

2. 交易型基金

ETF是在证券交易所挂牌上市交易的。在交易时间内，它可以像股票一样按市场价格自由买卖，这确保了ETF的高流动性。和股票不同，ETF的买卖都不需要交印花税，而股票卖出时是要交千分之一的印花税的。买卖ETF只需要交易手续费，普遍在万分之一至万分之三。

与普通指数基金每个交易日公布一次净值不同，ETF在交易时间内，由交易所每隔15秒钟公布一次基金份额参考净值（Indicative Optimized Portfolio Value，简称IOPV），IOPV可以认为是ETF的实时近似实质净值，方便投资者有效判断ETF的最新市场交易价格是否偏离了其内在价值。当ETF的市场价格偏离了其IOPV一定幅度时，就会产生获利机会。偏离幅度越大，获利空间越大。这会吸引资金进来，使ETF的市场交易价格重新回到IOPV处。

具体操作时，当ETF的市场价格大于IOPV时，可以买入一篮子股票并向基金公司申购ETF，然后在二级市场卖出ETF。当ETF的市场价格小于IOPV时，可以买入ETF并向基金公司赎回，获得一篮子股票后在二级市场卖出。需要注意的是，这种获利行为是需要付出交易手续费成本和流动性成本的。只有当获利空间大于获利成本时，获利才是有利可图的。从A股市场的实际情况来看，一般ETF的市场价格和IOPV之间的差异很小，基本在0.2%以内。

3. 实物申赎

对于普通指数基金而言，当投资者向基金公司申购时，是以现金向基金公司申购。基金公司收到投资者的现金后，会在二级市场买入一篮子指数成分股，同时给投资者登记新的基金份额。由于流动性成本的存在，采用现金申购的方式会导致指数基金和所跟踪指数的收益表现之间产生一定的误差，且当市场波动越大时误差越大。赎回时的情况也类似。此外，使用现金去买卖股票也会增加额外的交易成本支出。

对ETF而言，当投资者向基金公司申购ETF份额时，必须使用ETF对应的一篮子股票去和基金公司换取ETF份额而不是现金。相应的，当投资者向基金公司赎回ETF份额时，得到的也不是现金，而是一篮子股票。也就是说，ETF的申赎是以物易物的交易方式，而普通指数基金的申赎是以货币为媒介。

实物申赎机制是ETF的一大特色，使基金公司省去了用现金购买股票和为应对赎回卖出股票的环节，这大幅降低了ETF跟踪目标指数收益表现的误差，也降低了基金资产在买卖过程中的交易成本损耗。显然，相较于普通指数基金，ETF对指数的复制效果更佳，普通指数基金的目标跟踪年化率误差一般在5%以内，力争保持基金净值增长率与标的指数增长率间的正相关度在95%以上，而ETF追求的是100%做到和目标指数收益表现一致。

4. 总结

ETF的所有优点基本都来自上述三个特点，因为它是指数基金的一种，所以它具有被动投资、便捷投资、高度透明等优点；因为它是交易型基金，所以ETF的买卖很方便，流动性也很高；因为ETF是实物申赎的，所以它可以实现目标指数的跟踪误差很小。

1.5　指数基金怎么买卖

从交易渠道来看，指数基金主要有场外和场内两种买卖途径。

所谓场内，就是指对于在证券交易所挂牌上市的品种，可以直接在交易所买卖。这里的"场"，其实就是指交易所，即我们平时所说的股票市场。要想在场内买卖指数基金，必须先在证券公司开立账户，通过证券账户来买卖指数基金，这个操作和股票买卖基本上是完全一样的。

而场外就是指基金没有在证券交易所上市，我们只能向基金公司（以及它的代销机构）进行申购或赎回基金份额。基金公司的代销机构有银行、证券公司、期货公司以及保险公司等，还有一系列众多的第三方平台基金销售机构，比如：支付宝、微信、同花顺、天天基金、蛋卷基金等。

总的来说，场内买基金的平台只有一种，就是证券账户。而场外买基金的平台很多，其中证券账户最特殊。通过它，既可以在场内买，也可以在场外买。

下面我们以实例来介绍如何通过场内和场外渠道买卖指数基金。

1.5.1 场外渠道实例

通过场外渠道购买基金，最常见的平台有支付宝、微信等，因为这种软件的App基本上人人都会在手机安装，用户极多，用它们来购买基金也基本不需要特意去开户，确实很方便。

假如，我们要在支付宝App里买入华夏沪深300ETF联接C（代码：005658）的基金，只需要在支付宝App的搜索框里输入基金代码或者名称进行搜索，然后点击打开这只基金的主界面，再点击"买入"，最后输入买入金额并确认就可以了。过程相当简单，具体流程如图1-3所示。

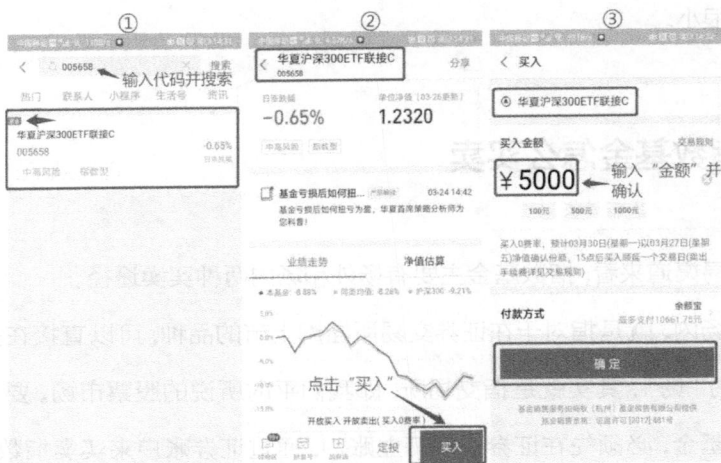

图1-3 场外基金购买实例

这里需要说明的一点是,场外基金每天只有一个报价,即每个交易日下午三点收盘后基金公司公布的当日基金净值。

投资者在交易日下午三点之前所发出的申购或赎回申请都会按这个价格成交。也就是说,投资者在申购或者赎回基金时是不知道会以什么价格成交的。至于下午三点之后发出的申购或赎回申请,就只得以下一个交易日的净值成交了。

1.5.2 场内渠道实例

场内渠道,也就是用证券账户来买卖基金。场内指数基金主要是ETF。这里我们用华泰证券账户买入沪深300ETF(代码510300)进行说明,如图1-4所示。

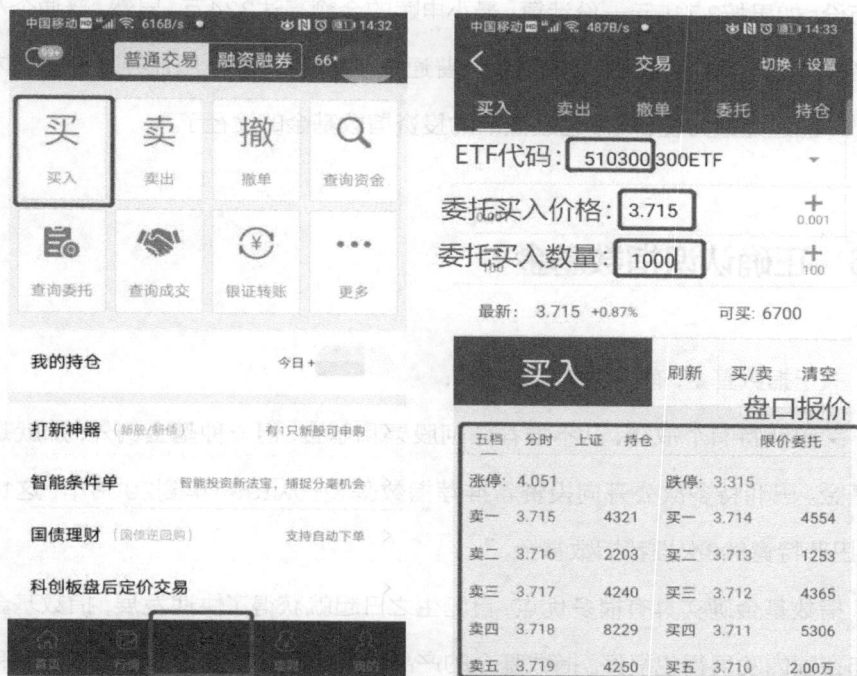

图1-4 场内基金购买实例

先在华泰证券App中点击主菜单"交易",选择"买入",然后输入沪深300ETF的代码:510300,界面上就会自动跳出沪深300ETF的盘口报价信息,委托买入价格处也会自动填入"卖一价:3.715元",之后输入委托买入数量,再点击"买入"

按钮，该委托买入订单就发送到交易所了。

但委托订单发送出去并不代表一定会成交，因为ETF的交易价格是实时变动的。当我们的订单被送达到交易所时，价格可能已经发生了变化，可能已经没有人愿意以3.715元这个价格卖出沪深300ETF了。所以，当我们发送完委托定投后，还需要去"查询委托"界面检查一下订单是否成交。对于没有成交的买入订单，如果还是想要立即成交，就需要撤单之后以更高的价格委托买入。毕竟价高者得，是市场交易的"铁则"。

ETF虽然也能通过场外渠道向基金公司申购或者赎回，但门槛很高，不适合普通个人投资者。以沪深300ETF（代码510300）为例，申购或赎回的最小数量是90万份，如果按3.715元一份计算，最小申赎的金额高达334万。显然，普通个人投资者根本达不到这个级别。实际上，对普通个人投资者而言，用证券账户在场内买卖ETF已经是最方便、成本也最低廉的投资指数基金的途径了。

1.6 正确认识指数基金

关于指数基金，有个很有名的故事：

"巴菲特有个戒律，从不推荐任何股票和基金，但一种基金例外，那就是指数基金。巴菲特多次公开向投资者推荐指数基金。从1993年到2008年，这16年间，巴菲特竟然8次推荐指数基金。"

指数基金确实具有很多优点，自诞生之日起就获得了快速发展，指数基金这几年在国内发展得也很好。指数基金的产品种类、规模都得到了快速的扩大和发展，越来越多的投资者开始认同被动投资理念，认同指数基金，开启了指数基金投资之路。

但是也有很多投资者，特别是新手投资者对指数基金存在一种不理性的、过高的追捧。甚至有的人觉得，知道了指数基金这一"物种"的存在，就等于发现了可以长期致富的神器。"只要投资指数基金，就可以取得好的投资业绩"，不用经过系统化的学习和训练，只要知道这一神奇"物种"的存在，就是投资高手了。仔细想想，这可能吗? 赚钱从来都不会这么容易。

从实际情况来看，虽然只要经济社会是在向前发展的，指数基金长期内基本都会上涨，特别是宽基指数。但是，指数基金自身的长期涨幅并不一定很高，并且它的价格在历史上波动很大，特别是在A股市场，如果只是简单地买入并持有指数基金，收益风险表现其实并不好。

指数基金的本质只是一种投资标的、投资对象，虽然它是一种非常适合普通投资者的投资标的，但这并不代表指数基金就是"摇钱树"，谁来投它都能获得令人满意的投资业绩。这就好比有了好食材并不代表能做出美味佳肴，更不代表你就是大厨了。还需要有好的烹饪方法、技巧与实践操作能力，才可能持续生产出美味佳肴。对指数基金投资也是一样，仅有指数基金这一投资标的还不够，还需要有好的指数基金分析方法、投资策略及实盘操作能力，才可能获得长期、稳定的优秀投资业绩。

这正是本书期望实现的事，以指数基金这一上好的投资标的为基础，先深入理解它的特征、优缺点，再逐渐掌握它的分析方法，形成投资策略，进而进行实盘买卖实践，以期获得长期稳健、优秀的投资业绩。

另外要说明的一点是，指数基金策略投资并非唯一有效的投资方法，指数基金更非唯一的投资标的。这就好比，好食材多种多样，烹饪方法也有很多种。但是我们也并不需要掌握所有的投资方法，只要能真正掌握一种好的投资方法，就足以让我们成为一个成功的投资者。

第 2 章

股票指数体系介绍

　　股票类指数基金是指数基金投资策略最重要的交易对象，在上一章中我们提到过，要了解股票类指数基金就必须先搞清楚股票指数有哪些，又都是怎样的。因此，本章将对股票指数体系做一个详细的介绍。

2.1　从零开始了解股票指数

每一只指数基金都有一个特定的指数作为跟踪对象。指数基金的核心目的就是能尽可能地完全复制指数的收益风险表现。可以说，指数基金是以指数为依托而存在的。没有指数，自然也就没有指数基金。所以，要谈股票指数基金就离不开股票指数。

股票指数，全称叫股票价格指数，本质上是一种统计指数。其他常见的统计指数有：反映通货膨胀程度的消费物价指数（简称CPI），反映社会舆情热点的百度指数等。

股票指数是由一篮子股票的价格按某种加权方式计算而来，用于度量和反映股票市场总体或局部价格及其变动趋势。比如，上证指数反映的是上海证券交易所所有股票的整体价格走势，沪深300指数反映的是上海证券交易所和深证证券交易所中规模最大、流动性最好的300只股票的整体价格走势。上证指数和沪深300指数这类指数叫作规模指数或者宽基指数，它们通常根据股票规模和流动性来选择指数成分股。而像中证银行、中证消费这种行业指数反映的是某一行业上市公司股票的整体价格走势。其他类型的指数还有主题指数、风格指数、策略指数等，它们都是反映具有某一相似特征的股票群体的整体价格走势。

如果说股市是经济的晴雨表，那么每一种股票指数都是它所反映某一板块、某一行业经济的晴雨表。

2.2　股票指数是谁发布的

我们知道，指数基金是基金公司发布的，但指数基金所跟踪的股票指数却不是基金公司编制的。实际上，股票指数一般是由专门的指数编制公司所发布的，然后其将指数数据授权给基金公司，基金公司再根据指数数据购买指数成分股，以期达到复制指数的目的。

国内官方性质的专业指数编制公司有两家：中证指数有限公司和深圳证券信息公司。另外，有些券商也有自己发布的指数，比如申万行业指数、中信行业指数等。国际上知名的指数编制公司有：美股的明晟(MSCI)、标准普尔、英国的富时等。

国内的这两家专业指数编制公司中的中证指数有限公司由上交所和深交所共同出资成立，发布了中证系列指数和上证系列指数，而深圳证券信息公司为深交所下属企业，发布了深证系列指数和国证系列指数。

如果我们将指数按编制主体来分类，那么国内股票指数可以分为四大类：中证系列指数、上证系列指数、深证系列指数和国证系列指数。如图2-1所示。

	中证系列指数	上证系列指数	深证系列指数	国证系列指数
编制主体	中证指数有限公司 (上交所与深交所共同成立)		深圳证券信息公司 (深交所下属)	
样本空间	沪市+深市	沪市	深市	沪市+深市

图2-1 指数编制主体

从覆盖样本来看，中证系列指数和国证系列指数均以沪、深两市的A股为样本空间，而上证系列指数和深证系列指数分别以沪市A股和深市A股为样本空间。

下面我们再简要介绍一下这四个系列指数的基本情况：

1. 中证系列指数

中证是最重要的指数系列。中证系列指数的样本空间既包含上交所上市的股票，也包含深交所上市的股票。相比上证和深证系列指数，中证系列指数能更全面地反映A股市场的整体状况。在中证系列指数中，沪深300指数和中证500指数是最重要的两只，风格鲜明，对市场整体的代表性强，跟踪的指数基金规模也是最大的。沪深300指数综合反映了A股市场中大盘股票的整体价格走势表现，而中证500

指数则综合反映了A股市场中小盘股票的整体价格走势表现。

2. 上证系列指数

上证系列中指数的成分股全部来自于交所。上证系列的代表性指数有上证综指、上证50和上证180。

3. 深证系列指数

深证系列指数中的成分股全部来自深交所。深证系列的代表性指数有深证综指、中小板指和创业板指等。

由于深证系列指数中的很多成分股来自深交所中的中小板和创业板,所以与上证系列指数成分股相比,普遍市值规模偏小。

4. 国证系列指数

国证系列指数的成分股虽然来自沪深两市,但由深交所下属公司单独编制。国证系列指数相对不那么流行,基本上没有什么代表性性的规模类指数,跟踪的指数基金数量和规模也普遍较小。

2.3　股票指数的分类

由于指数基金的目标是复制股票指数,那么搞清楚了股票指数的分类,自然也就弄清楚了指数基金的分类。股票指数最重要的分类方法并不是按编制主体来分的,而是按股票指数的编制方法和性质来分,按此方法可以分为五大类:规模指数、行业指数、主题指数、风格指数和策略指数。

这五种类别的股票指数很清晰地代表了不同类别的投资偏好,通过它们,我们可以很方便地选择自己偏好投资的指数。比如,想投资市场整体或某个局部市场,期望获取市场平均收益,那就投资规模指数;看好整个A股市场就可以买入沪深300指数基金;看好创业板就可以买入创业板ETF。想投资具体某一个行业就可以买入、跟踪这个行业的指数基金,比如银行ETF、证券ETF、消费ETF等。

其他类别指数与此类似，这里就再赘述。

因此，这种分类方法对投资者来说是最有实用意义的，也是我们平时最常用的分类方法。下面我们再来具体介绍这五类指数的基本特征：

1. 规模指数

规模指数是指根据市值和流动性来选择成分股的指数，属于目前市场中最核心的指数类型，对A股市场整体的代表性最强，参考价值最大；同时，跟踪这类指数的基金规模也最大，规模占比在40%以上，是绝对的主流。

规模类指数基金中规模最大的三只的规模均超过300亿元，远远高于其他类别指数基金的规模，这三只规模最大的基金所跟踪的三只股票指数为：中证500、上证50和沪深300，也是A股市场中目前最具代表性的三大指数。其他代表性的规模指数还有创业板指、深证100指数等，具体情况见表2-1，表中的ETF为跟踪该指数时的交易活跃的代表性ETF。

表2-1 代表性规模指数

编　号	指数代码	指数简称	样本空间	成分数量	简　介	ETF代码	ETF名称
1	000016.SH	上证50	沪市	50	沪市中，市值最大的50只股票	510050.SH	50ETF
2	399330.SZ	深证100	深市	100	深市中，市值最大的100只股票	159901.SZ	深100ETF
3	000903.SH	中证100	沪市+深市	100	沪深两市中，市值最大的100名的股票	512910.SH	100ETF
4	000300.SH	沪深300	沪市+深市	300	沪深两市中，市值排名1~300名的股票	510300.SH	300ETF
5	000905.SH	中证500	沪市+深市	500	沪深两市中，市值排名301~800名的股票	510500.SH	500ETF
6	000906.SH	中证800	沪市+深市	800	沪深两市中，市值排名1~800名的股票	515800.SH	800ETF
7	000852.SH	中证1000	沪市+深市	1000	沪深两市中，市值排名801~1800名的股票	512100.SH	1000ETF
8	399006.SZ	创业板指	深市	100	创业板中最具代表性的100只股票	159915.SZ	创业板

2. 行业指数

行业指数基金也是较为常见的一类指数。行业指数是指其成分股都属于某一特定行业的指数，典型的有金融行业指数，包括银行、保险和证券，其次是医药、消费等，代表性行业指数及其代表性ETF见表2-2。

表2-2　代表性行业指数及其代表性ETF

编　号	指数代码	指数简称	样本空间	成分数量	简　介	ETF 代码	ETF 名称
1	000018.SH	上证180金融	沪市	53	上证180指数中的金融股	510230.SH	金融 ETF
2	399986.SZ	中证银行	沪市 +深市	32	中证全指样本股中的银行业股票	512800.SH	银行 ETF
3	399975.SZ	证券公司	沪市 +深市	44	中证全指样本股中的证券行业股票	512880.SH	证券 ETF
4	000932.SH	中证消费	沪市 +深市	40	中证800指数中的主要消费行业股票	159928.SZ	消费 ETF
5	399989.SZ	中证医疗	沪市 +深市	50	医疗器械、医疗服务等行业股票	512170.SH	医疗 ETF
6	000913.SH	沪深300医药	沪市 +深市	29	沪深300指数中的医药卫生行业股票	512010.SH	医药 ETF
7	h30165.CSI	中证房地产	沪市 +深市	95	中证全指样本股中的房地产行业股票	512200.SH	地产 ETF
8	000993.SH	全指信息	沪市 +深市	427	中证全指样本股中的信息技术行业股票	159939.SZ	信息技术
9	931160.CSI	通信设备	沪市 +深市	60	中证全指样本股中的通信设备行业股票	515880.SH	通信 ETF
10	990001.CSI	中华半导体	沪市 +深市	50	中国A股市场半导体行业	512760.SH	半导体 ETF
11	000819.SH	有色金属	沪市 +深市	50	沪深两市市值最大的50只有色金属行业股票	512400.SH	有色 ETF

3. 主题指数

主题指数是指成分股来自某一主题的指数，比如新能源、国防军工、国企改革、科技等。主题指数的内容很丰富，各种类型的主题都有，基金数量也有很多，高达300只，是数量最多的一类指数基金。主题指数和行业指数其实很像，两者差别仅在于一个有具体的行业划分定义，一个没有。代表性的主题指数及其代表性ETF见表2-3。

表2-3 代表性主题指数

编号	指数代码	指数简称	样本空间	成分数量	简介	ETF代码	ETF名称
1	000015.SH	上证红利	沪市	50	沪市股息率最高的100只股票	510880.SH	红利ETF
2	399324.SZ	深证红利	深市	40	深市分红比例较高、稳定且流动性好的40只股票	159905.SZ	深红利
3	000827.SH	中证环保	沪市+深市	100	资源管理、清洁技术和产品、污染管理相关公司	512580.SH	环保ETF
4	931079.CSI	5G通信	沪市+深市	57	产品和业务与5G通信技术相关的上市公司	515050.SH	5GETF
5	931087.CSI	科技龙头	沪市+深市	50	科技领域中的50只龙头股	515000.SH	科技ETF
6	930997.CSI	新能源车	沪市+深市	54	业务涉及新能源汽车产业的上市公司	515700.SH	新能车
7	930713.CSI	CS人工智	沪市+深市	100	为人工智能提供基础资源、技术的上市公司	515070.SH	AI智能
8	000861.CSI	央企创新	沪市+深市	100	国资委下属中具体科技创新活力的上市公司	515600.SH	央企创新
9	000859.CSI	国企一带一路	沪市+深市	100	参与一带一路建设的国企上市公司	515150.SH	国企富国

4. 风格指数

风格指数主要有两类：价值和成长、大盘和小盘，这类指数基金数量和规模均很小，其中最有名的是沪深300，价值、规模虽然不大，却在市场中很受专业投资者的喜爱。代表性风格指数及其代表性ETF见表2-4。

表2-4 代表性风格指数及其代表性ETF

编号	指数代码	指数简称	样本空间	成分数量	简介	ETF代码	ETF名称
1	399377.SZ	小盘价值	沪市+深市	166	各规模板块中价值风格突出的股票	159990.SZ	小盘价值
2	931052.CSI	国信价值	沪市+深市	100	持续稳定的ROE大于资本机会成本的公司	512040.SH	国信价值
3	399348.SZ	深证价值	沪市+深市	100	深证300指数中价值因子排名前100的股票	159913.SZ	深价值
4	000029.SH	180价值	沪市	60	上证180指数中价值因子评分最高的60只股票	510030.SH	价值ETF
5	000043.SH	超大盘数	沪市	20	沪市20家超大型上市公司	510020.SH	超大ETF

5.策略指数

策略指数通常是以普通规模指数为基础池，根据某种选股策略从基础池中优选成分股构成新的指数，期望能获取超越基准规模指数的收益。目前跟踪策略指数的基金数量和规模都比较小，主要集中在基本面50和基本面120这类SmartBeta策略基金，还有等权指数、低波动指数等，具体见表2-5。

表2-5　代表性策略指数

编 号	指数代码	指数简称	样本空间	成分数量	简　　　介	ETF 代码	ETF 名称
1	399295.SZ	创业蓝筹	深市	50	创业板中具备良好盈利能力、具有稳健财务质量、且波动率较低的公司	159966.SZ	创蓝筹 ETF
2	399296.SZ	创业成长	深市	50	创业板中具备良好成长能力且动量效应明显的公司	159967.SZ	创成长 ETF
3	h50040.CSI	上证红利低波	沪市	50	沪市股息率高且波动率低的 50 只股票	510890.SH	红利低波 ETF
4	000925.CSI	基本面 50	沪市 + 深市	50	以 4 个基本面指标（营业收入、现金流、净资产、分红）来衡量的经济规模最大的 50 家 A 股上市公司	512750.SH	基本面 50ETF
5	000982.SH	500 等权	沪市 + 深市	500	中证 500 等权重指数与中证 500 指数拥有相同的成分股，采用等权重加权	515590.SH	500ETFEW

这里我们对A股股票指数进行了概览性介绍，后面我们再挑选一些A股市场中的代表性指数进行详细介绍。

2.4　核心规模指数介绍

规模指数是对股票市场整体代表性最强的指数，无论是从指数的参考价值、使用频率还是从跟踪此类指数的指数基金的数量和规模来看，规模指数都是最重要的一类指数。在规模指数中，上证50指数、沪深300指数、中证500指数和创业板指是最具有市场代表性和交易价值的四只规模指数。因此，本节将对这四只规模指数依次进行详细介绍。

2.4.1 上证50指数

上证50指数（000016.SH）由上海证券市场中规模最大、流动性最好的50只股票构成，综合反映了上海证券市场最具影响力的一批龙头公司的股票价格表现。

1. 指数构成

上证50指数的成分股总共为50只，其中金融股（即银行、保险、证券）占据了近乎半壁江山，总权重占比为47.0%，也就是说，假如投资者购买了1万元的上证50指数基金，也就等于购买了4700元的金融股。

实际上，现在金融股在上证50指数中的权重占比已经明显低于以前了，在上一波牛市之前，也就是2014年左右，金融股在上证50指数中的权重占比高达2/3左右，光银行股就占了差不多50%，但是这些年金融股特别是银行股的整体股价表现不佳，市值规模占比越来越低，随之在指数中的权重也越来越低。

从行业权重占比来看，非银金融业的权重占比为26.3%，成分股数量为11只，银行业由于这些年股价表现不佳，权重占比排名已经从第一位掉到第二位了，为20.7%，成分股数量也只有10只。以前，其不管是总权重还是成分股数量都是稳居第一的，如图2-2所示。

从个股来看，上证50指数权重最高的三只个股分别为贵州茅台（13.13%）、中国平安（12.94%）和招商银行（5.81%）。这三只股票分别是食品饮料、非银金融和银行这三个行业中基本面最优秀的龙头公司，而这三个行业又恰好是上证50中权重最高的3个行业，合计权重高达63.8%，见表2-6。

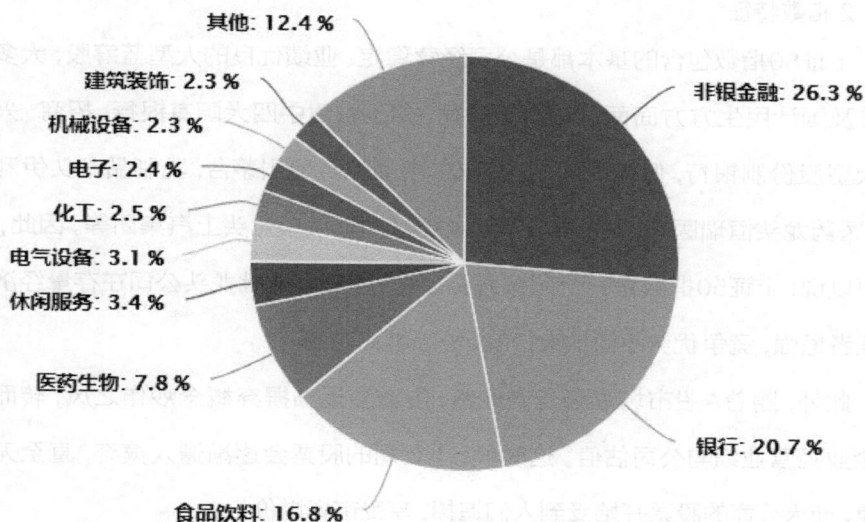

图2-2　上证50指数行业分布

表2-6　上证50指数十大权重股

排　名	权　重	证券代码	证券名称	市值（亿元）	所属行业	简　　介
1	13.13%	600519.SH	贵州茅台	20960	食品饮料	白酒龙头、占据国内白酒市场制高点
2	12.94%	601318.SH	中国平安	13941	非银金融	保险龙头、个人金融生活服务集团
3	5.81%	600036.SH	招商银行	9079	银行	大型股份制银行、零售银行龙头
4	5.22%	600276.SH	恒瑞医药	4767	医药生物	创新药研发龙头，主要有抗肿瘤药等
5	4.01%	600030.SH	中信证券	3882	非银金融	券商龙头
6	3.66%	600887.SH	伊利股份	2342	食品饮料	乳制品龙头
7	3.41%	601888.SH	中国中免	4353	休闲服务	旅游、免税龙头
8	3.15%	601166.SH	兴业银行	3351	银行	大型股份制银行
9	3.10%	601012.SH	隆基股份	2829	电气设备	单晶硅、光伏龙头
10	2.70%	601398.SH	工商银行	17535	银行	大型国有银行

注：数据更新时间为2020.9.30，行业划分为申万一级。

　　我们知道，同行业板块的公司股价走势往往相似度较高，而龙头公司更是对其所属行业板块的股价走势具有引领作用。因此，贵州茅台、中国平安和招商银行这三只股票在很大程度上决定了上证50指数的走势。

2.指数特征

上证50指数包含的基本都是公司经营稳定、业绩优良的大型蓝筹股,大多都是涉及国计民生方方面面的超大型公司,如工农建中四大国有银行,招商、兴业等大型股份制银行,保险龙头中国平安,白酒龙头贵州茅台,乳制品龙头伊利股份,医药龙头恒瑞医药,石油化工龙头中国石化,汽车龙头上汽集团等。因此,我们可以说,上证50指数是一个超级龙头公司的集合。这批龙头公司在存量经济时代强者恒强,竞争优势不断扩大,市场份额越来越高。

此外,随着A股市场逐渐走向成熟,市场会逐渐摒弃概念炒作之风,转而注重企业经营业绩与公司估值。这时候,小公司的股票会逐渐遭人摈弃,直至无人问津,而大公司的股票开始受到人们追捧,享受市场溢价。

3. 历史回报表现

从历史成绩上来看(2005—2019年),上证50指数的历史年化回报可以达到9%,这是一个很不错的资产回报水平了,也高于上证指数的历史回报表现,见表2-7。

表2-7　上证50指数历史回报表现

指数代码	指数名称	历史年化回报	最大回撤	收益回撤比	标 准 差	夏普比率
000016.SH	上证50	9.02%	72.41%	0.12	26.79%	0.34
000001.SH	上证指数	6.21%	71.98%	0.09	24.99%	0.25

注:历史时间范围为2005.1.1—2020.9.30。

仅仅简单地买入并一直持有,就可以获得年化9%的回报似乎很简单、很美好。但遗憾的是,上证50指数在历史上的波动很大,如果从2005年开始就买入上证50指数基金并一直持有不动,其间要经历的最大资产回撤率高达72.41%。这不是一件容易的事情,所以实际过程中也确实极少有人能真的一直买入并长期持有,如图2-3所示。

从分年表现来看,上证50指数的历年回报也很不稳定,波动很大。回报最高的年份高达50%甚至100%以上;最低的年份是2008年,亏损幅度近70%,见表2-8。

图2-3　上证50指数历史价格走势

表2-8　上证50指数历年回报表现

年　份	当年回报	最大回撤	收益回撤比	标 准 差	夏普比率
2005 年	−3.71%	21.04%	−0.18	19.38%	−0.19
2006 年	126.69%	13.09%	9.68	21.55%	5.88
2007 年	134.13%	20.02%	6.66	35.53%	3.75
2008 年	−67.23%	70.98%	−0.94	47.98%	−1.39
2009 年	84.40%	27.88%	2.98	32.13%	2.58
2010 年	−22.57%	29.61%	−0.76	24.21%	−0.93
2011 年	−18.19%	27.73%	−0.65	19.92%	−0.90
2012 年	14.84%	18.36%	0.80	18.97%	0.78
2013 年	−15.23%	28.59%	−0.54	24.49%	−0.63
2014 年	63.93%	10.66%	5.87	22.01%	2.85
2015 年	−6.23%	44.66%	−0.14	39.32%	−0.16
2016 年	−5.53%	20.99%	−0.26	19.76%	−0.28
2017 年	25.08%	6.38%	3.88	10.93%	2.26
2018 年	−19.83%	28.46%	−0.69	21.48%	−0.92
2019 年	33.56%	11.72%	2.84	18.90%	1.76

　　从2005年至2019年的这15年间，上证50的亏损年数居然多达8年，比盈利年数还多，这还是建立在上证50在这15年间有正回报的前提下。当然，这也不是上证50所特有的表现特征，而是A股市场整体就是这样的：长期回报虽然还不错，

但是波动太大，即风险很大。这就导致了仅仅是简单地买入并长期持有A股，性价比往往并不高。

2.4.2　沪深300指数

沪深300指数由上海和深圳证券市场中市值最大、流动性最好的300只股票构成。与上证50指数相比，沪深300不仅包含上海证券市场中的龙头公司，而且还包括深圳证券市场的龙头公司，如格力电器、美的集团、万科A和海康威视等。

沪深300指数的前三大权重行业是非银金融（15.8%）、食品饮料（12.5%）、银行（12.4%），合计权重占比40.7%，沪深300的权重行业分布相对更均衡一些，与实体经济社会的真实行业分布较为一致，如图2-4所示。

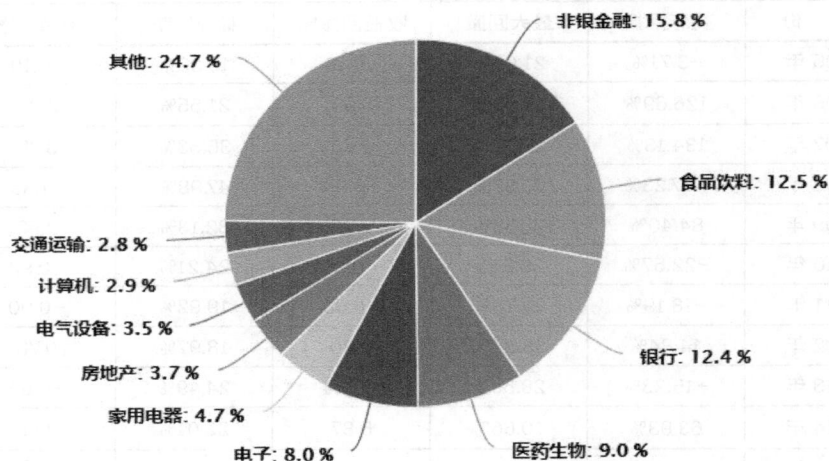

图2-4　沪深300指数行业分布

从个股来看，沪深300指数的成分股数量为300只，基本上覆盖了国内各行各业的主要龙头公司。沪深300的前五大权重股分别为贵州茅台（5.13%）、中国平安（5.06%）、五粮液（2.63%）、招商银行（2.27%）和美的集团（2.18%）。这五只股票分别是食品饮料、非银金融、银行和家用电器这几个行业中基本面最优秀的龙头公司，见表2-9。

表2-9 沪深300指数十大权重股

排名	权重	证券代码	证券名称	市值（亿元）	所属行业	简介
1	5.13%	600519.SH	贵州茅台	20960	食品饮料	白酒龙头、占据国内白酒市场制高点
2	5.06%	601318.SH	中国平安	13941	非银金融	保险龙头、个人金融生活服务集团
3	2.63%	000858.SZ	五粮液	8578	食品饮料	白酒龙头、白酒行业第二
4	2.27%	600036.SH	招商银行	9079	银行	大型股份制银行、零售银行龙头
5	2.18%	000333.SZ	美的集团	5098	家用电器	家电龙头
6	2.04%	600276.SH	恒瑞医药	4767	医药生物	创新药研发龙头，主要有抗肿瘤药等
7	1.57%	000651.SZ	格力电器	3206	家用电器	家电龙头
8	1.57%	600030.SH	中信证券	3882	非银金融	券商龙头
9	1.47%	002475.SZ	立讯精密	3990	电子	消费电子龙头
10	1.43%	600887.SH	伊利股份	2342	食品饮料	乳制品龙头

注：数据更新时间：2020.9.30，行业划分为申万一级。

沪深300指数的前四大权重行业为：银行、非银金融、食品饮料、医药生物，和上证50的完全一致。沪深300指数的前十大权重股和上证50指数的前十大权重股重合度也较高。从历史走势来看，沪深300指数和上证50指数的相关度也确实非常高。究其原因，是沪深300指数和上证50指数的编制方法差不多，均是以个股的日均市值规模和成交金额为加权因子，这样选出的成分股基本是大公司，而沪深两市的大公司又多集中在沪市。

1. 指数特征

沪深300指数的成分股基本上由国内各行各业的主要龙头公司组成，指数编制方法合理、有效，覆盖面广泛且均衡，可以说沪深300指数是对A股市场整体表现代表性最强的指数。如果说"股市是经济的晴雨表"，那么沪深300则是最能反映中国经济发展状况的晴雨表。

虽然我们在日常谈论A股，谈论大盘时，还是习惯使用上证指数，但上证指数由于其编制方法的不合理性，对A股市场整体的代表性已明显不如沪深300高。因此，一般在正式严谨的场合，比如基金业绩比较基准等领域，专业投资者都会用沪深300指数来作为核心比较基准指数。

2. 历史回报表现

作为目前对A股市场代表性最强的规模指数，沪深300指数的历史回报（2005—2019年）为10.24%，明显高于上证指数。这是一个很不错的长期回报远高于债券、商品等大类资产。正是基于这一点，我们有理由说A股是一个长期回报很不错的市场，见表2-10。

表2-10　沪深300指数历史回报表现

指数代码	指数名称	历史年化回报	最大回撤	收益回撤比	标 准 差	夏普比率
000300.SH	沪深300	10.24%	72.30%	0.14	26.65%	0.38
000001.SH	上证指数	6.21%	71.98%	0.09	24.99%	0.25

注：历史时间范围为2005.1.1—2020.9.30。

从历年情况来看，沪深300的回报表现波动也比较大。在我们统计的15年间有7年是亏损的，亏损大的年份和盈利大的年份也是有天壤之别。这一点和A股市场整体特征一致，长期回报不错但波动很大，如图2-5所示。

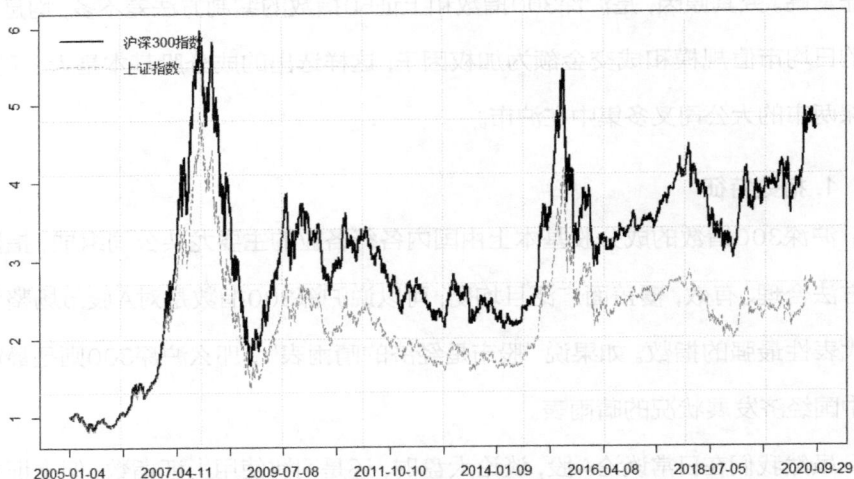

图2-5　沪深300指数历史价格走势

2.4.3　中证500指数

中证500指数（000905.SH）由A股中剔除沪深300指数成分股及总市值排名

前300名的股票后，总市值排名靠前的500只股票组成，综合反映中国A股市场中一批中小市值公司的股票价格表现。简单来说，中证500就是沪深两市中规模排名第301~800位的所有公司的组合，中证500与沪深300两者之间不含重复个股。

中证500与上证50、沪深300一起，是目前A股市场三个最重要的可交易型指数，也是仅有的三个股指期货标的指数。

1. 指数构成

从行业分布来看，不同于上证50和沪深300集中分布在银行、非银金融和食品饮料等传统行业，中证500的行业更偏重于医药生物(14.5%)、化工(7.6%)、电子(7.5%)、计算机(6.9%)和传媒(5.2%)等成长性行业，且覆盖了众多新兴经济领域的行业，如图2-6所示。

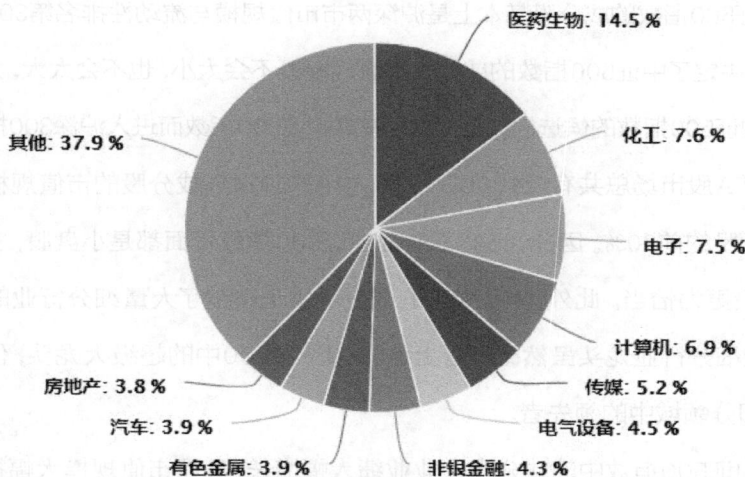

图2-6　中证500指数行业分布

从个股权重来看，中证500覆盖的个股更广泛且更均衡。中证500的前十大权重股的权重占比基本在0.55%~0.70%范围内，而上证50和沪深300的十大权重股的权重占比普遍在2%~5%，甚至更高，见表2-11。

表2-11　中证500指数十大权重股

排名	权重	证券代码	证券名称	市值（亿元）	所属行业	简介
1	0.70%	002821.SZ	凯莱英	612	医药生物	CDMO（医药合同定制研发生产）
2	0.68%	600739.SH	辽宁成大	356	医药生物	生物制药、金融投资
3	0.64%	300253.SZ	卫宁健康	415	计算机	医疗卫生领域应用软件
4	0.62%	300012.SZ	华测检测	407	综合	第三方检测服务
5	0.59%	600079.SH	人福医药	436	医药生物	药品的研发、生产和销售
6	0.58%	600201.SH	生物股份	304	农林牧渔	兽用生物制品、动物用药、动物疫苗
7	0.58%	600298.SH	安琪酵母	503	农林牧渔	酵母龙头
8	0.58%	002185.SZ	华天科技	375	电子	半导体集成电路封装测试
9	0.57%	300207.SZ	欣旺达	427	电子	锂离子电池模组制造
10	0.57%	002127.SZ	南极电商	424	商业贸易	电商

注：数据更新时间为2020.9.30，行业划分为申万一级。

2. 指数特征

中证500指数的成分股基本上是沪深两市市值规模与流动性排名第301~800的股票，这决定了中证500指数的成分股市值规模既不会太小，也不会太大，太小则无法进入中证500指数的候选池，太大就会脱离中证500指数而进入沪深300指数。

目前A股市场总共有近4000只股票，中证500指数成分股的市值规模可以排在整个A股的前20%。因此，自然不能说中证500指数里面都是小盘股，实际上称为中盘股更为恰当。此外，中证500的成分股中也覆盖了大量细分行业的龙头公司。这些细分行业龙头虽然比不上上证50和沪深300中的超级大龙头，但终究也是各自细分领域中的领先者。

当中证500指数中的成分股企业业绩大幅增长，股票市值规模大幅提升后，就会脱离中证500指数而进入沪深300指数，这就决定了中证500指数中不会有大盘龙头股，在这两年A股市场流行"以大为美""以龙为美"风格的情况下容易表现不佳。

理性地来讲，目前的中证500指数其实是一个兼具价值与成长的指数。首先，中证500指数的成分股以中盘股为主且经过多年的估值修复，中证500指数目前的估值也较为合理，市盈率PE只有25倍左右（截至2020年9月30日）。不管是纵向和历史成绩比较，还是横向和其他发达股票市场相比，估值均不算高。其次，中证500覆盖了众多新兴经济领域的行业，如医药生物、电子、信息技术、高端制造等，这些行业符合经济结构调整升级的方向，在未来更容易获得政策上的支撑，且具有高成长的潜力，也即具有成长股的特征。

3. 历史回报表现

如果说上证50和沪深300代表的是大盘与价值风格，那么中证500可以认为是代表中小盘和成长风格的。一般来说，中小盘由于投资风险相对更大，预期回报也应该更高一些。这一点从中证500的历史回报上得到了验证，中证500的历史年化回报为12.35%，而同期上证50和沪深300的年化回报为9.02%和10.24%，见表2-12。

表2-12　中证500指数历史回报表现

指数代码	指数名称	历史年化回报	最大回撤	收益回撤比	标 准 差	夏普比率
399905.SZ	中证 500	12.35%	72.42%	0.17	30.50%	0.41
000001.SH	上证指数	6.21%	71.98%	0.09	24.99%	0.25

注：历史时间范围为2005.1.1—2020.9.30。

相应的，中证500的价格波动也更大一些，这一点可以从标准差上看出，中证500的历史年化标准化为30.50%，而上证50和沪深300均为26%左右，分别如图2-7所示，见表2-13。

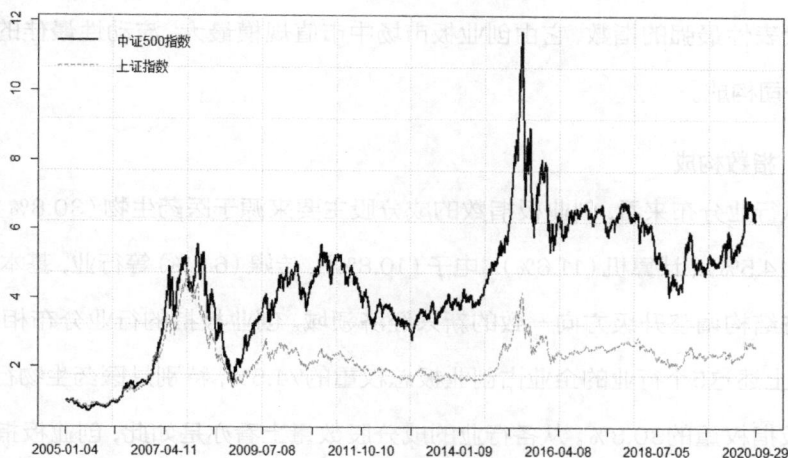

图2-7　中证500指数历史价格走势

表2-13 中证500指数历年回报表现

年　　份	当年回报	最大回撤	收益回撤比	标　准　差	夏普比率
2005 年	−12.85%	32.51%	−0.40	25.45%	−0.50
2006 年	100.68%	15.26%	6.60	24.45%	4.12
2007 年	186.63%	30.36%	6.11	41.02%	4.52
2008 年	−60.80%	72.42%	−0.83	53.67%	−1.12
2009 年	131.27%	20.25%	6.37	35.00%	3.68
2010 年	10.07%	28.40%	0.35	28.06%	0.36
2011 年	−33.83%	38.47%	−0.87	23.75%	−1.41
2012 年	0.28%	29.69%	0.01	23.98%	0.01
2013 年	16.89%	16.71%	1.02	22.53%	0.76
2014 年	39.01%	12.54%	3.05	19.21%	1.99
2015 年	43.12%	50.56%	0.84	43.74%	0.97
2016 年	−17.78%	30.80%	−0.57	29.63%	−0.59
2017 年	−0.20%	13.87%	−0.01	14.47%	−0.01
2018 年	−33.32%	37.66%	−0.88	23.63%	−1.40
2019 年	25.77%	21.65%	1.18	22.91%	1.11

从历年回报来看，中证500在我们统计的15年期间有9年为正回报，6年为负回报。而且从具体各年回报来看，波动一样很大，收益好的年份和收益差的年份差别非常大。如果仅仅是买入并长期持有，会很考验投资者对股价波动风险的承受能力。

2.4.4　创业板指

创业板指数（399006.SZ）是A股市场的核心宽基指数之一，是对创业板市场整体代表性最强的指数，它由创业板市场中市值规模最大、流动性最佳的100家上市公司构成。

1. 指数构成

从行业分布来看，创业板指数的成分股主要来源于医药生物（30.8%）、电气设备（14.5%）、计算机（11.6%）、电子（10.8%）、传媒（6.8%）等行业，基本是与我国经济结构调整升级方向一致的新兴经济领域。创业板指的行业分布相对比较集中，上述这5个行业的企业占创业板总权重的74.5%，特别是医药生物行业，占创业板指权重的30.8%。从各行业的成分股数量上看亦是如此，创业板指100只成分股中有70只成分股来自上述5个行业，如图2-8所示。

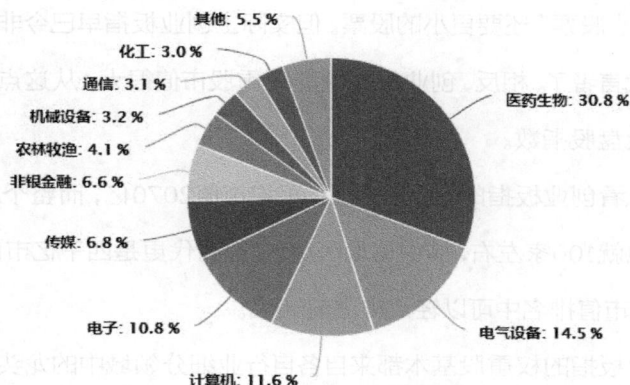

图2-8　创业板指行业分布

从个股权重来看，创业板指的十大权重股中，有5只是医药生物行业的股票，比如迈瑞医疗、爱尔眼科、智飞生物、沃森生物等，基本都是其所在医药细分领域的龙头公司，还有3只是电气设备行业和新能源汽车相关的龙头公司，比如宁德时代、汇川技术等。此外，还有养殖龙头温氏股份、互联网金融龙头东方财富。这前十大权重股合计占创业板指的总权重的40%左右，个股权重分布相对还算均匀，见表2-14。

表2-14　创业板指十大权重股

排　　名	权　　重	证券代码	证券名称	市值（亿元）	所属行业	简　　介
1	7.06%	300750.SZ	宁德时代	4873	电气设备	动力锂电池龙头
2	6.57%	300059.SZ	东方财富	2066	非银金融	互联网金融龙头
3	5.87%	300760.SZ	迈瑞医疗	4231	医药生物	医疗器械龙头
4	3.93%	300498.SZ	温氏股份	1245	农林牧渔	养殖龙头，肉鸡、肉猪
5	3.60%	300015.SZ	爱尔眼科	2119	医药生物	眼科医疗服务龙头
6	3.15%	300122.SZ	智飞生物	2229	医药生物	疫苗、生物制品
7	3.06%	300142.SZ	沃森生物	785	医药生物	人用疫苗
8	2.67%	300124.SZ	汇川技术	996	电气设备	新能源、工业自动化
9	2.46%	300014.SZ	亿纬锂能	911	电气设备	锂电池
10	2.22%	300601.SZ	康泰生物	1234	医药生物	人用疫苗

注：数据更新时间为2020.9.30，行业划分为申万一级。

2. 指数特征

早些年的时候，人们在谈论小股票时，习惯使用"中小创"这个词来代指，其中的"创"就是指创业板，这其实是在潜意识里认为创业板代表的就是小股票，甚至是比"中小股票"还要更小的股票。但实际上创业板指早已今非昔比，已经不是小股票的代言者了。相反，创业板指中的权重股市值很大。从这点来看，创业板更像是一个大盘股指数。

具体可以看创业板指的十大权重股，平均市值2070亿，而整个A股中市值超千亿的公司也就100家左右，其中迈瑞医疗、宁德时代更是四千亿市值的巨无霸，在整个A股的市值排名中可以轻松排进前50名。

并且创业板指的权重股基本都来自各自行业细分领域中的龙头公司，而且这些权重行业也基本是新兴经济领域、高科技领域，比如医药生物、计算机、电子、高端装备制造等，与国家经济转型升级的方向高度一致。所以说现在的创业板指更像是一个科技龙头指数。

3. 历史回报表现

创业板指是一个相对比较年轻的指数，诞生于2010年6月1日，至今仅11年左右。创业板指诞生后，先经历了一波向下行情，之后开启了一波长达2年的大熊市，其间最大跌幅高达53%。创业板指2012年底熊市见底后，又开启了一波轰轰烈烈的大牛市，最大涨幅近6倍，并在2015年中见顶，之后又是漫长的熊市，如图2-9所示，见表2-15。

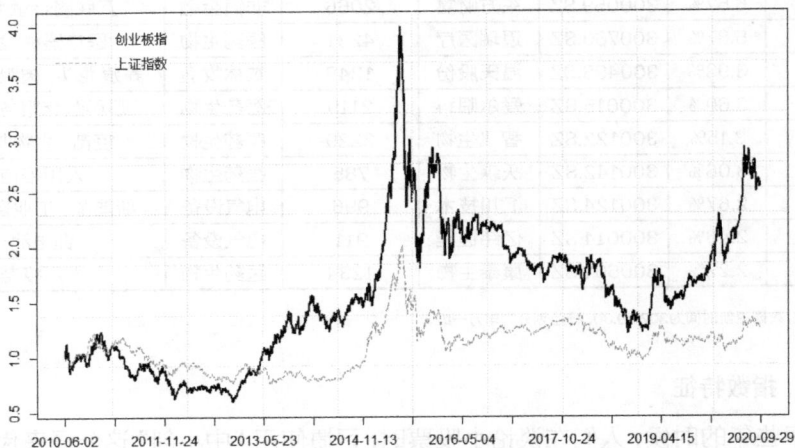

图2-9 创业板指历史价格走势

表2-15　中证500指数历史回报表现

指数代码	指数名称	历史年化回报	最大回撤	收益回撤比	标准差	夏普比率
399006.SZ	创业板指	9.52%	69.74%	0.14	30.84%	0.31
000001.SH	上证指数	2.20%	52.30%	0.04	21.08%	0.10

注:历史时间范围为2005.1.01—2020.9.30。

创业板指自诞生至今的历史回报还比较不错,其间年化回报为9.52%,而同期的上证指数表现更不佳,年化回报仅为2.20%。不管是从总的历史股价走势来看,还是从历年回报来看,这10年来,创业板指的各年回报也很不稳定。其间有5年上涨,5年下跌,见表2-16。

表2-16　创业板指历年回报表现

年　份	当年回报	最大回撤	收益回撤比	标　准　差	夏普比率
2010 年	14.09%	23.16%	1.09	35.59%	0.71
2011 年	−35.88%	37.98%	−0.94	26.85%	−1.32
2012 年	−2.14%	25.08%	−0.08	27.40%	−0.08
2013 年	82.73%	15.10%	5.57	30.95%	2.72
2014 年	12.83%	21.31%	0.59	24.58%	0.51
2015 年	84.41%	54.86%	1.51	49.54%	1.68
2016 年	−27.71%	30.73%	−0.89	33.24%	−0.82
2017 年	−10.67%	16.83%	−0.63	16.19%	−0.65
2018 年	−28.65%	36.59%	−0.78	27.34%	−1.04
2019 年	43.16%	20.32%	2.10	25.58%	1.67

但是,正如我们前面所说,创业板指的特征、结果已经发生了显著变化,以前是小股票代言者,现在是大型科技龙头股的集合,或许在未来,它的表现会稳健得多。

2.5　其他指数介绍

除了规模指数之外,行业指数和主题指数也是相对重要的两类指数,使用频率较为高,跟踪它们的指数基金规模也较大,本节将选取几个代表性的行业指数和主题指数进行介绍。

2.5.1　中证银行指数

中证银行指数（399986.SZ），属于行业类指数，由中证全指成分股中的银行业股票按照日均成交金额和日均总市值加权构成。

中证银行中的成分股共计32只，清一色全部是银行股，包括国有大行（工农建中交）、股份银行（招商、兴业、民生等）、城商行（北京、宁波、南京等）以及农商行（常熟、江银等），见表2-17。

表2-17　中证银行指数十大权重股

排　名	权　重	证券代码	证券名称	市值（亿元）	所属行业	简　介
1	15.34%	600036.SH	招商银行	9079	银行	大型股份制银行、零售龙头
2	9.87%	601166.SH	兴业银行	3351	银行	大型股份制银行、同业之王
3	8.47%	601398.SH	工商银行	17535	银行	大型国有银行
4	7.23%	000001.SZ	平安银行	2944	银行	大型股份制银行
5	6.13%	601328.SH	交通银行	3372	银行	大型国有银行
6	5.54%	600016.SH	民生银行	2320	银行	大型股份制银行，小微金融
7	5.41%	600000.SH	浦发银行	2756	银行	大型股份制银行
8	4.64%	002142.SZ	宁波银行	1891	银行	城商行
9	4.47%	601288.SH	农业银行	11094	银行	大型国有银行
10	3.98%	601229.SH	上海银行	1156	银行	城商银行

注：数据更新时间为2020.9.30，行业划分为申万一级。

虽然国有大行的资产规模和市值在银行业中都占绝对的大头，但是它们在中证银行指数中的权重却并不是最高的，主要原因是国有大行的股份大多是被汇金、财政部等战略持有，真实流通的股份并不多，造成日均交易额不大，远没有大型股份行业的成交金额大。具体来看，中证银行指数的前两大权重股，招商银行和兴业银行都是股份银行，权重占比也是明显领先于其他银行。而作为国内第一大行的工商银行以及四大国有行中的农行、中行，权重占比反而都不算高。至于建行，它的股份主要是在港股上市，在A股上市的股份并不多，占中证银行的权重仅为2.03%，和一个普通城商行差不多。

长期以来,银行股在A股似乎总是不受待见,作为A股中一个长期盈利稳定且总利润最高的板块,银行的估值却被压制到A股中最低的程度。市场对银行长期不看好的主要原因有:银行坏账增加、利润较少,实体经济走弱时需要银行来给实体企业让利等。这些观点到底对不对,一直也没有定论,也从来没有人能拿出实实在在的证据证明银行确实存在这些问题。这个问题相信很难有人真的说得清,我们自然也不例外。

顶着这么多质疑,不被市场看好的银行股股价表现似乎往往是不太好的,而且确实有不少投资者对银行股有种天然的排斥,不愿意投资银行股。但银行在历史上的股价表现却出乎人意料的顽强。中证银行在历史上的年化回报为12.06%,不仅大幅跑赢上证指数,也全面跑赢上证50和沪深300这两个核心规模指数,见表2-18。

表2-18 中证银行指数历史回报表现

指数代码	指数名称	历史年化回报	最大回撤	收益回撤比	标准差	夏普比率
399986.SZ	中证银行	12.06%	71.98%	0.17	29.54%	0.41
000001.SH	上证指数	6.21%	71.98%	0.09	24.99%	0.25

注:历史时间范围为2005.1.1—2020.9.30。

并且由于中证银行高股息率的特征,在实际长期持有中证银行指数基金时还能获得更高的绝对收益和相较于核心规模指数更大的超额收益。这是因为指数遇成分股分红时是直接当股价下跌来处理的,而持有指数基金的投资者却能收到分红。中证银行的股价处于一个长期上涨趋势中,而估值却长期处于低位,说明它的股价上涨主要来自于企业盈利。这是一种健康的上涨方式,赚企业盈利的钱。虽饱受质疑,不被市场青睐,长期回报却一点儿都不差。从这点来看,中证银行实在是一个被低估的指数,如图2-10所示。

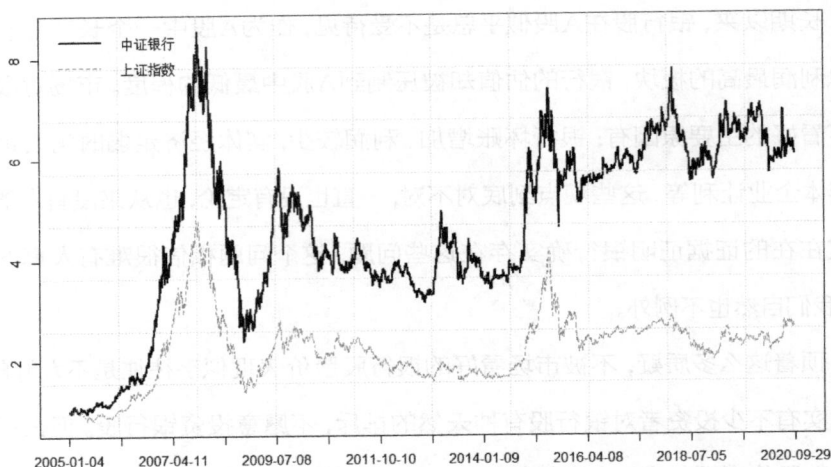

图2-10　中证银行指数历史价格走势

2.5.2　证券公司指数

证券公司指数（399975.SZ），属于行业类指数，是通过中证全指成分股中的证券业股票按照日均成交金额和日均总市值加权构成。证券公司指数的成分股共计45只，绝大多数都是传统券商。这些公司同质化比较高，比如中信证券（权重14.70%）、海通证券（权重8.02%）、华泰证券（权重7.10%）等，经营业务没有本质上的差别，见表2-19。

表2-19　证券公司指数十大权重股

排　名	权　重	证券代码	证券名称	市值（亿元）	所属行业	简　介
1	14.70%	600030.SH	中信证券	3882	银行	传统券商
2	9.71%	300059.SZ	东方财富	2066	银行	互联网券商/金融科技
3	8.02%	600837.SH	海通证券	1849	银行	传统券商
4	7.10%	601688.SH	华泰证券	1863	银行	传统券商
5	4.83%	601211.SH	国泰君安	1625	银行	传统券商
6	4.72%	600999.SH	招商证券	1879	银行	传统券商
7	2.81%	000166.SZ	申万宏源	1330	银行	传统券商
8	2.74%	000776.SZ	广发证券	1203	银行	传统券商
9	2.52%	601788.SH	光大证券	1012	银行	传统券商
10	2.32%	600958.SH	东方证券	771	银行	传统券商

注：数据更新时间：2020.9.30，行业划分为申万一级。

此外，还有3只成分股比较特殊：东方财富、南华期货和瑞达期货。其中：东方财富是新兴互联网券商，金融科技龙头，发展趋势很好，业绩表现也十分出色，其股票现在已经是证券公司指数的第二大权重股，权重占比为9.71%。南华期货和瑞达期货是两家期货公司，其实没有证券经纪业务，市值相对也比较小，在证券公司指数中的权重基本可以忽略不计。

"牛市买券商"，相信很多人都听过这句话。这句话也确实有它的道理。因为券商是牛市的先锋军、是引领者、是牛市最强品种，原因有三：

（1）牛市时交易量会成倍地增加，包括老账户交易和新开户入场的资金，这能给券商带来成倍增加的佣金收入。但在这个过程中，券商的成本并不会成倍增加，相对只会小幅增加，从而给券商带来更高幅度的净利润。

（2）券商的自营股票资产在牛市时也会获得很好的收益，能够提高券商利润。

（3）券商在牛市的业绩大幅增长是具有高确定性的，这一点在牛市初期就会被市场充分预期，因此在牛市初期时券商的估值会大幅提升，从而拉动股价大幅上涨，再叠加后续的业绩兑现，获得戴维斯双击，股价会在短期内得到极大幅度地上涨。

券商虽然在牛市时的爆发力很强，但实际上，券商的长期涨幅并不好。证券公司指数自基日2007年6月29日起，至今的年化回报仅为0.35%，近乎为0，也就是说在这13年间，证券公司指数表现基本为原地踏步，见表2-20。

表2-20　证券公司指数历史回报表现

指数代码	指数名称	历史年化回报	最大回撤	收益回撤比	标准差	夏普比率
399975.SZ	证券公司	0.35%	80.19%	0.00	41.57%	0.01
000001.SH	上证指数	−1.29%	71.98%	−0.02	24.92%	−0.05

注：历史时间范围为2007.7.1—2020.9.30。

从证券公司指数的历史价格走势看，虽然它在牛市时的爆发力确实很强，涨幅也很大，但是在熊市的跌幅也一样大，在大盘震荡市的表现也不好，这样基本就把牛市的涨幅给全部抹掉了，如图2-11所示。

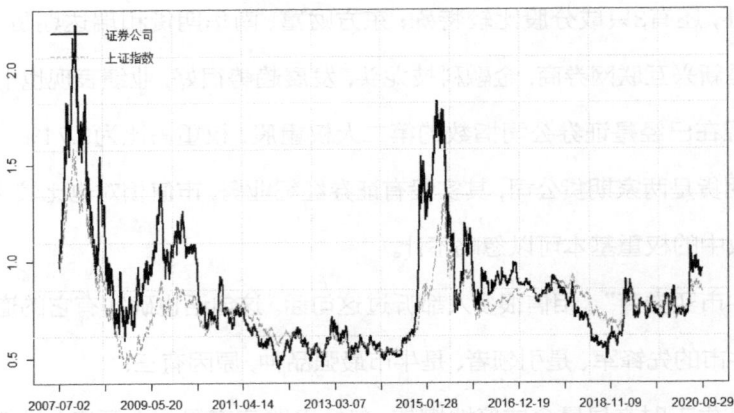

图2-11 证券公司指数历史价格走势

因此，证券公司指数基金是绝对不适合买入并持有做长期投资的。证券公司指数的主要作用是牛市时创造超额收益的利器，而在其他时间段，它只适合用震荡交易的思维来操作，低买高卖。并且由于证券公司指数基金是一个波动较大且迅速的品种，所以它也确实是一个适合做震荡交易的品种，交易机会很多。

2.5.3 中证消费指数

中证消费指数（399932.SZ），更准确地来说是中证主要消费指数，属于行业类指数，由中证800指数成分股中的主要消费行业股票构成。

所谓主要消费是指日常生活所必需的消费，比如肉制品、乳制品、调味品、饮料等，也包括白酒的消费。主要消费基本上是与人的饮食需求相关的，是一种稳定的刚需。

与主要消费相对应的是可选消费，可选消费是日常生活中非必需的消费，是有选择性的消费，比如家电、汽车和旅游等。当人们的经济情况不好时，就很有可能会延迟甚至取消这部分消费。

中证消费指数是一个行业类指数，它的成分股自然都来自消费行业，但是我们还可以在这个基础上做更细致的行业划分，也即进行更低一级别的行业分类，比如申万三级行业，如图2-12所示。

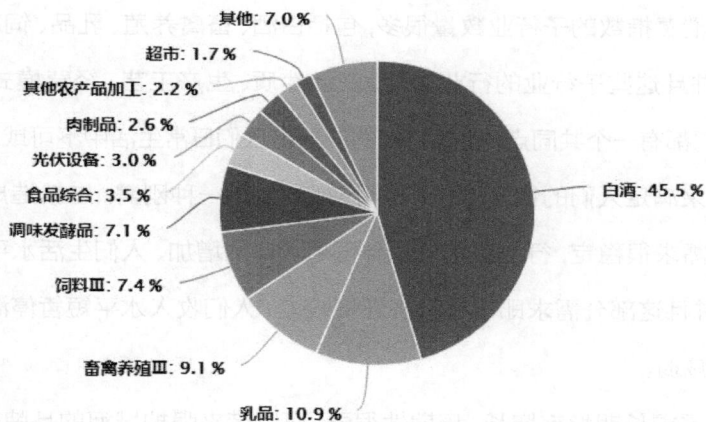

图2-12 中证消费指数行业分布

从行业分布来看，中证消费指数的第一大权重行业为白酒业，权重占比高达45.5%，接近一半，但这并非因为白酒是我们日常主要消费中最重要的部分，而是因为这个行业的集中度高，里面诞生的大公司多。

从具体个股来看，中证消费指数的前十大权重股中有4只白酒股，并且第一大权重和第二大权重股都是白酒股：五粮液（16.51%）和贵州茅台（14.24%），其次是伊利股份（10.31%），以及海天味业（6.96%）。中证消费指数的个股分布很分散，除了白酒行业有10只成分股之外，其他行业一般都只有1~2只成分股，见表2-21。

表2-21 中证消费指数十大权重股

排 名	权 重	证券代码	证券名称	市值（亿元）	所属行业	简 介
1	16.51%	000858.SZ	五粮液	8578	白酒	白酒第二龙头
2	14.24%	600519.SH	贵州茅台	20960	白酒	白酒第一龙头
3	10.31%	600887.SH	伊利股份	2342	乳品	乳制品龙头
4	6.96%	603288.SH	海天味业	5253	调味发酵品	调味品龙头
5	4.90%	002714.SZ	牧原股份	2773	畜禽养殖Ⅲ	生猪的养殖与销售龙头
6	4.64%	000568.SZ	泸州老窖	2103	白酒	大型白酒公司
7	3.85%	300498.SZ	温氏股份	1245	畜禽养殖Ⅲ	养殖龙头，肉鸡、肉猪
8	3.33%	002304.SZ	洋河股份	1884	白酒	大型白酒公司
9	3.02%	600438.SH	通威股份	1140	光伏设备	饲料、光伏新能源
10	2.58%	000876.SZ	新希望	1192	饲料Ⅲ	饲料龙头、肉禽、猪、食品

注：数据更新时间为2020.9.30，行业划分为申万三级。

中证消费指数的子行业数量很多，包括白酒、畜禽养殖、乳品、饲料、调味发酵品等，并且这些子行业的行业属性、产品性质、生产工艺、经营模式等差别很大。但它们都有一个共同点，就是它们的产品是人们日常生活中不可或缺，更准确地说是用来满足人们的饮食需求，是用来吃的，是一种刚需。这就造成了主要消费行业的需求很稳定，行业需求总量伴随着人口的增加、人们生活水平的提高稳定增长，并且这部分需求即使在经济环境较差、人们收入水平短暂停滞的情况下也不太会减弱。

行业需求长期稳定增长、周期性很弱、可以带来强护城河的品牌效应，这是一个很容易成为大牛股的环境，比如白酒行业的贵州茅台和五粮液、乳制品行业的伊利股份，调味发酵品行业的海天味业还有双汇发展、涪陵榨菜、安琪酵母等，都是长期大牛股。

作为一只成分股牛股频出的指数，中证消费指数的历史回报表现自然也不差。中证消费指数的历史年化回报高达21.98%，这是一个非常高的年化回报。因为同期上证指数的年化回报为6.21%，上证50、沪深300和中证500这三个核心规模指数的年化回报也就在9%~12%，国内经济的同期名义GDP增速也基本在10%左右，见表2-22。

表2-22　中证消费指数历史回报表现

指数代码	指数名称	历史年化回报	最大回撤	收益回撤比	标 准 差	夏普比率
399932.SZ	中证消费	21.98%	66.22%	0.33	27.88%	0.79
000001.SH	上证指数	6.21%	71.98%	0.09	24.99%	0.25

注：历史时间范围为2005.1.1—2020.9.30。

中证消费指数在历史上经历了4波熊市行情。其中：2008年、2015年和2018年经历了3次快熊行情，持续时间基本在1年之内，其间最大跌幅普遍在40%以上。2010年至2014年间经历慢熊行情，持续时间4年左右，其间最大跌幅在35%左右。

中证消费指数的股价长期走势虽然很好，但波动其实也不小，历史最大回撤也高达66.22%，这造成了中证消费指数的收益风险比并不算很高，但由于它的长期走势相对算比较稳的，所以夏普比率可以达到0.79，如图2-13所示。

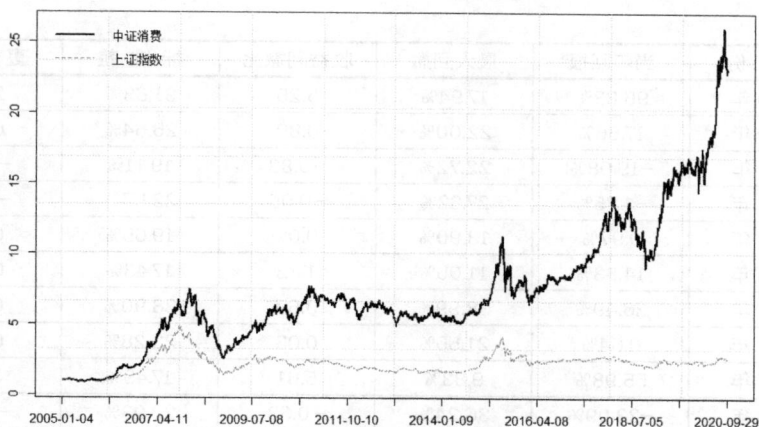

图2-13　中证消费指数历史价格走势

从历年表现来看，中证消费指数基金在历史上的15年间只有4年是亏损的，剩下11年都是盈利的，年胜率高达73%。如果按年来投资中证消费，忽视其间的波动，无疑是一个不错的选择，见表2-23。

表2-23　中证消费指数历年回报表现

年　份	当年回报	最大回撤	收益回撤比	标 准 差	夏普比率
2005 年	0.70%	18.43%	0.04	21.15%	0.03
2006 年	174.87%	13.10%	13.35	24.52%	7.13
2007 年	152.84%	17.89%	8.49	35.67%	4.26
2008 年	−56.17%	66.22%	−0.84	46.79%	−1.18
2009 年	95.88%	17.94%	5.25	31.62%	2.98
2010 年	17.66%	22.00%	0.80	25.64%	0.69
2011 年	−19.08%	22.72%	−0.83	19.11%	−0.99
2012 年	−1.75%	27.32%	−0.06	22.57%	−0.08
2013 年	0.97%	13.90%	0.07	19.55%	0.05
2014 年	14.83%	11.05%	1.32	17.43%	0.84
2015 年	26.49%	38.99%	0.67	38.90%	0.67
2016 年	0.64%	21.55%	0.03	23.28%	0.03
2017 年	55.98%	9.83%	5.61	17.49%	3.15
2018 年	−23.09%	36.24%	−0.63	29.03%	−0.79
2019 年	63.57%	7.80%	8.06	23.85%	2.64
2005 年	0.70%	18.43%	0.04	21.15%	0.03
2006 年	174.87%	13.10%	13.35	24.52%	7.13
2007 年	152.84%	17.89%	8.49	35.67%	4.26
2008 年	−56.17%	66.22%	−0.84	46.79%	−1.18

续表

年　份	当年回报	最大回撤	收益回撤比	标 准 差	夏普比率
2009 年	95.88%	17.94%	5.25	31.62%	2.98
2010 年	17.66%	22.00%	0.80	25.64%	0.69
2011 年	−19.08%	22.72%	−0.83	19.11%	−0.99
2012 年	−1.75%	27.32%	−0.06	22.57%	−0.08
2013 年	0.97%	13.90%	0.07	19.55%	0.05
2014 年	14.83%	11.05%	1.32	17.43%	0.84
2015 年	26.49%	38.99%	0.67	38.90%	0.67
2016 年	0.64%	21.55%	0.03	23.28%	0.03
2017 年	55.98%	9.83%	5.61	17.49%	3.15
2018 年	−23.09%	36.24%	−0.63	29.03%	−0.79
2019 年	63.57%	7.80%	8.06	23.85%	2.64

2.5.4　中证医疗指数

中证医疗指数（399989.SZ），以沪深两市中医疗器械、医疗服务等医疗行业的上市公司股票为成分股。

中证医疗指数主要聚焦两个行业领域：医疗器械和医疗服务。其中：医疗器械指数在指数中的权重占比为52.3%，医疗服务指数的权重占比为42.7%，剩下5.0%是计算机应用，受益于国内庞大的人口基数、老龄化和消费升级等利好因素，医疗器械和医疗服务这两个细分领域发展都很迅速，而且现在也仍然属于持续景气的朝阳行业，如图2-14所示。

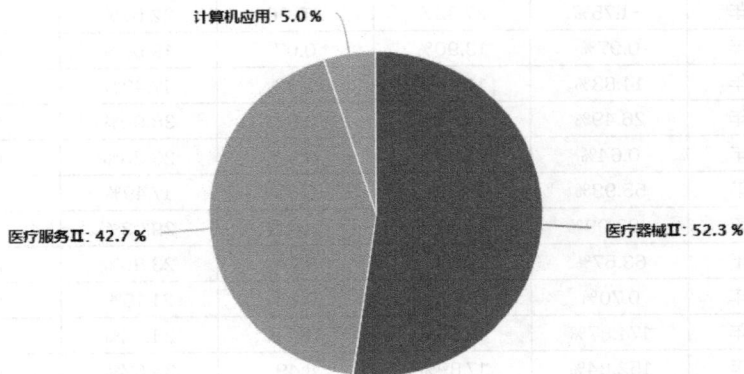

图2-14　中证医疗指数行业分布

具体来看，中证医疗的权重股企业基本都是各自所在赛道的龙头企业。比如眼科连锁龙头爱尔眼科、医疗研发龙头药明康德、医疗器械龙头迈瑞医疗，还有临床CRO龙头泰格医药等。这些上市公司股票也均是长期大牛股，非常受投资者追捧，长期享受着高估值，见表2-24。

表2-24　中证医疗指数十大权重股

排　名	权　重	证券代码	证券名称	市值（亿元）	所属行业	简　介
1	10.69%	300760.SZ	迈瑞医疗	4231	医疗器械Ⅱ	医疗器械龙头
2	10.58%	603259.SH	药明康德	2479	医疗服务Ⅱ	医疗研发龙头
3	10.42%	300015.SZ	爱尔眼科	2119	医疗服务Ⅱ	眼科连锁龙头
4	5.43%	300347.SZ	泰格医药	898	医疗服务Ⅱ	临床 CRO 龙头
5	4.23%	600763.SH	通策医疗	685	医疗服务Ⅱ	口腔连锁龙头
6	4.23%	300003.SZ	乐普医疗	608	医疗器械Ⅱ	心血管龙头
7	4.01%	002044.SZ	美年健康	555	医疗服务Ⅱ	健康体检龙头
8	3.42%	300253.SZ	卫宁健康	415	计算机应用	医疗健康信息化龙头
9	2.92%	300529.SZ	健帆生物	568	医疗器械Ⅱ	血液净化龙头
10	2.41%	603882.SH	金域医学	468	医疗服务Ⅱ	医学检验及病理诊断

注：数据更新时间为2020.9.30，行业划分为申万二级。

医疗行业是一个马太效应很强的行业。这是因为医疗器械与医疗服务属于信任品，消费者往往更看重的是产品的质量与专业水准，而对产品价格的敏感度不高，也基本没有对产品的议价能力，一旦企业品牌与口碑形成，很容易享受到高溢价。龙头公司的护城河一旦形成之后将很难被打破，可以持续获取高利润。

好的行业再加上好的商业模式，它所在的无疑是一个黄金赛道，其中的龙头企业基本上都是长线大牛股，例如爱尔眼科，上市10年，涨了70倍。

中证医疗指数在历史上的回报表现也很好，年化回报高达18.53%，远高于上证指数，也高于沪深300指数和创业板指等其他核心规模指数，见表2-25。

表2-25　中证医疗指数历史回报表现

指数代码	指数名称	历史年化回报	最大回撤	收益回撤比	标 准 差	夏普比率
399989.SZ	中证医疗	18.53%	68.89%	0.27	34.38%	0.54
000001.SH	上证指数	6.21%	71.98%	0.09	24.99%	0.25

注：历史时间范围为2005.1.1—2020.9.30。

但是，中证医疗指数在历史上的波动也很大，这一点从历史价格走势图中也可以看出。中证医疗指数虽取得18.53%的年化涨幅，但在过去的15年间居然有7年是下跌的，可见其价格波动有多大，如图2-15所示。

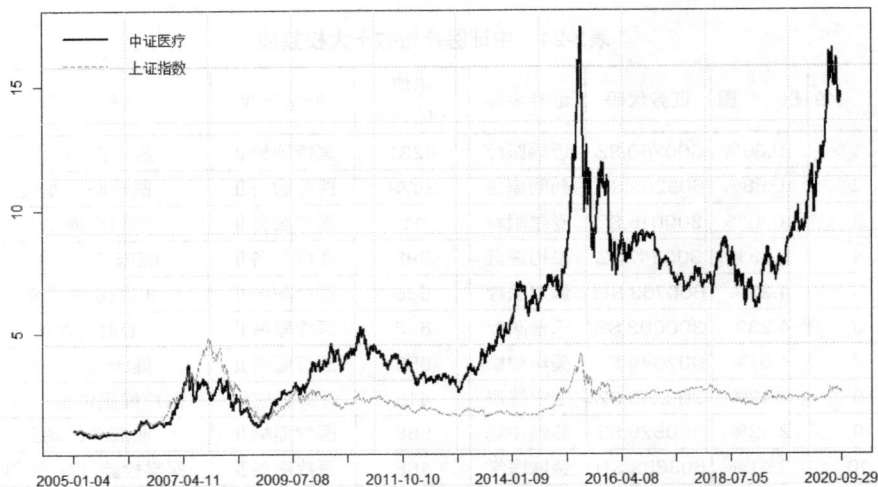

图2-15　中证医疗指数历史价格走势

不过，随着医疗器械、医疗服务行业的逐渐发展，行业集中度越来越高，规模效应开始显现，中证医疗指数中的权重股的公司基本上都是各自所在细分领域的龙头公司，这些公司的经营业绩的稳定性与确定性在不断增强。所以我们认为中证医疗指数在未来的波动性会下降。并且由于医疗行业仍然在快速发展期且发展潜力仍然很大，所以在未来很长的一段时间里，中证医疗指数依然是一个很值得关注的指数。

2.6　从股票指数看A股市场的特点

前面我们对A股的股票指数体系做了一个概览性的介绍，同时还详细介绍了几个代表性指数的构成、特征和历史回报表现等，如上证50、沪深300、中证500等。

由于股票指数是用来度量和反映股票市场总体或局部价格水平及变动趋势的，通过对A股几个代表性指数的分析，我们大致也可以了解A股这个股票市场的特点以及投资价值。

总的来说有以下三点：

1. A股是一个长期回报不错的市场

2005年可以认为是A股市场的一个比较合适的基准起点，之前的A股相对更不成熟，参考价值较弱，而且2005年也是新一轮牛熊周期的开始，也正因如此，中证指数公司所编制的很多重要指数都是以2004年12月31日为基日的，包括沪深300和中证500。所以我们在计算A股长期回报时均以2005年1月1日为最早的起点。

从2005年至今的16年时间里，对A股市场最具代表性的三只指数（上证50、沪深300和中证500）的长期年化回报分别为：9.08%、9.91%和11.72%，这些其实处于一个不错的长期回报水平，和我国的GDP增速很接近，也明显高于债券的长期回报（6%左右）。

另外，由于股票指数遇成分股分红时是直接当股价下跌来处理的，而投资指数基金时，是能收到分红的。所以，投资指数基金的真实回报比股票指数的历史年化涨幅还要更高一些，高的幅度就是股息率的大小。

2. A股是一个波动很大的市场

既然A股的长期回报很不错，那么为什么我们从周围的声音了解到，很多人都没有在A股赚到钱呢？

这是因为A股在历史上的股价波动很大，并且牛短熊长，绝大多数都是牛市时，受众受周围股票赚钱效应的影响才入市买股票的，并且股市位置越高，进去的新股民越多，之后遇牛市结束进入熊市时，又往往很容易因忍受不了长期且巨大的浮亏而割肉出局。

我们假设一种极端情况：A股是一个波动极小的市场，同样的长期平均回报是10%，但是每年都是涨10%，每天、每个月都涨一点点儿，那还有人会在A股亏钱吗？

另外，A股整体的长期涨幅好，并不代表所有公司的涨幅都好。经济发展是一个优胜劣汰的过程，整体长期向前发展是无疑的，但从局部来看，会有大量发展不佳的公司在中途被淘汰出局，甚至灭亡。如果你正好长期投资了这类公司的股票，就不仅仅是赚不赚钱的问题了，而可能是血本无归。

3. 仅仅是买入并长期持有A股的效果并不好

如果是在熊市买入并长期持有A股，虽然长期回报还会不错，以沪深300为标准，可以达到年化10%左右，但其间所经历的波动太大了，也即所承受的风险很大。与承受这份巨大的风险比起来，仅仅收到年化10%的回报似乎不是很值得，也就是这项投资的收益风险比很低，即性价比很低。我们希望获得更高的期望投资收益，或者能将投资风险控制在足够低的水平。

如果是在牛市买入并长期持有A股，那情况就糟糕了，套个五六年不赚钱都很正常。

最后，需要再次说明一点：前面这几个结论是就A股整体来说的，代表性指数是沪深300，其次是上证50和中证500。如果具体到A股内部，不同的行业指数、主题指数等长期回报表现的差别很大。有的行业可能长期涨幅很大，比如消费、医药等，长期年化回报可以达到20%以上，而有的行业又很差，比如石油、煤炭、钢铁、公共交通等行业的，这么多年基本没怎么涨过，投资回报还不如基本无风险的银行理财。

所以，当我们投资指数基金时，不仅需要有择时策略来应对股价的大波动，还要有择指数策略来构建最优的指数组合，从而提升投资收益，降低投资风险，获得真正令人满意的投资业绩。各种股票指数的分析方法与工具正是我们开发策略的基础，从下一章开始，我们将一一介绍这些分析方法与工具。

第 3 章

基本面分析方法

○───◇───○

从理论上来说，指数基金和其所跟踪的股票指数应该有完全一样的价格走势和涨跌幅，这种情况下指数基金的跟踪误差为零。但在实际情况中，由于市场摩擦的存在，指数基金的跟踪误差一般不会为零，并且同一指数基金在不同时期以及跟踪同一股票指数的不同指数基金时，其跟踪误差往往都不一样。此外，对于一些现在交易很活跃的指数基金，它们可能在比较早的历史时间段内交易很不活跃，有很多异常价格，这些异常价格对我们的分析而言是完全没有意义的噪声，而且还会误导我们的分析判断。而对于一些发行时间很晚的指数基金又缺乏足够长的历史数据来进行分析与研究。

总之，这些各种各样的问题的存在都给我们直接以指数基金为对象来进行分析与研究带来了困难。

幸好，指数基金是旨在跟踪股票指数的，股票指数是指数基金的锚与基准，而股票指数的编制原理是完全透明与标准化的。因此，我们可以通过对股票指数的分析与研究来替代对指数基金的分析与研究。实际上，我们后面讲的所有对指数基金的分析方法和工具都要落在股票指数上。由于股票指数是无法直接买卖的，所以在真正的实盘交易时我们又需要以指数基金为交易对象。即股票指数是分析对象，指数基金是交易对象。

与诸如股票、商品期货、外汇等品种一样，股票指数的分析与研究方法也有很多种，比如基本面分析流派、技术分析流派、心理分析流派和学术分析流派等。其中，基本面分析和技术分析是最成体系、最完善，也是最常用的两类分析方法。

在接下来的这两章中，我们将逐个详述基本面分析方法和技术分析方法在指数基金投资中的应用。

3.1　股票指数的基本面分析方法

与股票相比，股票指数的基本面分析方法相对较少，分析指标的数量也不多。总的来说，主要有两类指标：财务指标和估值指标。

1. 财务指标

一般我们说的股票基本面分析是指以上市公司的基本财务数据为基础，对其基本面价值进行分析与评估。这里所说的基本面价值是指上市公司作为一家商业化经营的企业在未来为股东创造利润的能力。

以上市公司财务数据为基础，可以计算出一系列用来分析公司经营情况的财务指标数据，比如净资产收益率（ROE）、毛利率、净利润同比增长率、营收同比增长率、存货周转率、速动比率、资产负债率，这些指标分别从各自的角度反映了企业经营在某一方面的特征表现。

由于股票指数是由一篮子股票所组成的，从理论上来说，对于凡是单只股票所具有的财务指标，股票指数也可以计算出来，但对股票指数而言，很多财务指标并没有什么实际意义，比如存货周转率、速动比率等。

对股票指数而言，比较有实用价值的财务指标是净资产收益率（ROE）、净利润同比增长率、营收同比增长率等，这几个指标也确实是我们在分析股票指数基本面时比较常用的财务指标。

2. 估值指标

如果将财务数据与股价数据相结合，就可以得到一系列用来判断股票估值高低的指标，比如市盈率（PE）、市净率（PB）、股息率、市销率、市现率等。

估值指标有效的理论基础是股票估值的均值回归，也就是说，高估值的股票在未来会通过股价的下跌（或者盈利的增加）来回归合理估值，而低估值的股票在未来会通过股价的上涨（或者盈利的下滑）来回归合理估值。这对投资者来说具有很实际的指导价值，即买入低估值的股票等待股价上涨，或者卖出高估值的股票回避股价下跌。

与财务指标相比，估值指标更为常用，不管是用于股票还是股票指数，都比较合理，可以很方便地用来判断股票或股票指数当前估值水平的高低。通过估值指标还可以引申出它们的分位数指标，比如PE分位数、PB分位数等。在投资实务中，PE、PB、股息率以及它们的分位数指标是最为常用的几个估值指标。

此外，财务指标是季度数据，每季更新，而估值指标是日频数据，每日更新。显然，对量化投资策略研究而言，日频数据的作用是显著大于季度数据的。

综合上述两点考虑，我们后面讲解指数基金投资策略时将会侧重于估值指标的应用。

3.2　指数估值指标详解之市盈率

如果说要挑一个使用频率最高且使用范围最广泛的估值指标，那一定非市盈率莫属。

3.2.1　什么是市盈率

市盈率（Price Earnings Ratio，简称PE）等于企业股权价值与净利润的比值，也等于上市公司的股价与每股盈利的比值，它反映了在企业盈利水平不变的情况下，投资该股票多少年能回本。市盈率的计算公式为：

市盈率（PE）=企业股权价值/净利润=股价（P）/每股盈利（EPS）

在实际计算中，通常以最新股价作为上述公式中的分子，以最近4个季度的每股盈利之和作为分母，以这种方式计算的市盈率也被称作"滚动市盈率"（PE_TTM）。表3-1所示的是A股市场中的一些代表性股票指数在2020年9月30日的市盈率PE。

表3-1 代表性股票指数的市盈率PE

指数名称	指数代码	市盈率 PE	指数名称	指数代码	市盈率 PE
上证指数	000001.SH	15.40	中证银行	399986.SZ	6.13
上证 50	000016.SH	11.80	证券公司	399975.CSI	28.86
沪深 300	000300.SH	14.64	房地产	h30165.CSI	9.45
中证 500	399905.SZ	31.96	中证消费	399932.SZ	36.72
创业板指	399006.SZ	64.37	中证医疗	399989.SZ	73.84
中证 1000	000852.SH	49.51	全指信息	000993.SH	67.94
深圳 100	399330.SZ	29.01	中证传媒	399971.SZ	52.04

3.2.2 使用市盈率时应该注意的问题

市盈率的优点在于原理简单、意义突出且易于计算，绝大多数投资者都能够理解和使用市盈率，但市盈率指标也存在一些明显缺陷，比如：

（1）当企业短期盈利为负时，计算出的市盈率值也为负，而负的市盈率无法从经济意义的角度解释，此时市盈率指标是无法使用的。

（2）作为市盈率计算公式中的分母的净利润是会计收益，而会计收益在某种程度上受会计准则和会计处理方法的影响，而且容易受到上市公司人为的操作影响。

（3）市盈率无法区分经营性资产创造的盈利和非经营性资产创造的盈利，而二者在稳定性、增长前景、潜在风险等方面都有很大差异。

（4）市盈率无法反映公司的长期增长前景。

市盈率既可用来给单只股票估值，也可以用来给股票指数估值，并且从某种意义上来讲，用市盈率给指数估值比给个股估值的参考意义更大。这是因为，对单个公司而言，某个季度的净利润很容易通过各种会计手段（如改变折旧政策等）做高或者做低，同时，受非经常性损益（如投资股票的盈亏、退税补贴等）的影响也大。

因此，当我们用市盈率来给个股估值时，如果不具体情况具体分析，而仅仅是去投资市盈率低的股票，很容易陷入"估值陷阱"。但对股票指数就不一样了，股票指数中包含一篮子股票，这一篮子股票代表的公司整体的净利润很难被主观故意操纵，同时净利润或正或负的影响也会相互抵消一些。

市盈率以净利润作为参考指标，适用于盈利相对稳定、周期性较弱的行业，如公用事业、必需消费品业等，不适用于周期性较强的行业，如资源类行业、证券业等。

3.3　市盈率在指数基金投资中的应用

市盈率可以用来判断股票指数估值的高低状态，然后在指数低估时买入，高估时卖出，这属于择时策略的应用；或者也可以从多个指数中挑选低估值的指数来买入，并卖出高估值的指数，这属于指数优选策略的应用。

根据市盈率指标来做投资，其背后隐含的逻辑是等待估值的均值回归，即低估值指数不会一直处于低估值状态，迟早会通过股价的上涨（或者盈利的下滑）来回归合理估值；同样，高估值指数也不会一直处于高估值状态，也迟早会通过股价的下跌（或者盈利的提升）来回到合理估值状态。

要正确使用市盈率指标，首要的问题就是如何判断股票指数的估值高低。

3.3.1　用市盈率来判断股票指数的估值高点

具体来说，当市盈率的值达到多高时说明股票指数当期的价格是高估的，反之，当市盈率的值多低时又说明股票指数当期的价格是低估的？这个问题可以用相对法和绝对法两种方法来解决：

1. 相对法

所谓相对法，就是用市盈率的历史分位数即PE分位数来判断当期市盈率的高低。PE分位数表示的是股票指数当前的PE值在历史区间所处的位置高低，比如PE分位数为20%，就表示在历史上该股票指数的PE值只有20%的时候比当前的PE值更低。PE分位数的取值范围是0~100%。这里的历史区间取多长涉及参数设置的问题，一般取5~7年较为合适，参数太小无法反映历史的全面情况，太长又弱化了更有意义的近期值的重要性。

PE分位数能很直接地指示出股票指数估值的高低。PE分位数值越低说明现在指数估值越低；反之，PE分位数越高，说明现在的指数估值越高。

2.绝对法

所谓绝对法，就是要找到一个具体的临界数值（比如10或者20）来做参考系数，当市盈率低于该值时，说明指数价格低估，反之说明指数价格高估。

从概念角度来看，市盈率反映的是以当前价格买入该股票后要多少年才能回本，即：

市盈率（PE）＝股价（P）/每股盈利（EPS）

我们对此公式两边同时取倒数，得到：

1/市盈率（PE）＝每股盈利（EPS）/股价（P）

那么，市盈率的倒数（即1/PE）代表的经济意义就是以价格P投资该股票后所能获得的收益率。依据整个经济社会所要求的合理投资回报来看，一般年化回报超过10%就算比较高的了，10%的年化回报对应的市盈率是10倍，因此我们可以认为市盈率低于10倍就算是低的。

另外，国内的无风险收益率（比如国债、银行理财）一般在3%~4%，由于股票资产是风险性资产，它的回报率理应高于无风险收益率，那么当股票资产的收益率小于3%~4%时就说明股票资产的估值是比较高的，对应的市盈率为25~33倍。

因此，我们可以认为股票指数的市盈率小于10倍时是比较低的，高于30倍左右是比较高的，大致如此。

3.3.2　利用市盈率指标择时进行交易

市盈率指标在指数基金投资中最直接的使用方法就是择时交易，当用市盈率指标判断某只股票指数低估时，买入对应的指数基金，而当用市盈率指标判断某只股票指数高估时，卖出对应的指数基金。

如果是从相对角度来判断股票指数的估值高低，可以当指数的PE分位数低于x%（比如20%）时买入待涨，当PE分位数高于$1-x$%时卖出回避下跌，而当PE分位数在x%~$(1-x)$%之间时为中性区间，不操作。我们以沪深300指数为例来看看具体如何用PE分位数对其进行择时交易。这里x%取20%。图3-1所示是沪深300指数的PE分位数走势，沪深300指数在2013年至2014年时的PE分位数基本在20%以下，对应着低估区间，这时候可以买入待涨；而到2015年上半年时，沪深300的PE分位数已经冲到80%以上了，这意味着已经进入高估区间，股价有回落的风险，这时候可以卖出。

图3-1 沪深300指数及其PE分位数走势

如果是从绝对角度来判断指数的估值高低，根据前面所说的，当市盈率小于10倍时可以认为指数属于低估，应该买入，而当市盈率大于30倍左右时可以认为指数属于高估，应该卖出。不过从实际情况来看，这种方法的可操作性和作用一般都很差。

3.3.3 利用市盈率指标优选指数

除了对单只指数进行择时交易，我们还可以利用市盈率指标从众多股票指数中选择一只或多只低估的股票指数买入并持仓，并且当持仓指数的估值不再低估时再卖出换入其他低估的指数。

对于不同类型股票指数的市盈率值是不适合直接进行比较的。比如中证银行和中证医疗的市盈率，直接比较它们的大小就没有意义，因为中证银行的市盈率可能永远都比中证医疗低，再去比较它们市盈率的绝对值高低就没有任何意义了。

但是，不同类型指数的PE分位数可以直接拿来比较，因为PE分位数度量的各指数的当期市盈率值在其各自历史上的高低位置，而PE分位数的取值范围是标准化的，一般都是0~100%，可以很方便地拿来进行直接比较。

3.4 指数估值指标详解：市净率（PB）

在股票指数估值指标中，市净率（PB）是使用频率仅次于市盈率（PE）的一个指标。

3.4.1 什么是市净率（PB）

市净率（Price to Book Ratio，简称PB）等于企业股权价值与净资产的比值，也等于上市公司的股价与每股净资产的比值。它反映了投资者为了获得企业的股权愿意付出多少倍净资产的代价。

市净率的计算公式为：

市净率（PB）＝企业股权价值/净资产＝股价（P）/每股净资产（B）

在实际计算中，我们通常以最新股价作为上述公式的分子，以最新财务报告的每股净资产作为分母来计算。

表3-2所示是A股市场中的一些代表性股票指数在2020年9月30日的市净率PB。

表3-2　代表性股票指数的市净率PB

指数名称	指数代码	市净率 PB	指数名称	指数代码	市净率 PB
上证指数	000001.SH	1.46	中证银行	399986.SZ	0.71
上证 50	000016.SH	1.25	证券公司	399975.CSI	2.07
沪深 300	000300.SH	1.57	房地产	h30165.CSI	1.34
中证 500	399905.SZ	2.09	中证消费	399932.SZ	8.75
创业板指	399006.SZ	7.42	中证医疗	399989.SZ	9.78
中证 1000	000852.SH	2.65	全指信息	000993.SH	4.63
深圳 100	399330.SZ	3.98	中证传媒	399971.SZ	3.09

3.4.2　使用市净率时应该注意的问题

相较于利润指标，净资产受周期波动的影响更小，更加稳定，可比性也更强。但在使用市净率时也有不少问题需要注意：

（1）市净率以企业账面资产价值为基础，忽略了资产创造盈利的能力高低对股权价值的影响。投资的目的是获取收益，资产的账面价值并不是关键，资产创造盈利的能力才是决定投资价值高低的关键，这一点特别是对互联信息、软件等行业尤其重要，其创造盈利的能力往往远高于账目价值所能体现的。

（2）企业账面净资产是采用历史成本核算的，它与资产的真实价值可能相差甚远。

（3）账面净资产无法反映企业运用财务杠杆的水平。

（4）账面净资产受企业会计制度影响较大，不同企业之间的可比性较差。

因此，我们在使用市净率给股票或者股票指数估值时，也要多考虑实际情况，具体问题具体分析。

总的来说，市净率适用于固定资产较多、账面价值相对稳定的行业，如化工业、钢铁业、航空业、航运业等，对于周期性较强的行业，如证券业、银行业，市净率也是重要的参考指标，但市净率不适用于账面价值变化快、不稳定的行业，如固定资产较少、商誉较高的服务行业、互联网信息、软件行业等。

和市盈率一样，用市净率给股票指数估值的参考意义要大于给个股估值的意义，这是因为股票指数中包含一篮子股票，这一篮子股票代表的公司整体的净资产很难被主观刻意操纵，同时对净资产或正或负的各种影响也会相互抵消一些。

3.5 市净率在指数基金投资中的应用

和市盈率类似，市净率也可以用来判断股票指数估值的高低状态，然后进行择时交易或者指数优选。择时交易即在指数低估时买入，高估时卖出；指数优选则是指从众多指数中挑选低估值的指数来买入并持有。

与市盈率一样，同样作为估值指标，根据市净率来做投资，其背后隐含的逻辑也是估值的均值回归，即低估值指数不会一直处于低估值状态，迟早会通过股价的上涨（或者净资产的增加）来回归合理估值。同样，高估值指数也不会一直处于高估值状态，也迟早会通过股价的下跌（或者净资产的减少）来回到合理估值状态。

3.5.1 如何用市净率来判断指数基金的高低估状态

用市净率来判断股票指数估值的高低时，和市盈率一样，也有相对法和绝对法两种方法。

1. 相对法

所谓相对法，是指用市净率的分位数即PB分位数来判断当前指数估值的高低。PB分位数表示的是股票指数当前的PB值在历史区间所处的高低水平，比如PB分位数为20%，就表示在历史上，该股票指数的PB值只有20%的时候会比当前PE值更低。与PE分位数类似，PB分位数的取值范围也是0~100%。并且PB分位数的历史区间取值也是5~7年较为合适，太短无法反映历史的全面情况，太长又弱化了更有意义的近期值的作用。

PB分位能很直接地指示出股票指数估值的高低，PB分位数值越低，说明现在的指数估值越低；反之，PB分位数越高，说明现在的指数估值越高。

2. 绝对法

所谓绝对法，就是找到一个具体的数值（比如1或者2）来做判断估值高低的参考标准，假如我们以PB=1为参考标准，可以认为当PB低于1时，指数是低估的；反之，当PB>1时，指数是高估的。但实际上，PB的这个参考标准数值很难确定，除了PB为1这个值有比较明显的指向意义，其他值似乎都没有什么太大的意义。

PB=1代表企业的股价正好等于净资产价值，更进一步来说是股价等于重置成本，在二级市场买这家企业所付出的价格和重新建造一个这样的企业所付出的价格是一样的。当然，这只对可以重置的企业才说得通，比如钢铁、煤炭这种重资产的传统行业。而对医药、信息技术、互联网这种新兴公司，企业盈利和价值的获取并非主要来自公司净资产，也很难重置一个类似的公司，比如腾讯、阿里巴巴，即使花再多钱也无法再造。这时候再谈市净率大于1还是小于1就没有多大意义了。

3.5.2　利用市净率指标进行择时交易

由于通过市净率的绝对值很难判断一只指数的估值高低，所以也就很难通过对市净率的绝对值大小的判断来进行股票指数的择时交易。但是，我们可以利用PB分位数来进行股票指数的择时交易。实际上，分位数是一种很通用的方法，从理论上来说，所有的指数、所有的估值指标都可以用这个方法来判断当前估值的高低，因为它是自己和自己比，参考系完全一致。

当股票指数的PB分位数低于x%（比如20%）时，我们认为此时的股票指数是低估的，买入待涨，而当PB分位数高于$1-x$%时，我们认为此时的股票指数是高估的，可以卖出回避下跌，而当PB分位数在x%~$(1-x)$%之间时为中性区间，不操作。

我们以沪深300指数为例来看看具体如何用PB分位数来进行择时交易。这里x%取20%。图3-2所示是沪深300指数的PB分位数走势，沪深300指数在2013年至2014年时PB分位数基本在20%以下，对应着低估区间，这时候可以买入待涨；而到2015年上半年时，沪深300的PB分位数已经冲到80%以上，这意味着已经进入高估区间，股价有回落风险，这时候可以卖出，如图3-2所示。

图3-2 沪深300指数及其PB分位数走势

3.5.3 利用市净率指标优选指数

与市盈率类似，不同类型指数的市净率绝对值也是不适合直接拿来比较大小的，要利用市净率来比较不同类型指数的估值高低，也要通过分位数的方法，即相对法。

通过PB分位数，我们可以很方便地比较各指数的估值高低，然后从众多股票指数中选择一只或多只低估的股票指数买入并持仓，并且当持仓指数的估值不再低估时再卖出，换入其他低估的指数。

3.6 指数估值指标详解：股息率

股息率，是指上市公司在最近一年内给股东派发的总现金股利与上市公司的最新总市值的比例，也等于股票在最近一年内的总分红与最新股价的比例，即：

股息率=总现金股利（最近一年）/最新总市值=每股分红（最近一年）/最新股价

股息率反映的是投资者在买入一股股票后，每年可以获得现金分红的数量。

对股票指数而言，股息率等于它所包含的成分公司在最新一年获得总现金股利与这些成分公司的最新总市值之比。指数基金的分红率一般和股票指数的股息率差不多。

表3-3所示是A股市场中的一些代表性股票指数在2020年9月30日的股息率。

表3-3　代表性股票指数的股息率

指数名称	指数代码	股 息 率	指数名称	指数代码	股 息 率
上证指数	000001.SH	2.18%	中证银行	399986.SZ	4.91%
上证 50	000016.SH	2.94%	证券公司	399975.CSI	0.91%
沪深 300	000300.SH	2.18%	房地产	h30165.CSI	3.56%
中证 500	399905.SZ	1.23%	中证消费	399932.SZ	1.14%
创业板指	399006.SZ	0.48%	中证医疗	399989.SZ	0.34%
中证 1000	000852.SH	0.85%	全指信息	000993.SH	0.52%
深圳 100	399330.SZ	1.10%	中证传媒	399971.SZ	1.04%

但需要说明的是，当一只股票或指数基金在分红时，它的市场价格会被除权，被除权部分的大小就正好等于分红金额的大小。因此，股票分红这个行为并不能给投资者带来持仓市值的增加。

举个例子，假如我们持有100股股票A，股票A在T日的收盘价是10.5元，那么我们的持仓总市值就是1050元。恰好这只股票会在T日收盘后分红除息，每股分红金额是0.5元，因此我们在T日收盘结算后可以收到50元的现金分红，即100股×0.5元/股=50元，但是股票A的价格也会同时被除权0.5元，变为10元，100股股票A的总市值此时变为1000元，加上50元的现金，总市值仍然是1050元，和分红前一样。

正因为如此，很多人认为股票分红没有意义，如果考虑分红还可能会被扣税，那分红对股票持有者来说就完全是一个坏事了。

其实股票分红到底有没有意义，关键要看是从什么角度来看这个问题。对于短线投资者来说，分红不仅不能带来市值的增加，还要被扣税，自然没有意义。但对于长线投资者来说，股票分红是股票价值的核心源泉。如果我们把股票看成是一种只付息、但永不还本的永续债券，那么分红就是它在未来能产生的唯一现金流，其现值等于这一系列现金流的贴现值，也即股票价值等于它在未来的分红的贴现值。显然，分红越高的股票价值也就越高。

对于长线配置型的投资者，他们会很看重所买入资产在未来所能给自己带来的现金流大小，股息率越高的股票指数，也即分红越高的指数基金对他们来说越有投资价值，特别是当指数基金的分红率高于其他大类资产（比如债券）的收益率时，指数基金的优势也就更明显了。因为指数基金基本上没有违约风险，而且分红在未来还有很大的增长潜力。

第 4 章

技术面分析方法

　　所谓技术分析，是指以市场行为为研究对象，判断市场趋势并跟随趋势中的周期性变化来进行股票交易决策。技术分析的基础是市场交易行为所形成的数据，比如价格、成交量、成交金额、盘口挂单量、持仓量等，技术分析所使用的数据均来源于市场内部，与之相对应的是基本面分析所使用的数据均来源于市场外部。

　　就开发一个有效的指数基金投资策略而言，基本面分析方法中所能使用的指标工具的种类和数量都比较有限，而技术分析方法中的指标则丰富得多，并且技术分析方法在这个领域所能做的工作、能起到的作用也都是明显高于基本面分析方法。

　　指数基金投资策略通常都是以技术分析方法为主、基本面分析方法为辅，或者只使用技术分析方法。可以说，技术分析方法是指数基金投资策略的基石，如果不能深刻理解技术分析方法，就很难开发出绩效优良的策略。

4.1 计算机化技术分析

技术分析自诞生之日起已经经过长达两三百年的发展和演变，形成了众多的门类，比如道氏理论、图形分析、波浪理论、甘氏理论、技术指标分析等。如果按照分析原则来分类，技术分析可以分为客观型技术分析和主观型技术分析两大类。

客观型技术分析，是指其分析过程中所用到的分析方法具有百分之百客观的定义标准，不含有任何主观定义的部分。常见的客观型技术分析有均线、MACD、RSI、KDJ等，它们都具有一个共同点，就是都有明确的数学计算公式。只要给出计算公式，任何人计算出来的结果都是一样的，比如20日简单均线，不管是谁画出来的均线都是一样的。

主观型技术分析是相对于客观型技术分析而言的，其分析过程中所用到的分析方法不具有百分之百客观的定义标准，起码含有一定的主观定义的部分。比如趋势线、头肩顶等图形分析以及波浪理论等都是主观型技术分析。因为没有完全明确的数学计算公式，所以会出现不同人画出来的趋势线、图形都不一样的情况。波浪理论更是会出现"千人千浪"的尴尬局面。

从某种意义上来说，主观型技术分析更像是艺术，没有明确的定义标准，不同的人对同一种方法的理解与应用都可能会大不相同。能不能学会，更多的是看个人悟性，而非个人努力。而客观型技术分析更像是科学，具有明确的定义标准，可复制性强，易于传授，只要努力学习，任何人都能学会。

如果我们将客观型技术分析的分析和决策过程全部通过计算机来实现，就称为计算机化技术分析。我们的指数基金投资策略所用的技术分析方法都属于计算机化技术分析，只有这样才能确保我们的策略具有很强的科学性和可复制性，才能确保任何人只要认真努力学习都能掌握这一投资方法。

4.2　计算机化技术分析指标

计算机化技术分析指标是使用指数基金投资策略所用到的主要分析方法，基于不同类型的技术分析指标所构建的投资策略，其功能特点可能也会有明显的区别，因此，我们需要先考虑对这些计算机化技术分析指标进行分类。

4.2.1　计算机化技术分析指标的分类

计算机化技术分析指标按性能及设计特征主要分为三大类：趋势类指标、震荡类指标、价格统计类指标。

1. 趋势类指标

趋势类指标旨在捕捉或跟踪价格运行的趋势。它认为股价的运动是具有惯性的，股价涨了之后还会涨，跌了之后还会跌，直至外力的作用让趋势停止。常见的趋势类指标有：移动平均线（MA）、平滑异同移动平均线（MACD）、变动率指标（ROC）等。趋势类指标在趋势行情中会比较有效，在震荡盘整行情中会失效。

2. 震荡类指标

震荡类指标，也叫反趋势类指标、超买超卖类指标，旨在捕捉价格趋势运动的转折点，震荡类指标的核心逻辑是物极必反，它认为股价涨多了就会跌，跌多了就会涨。常见的震荡类指标有：相对强弱指数（RSI）、慢速随机指标（SKDJ）等。震荡类指标在震荡盘整行情中会比较有效，在趋势行情中会失效。

3. 价格统计类指标

价格统计指标旨在刻画价格的某一统计特征，属于参考性指标，一般不能用来直接指导制定买卖决策，但它们能对买卖决策起到很好的辅助作用。常见的价格统计类指标有：度量股价波动大小的波动率指标、度量股价振幅大小的平均真实波幅（ATR）、度量趋势强度的平均趋向指标（ADX）等。

除了上述三大类指标，还有成交量统计指标、市场度量指标等，但这类指标在指数基金投资策略中运用较少，这里不再赘述。

4.2.2　查看技术指标的方法

上面提到的这些技术指标都是传统技术分析理论中的经典指标，均是已商业化、公开化的，在主流的股票行情软件（比如通达信、同花顺等）中可以很方便地查看一只股票和股票指数的这些技术指标值。

这里我们以在通达信中查看沪深300指数的MACD指标为例介绍如何操作。在通达信PC端软件中输入沪深300指数的代码"000300"并点击回车键，就可以打开沪深300指数的日K线图，然后输入MACD指标的字母简称"MACD"并点击回车键，界面下方就会显示MACD指标的走势。对于其他的技术指标操作类似，如图4-1所示。

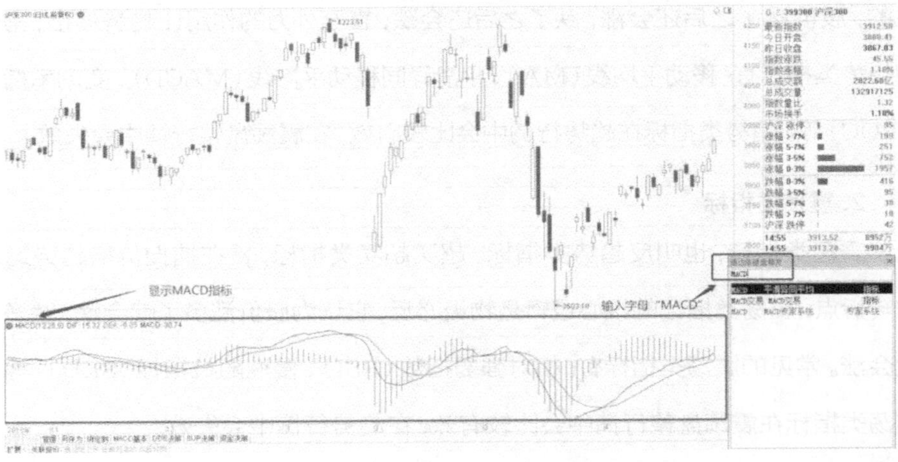

图4-1　在通达信中查看MACD指标

但是，如果是没有商业化的指标，就需要我们自己去编写指标公式。通达信和同花顺软件均有公式编写功能，可以满足大部分公式编写的需求。

最后再说明一点，技术指标的数量非常多，光是逻辑被完全公开的指标就有上百种，还有很多逻辑不被公开的私有指标。我们上面列举的几个指标只是其中的一小部分，但它们是传统技术分析理论中的代表性技术指标。

实际上，我们也不需要去了解所有的技术指标，同一类别中的不同技术指标往往大同小异，功能很接近，我们只要能做到对于每种类别的技术指标都精通几个，就足够我们制定出投资策略了。并且我们也可以根据自己在制定投资策略时的实际所需对经典技术指标加以改进，或者创造新的技术指标。

接下来我们将依次介绍几个经典技术指标的概念与基本用法。

4.3 移动平均线（MA）

移动平均线是最简单、最容易使用，也是使用最为广泛的技术指标。移动平均线虽然简单，但能得到如此广泛的使用且经久不衰，就说明它必然有着很高的使用价值。

4.3.1 基本概念

所谓移动平均线（Moving Average，简称MA或均线），是依次在每个时间点计算其过去一段时期内的股票价格平均值，并将这一系列的平均值连成一根曲线。

比如，计算某只股票的10日均线，应该先在第10天时计算第1天至第10天的股价平均值，然后在第11天时计算第2天至第11天的股价平均值，依此类推……在第t天时计算第（t−10+1）天至第t天的股价平均值，这一系列的平均值就是一根均线。新的数据点出现后，旧的数据点就被剔除了，所以说平均值是"移动的"。通常我们在计算均线时会选取股票的收盘价，但也可以用最高价或最低价，或者是它们的平均值。

移动平均线具有严格的数学定义，n期移动平均线的数学公式为：

$$MA_t=(P_t+P_{t-1}+\cdots+P_{t-n+1})/n=\sum_{i=t-n+1}^{t}P_i$$

其中，MA_t为第t期的移动平均值，P_t为第t期的股票价格。

图4-2所示是沪深300指数的多条均线走势。

图4-2 沪深300指数移动平均线

均线可以平掉股价在短期内的无序噪声波动，反映出股价的长期趋势和方向，并通过倾斜度暗示趋势的强度。比如，在上图中，20日均线反映的沪深300指数月级别的价格趋势大致可以过滤掉价格在周级别的无序噪声波动，而120日均线反映的沪深300指数半年级别的价格趋势大致可以过滤掉价格在月级别的无序噪声波动。

计算均线的时间周期不一样，反映的价格趋势性质也不一样。均线时间周期越短越能及时反映最新的价格走势变化，但缺点是对噪声的有效过滤程度不够，信号反复会比较严重。反之，均线的时间周期越长越不受短期噪声影响，但当价格的走势转向，反应会很迟钝。

4.3.2 移动平均线的使用方法

移动平均线可以直接用于股票或股票指数的择时交易，即当股价上穿N日均线时买入，股价下穿N日均线时卖出。举例说明，图4-3所示是沪深300指数的价格走势，蓝线是它的120日移动平均线，当沪深300指数价格跌破均线时卖出，当沪深300指数价格上穿均线时买入。

图4-3　移动平均线的使用方法

另外，均线也是一种很好的跟踪止盈（或止损）的指标，当根据某种方法买入一只股票，股价在某根均线之上时，我们可以以这根均线来衡量止盈（或止损）价位，股价在均线之上时就一直保持持仓，股价跌破均线时就卖出离场。

4.3.3　更复杂的移动平均线

上面我们所说的移动平均线，更准确地来说叫简单算术移动平均（Simple Moving Average），它在计算股价平均值时对每个时点的价格都是同等重视的，即等权重加权平均。但也有观点认为，近期的价格比历史更久远的价格更重要、更具有参考价值，因此在计算股票价格的移动平均线时，应该给离现在越近的时间点赋予越高的权重，这就是加权移动平均线（Weighted Moving Average）。

简单算术移动平均线和加权移动平均线在计算均值时都只会使用周期参数范围内的数据点，而指数移动平均线（Exponential Moving Average）会将所有历史数据纳入计算，不管均线的周期参数是多少。在指数移动平均线中，时间越近的数据点权重越高，时间越远的数据点权重以指数速度衰减。

与简单算术移动平均线相比，指数移动平均线（EMA）对近期的股价变化更敏感，这恰恰忽视了移动平均线的最初目的：平滑市场波动。目前也尚未有足够的证据可以证明更复杂的移动平均线的性能显著优于简单算术移动平均线，但在计算时却往往会引入更多的参数。因此，除非有充分的理由，否则我们会默认使用简单算术移动平均线。

4.4 平滑异同移动平均线（MACD）

MACD也是一种很经典的技术指标，深受很多专业技术分析者的喜爱，它是在移动平均线的基础上发展而来的。

4.4.1 基本概念

MACD，全称叫"平滑异同移动平均线"，由格拉尔德·阿佩尔（Gerald Appel）在1979年提出，旨在利用股票价格的短期均线与长期均线之间的聚合与分离来识别出股票价格强弱状态的转换。

MACD指标由三根经过指数平滑处理后的移动平均线（即指数移动平均线）构成，最终体现的是其中两根指数移动平均线的差值DIF和DIF的指数移动平均线DEA，并通过DIF和DEA的位置关系来判断买卖时机。具体来说，DIF是股票价格的12日指数移动平均线与26日指数移动平均线的差值，DEA是DIF的9日指数移动平均线，我们以下面的公式来表示：

DIF =EMA（CLOSE,12）−EMA（CLOSE,26）

DEA=EMA（DIF,9）

其中，CLOSE代表股票收盘价，EMA（CLOSE,12）代表股票收盘价的12期指数移动平均线，其他与此类似。MACD中有三个参数，默认取（12,26,9）。

在一般软件中，为显示方便，还会用红绿柱状图来显示快线与慢线对应点之差。图4-4所示为沪深300指数日K线的MACD指标图。

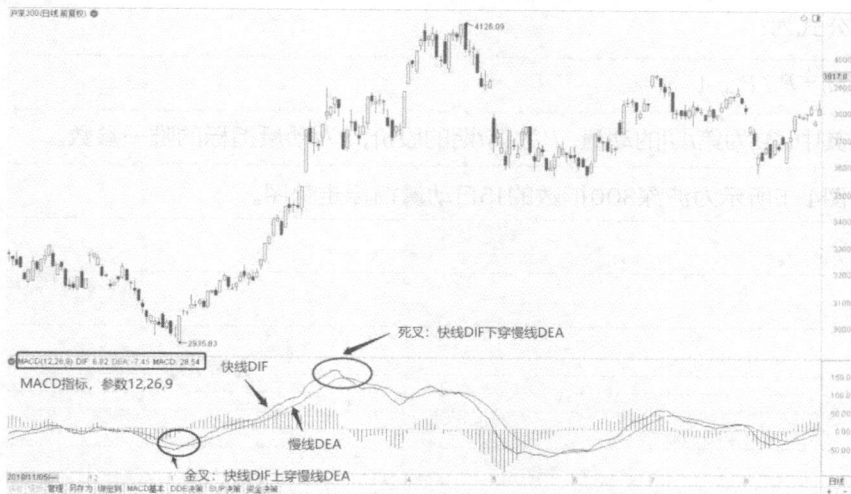

图4-4　沪深300指数日K线的MACD

简单来说，MACD就是一长一短两根均线对应点的差值的均线，度量的是均线势能的变化，本质是一个趋势跟踪类指标。

4.4.2　MACD的使用方法

MACD指标最直接且最经典的用法是：当DIF上穿DEA时（即金叉）买入，当DIF下穿DEA时（即死叉）卖出。此方法具有完全的客观判断标准，可以百分之百地复制，也能很方便地用计算机来实现，属于客观型技术分析。

MACD在传统的主观技术分析领域使用非常广泛，比如底背离、顶背离等，这些用法中的主观判断成分很重，没有统一客观的使用标准，不同的人使用结果可能大不一样，难以复制，也难以做出统一评价，因此不在我们的讨论范围之内。

4.5　动量（Momentum）

动量指标（Momentum），也叫变动率指标（Rate of Change，简称ROC），它即最新的股票价格相较于n天前的股票价格的涨跌幅，即股价的n期涨跌幅，其数学公式为：

$$M_t = P_t / P_{t-n} - 1$$

其中，M_t为第t期的动量，P_t为第t期的股价，n为动量指标的唯一参数。

图4-5所示为沪深300指数的15日动量指标走势图。

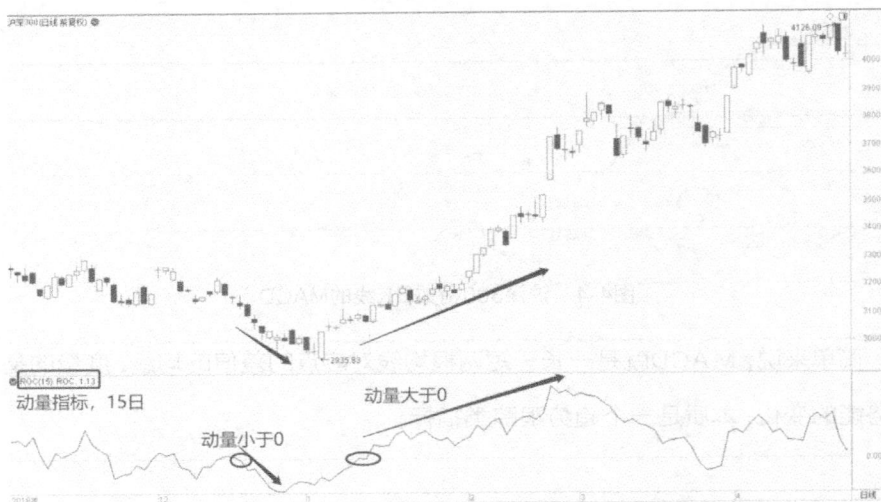

图4-5　沪深300指数15日动量指标走势

　　动量指标的构造虽然很简单，但内涵意义却一点儿也不简单，它不仅能显示出股价运行的方向，还能度量股价运行的速度。当动量指标大于0时，说明此时股价运动的方向是向上的，股票价格是涨的，并且动量指标值越大股价上涨的速度越快。反之，动量指标小于0时，说明此时股价运动的方向是向下的，股票价格是跌的，并且动量指标值越小股价下跌的速度越快。

　　动量指标可以很方便地用于股票或股票指数的择时交易，即当动量指标值上穿零轴时买入，当动量指标值下破零轴时卖出。或者利用动量指标可以度量股价运行速度，在动量指标值处于零轴之上但是所取值开始递减时提前卖出，在动量指标值处于零轴之下但是所取值开始递增时提前买入。

　　此外，动量指标还被广泛应用于指数轮动策略，即买入动量指标值高的指数，卖出动量指标值低的指数。

4.6　LR指标（LR）

　　LR指标不属于经典技术指标，它是我们自主研发的一个指标。LR指标是一个趋势类指标，它不仅能判断出趋势的方向，还能判断出趋势的强度。LR指标的计算方法的使用总共分两步：

　　第一步，计算均线簇。

　　所谓均线簇，就是以全参数、全覆盖的方式来计算股票价格的均线。分别取2，3，4……242作为参数来计算单均线，共计241根均线，这些均线统称为均线簇。这里之所以设置最大均线参数为242，是因为一年有242个交易日，242日均线也可以称为年线。

　　第二步，计算LR指标。

　　当价格处于某根均线之上时，称它为多头排列。

　　LR指标=所有以多头排列的均线数量/241

　　这里我们是以价格处于单均线之上来定义多头排列的概念的。实际上，还可以以很多其他方法来定义多头排列，这就给LR指标的计算提供了很多改进的方向。

　　LR指标的取值范围为0~100%，且以50%为上涨趋势和下跌趋势的临界点，当LR大于50%时，股价呈向上趋势，反之呈下降趋势。一般我们还可以引入中性的震荡区间。

　　（1）当LR处于40%~60%范围之内时，我们认为此时价格的趋势不明朗，处于震荡区间；

　　（2）当LR大于60%时，认为价格的趋势是向上的，并且LR指标值越大，向上的趋势就越强；

　　（3）当LR小于40%时，认为价格的趋势是向下的，并且LR指标值越小，向下的趋势就越强。

这样，LR指标不但解决了趋势方向判断时定性的问题，还解决了趋势强度判断时定量的问题。

下面我们以沪深300指数为例，看看LR指标的具体情况，如图4-6所示。

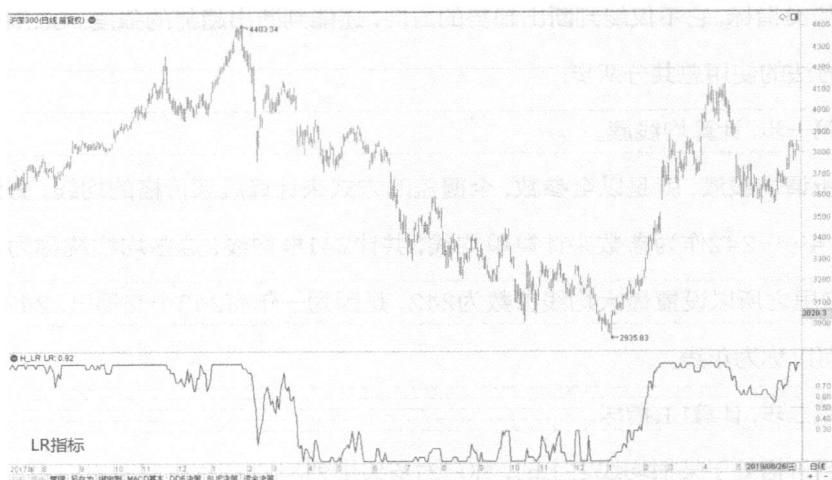

图4-6　沪深300LR指标

图中沪深300指数的时间范围是2017年7月至2019年6月，主图（上部分）是沪深300指数的K线图，附图是LR指标图（下部分）。从LR指标来看，沪深300指数在2017年7月到2018年1月之间，LR都是远大于0.5的，说明此时沪深300指数明显是趋势向上的行情，而进入2018年3月之后，沪深300指数开始了明显趋势向下的行情，在此期间，LR基本上是远小于0.5的，直到2019年1月，下跌趋势逆转后开启一波中级反弹行情，此时LR也同样反弹到了0.5之上。

4.7　相对强弱指数（RSI）

相对强弱指数(Relative Strength Index)由威尔斯·威尔德（Welles Wilder）首创，并发表在1978年出版的《技术交易系统新概念》一书中。RSI的计算公式为：

$$RSI=100-\frac{100}{1+RS}$$

其中，$RS=\dfrac{近n个交易日中价格上涨的交易日之收市价平均增幅}{近n个交易日中价格下跌的交易日之收市价平均减幅}$

n为RSI指标的参数，默认取14。

RSI指标度量的是一段时间内股价运动总波幅中下跌部分的占比。RSI的指标取值固定在0~100的范围区间内，50是中间临界点。当RSI指标小于50时，说明最近的股价运动以下跌为主，反之，当RSI指标大于50时，说明最近的股价运动以上涨为主。特别地，当RSI等于0时，说明最近每一期的股票价格都是下跌的，而当RSI等于100时，说明最近每一期的股票价格都是上涨的。

图4-7所示是沪深300指数的RSI指标走势。

作为一个震荡类指标，RSI最主要的用法是捕捉股价到达的底部和顶部的时机。一般认为，当RSI小于30时（也可以是其他小于50的值），股票被严重超卖，此时股价即将反弹；而当RSI大于70时，股票被严重超买，形势即将反转，股价回落。

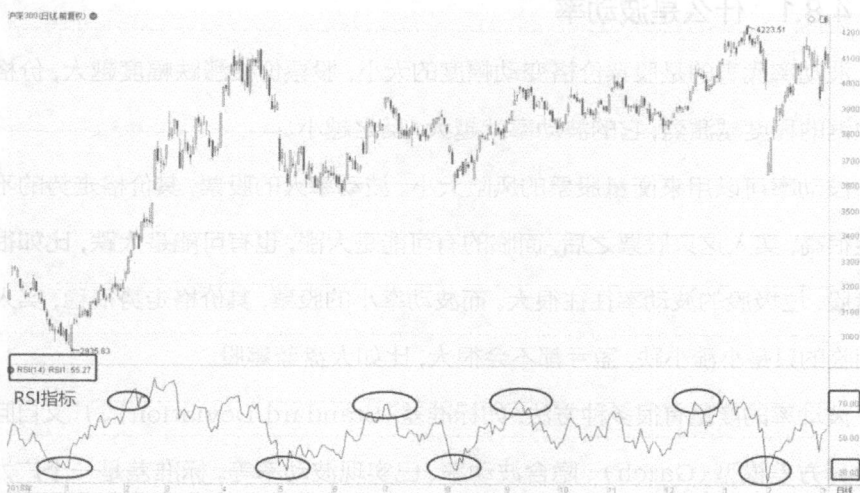

图4-7 沪深300指数的RSI指标

如果直接采用上述方法来进行择时交易，会出现两个比较严重的问题：

第一，当RSI指标刚刚下破30之后，股价可能还会持续下跌很长一段时间，而当RSI指标上穿70之后，股价也可能会继续上涨很长一段时间。也就是说，用RSI来进行抄底逃顶的择时交易，很容易过早买入或者卖出。

第二，当股价下跌时，虽然RSI指标也会下降，但是有可能跌破不到30就开始反弹，这时候RSI指标不会发出买入信号。反之，当股价上涨时，虽然RSI指标也会上升，但也有可能没有上穿70就开始回落下跌，这时候RSI指标就没有机会发出卖出信号。

4.8　波动率

波动率并不算是很经典的技术指标，它一般也不能直接用于指导买卖交易，但是它对我们构建指数基金投资策略有着重要的作用与意义，特别是在投资风险控制方面。在后文中，我们会频繁使用到波动率指标。

4.8.1　什么是波动率

波动率代表的是股票价格变动幅度的大小，股票价格涨跌幅度越大，价格来回拉锯的程度越激烈，它的波动率就越大，反之越小。

波动率可以用来衡量股票的风险大小。波动率大的股票，其价格走势的不确定性很高，买入这只股票之后，面临的有可能是大涨，也有可能是大跌，比如很多小盘股、垃圾股的波动率往往很大。而波动率小的股票，其价格走势很稳，买入之后面临的只是小涨小跌，盈亏都不会很大，比如大盘蓝筹股。

波动率的度量有很多种方法，如标准差（Standard Deviation）、广义自回归条件异方差模型（Garch）、隐含波动率、已实现波动率等。标准差是一个广为人知的统计概念，它等于总体各单位标准值与其平均数离差平方的算术平均数的平方根，它反映的是组内个体间的离散程度。标准差的计算比较方便，并且通达信等常用股票软件中都自带标准差的计算公式。

其他三种波动率的度量方法相对来说都比较复杂。进行隐含波动率的计算必须要有对应标的的期权价格，而A股市场具有期权标的的股票或股票指数屈指可数。Garch的计算要用到复杂的计量经济学模型，普通投资者对其原理可能难以理解。已实现波动率的计算最为麻烦，不仅需要用到计量经济学模型，还要用到股票价格的日内高频数据。

因此，真正适合普通投资者使用的波动率度量方法只有标准差。标准差的数学计算公式为：

$$sd = \sqrt{\sum_{i=1}^{n} \frac{(x_i - \bar{x})}{n-1}}$$

其中，x_i 为股票价格收益率，$\bar{x}$ 为 x_i 的平均数，n 为计算标准差所用的样本数据长度，一般可以取20日、30日或60日。

4.8.2 波动率代表的意义

首先我们以沪深300指数为例，看看它的波动率历史走势，如图4-8所示。

图4-8 沪深300指数的波动率走势

在上图中，黑线代表是沪深300指数的价格走势，灰色柱形图是以标准差

（30日）计算的沪深300指数的波动率，从历史上来看，沪深300的波动率基本在0.5%~4%，中枢位置在1%左右。

当沪深300指数的波动率中枢在1%左右时，根据3-sigma准则，沪深300指数一天的涨跌幅有68%的概率不会超过±1%，有95%的概率不会超过上下两倍的1%（即±2%），也就是从概率上讲，在20个交易日里，沪深300会有1天的涨跌幅超过±2%。这就是波动率所指示的直观意义。

4.9 平均真实波幅（ATR）

平均真实波幅（Average True Range）由威尔斯·威尔德（Welles Wilder）首创，最早发表在1978年出版的《技术交易系统新概念》一书中。ATR度量的振幅是股价运行的最大范围，从K线图上来看，当日K线的最高价和最低价之间的距离代表的就是ATR的振幅。

但是我们还需要考虑开盘时点跳空的情况。当股价开盘向上跳空，并且当日最低价大于上一日最高价时，当日股价的真实运行范围就是昨日收盘价到当日最高价的距离。当股价开盘向下跳空，并且当日最高价小于上一日最低价时，当日股价的真实运行范围就是昨日收盘价到当日最低价的距离。即真实价格范围（True Range）等于下述三个距离中的最大值：

（1）当日最高价到当日最低价的距离；

（2）昨日收盘价到当日最高价的距离；

（3）昨日收盘价到当日最低价的距离。

仅仅用一天的真实价格范围来进行股价振幅的度量是不够稳健的，因此，我们要对最近n期的真实价格范围取平均值，这个平均值就是平均真实波幅ATR。ATR的计算公式为：

$$TR_t = \max\{H_t - L_t, \text{abs}(H_t - C_{t-1}), \text{abs}(C_{t-1} - L_t)\}$$

$$ATR=EMA(\mathrm{TR}_t,n)$$

其中，H_t是第t期的最高价，L_t是第t期的最低价，C_{t-1}是第$t-1$期的收盘价，abs()为取绝对值，max()为取最大值，$EMA(\mathrm{TR}_t,n)$为真实价格范围TR的n期指数平均值。

ATR度量的是股价的振幅大小，振幅具有很直观的意义，即股价运行的最大范围。ATR与波动率的概念有点儿类似，也确定在不少实际应用领域，两者均可使用，只是意义有些不同。一般来说，对于同一只股票在不同时期，以及同一时期的不同的股票，它们的振幅都可能是不同的。

4.10 如何正确理解技术指标

对技术指标存在两种极端的误解，一种认为一个有用的技术指标就应该百分之百地预测出股价的涨跌，另一种则是只要技术指标预测错过几次就认为它是没用的。要么百分之百有效，要么百分之百无效，非黑即白，没有中间地带，是这两种误解存在的错误。

投资是一个概率游戏，用投资指标来指导交易亦是如此。技术指标的有效性并不在于可以百分之百地预测股价的未来涨跌，也不可能有哪个指标可以百分之百地预测股价的未来涨跌，而是在于它可以产生足够的正期望，即用它来指导买卖交易可以获得足够的胜算。

假设有一个技术指标有60%的胜率可以预测出抛硬币的正反面，预测对了可以赚1元，预测错了亏1元，那么这个技术指标就是有效的。虽然它不能百分之百地预测到抛硬币的结果，也可能连续预测错多次。但是，只要我们预测的次数足够多，最终就一定是盈利的。用这个技术指标每预测一次都可以产生0.2元的正期望值，即60%×1元−40%×1元=0.2元，这就是这个技术指标带给我们的胜算。

在投资的世界中也是如此，只要一个技术指标能给我们带来正期望，带来胜算,那么它对我们来说就是有价值的,区别只是在于这个指标的有效性是体现在胜率高还是盈亏比高,以及它的有效性的绝对大小不同。

如果将投资比喻成战争,技术指标就相当于投资者手中的武器,不同的技术指标就是不同的武器,和战争一样,武器是决定战争胜负的重要因素,但却不是决定性因素。决定战争胜负的决定性因素是战争策略的制定、实际组织和实施,决定投资成败的是投资策略整体的有效性,而不是单个技术指标的优劣程度。很多业绩优良的投资策略也没有用到什么高深莫测的神奇指标,只是根据策略逻辑将一些经典指标有效结合起来效果就很好了。当然,拥有更好的技术指标也可以提高投资成功的概率。

在本系列的量化择时策略中,我们将不会把重点放在追寻先进的"武器"上,即寻找更新奇的技术指标,而是更强调对一般技术指标的有效组合和运用。

4.11 基本面分析与技术分析

无论是基本面分析还是技术面分析都有很多的忠实拥趸,但一直以来,都有一些基本面分析投资者发表"技术无用论"的观点,也有部分技术面分析投资者认为基本面分析没用。这种观点肯定是不对的,其实技术分析和基本面分析只是两种不同的投资方法而已,存在即合理,这两种方法的使用能经久不衰,必然有它们的独特之处,否则可能早就消亡了。

这里从多角度来对技术分析和基本面分析的区别及各自优缺点进行讨论。

4.11.1 对待市场的态度

技术分析认为市场永远是对的,市场价格消融一切,所有能对证券价格产生影响的信息都已经反应在价格的波动中了,包括对未来市场价格运动趋势的提示信息。由于技术分析认为市场永远是对的,所以它强调对价格的趋势跟随,市场价格运动的方向代表着一条正确的道路，因此只要跟着市场价格走就行了。

基本面分析恰恰相反，它认为市场永远是错的。基本面分析对证券价格有自己的判断，认为价值才是对的，而市场价格基本上永远和价值不相等，因此基本面分析认为市场价格永远是错的。当市场价格小于证券价值时，基本面分析认为价格将会上涨到价值的位置，应该买入；当市场价格大于证券价值时，基本面分析认为价格将下跌到价值的位置，应该卖出。

4.11.2　分析所使用的数据

技术分析只使用市场内部数据，也即股票交易行为所形成的数据，比如价格、交易量、持仓量等，因为技术分析认为所有市场外部有价值的信息都已经反映到市场内部中来了。

基本面分析则正好相反，基本面分析只使用和证券相关的市场外部数据，比如宏观经济数据、行业数据及公司财务数据等。基本面分析认为市场永远是错误的，市场是情绪化的、不理性的，我们应该远离它，那么自然市场信息也是没有价值的。

4.11.3　对投资风险的控制能力

技术分析是一种防御性的投资方法，强调顺从市场，跟随市场，不和市场对着干。技术分析对投资风险有着很强的控制能力，通过止损、自带出场的趋势跟踪类指标（如均线），技术分析对风险的控制可以做到定量化。以均线策略为例，只要价格开始往下跌，那么价格迟早会下穿均线，从而触发出场指令，本次交易的最大亏损金额就是价格和均线之间的距离。

基本面分析正好相反，它认为市场永远是错的，强调和市场对着干，所以它的风险控制能力是很弱的。巴菲特卖出股票的三原则：股价极度高估、公司基本面出现问题、发现更好的股票，均没有对投资风险的控制能力。

举个例子，假设有一只股票，经过基本面分析认为它的价值是15元，此时市场价格是10元，市场价格小于价值，判断低估，以现价10元买入，接下来市场"情绪化发作"，市场价格下跌到8元，亏损20%，此时很有可能是股票基本面根本没有发生任何变化，那么投资者没有卖出的理由，但接下来价格还会跌到哪儿完全是不可预测的，也即亏损是不可预测的。甚至此时投资者应该继续买入，因为如果1只价值15元的股票在10元时都买入了，那么8元时更应该买入，而亏损后加仓恰恰是一条"自取灭亡"的路。

4.11.4　方法的有效性

根据法玛提出的有效市场假说，在弱式有效市场中，技术分析无效而基本面分析有效；在半强式市场中，技术分析和基本面分析均无效。从这个理论来看，基本面分析的有效性是要强于技术分析的，并且我觉得现实表现亦是如此。以A股市场为例，我觉得基本面分析应用在个股上是有效的，而技术分析有效性可能不强，但对股票指数，技术分析是有效的。

另外，基本面分析的专业门槛远高于技术分析，从这个角度来看，基本面分析的有效性也应该是强于技术分析的。但这并不是说用基本面分析的就都能赚钱，用技术分析的就都会亏钱，能否实现盈利，关键还是看投资者本身对各种方法应用的功底。

基本面分析和技术分析也许易学，但一定难以达到精通，经常看到有人只是学了点儿皮毛，可能都还没有入门，就想靠它们赚钱，结果亏了钱就怪方法没用，而不是从自己身上找问题。

4.11.5　普适性

技术分析的普适性无疑是最强的，无论是股票还是债券，商品期货还是外汇，只要有成交价格产生，就能绘制出K线图，就能将同一套技术分析指标套上去用。当然，我们先不说它有没有效，起码是有地方可以对其着手进行分析的。

技术分析的基础理论有部分是建立在市场参与者的群体性心理特征之上的，

而人性的弱点并不会因为市场形态和社会形态的不同而产生本质区别，这从理论上保证了技术分析的多市场普适性。

　　基本面分析的普适性又正好是很弱的，先不说股票市场、商品期货市场和外汇市场的分析方法可能是天壤之别，就算是同在股票市场中的不同行业的个股，同在商品期货市场的化工品和有色金属，分析方法可能也是大不相同的。一般而言，个人投资者能精通一个行业的股票投资已经是很不容易的了，而要覆盖股票市场中的多个行业，甚至多个市场，那基本上只有人力资源丰富的投资机构才可能办得到。

　　综合来看，技术分析和基本面分析均是局部反映证券市场的规律和特征，都各有其优缺点，很难说谁优谁劣。直接一味地否定基本面分析或技术分析的人，大多数是对这两种方法没有正确地认识。

　　其实，不管是基本面分析还是技术分析的投资者，都应该摒弃这种无谓的门户之见，好好研究对方的方法，汲取对自己有益的内容，去其糟粕取其精华，形成同时兼具技术分析和基本面分析优点的方法。

第 5 章

市场整体性分析

———○———

    在前面的两章中我们介绍了许多基本面分析方法和技术面分析方法的内容，这些方法基本上都是针对单只股票指数进行分析的，但是有时候我们也需要对整个股票市场的整体情况进行分析，用于辅助决策。比如，当我们从基本面估值角度分析认为股票市场现在的整体估值偏低时，就可以提高股票资产的配置仓位；反之，当我们认为股票市场现在的整体估值偏高时，就可以降低股票资产的配置仓位。从技术面角度分析也是如此，市场整体强势时可以提高股票仓位或者选择进攻性强的品种，市场整体弱势时可以降低股票仓位或者选择防御性的品种。

5.1 股票市场整体的估值分析

股票是大类资产的一种,对股票市场整体估值高低的判断必须要有其他大类资产辅助建立参考系,而最适合做参考系的资产就是债券,债券资产的到期收益率可以清晰、直接地反映出它的投资价值高低。在实际应用中,我们一般选择十年国债的到期收益率来作为债券资产到期收益率的代理变量。

接下来从市盈率和股息率两个角度,通过对比股票资产和债券资产分别给投资者带来的投资收益率来分析股票资产的估值高低,这两个角度的核心概念分别是风险补偿收益率和股债收益比。

5.1.1 风险补偿收益率

风险补偿收益率度量的是投资股票资产所能获得的风险收益率相较于无风险收益率有多大的补偿。风险补偿收益率可以用来判断股票市场整体的估值高低,当风险补偿收益率较低时,说明股票市场整体的估值较低;反之,当风险补偿收益率较高时,说明股票市场整体的估值较高。

从概念角度来看,市盈率反映的是以当前价格买入该股票后要多少年才能回本,即:

市盈率(PE)=股价(P)/每股盈利(EPS)

我们对此公式两边同时取倒数,得到如下公式:

1/市盈率(PE)=每股盈利(EPS)/股价(P)

那么,市盈率的倒数(即1/PE)代表的经济意义就是以价格P投资该股票后所能获得的隐含收益率,并且该收益率是风险收益率,因为企业未来的盈利EPS具有高度的不确定性。

既然是风险收益率,那么它应该高于无风险利率,因为承担风险需要有额外的收益补偿。

我们以十年国债到期收益率（简称"十债YTM"）来代表无风险利率，并定义风险补偿收益率为承担风险所获得的额外收益率，即：

风险补偿收益率＝风险收益率－无风险收益率＝1/市盈率（PE）－十债YTM

其中，我们选取万得全A指数来代表风险资产，也即A股市场整体资产，万得全A指数以沪深两市所有的股票为样本股，并以自由流通股本作为权重进行计算，它对A股市场整体的代表性很强。

从理论角度来讲，风险补偿收益率理应要大于0，因为承担额外的风险应该获得补偿，也即获得高于无风险收益率的收益。如果风险补偿收益率小于0，意为此时承担额外风险所能获得的收益报酬还不如无风险收益率，说明此时的股市是极其高估的，是明显不合乎经济逻辑的，这时往往对应的是牛市的泡沫阶段。

如图5-1所示，黑色实线代表的是风险补偿收益率的走势，灰色虚线代表的是万得全A指数走势。从历史表现上来看，风险补偿收益率存在三个小于0的区间，对应的时间分别是：2007年1月—2008年7月、2009年7月—2010年3月以及2015年5月—2015年6月，这三个时间段基本分别对应着各自的牛市顶部，在之后的时间里，股票市场均经历了大幅回落。

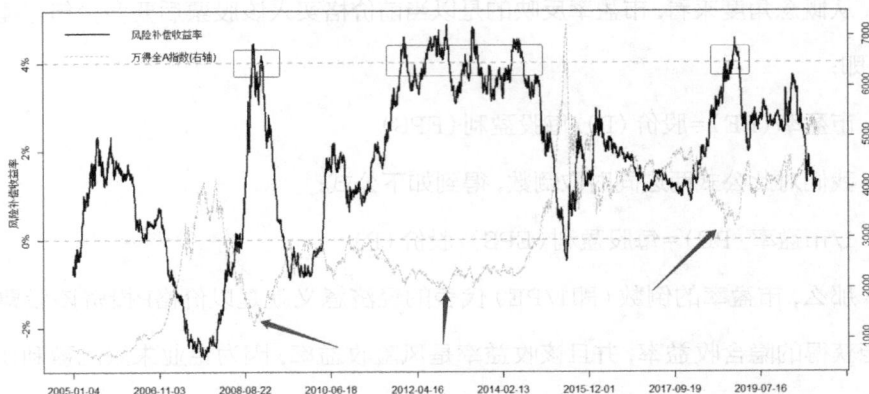

图5-1　风险补偿收益率与万得全A指数价格走势

风险补偿收益率越大，说明股票资产的吸引力越大，即股票市场整体的估值越低。那么风险补偿收益率多高时说明股票市场整体是低估的呢？相对而言，这更难判断一些，我们只能从历史数据中去寻找一些规律。从图5-1中风险补偿收益率的历史走势来看，当风险补偿收益率的最高区域基本在4%左右时，往往对应的是股市的底部区域，图5-1中的箭头有三个时间段的风险补偿收益率达到4%，分别是2008年12月—2009年2月、2012年1月—2014年6月、2018年12月—2019年1月，这三个时间段均对应股市底部，在之后不久的时间里，均迎来股价的大幅上涨。4%代表此时买入股票资产可以获得的风险溢价补偿水平，我们可以认为这是一个足够高的风险溢价补偿，此时的股票市场价格足够低估，低估到我们买入1单位的风险资产可以额外获得4%的风险补偿收益。

综上所述：

当[风险补偿收益率=1/市盈率（PE）－十债YTM]>4%时，股票市场显著低估；

当[风险补偿收益率=1/市盈率（PE）－十债YTM]<0%时，股票市场显著高估。

上述公式变换后可得：

当市盈率（PE）< $\dfrac{1}{十债YTM+4\%}$ 时，股票市场显著低估；

当市盈率（PE）> $\dfrac{1}{十债YTM}$ 时，股票市场显著高估。

5.1.2　股债收益比

股债收益比代表的是投资股票资产所能获得的分红收益率与投资债券资产所能获得的收益率之比，它度量的是股票资产相较于债券资产的长期配置价值。

股债收益比=股票的股息率/债券的到期收益率

它基于以下一种情形假设：我们可以把股票当成是一种特殊的债券，即永续债券，它每年付息但永不还本。每年的股息率就是股票付给投资者的利息。那么，对于长期配置型资金，它会考虑是买入股票这种永续债券的利息收益高还是买入普通债券的利息收益高，收益高的资产往往具有更高的投资价值。

对于股票资产而言，我们选择上证50指数作为代表，因为它是A股市场的核心宽基指数中股息率最高的，股息分红稳定，也不存在违约风险。债券方面，我们仍然选择十年国债到期收益率（简称"十债YTM"）。一般来说，股息率应该小于债券到期收益率，因为上市公司的盈利是会增长的，对应公司分红自然也会增长。倘若股价不涨，股息率会逐年提高，而股价上涨，又会获得股价上涨带来的收益。而反观债券利息，它在债券发行的那一刻就已经确定了，根本没有增长。

所以，当股息率大于债券到期收益率，也即股债收益比大于1时，以上证50为代表的股票资产的长期配置价值是明显高于债券资产的，这时候我们可以说股票市场整体的估值是偏低的，并且股债收益比越高，低估程度越高。

如图5-2所示，黑色实线表示的是股债收益比的情况，灰色虚线表示的是上证50指数的价格走势。从图中来看，有多处股债收益比超过了1，比如2005年10月、2013年8月、2014年10月及2016年2月等，另外还有2008年12月，其股债收益比非常接近1，这些位置基本上都对应着股市底部，在之后的时间里普遍都迎来了股价的上涨行情。其中，股债收益比最高值为1.25，发生在2016年2月，正是2016年2月至2018年1月的大盘股慢牛市的起点。因此，当股债收益比大于1时，股票市场的投资价值是很明显的。

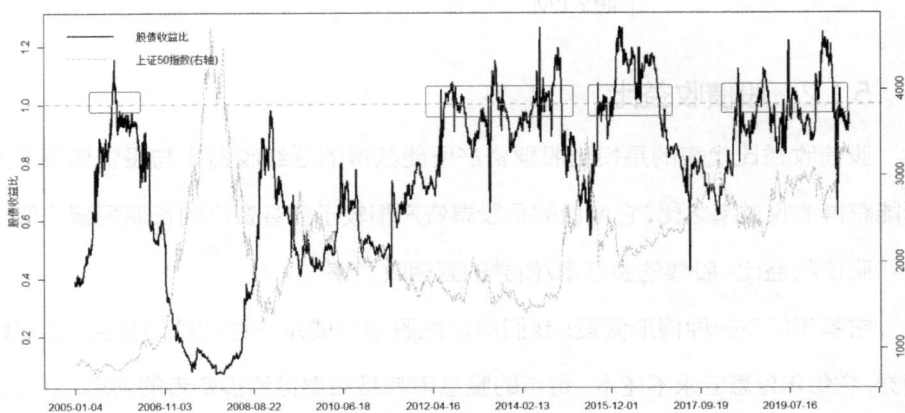

图5-2　股债收益比与上证50指数价格走势

那么，当股债收益比大于多少时说明股票市场是高估的呢？这个问题相对不太好回答，从历史情况来看，股债收益比低于0.6倍时，应该警惕市场估值过高，有回落的风险。

5.2　股票市场整体的强弱分析

首先需要说明，这里所说的股票市场整体的强弱主要是指技术分析上的强弱，当市场处于上涨趋势时，我们认为是强势市场；反之，当市场处于下跌趋势时，我们认为是弱势市场。趋势情况可以用技术指标来判断，单只股票指数的技术指标只能分析它自身的趋势强弱。

对于股票市场整体而言，我们考虑使用28只申万一级行业指数来作为它的代理变量。申万一级行业指数是最具代表性的行业分类方法之一。从行业分类的角度来看，股票市场整体是由众多性质不同的行业指数组成的，每一只行业指数都代表市场中的某一部分，基本上所有的股票都可以归为某一个行业，所以这28只行业指数囊括了市场中几乎所有股票的信息，对市场整体具有很强的代表性。申万一级行业指数情况具体见表5–1。

表5-1　申万一级行业指数明细

指数代码	指数名称	指数代码	指数名称	指数代码	指数名称	指数代码	指数名称
801010.SI	农林牧渔	801120.SI	食品饮料	801200.SI	商业贸易	801750.SI	计算机
801020.SI	采掘	801130.SI	纺织服装	801210.SI	休闲服务	801760.SI	传媒
801030.SI	化工	801140.SI	轻工制造	801230.SI	综合	801770.SI	通信
801040.SI	钢铁	801150.SI	医药生物	801710.SI	建筑材料	801780.SI	银行
801050.SI	有色金属	801160.SI	公用事业	801720.SI	建筑装饰	801790.SI	非银金融
801080.SI	电子	801170.SI	交通运输	801730.SI	电气设备	801880.SI	汽车
801110.SI	家用电器	801180.SI	房地产	801740.SI	国防军工	801890.SI	机械设备

如果我们从技术分析的角度分别去度量这28只行业指数的趋势强弱，然后再综合起来就可以得到对股票市场整体趋势强弱的判断。

5.2.1 基于LR指标的市场强弱指标

LR指标就是一种能很好地度量行业指数趋势强度的指标。

所谓LR指标是指在所有均线中呈多头排列形态的数量占比，具体概念及计算方法可见第4章第6节内容。LR指标的取值很标准化，均在0~100%，且LR的取值越大则说明趋势越强，这样，对不同行业指数的趋势强度进行综合比较分析很方便。

利用申万一级行业指数的LR指标来度量市场整体的强弱很简单，只要先分别计算28只申万一级行业指数的LR指标值，再取它们的平均值就可以了。这个平均值就是我们所需要的可以用来度量股票市场强弱的指标。

可知，市场强弱指标也是在0~100%波动的，并且50%是市场强弱的临界点，数值在50%以上说明是市场是强势市场，在50%以下说明市场是弱势市场，这给我们对这个指标的理解带来了很大的方便。

一般地，我们还可以引入市场强弱的中性区间[30%,70%]：

（1）当市场强弱指标小于30%时，说明此时市场是弱势市场，这时候可以保持股票低仓位，并持有防御性强的、低贝塔的品种；

（2）当市场强弱指标大于70%时，说明此时市场是强势市场，这时候可以保持股票高仓位，并持有进攻性强的、高贝塔的品种；

（3）当市场强弱指标大于30%且小于70%时，说明此时市场是中性市场，应均衡对待。

5.2.2 其他的方法

LR指标并非唯一可以用于判断市场整体强弱的技术指标，还有很多其他技术指标也可以用来判断市场整体强弱。比如单均线，我们可以先分别单独计算28只申万一级行业指数的n日均线，当行业指数的价格在均线之上时取1，在均线之下时取0，然后计算这28个取值的平均值，这个平均值代表的是这28只行业指数中呈强势形态的指数的数量占比，也是度量市场整体强弱的一种方式。

　　但是与LR指标法相比，单均线法有两个不足之处：首先，它多引入了一个参数，即计算均线的参数n，其次，单均线法所包含的信息量远小于LR指标法，单均线法只包含28只行业指数的n期均线信息，而LR指标法包含28只行业指数各自所有均线的信息。显然，LR指标法对股票市场整体的代表性更强。

第6章

市场局部性分析

在股票市场中，不同的股票指数之间往往存在着千丝万缕的联系，其背后的信息是
不同板块或行业主题之间存在某种关联。在本章中，我们将对A股市场中的一些代表性
指数之间的相关性进行详细分析，然后再对不同指数的相对关系在投资中的价值进行
一些讨论。

6.1 股票指数之间的相关性

在构建投资组合时，组合中各证券标的之间的相关性是一个无法回避的问题，因为投资组合能否起到分散风险的作用以及分散风险的作用有多大，基本取决于各证券标的之间的相关程度的高低。

对指数基金投资策略也一样，无论是后文将要谈到的指数择时策略还是指数轮动策略都选取了多只股票指数基金作为交易对象。为了达到更好的投资效果，这些股票指数基金之间的相关性就是一个必须考虑的问题。

6.1.1 概念

相关性度量的是两个变量之间的关联程度。如果两个变量 X 和 Y 呈同向运动，即其中一个变量增大时，另外一个也在增大，那么它们就是正相关的；反之，如果两个变量呈反向运动，此消彼长，其中一个变量增大时，另外一个变量在减小，那么它们就是负相关的。

相关系数是用来反映两个变量之间线性相关性大小的统计指标。相关系数是一个数学概念，假设有变量 X 和 Y，则它们的相关系数 $\rho(X,Y)$ 的数学计算公式为：

$$\rho(X,Y) = \frac{C_{ov}(X,Y)}{\sqrt{Var(X) \cdot Var(Y)}}$$

其中，$C_{ov}(X,Y)$ 为 X 与 Y 的协方差，$Var(X)$ 和 $Var(Y)$ 分别为变量 X 和 Y 的方差。相关系数 ρ 的取值范围为 $[-1,1]$。

如果存在常数 a 和 b 且 $a>0$，使得 $Y=a \cdot X+b$，则说明 X 和 Y 是完全线性正相关的，它们之间的相关系数 $\rho=1$；如果存在常数 a 和 b 且 $a<0$，使得 $Y=a \cdot X+b$，则说明 X 和 Y 是完全线性负相关的，它们之间的相关系数 $\rho=-1$。当 $\rho=0$ 时，说明变量 X 和 Y 之间不存在线性相关性；当 $\rho>0$ 时，说明变量 X 和 Y 之间是线性正相关的；当

$\rho < 0$时，说明变量X和Y之间是线性负相关的。

相关性的概念对投资有着很大的意义。当我们构建投资组合时，只有选择相关性较低甚至负相关的股票才能真正发挥分散风险的作用。这一点对我们投资指数基金也是一样的，我们在构建指数基金的投资组合时，也要尽可能地选择相关系数低的股票指数。在构建指数基金投资策略的标的指数池时，比如指数择时策略、指数轮动策略等，也需要尽可能地选择相关性低的指数，这样才能发挥分散择时或者轮动的作用。

6.1.2　规模指数之间的相关性

首先，我们来看规模指数之间的相关性情况。上证50、沪深300、中证500、中证1000和创业板指是A股市场最具有代表性的五只规模指数。

上证50指数由沪市A股中市值规模最大、流动性最好的、最具代表性的50只股票构成，反映的是沪市超大盘股的股票价格表现。

沪深300指数由沪深两市市值规模最大、流动性最好的300只股票构成，反映的是沪深两市大盘股的股票价格表现。

中证500指数由沪深两市市值规模及流动性排名第301~800位的股票构成，与沪深300指数无重复成分股，反映的是沪深两市中小盘股的股票价格表现。

中证1000指数由沪深两市市值规模及流动性排名第801~1800位的股票构成，与沪深300指数及中证500指数均无重复成分股，反映的是沪深两市小盘股的股票价格表现。

创业板指由深市创业板最具代表性的100只股票构成，综合反映创业板市场整体的运行情况。

表6-1呈现了上述五只代表性规模指数的详细情况。

表6-1　代表性规模指数列表

指数代码	指数名称	基　　期	选样范围	成分股数量	风　　格
000016.SH	上证 50	2003-12-31	沪市 A 股	50	超大盘／价值
000300.SH	沪深 300	2004-12-31	沪深 A 股	300	大盘／价值
399905.SZ	中证 500	2004-12-31	沪深 A 股	500	中小盘／成长
000852.SH	中证 1000	2004-12-31	沪深 A 股	1000	小盘／成长
399006.SZ	创业板指	2010-05-31	深市创业板	100	中小盘／成长

图6-1所示是上述五只代表性规模指数在2013年1月1日至2020年9月30日期间的价格走势,为方便比较,我们对各指数的价格做了归一化处理。

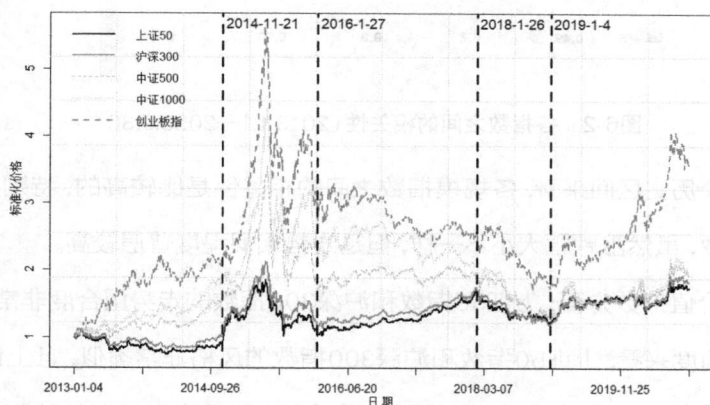

图6-1　各规模指数的历史价格走势

图6-2所示为上述五只规模指数之间的相关性图,进行相关性计算时所取的历史数据范围为2013年1月1日至2020年9月30日。图中左下部分的数字为各规模指数之间的相关系数的具体数值,右上部分以椭圆图的形式展示了各规模指数直接的相关性大小,椭圆方向为右上方代表的是正相关,且椭圆越扁说明正相关程度越高,椭圆越宽说明正相关程度越低,而椭圆方向为左上方代表的是负相关,且椭圆越扁说明负相关程度越高,椭圆越宽说明负相关程度越低。这里需要说明的一点是,指数之间的相关性并不是固定不变的,而是随着时间的推移一直在不断变化,且相关性的计算结果和它所选的数据范围也有关系。

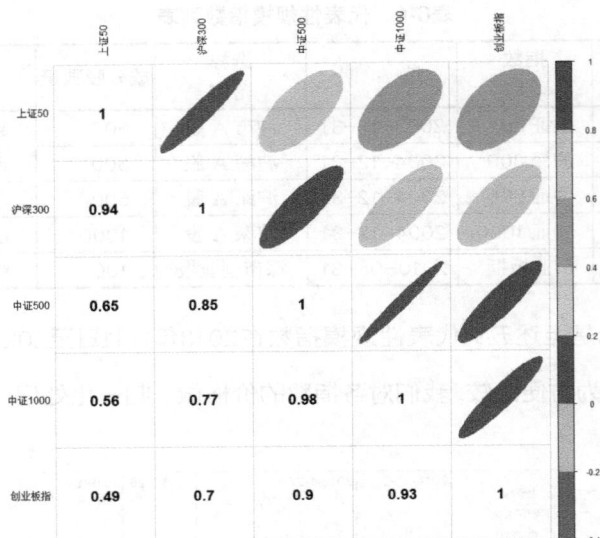

图6-2　各指数之间的相关性（2013.1.1—2020.9.30）

从整个历史区间来看，各规模指数之间的相关性是比较高的，特别是同类型风格的指数，虽然涨跌幅大小不一样，但是走势相似程度普遍较高。

大盘价值指数方面：上证50指数和沪深300指数的走势重合度非常高。从经济逻辑的角度来看，上证50指数和沪深300指数的风格非常类似，且上证50指数的成分股也基本上都是沪深300指数的成分股，所以这两只指数的相关性非常高，上证50指数和沪深300指数的相关性高达0.94。

中小盘成长指数方面：中证500指数、中证1000指数和创业板指三者之间的相关性非常高，特别是中证500指数和中证1000指数，两者之间的相关性高达0.98，这两只指数不但风格一致，而且成分股来源也一致，虽然两者的成分股不含重复的股票，但从实际情况来看，市值规模及流动性排名第301~800位的股票(即中证500成分股)和市值规模及流动性排名第801~800位的股票（即中证1000成分股）并没有表现出本质区别。至于创业板指，虽然它的风格类型也是中小盘、成长型，但是它的成分股只来源于深市创业板市场，且其中不乏一些成长型的大盘股，典型的如宁德时代（300750.SZ）、迈瑞医疗（300760.SZ）、爱尔眼科（300015.SZ）、东方财富（300059.SZ）等，市值规模普遍在所有A股股票中排前50名至前20名，所以创业板指和中证500指数、中证1000指数有一些明显的区别。

大盘指数和中小盘指数直接的相关性则普遍相对较低，其中最低的一组为上证50指数和创业板指，两者之间的相关性为0.49，其次是上证50指数和中证1000指数，两者直接的相关性为0.56。

另外我们也注意到，在不同的市场阶段，各规模指数之间的走势的相似程度是不一样的。这本质上是因为，长期以来，A股市场存在显著的风格轮动现象，不同风格的股票群体经常会轮换性地表现出相对的强势与弱势，交替出现阶段性占优的现象。根据市场风格的不同，我们将整个历史区间分成五个部分，具体可见图6-1中的竖线。2013年1月1日至2014年11月21日是中小盘、成长风格占优阶段，上证50指数和沪深300指数还处于熊市末期的震荡寻底阶段，而创业板指、中证500和中证1000指数已经处于震荡上涨的趋势中了，但是它们之间仍然表现出一定的相关性。

图6-3所示为展示上述时间范围内各规模指数之间的相关性，上证50指数和创业板指之间的相关性仅为0.32，但也依然是正相关。创业板指和中证500指数及中证1000指数之间的相关性分别为0.79和0.89，虽然均处于上涨行情之中，但是创业板指的涨幅明显更大。

这里需要说明的一点是，两只指数之间的相关性高，并不代表它们的涨跌幅会接近，根据相关性的定义，假如指数A每天涨2%，而指数B每天涨1%，即指数A的涨幅是指数B的涨幅的2倍，这代表指数A和指数B是完全正相关的，它们之间的相关系数为1，但是随着时间的推移，指数A和指数B的涨幅差距会非常大。

2014年11月22日至2016年1月27日之间是全面牛市与全面熊市行情，其间以创业板指为代表的中小盘指数无论上涨幅度还是下跌幅度都明显高于以沪深300指数为代表的大盘指数。各股票指数的走势也表现出较高的相似度，它们之间详细的相关性情况如图6-4所示。各股票指数在此时间段内的相关性和前述时间段内的（2013年1月1日至2014年11月21日）确实有所不同，这证明了各股票指数之间的相关性大小是在动态变化的观点。

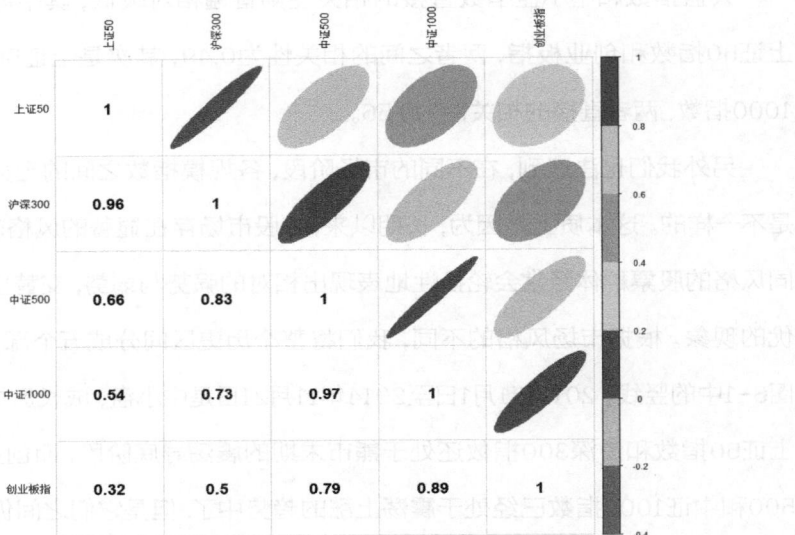

图6-3 各规模指数之间的相关性（2013.1.1—2014.11.21）

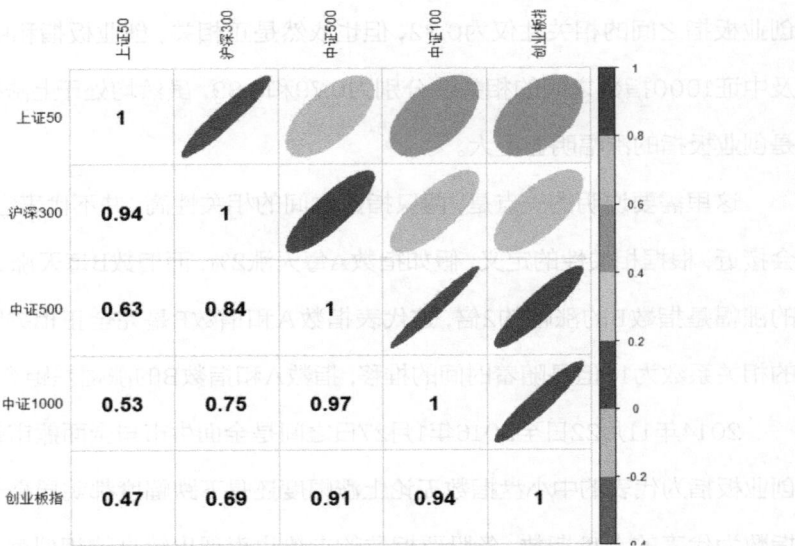

图6-4 各股票指数走势之间的相关性（2014.11.22—2016.1.27）

2016年1月28日至2018年1月26日之间则是大盘、价值风格股占优阶段，上证50指数和沪深300指数处于一个时间长度为两年的慢牛走势之中，而中证500指数、中证1000指数和创业板指则处于震荡下跌的走势之中，但是它们之间也依然表现出一定的走势相似度，具体相关性情况如图6-5所示。

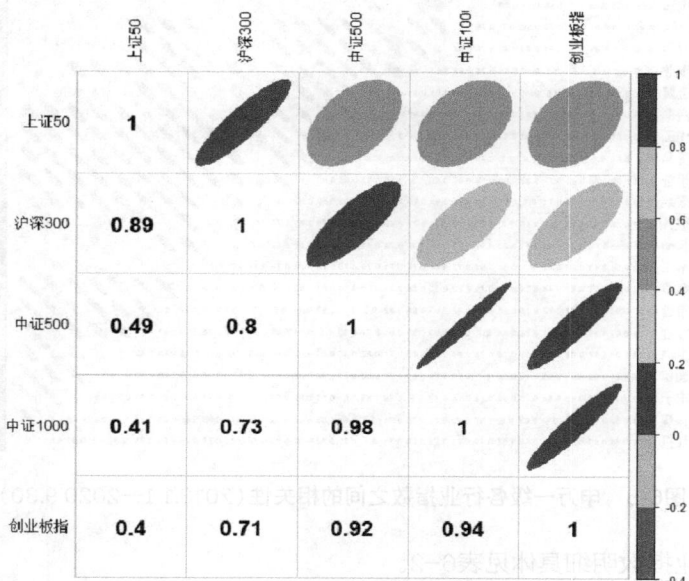

图6-5 各股票指数走势之间的相关性（2016.1.28—2018.1.26）

剩余的两个时间段，2018年1月27日至2019年1月4日是全面熊市行情，2019年1月5日至2020年9月30日则是全面上涨行情，但是创业板指的涨幅明显大于其他剩余的4只指数。

6.1.3 行业指数之间的相关性

我们选择申万一级行业作为示例，申万一级行业共计28只指数，申万一级行业指数直接的相关性情况如图6-6所示。

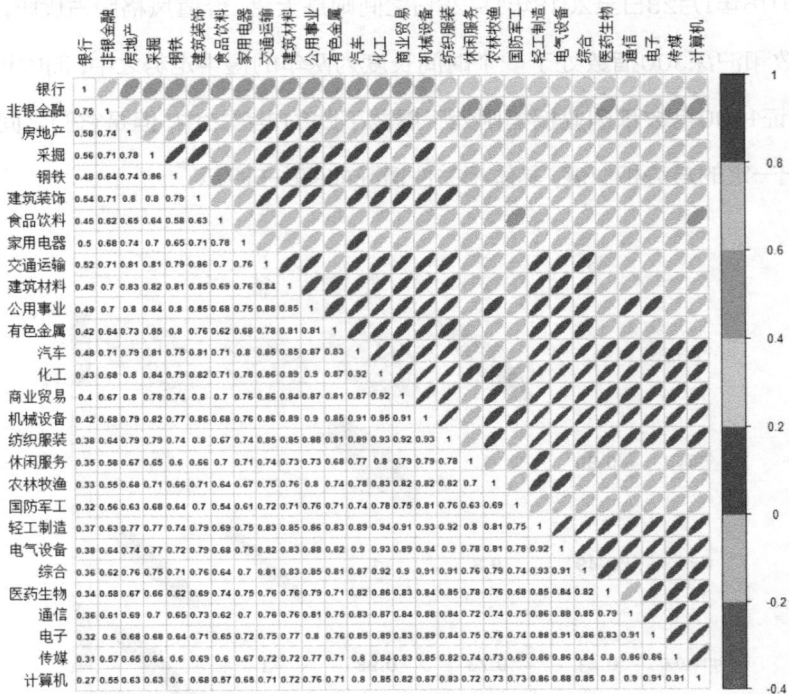

图6-6　申万一级各行业指数之间的相关性（2013.1.1—2020.9.30）

	银行	非银金融	房地产	采掘	钢铁	建筑装饰	食品饮料	家用电器	交通运输	建筑材料	公用事业	有色金属	汽车	化工	商业贸易	机械设备	纺织服装	休闲服务	农林牧渔	国防军工	轻工制造	电气设备	综合	医药生物	通信	电子	传媒	计算机
银行	1																											
非银金融	0.75	1																										
房地产	0.58	0.74	1																									
采掘	0.56	0.71	0.78	1																								
钢铁	0.48	0.64	0.74	0.86	1																							
建筑装饰	0.54	0.71	0.8	0.8	0.79	1																						
食品饮料	0.45	0.62	0.65	0.64	0.58	0.63	1																					
家用电器	0.5	0.68	0.74	0.7	0.65	0.71	0.78	1																				
交通运输	0.52	0.71	0.81	0.81	0.79	0.86	0.74	0.76	1																			
建筑材料	0.47	0.7	0.83	0.82	0.81	0.85	0.68	0.74	0.84	1																		
公用事业	0.49	0.7	0.82	0.84	0.85	0.68	0.75	0.85	0.85	1																		
有色金属	0.42	0.64	0.73	0.85	0.8	0.76	0.62	0.68	0.78	0.81	0.81	1																
汽车	0.48	0.71	0.79	0.81	0.75	0.81	0.71	0.8	0.85	0.85	0.87	0.83	1															
化工	0.43	0.68	0.79	0.8	0.87	0.8	0.67	0.73	0.8	0.87	0.92			1														
商业贸易	0.4	0.67	0.8	0.78	0.74	0.8	0.7	0.76	0.76	0.84	0.87	0.81	0.87	0.92	1													
机械设备	0.42	0.68	0.79	0.82	0.77	0.86	0.68	0.76	0.86	0.86	0.9	0.85	0.9	0.95	0.91	1												
纺织服装	0.38	0.64	0.79	0.79	0.74	0.8	0.67	0.74	0.85	0.86	0.88	0.81	0.89	0.93	0.92	0.93	1											
休闲服务	0.35	0.58	0.67	0.65	0.6	0.66	0.7	0.71	0.74	0.73	0.68	0.77	0.79	0.79	0.78			1										
农林牧渔	0.33	0.55	0.64	0.7	0.64	0.71	0.71	0.74	0.76	0.75	0.73	0.69	0.73	0.83	0.82	0.82	0.7	0.69	1									
国防军工	0.32	0.56	0.63	0.63	0.64	0.7	0.54	0.61	0.71	0.76	0.71	0.66	0.75	0.73	0.75	0.76	0.63	0.75	1									
轻工制造	0.37	0.63	0.77	0.74	0.74	0.8	0.69	0.76	0.83	0.86	0.83	0.8	0.84	0.94	0.91	0.93	0.92	0.8	0.75	1								
电气设备	0.38	0.64	0.74	0.77	0.72	0.79	0.68	0.82	0.83	0.88	0.82	0.8	0.83	0.93	0.89	0.94	0.9	0.78	0.8	0.78	0.92	1						
综合	0.36	0.62	0.7	0.77	0.76	0.74	0.6	0.71	0.83	0.85	0.8	0.77	0.81	0.91	0.91	0.91	0.79	0.74	0.93	0.91			1					
医药生物	0.34	0.58	0.67	0.66	0.6	0.69	0.76	0.73	0.73	0.74	0.7	0.68	0.79	0.86	0.83	0.84	0.72	0.68	0.85	0.84	0.82			1				
通信	0.36	0.61	0.69	0.7	0.65	0.73	0.62	0.7	0.76	0.79	0.75	0.75	0.76	0.86	0.85	0.86	0.8	0.85	0.85	0.82					1			
电子	0.32	0.6	0.68	0.68	0.6	0.7	0.57	0.67	0.73	0.76	0.74	0.72	0.76	0.88	0.86	0.83	0.91								0.91	1		
传媒	0.31	0.57	0.64	0.64	0.6	0.65	0.6	0.67	0.72	0.72	0.77	0.71	0.84	0.84	0.84	0.73	0.69	0.86	0.86	0.8	0.86	0.91					1	
计算机	0.27	0.55	0.63	0.63	0.6	0.67	0.57	0.65	0.71	0.72	0.76	0.71	0.72	0.86	0.87	0.83	0.8	0.73	0.73	0.86	0.88	0.85	0.8	0.9	0.91	0.91		1

其行业指数明细具体见表6-2。

表6-2　申万一级行业指数明细

指数代码	指数名称	指数代码	指数名称	指数代码	指数名称	指数代码	指数名称
801010.SI	农林牧渔	801120.SI	食品饮料	801200.SI	商业贸易	801750.SI	计算机
801020.SI	采掘	801130.SI	纺织服装	801210.SI	休闲服务	801760.SI	传媒
801030.SI	化工	801140.SI	轻工制造	801230.SI	综合	801770.SI	通信
801040.SI	钢铁	801150.SI	医药生物	801710.SI	建筑材料	801780.SI	银行
801050.SI	有色金属	801160.SI	公用事业	801720.SI	建筑装饰	801790.SI	非银金融
801080.SI	电子	801170.SI	交通运输	801730.SI	电气设备	801880.SI	汽车
801110.SI	家用电器	801180.SI	房地产	801740.SI	国防军工	801890.SI	机械设备

从图6-6来看，我们可以得出以下几点结论：

（1）A股市场各行业之间的相关性普遍很高，相关系数最低也有0.3左右，其中相关性最低的一对行业为银行和计算机，它们之间的相关性为0.27。大多数行业之间的相关性在0.7以上。从这点来看，在A股市场利用不同的行业指数来构建投资组合以分散风险的作用较为有限。

（2）相关性高不代表涨跌幅大小一致，这一点我们在前面也说过。最近这几年来，不同行业指数之间的涨跌幅差异非常大，比如房地产和食品饮料的涨跌幅表现可谓天壤之别，但是它们之间的相关性还是有0.65。

（3）不同风格类型的行业指数存在着显著的聚集效应，比如银行、房地产、采掘和钢铁等传统周期性行业之间的相关性程度较高，而计算机、传媒、电子和通信这些成长行业直接的相关性也较高，并且这两大板块各行业之间的相关性又普遍较小。

（4）银行是和其他行业之间的相关性最小的行业，和其他行业的相关性基本在0.2~0.6，之所以会这样，我们猜测可能是因为银行是一个经常被用来烫平大盘指数波动的板块，即我们经常会看到，其他行业在大涨时，银行在跌；反过来，其他行业在大跌时，银行在涨，这跟我们对于其历史表现的直观感受应该是一致的。

6.2　股票指数之间的相对价值分析

一般而言，股票市场内部的各行业板块之间的走势是具有明显差异的。在上涨行情中，不同行业板块之间的上涨速度与幅度往往都有着明显区别，下跌行情中也是如此，甚至某些行业板块在上涨时，另外一些行业板块在下跌。这就是所谓的结构化行情。结构化行情是A股市场长期存在的。行业板块之间的相对价值分析就是去捕捉当期阶段更有投资价值的行业板块，当然对行业板块的分析要落到跟踪它们的股票指数之上。相对价值分析有两个维度：相对价格与相对估值。

6.2.1 相对价格走势

相对价格是指两只不同的股票指数的价格之比，通过两只股票指数的相关价格走势，可以很清晰地看出它们之间的相对强弱关系。

假设股票指数A的价格序列为P_t^A，股票指数B的价格序列为P_t^B，则股票指数A和股票指数B的相对价格走势为P_t^A / P_t^B。进一步地，为了观测方便，我们可以先对股票指数A和股票指数B的价格先做归一化处理，再计算它们的相对价格走势。

这样，股票指数A的价格、股票指数B的价格，以及它们之间的相对价格的起始点就都是1了。处理之后，股票指数A和股票指数B的相对价格RP_t的计算公式为：

$$PR_t = (P_t^A / P_t^A)(P_t^B / P_t^B) = (P_t^A \cdot P_t^B)(P_t^B \cdot P_t^A)$$

图6-7所示是沪深300指数和创业板指的相关价格走势。图中，黑色虚线代表的是两者的价格走势，对应坐标轴为右轴。沪深300指数代表的是大盘、价值风格，而创业板指代表的是中小盘、成长风格。

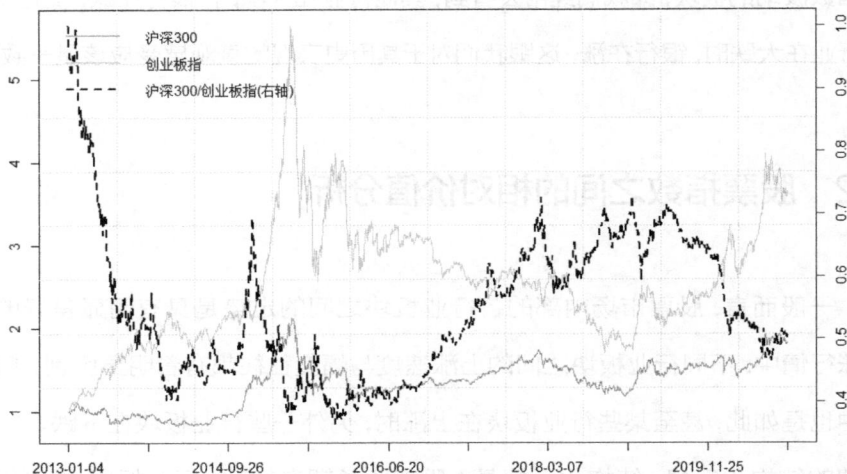

图6-7 沪深300指数与创业板指的相关价格走势

可以看出，沪深300指数和创业板指之间的相对强弱走势波动很大。在某些时间段里，两者的价格涨跌幅可以相差很大，比如在2013年至2014年初，创业板指大涨100%以上，而沪深300指数还跌了20%，这也就是我们所说的风格轮动现象。显然，在这段时间内，以创业板指为代表的中小盘、成长风格处于优势阶段，而在2016年至2018年初，则是典型的以沪深300指数为代表的大盘、成长风格处于优势的阶段。

这里我们注意到一个现象，在多数时间里，市场风格一旦形成，持续的时间往往会比较长，一般可以达到1~2年之久。

这点对于我们的实际投资有着非常重要的意义，我们应等市场风格形成之后选择占优的一方。

具体操作时，可以以相对价格的长期均线（比如120日）作为参考，当相对价格的位置位于其均线之上时，说明此时是沪深300指数占优阶段，我们可以选择投资沪深300指数；

反之，当相对价格位于其均线之下时，说明此时是创业板指占优阶段，我们可以选择投资创业板指，如图6-8所示。

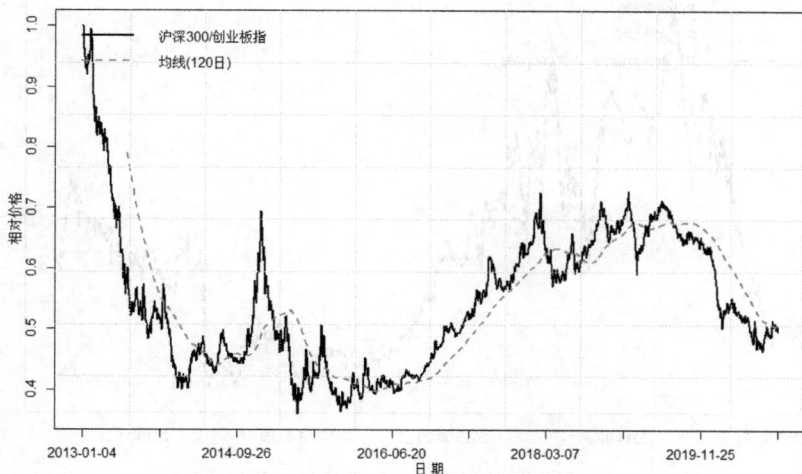

图6-8　沪深300指数/创业板指及其均线走势

6.2.2 相对估值走势

相对估值的概念与相对价格类似，它度量的是两只不同的股票指数之比。通过两只股票指数的相关估值走势，可以很清晰地看出它们之间的相对估值关系。最常用的估值指标有市盈率PE和市净率PB，接下来我们以市盈率PE为例进行说明。

假设股票指数A的市盈率序列为RE_t^A，股票指数B的市盈率序列为RE_t^B，则股票指数A和股票指数B的相对估值RPE_t的计算公式为：

$$RPE_t = RE_t^A / RE_t^B = (P_t^A / EPS_t^A) / (P_t^B / EPS_t^B) = (P_t^A \cdot EPS_t^B) / (P_t^B \cdot EPS_t^A)$$

上式中，P_t^A为股票指数A的价格序列，P_t^B为股票指数B的价格序列，EPS_t^A为股票指数A的每股盈利，EPS_t^B为股票指数B的每股盈利。

可见，股票指数A与股票指数B的相对估值RPE_t的变化由它们的价格之比及每股盈利之比决定，且与价格之比成正比，与每股盈利之比成反比。

图6-9所示为创业板指和沪深300指数的相对估值走势。图中，黑色虚线表示的是两者的相对估值走势，对应坐标轴为右轴。

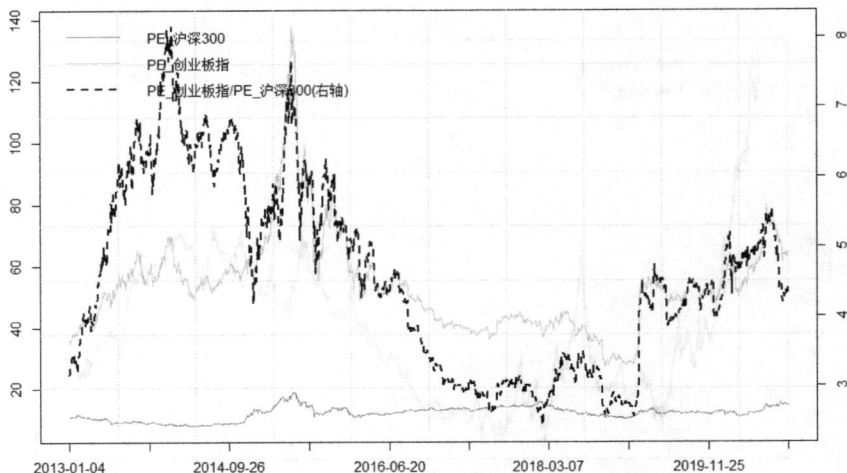

图6-9 创业板指/沪深300指数的相对估值走势

从整个历史区间来看，沪深300指数的市盈率PE基本处于8~19倍的区间，对应的盈利收益率（也即市盈率的倒数）为12.5%~5.3%，中位数在12倍左右。

　　总的来说，这是一个比较合理的估值区间，基本上没有出现过泡沫。创业板指则不然，它在历史上的市盈率PE波动范围为27~138倍，对应的盈利收益率为0.7%~3.7%，中位数在53倍左右。创业板指在历史上的大多数时间都处于一个高估值的状态，很少有低估值的时候。

　　同样是股票指数，创业板指与沪深300指数估值的差别是非常大的。创业板指的市盈率基本上是沪深300指数的4~5倍，最高曾到过8倍以上，最少也有2.4倍。

　　从理论上来说，高估值对应高增长，股票的高估值要通过未来业绩的高速增长来消化，以回归均衡估值，或者通过股价的下跌回归均衡估值。但现实情况却未必如此，就拿创业板指来说，在历史上并没有表现出与其高估值相匹配的高业绩增速，但是其估值在多数时间内都居高不下。

第 7 章

什么是投资策略

　　在指数基金策略投资中，指数基金是交易对象，股票指数是分析与研究对象，基本面分析和技术面分析是工具和方法。如果把投资比作烹饪，那么股票指数和指数基金就是原料、食材，基本面和技术面等工具方法就是厨具、调料，有好的原料、食材、厨具、调料，不代表就一定能做出美食。同样，有好的投研对象和工具方法，也不代表投资者就一定能获得好的投资业绩。要想获得好的投资业绩，还需要有一套行之有效的投资策略，正如要想做出美食，也需要有一套好的烹饪方法一样，投资策略就相当于烹饪方法。

7.1　什么是投资策略

所谓投资策略，就是一套完整的交易规则体系，它对投资决策过程中的各个环节都做出了明确且客观的规定，从而形成一个完整的决策链。

投资策略有两个核心概念：完整性和客观性。对投资策略而言，这两种缺一不可，缺少其中任何一个都不能成为一个严格意义上的投资策略。

完整性是指投资策略应该拥有整套的规则体系，可以告诉投资者什么时候应该买入、买多少，什么时候又该卖出、卖多少，卖了之后又该如何再次买入。投资策略的规则包括买入规则、卖出规则、风险控制规则和资金管理规则。其中，买入规则和卖出规则是投资策略中最基本的部分，是必不可少的，否则就无法形成一个完整的决策链，而风险控制规则和资金管理规则并非所有的投资策略都有。

像我们平时经常听到的诸如"业绩利好信息发布后买入""放量突破前高后买入"这类表述的方法均不能称为投资策略，因为它们都只告诉投资者什么时候该买入，而没有告诉投资者什么时候应该卖出，即只有买入规则，没有卖出规则。并且也没有告诉投资者买的时候应该买多少，卖的时候又该卖多少。因此，这类方法不具备完整性。

客观性是指投资策略中的各种规则必须是百分之百完全客观的、明确的，可以用数学公式表示出来，其定义是没有任何歧义的。投资策略的客观性确保了投资策略执行结果的可复制性与策略具有可传授性，从理论上来说，不同的投资者只要完全按照投资策略的规则严格执行就可以获得完全一样的投资结果。从这个角度来讲，投资策略属于科学型的投资方法。在实际投资中，由于市场摩擦的存在，不同的投资者实施同一个投资策略的结果一般也不会完全一样，但不会有本质上的区别。

比如我们前面所说的"业绩利好信息发布后买入"这条买入规则就是不具有

客观性的。因为怎样的业绩算利好，怎样的业绩算利空，不同的人判断的标准可能大不相同。还有像"股票低估时买入"也是类似，对于股票怎样算低估没有给出明确、客观的判断方法。又比如"股价进入上涨趋势后买入，上涨趋势消失时卖出"没有给出明确的判断方法来确认上涨趋势何时形成，又何时消失。对于这种不客观的投资策略，不同的人实施的结果经常会大不相同，因为它们没有统一的判定与执行标准。

此外，一个正常的投资策略，其买入规则和卖出规则应该是合乎逻辑、符合现实情况的。比如"当沪深300指数的价格跌到1以下时买入"虽然也是一条买入规则，但显然不现实，因为沪深300指数的价格一般为4000点左右。再比如"当沪深300指数的市盈率大于50时就卖出"虽然不能说不可能，但是被触发的概率和频率会极小，因为沪深300指数最近10年的市盈率最高值也不过才20左右。好的买入规则和卖出规则应该有着符合现实情况的逻辑和合理的触发频率。

下面我们以单均线策略为例来说明一个基本的投资策略是怎样的。

以沪深300指数为交易标的的单均线策略的交易规则为：

当沪深300指数的当日收盘价上穿其均线时，将所有可用资金用来买入沪深300指数（注：实盘时的交易对象为跟踪沪深300的指数基金）；当沪深300指数的当日收盘价下穿其均线时，卖出持仓中的所有沪深300指数。这里的均线默认使用20日周期的简单算术移动平均线。

令P_t为沪深300指数在第t期的价格，沪深300指数的移动平均线MA_t的计算公式为：

$$MA_t=(P_t+P_{t-1}+\cdots P_{t-n+1})/n=\sum_{i=t-n+1}^{t}P_i$$

这里的$n=20$，也即MA_t为20日周期的简单算术移动平均线。

假设沪深300指数是可以直接无限细分交易的，即策略资产中的沪深300指数持仓数量为N_t，可用现金为C_t，则单均线策略的交易规则可用数学公式表示为：

$$\begin{cases} \text{当} P_t > MA_t \text{且} P_{t-1} \leqslant MA_{t-1} \text{时，买入} C_t / P_t \text{份沪深300指数} \\ \text{当} P_t < MA_t \text{且} P_{t-1} \geqslant MA_{t-1} \text{时，卖出} N_t \text{份沪深300指数} \end{cases}$$

上述这种交易规则的单均线策略就是一个严格意义上的投资策略。

首先，它拥有完整的买入规则和卖出规则，可以明确地告诉策略使用者什么时候应该买入、买入多少，什么时候又应该卖出、卖出多少。同时，单均线策略的买入规则和卖出规则也是合乎逻辑的，股价上涨到一定程度就必然会触发买入条件，股价下跌到一定程度也必然会触发卖出条件，使单均线策略可以实现发挥趋势跟踪的功能，且也有着合理的交易频率，大概20个交易日交易条件会被触发一次。不过作为一个简单的策略，单均线策略是没有资金管理规则的，它在每次买卖时都是全仓进出，即买入时用所有可用现金来买，卖出时卖出全部持仓股票。

其次，单均线的买入规则和卖出规则都可以用数学公式明确地表示出来，所以它是完全客观的，不同的人使用单均线策略所得到的买入信号和卖出信号是完全一致的。

单均线策略的逻辑原理决定了它一定能捕捉到一轮趋势的中间部分，这是它的功能和优点，但这不代表单均线策略就一定是有效的，因为还要看它所捕捉到的中间部分在整轮趋势中的占比大小，以及在震荡市的损耗大小，对价格变化的反应存在滞后性和在震荡市中会持续损耗是它的不足之处与缺点。单均线策略是否有效，还需要经过系统性的综合评价才能得出结论，只有经过综合评价后判定为有效的投资策略才能投入实盘使用，才能大概率给投资者带来令其满意的投资业绩。

7.2 投资策略的作用

使用投资策略来进行投资有三大作用：正期望、理性客观和一致性。

7.2.1　正期望

虽然投资策略存在有效和无效之分，但我们会真金白银投入实盘实施的，必然是通过系统性的综合评价之后判定是有效的策略。一个有效的投资策略不仅能给投资者带来盈利的正期望，而且是足够的正期望。正期望是一个统计学概念，通俗来讲，就是我们的买卖交易行为是有胜算的，虽然不是每次买卖都能盈利，但是只要长期坚持按投资策略来交易，根据统计学中的大数定律，最终就一定是盈利的。

另外，股票市场中的大多数股民的投资交易行为都不能产生正期望，因为他们的投资交易行为不是在某种有效投资方法的指导下完成的，不是经济理性行为，很多时候还是一种情绪化的行为。不能产生正期望的投资交易行为是没有胜算的，短期还有可能盈利，但长期基本上必然亏损。

关于这一点，我们举个例子来说明，假设我们参与一个猜大小的游戏，猜对和猜错的概率都是50%，猜错了亏1元，但是猜对了只能赚0.9元，因为要收取0.1元的抽成费。那么，我们参加这个猜大小的游戏的收益期望是：

$$期望=50\% \times (-1元)+50\% \times 0.9(元)=-0.05(元)$$

期望值为负，每玩一次这个游戏平均要亏损0.05元，如果我们只玩一两次或十来次还有可能赚钱，但是如果我们参加100次、1000次甚至10 000次，就必然是亏损的。这就是大数定律的意义，看似随机的事件，在重复多次后，它的实际出现频率会无限接近它的发生概率，偶然中包含某种必然。

使用一个正期望的投资策略进行投资可以确保我们是沿着正确的方向前行的，短期或有坎坷，但长期基本上都能实现盈利。

7.2.2　理性客观

传统金融经济学理论是假设人是经济理性的，但是当人在做投资决策时，很难做到完全经济理性。在投资的世界中，充满着极大的不确定性。面对不确定性，人性的弱点会暴露无遗，典型的就是贪婪与恐惧，还有期望不劳而获、一厢情愿、不理性、情绪化等，都会严重影响到我们的理性决策。特别是在交易时间段，当我们面对各种新闻事件、各种或对或错的市场分析观点、小道消息时，很难做到在短时间内对这些事件的观点进行理性分析，从而不被它们误导，特别是当股价处于上下剧烈波动时，我们也很难做到不被它们诱导进行情绪化交易。

使用投资策略来进行投资，可以在很大程度上克服这些人性的弱点，做到理性决策，因为我们的决策都是在盘前就已经计划好了的，在盘中交易时只需要按照既定的投资策略所发出的交易信号来执行就可以，我们不用临时判断各种新闻事件对股价的影响，也不用去辨别各种分析观点、小道消息的真真假假，我们在交易时间内不介入任何主观干预，只是策略运行的执行者与监控者而已。

7.2.3　一致性

一致性是指投资者在前后不同时期的买卖行为均遵循同一套逻辑。对于策略投资者，保持一致性是非常简单的，因为我们只需要坚持按照投资策略中的买卖规则来进行交易就可以，这样我们的买卖行为就始终遵循同一套逻辑。保持一致性的好处是可以让我们的投资行为有条不紊，按照既定的轨道持续运行下去，充分发挥它具有正期望的优势。保持一致性，就能在很大程度上做到理性客观。

7.3　投资策略的分类

投资策略有很多种，不同类型的投资策略区别可能很大。因此，有必要先对投资策略进行分类。常见的投资策略分类方式有：按交易标的分类、按交易频率分类、按投资方法分类。

1. 按交易标的分类

按交易标的分类，投资策略可以分为股票投资策略、期货投资策略及债券投资策略等。

由于股票、期货和债券在交易所内上市交易的规则不一样，所以导致以它们为交易标的的投资策略也会有一些不同。比如，A股股票是采用T+1交易制度且没有做空途径，而国内期货是T+0交易制度，既可以做多也可以做空，这就决定了期货天然就比股票更适合使用日内短线交易策略。

由于指数基金的底层资产是股票，所以指数基金投资策略可以归为股票投资策略这一类策略中。

2. 按交易频率分类

按交易频率分类，投资策略可以分为低频策略、中频策略和高频策略。

交易周期是日级别的都属于低频策略，小时级别的策略也可以划分为低频策略。以基本面分析为基础的策略都属于低频策略，很多以技术分析为基础的策略也属于低频策略。低频策略的特点是交易频率不会太高，采用人工的方式来执行交易是完全可行的，比较适合普通个人投资者。

中频策略可以认为交易周期是分钟级别的策略。中频策略理论上来说也可以采用人工手动的方法来执行交易，但是效率和结果明显不如采用程序来执行，也即中频策略应该选择程序化自动交易。

高频策略则是秒甚至毫秒级别的策略，只能采用程序化交易的方式，并且对策略程序的运算速度、交易信号的执行速度都有很高的要求，需要在IT硬件方面投入更多的资源，个人投资者基本无法涉及高频交易策略，只有专业的机构投资者才可能有这方面的能力。

本书所涉及的指数基金投资策略均属于低频策略。策略逻辑运算采用程序完成，但是策略交易信号的执行采用人工手动方式完成，这个方式是完全可行的。

3. 按投资方法分类

按投资方法分类，投资策略又可以分为技术分析类策略、基本面分析类策略、心理分析类策略等。

如果投资策略所用方法主要来源于技术分析，那么就属于技术分析类策略，像我们前面列举的单均线策略，就属于技术分析类策略。基本面分析类策略是指所用方法属于基本面分析类，比如根据宏观情况、行业或者公司财务数据制定的投资策略。心理分析类策略则是根据市场情绪来买卖，比如当所有人都对股市乐观时卖出，对股市悲观时买入。

技术分析和基本面分析是最常用的两类投资方法，对于我们的指数基金投资策略而言，所选择的方法也基本属于这两类，特别是技术分析方法。技术分析类方法根据所用技术指标的性能及其特征又可以分为趋势类投资策略、震荡类投资策略和形态识别类投资策略等。

趋势类投资策略旨在捕捉或跟踪市场趋势，它的核心逻辑是，股价的运动是具有趋势性和持续性的，当股价涨了之后还会涨，跌了之后还会跌，直至外力的作用使得趋势停止。趋势类策略在市场处于趋势行情中时会表现得比较好，而在震荡行情时会表现得比较差。由于市场往往在大部分时间内都是震荡走势，趋势行情只在少部分时间存在，所以趋势类策略普遍在多数时间内表现不好，但是一旦市场趋势来临，使用趋势策略往往能获得高额收益，这决定了使用趋势类策略具有低胜率、高盈亏比的特点。

震荡类趋势策略旨在捕捉价格趋势运动的转折点，震荡类指标使用的核心逻辑是物极必反，认为股价涨多了就会跌，跌多了就会涨，和趋势类策略的思想恰好相反，所以震荡类策略也叫反趋势类策略。趋势类策略在市场处于震荡行情时会表现得比较好，而在趋势行情时会表现得比较差。震荡类策略具有高胜率、低盈亏比的特点，虽然它在大部分时间内都能盈利，但往往只是赚取一些小额利润，并且会错过趋势行情所带来的最丰厚的那段利润。

形态识别类策略则并不关注市场是否存在趋势，它旨在捕捉某种特定的市场形态，当该策略识别到了这种形态就会触发交易信号。

从实际情况来看，趋势类策略的投资业绩普遍要优于震荡类策略，这也就决定了相较于震荡，我们研究策略的重点方向应该是趋势。

投资策略的类型很多，上面所说的只是部分分类方法，也只能覆盖部分策略。还有很多其他类型的策略，比如宏观对冲策略、阿尔法策略、配对交易策略等，这些并不适合用上述分类方法归类。当然，对我们而言，我们关注的重点也并非这些策略方向，我们最关心的是普通个人投资者所能实际用于指数基金投资的策略。

第 8 章

投资策略的研发与绩效评价

投资策略的研发是一项系统化的工程，其中包含多个步骤与模块。不同部分之间相辅相成、相互依存，每一个部分都是缺一不可的。当一个投资策略经过系统化流程从0到1生产出来后，我们还需对其进行绩效评价。只有顺利通过了绩效评价的投资策略才能真正地投入实盘运行中去。

8.1 投资策略的研发流程

本节将介绍一个投资策略是如何"从0到1"一步一步诞生的。概括来说，这个过程总共有七个步骤：提出策略逻辑、选择交易对象、制定交易规则、历史回溯测试、回测结果评价、策略优化、实盘运行与监控，如图8-1所示。

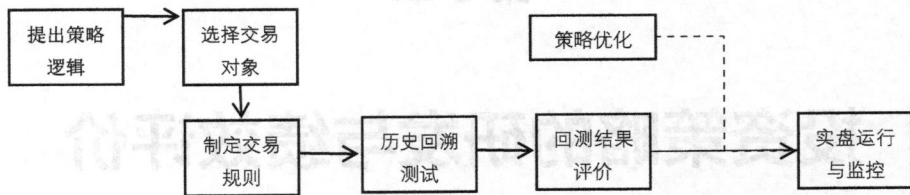

图8-1　投资策略的研发流程

在这个过程中，我们会以单均线策略为例进行说明。其中，均线取20日周期的简单算术移动平均线，交易对象取沪深300指数。

8.1.1 提出策略逻辑

股票市场并非完全有效的，这是任何投资策略、任何专业投资者具有存在意义的前提。如果股票市场是完全有效的，股票价格已经完全充分地反映了所有的信息，任何投资行为都不能创造出超额收益，所有的基本面分析、技术面分析及其他分析方法都是无效的，也就不会有哪个投资策略能给投资者带来超额收益，买入并持有市场指数是最有效的投资方法，使用其他任何方法都是徒劳。

但是，由于人的经济不理性以及市场摩擦的存在，股票市场不会是完全有效的，也即股票市场的运行是存在规律的，是有迹可循的。虽然这种规律往往只存在于市场的局部，并且经常是不稳定的。我们要做的就是发现市场规律，并利用市场规律开发出有效的投资策略，并在规律失效时及时离场。

投资策略的思想形成路径，总的来说，有两种截然不同的方向：自上而下和自下而上。

　　所谓自上而下，是指从经济理论与金融投资理论出发，总结提炼出市场规律，然后形成交易规则，即从理论到交易规则。比如，价值投资策略的理论基础是均值回归，即价格终究会回归价值，因而应该买入价格低于价值的股票，卖出价格高于价值的股票；趋势类投资策略的理论基础是股价的运行存在趋势。因此，应该买入处于上涨趋势的股票，卖出处于下跌趋势的股票；行业轮动策略利用了经济周期理论和金融行为学理论，认为不同行业或板块会出现轮流交替上涨的现象，可以通过买入阶段内占优的行业或板块来实现收益的最大化；股债平衡策略则考虑了股票和债券这两类不同的大类资产之间的低相关性，利用股票资产和债券资产来构建投资组合，从而降低资产的波动风险。

　　自下而上是从数据出发，根据数据在历史上所表现出来的统计特征，形成交易逻辑，即从数据到交易逻辑。比如，"股价跳高则买入，第二天开盘卖出""出现连续三根阳线则买入，出现第一根阴线时卖出"等均是纯粹从数据出发的投资策略，不过它们的交易逻辑起码还可以观察出，也易于理解，还有一些从数据出发的投资策略则是用复杂的数学模型对数据进行深度甚至"暴力"的挖掘与拟合，这种投资策略的交易逻辑很多的时候是无法直接观测到的，有的只是模型生成的交易信号。

　　自上而下的策略强调策略研发者对市场要有深入地认识与理解，这样才能提炼出有价值的市场规律并形成交易逻辑。自下而上的策略则强调策略研发者要有专业的数据处理与挖掘能力，能从海量的金融数据中找到市场特征，并据此形成相应的交易逻辑。

　　相对而言，我更认可自上而下的投资策略。对投资策略而言，策略的理论基础与逻辑应该是第一位的，先有理论与逻辑，再有策略。一个有效的投资策略首先应该源于有效的市场规律，再有后面的一系列发生。对于一些明显有效且稳健的市场规律，我们甚至都不需要进行测试、验证就能知道基于它开发的投资策略是会有效的。这个道理就犹如一些经验丰富的主观投资者所用的投资方法虽然也没有经历过历史回测的验证，但却实实在在地有效。

此外，深入理解策略的理论逻辑，更有利于我们坚定地按照策略的交易信号执行，也更有利于帮助我们度过策略使用的逆境期，对于纯粹从数据出发的黑箱策略所发出的交易信号，在遇到策略表现不好时，很容易对策略的有效性产生怀疑，甚至放弃。

8.1.2　选择交易对象

对单一一个投资策略来说，它并非可以应用于所有的证券品种，它有相应的最适合的交易对象。不同类型的投资策略的交易对象也有所不同。比如，日内交易策略适用于T+0、交易活跃且交易成本较低的证券品种。比如，国内商品期货、美股的ETF等。股票配对交易策略则要求所交易的股票可以很方便地做多或做空，这一点A股就不适合。

另外，不同的证券品种由于各自的经济属性和交易制度往往有着明显的区别，其背后的经济规律与市场规律也往往会有明显的不同。因此，捕捉各自规律的投资策略也会不一样。

对我们后续要讨论的一系列投资策略而言，主要交易对象是指数基金，特别是场内交易的指数基金，即ETF。目前在沪深交易所上市交易的ETF有数百只之多，对于单个投资策略，我们一般不会将所有的ETF都纳入交易对象候选池中。因为如果这样做的话，单个投资策略要跟踪与计算的数据信息量太大了，而且对所有ETF使用同一套策略与逻辑也不是一个合理的做法。

一般而言，对单个投资策略，我们只会选择一小部分ETF作为交易对象，在具体选择时，主要考虑以下几点：

1. 策略类型

交易对象首先要根据投资策略的类型而定。比如，对于风格轮动策略，应该选择可以代表大小盘风格的规模类ETF，对于行业轮动策略，应该选择能跟踪不同行业指数的ETF。如果是大类资产配置策略，应该选择能代表各类大类资产的ETF。

2. 流动性

所谓流动性是指对于某一上市交易的证券品种，在市场价格基本保持不变的前提下，可以迅速完成大量买卖、成交的能力，也就是我们通常说的交易活跃度。

对于一个上市交易的证券品种，流动性是其存在的根本，没有流动性的证券品种对于投资者来说是毫无意义的。只有高流动性交易对象才能使投资者按照策略交易信号及时地以合理的市场价格完成买卖交易。流动性的高低也直接决定着交易成本的高低，对于流动性低的证券品种，为了可以立即成交，往往需要付出比合理的市场价格更高的价格，这部分价差我们称为流动性成本。

在选择作为交易对象的ETF时，流动性是必须考虑的一点。ETF的流动性越高，则流动性成本越小；反之，ETF的流动性越小，则流动性成本越高。此外，对于特定的ETF，投入策略的资金量越大，则流动性成本越高；反之，投资策略的资金量越小，则流动性成本越低。流动性的高低直接决定了在买卖ETF时所需付出的流动性成本的大小，也决定了投资策略的资金容量大小。

3. 足够长的历史数据

投资策略的回溯测试需要有足够长的历史数据来确保有足够的交易样本数，这样的策略评价结果从统计角度上来说才是有意义的。并且要求历史回溯期各种市场行情均出现过，这样才能观测到该策略在不同市场行情下的表现情况。

对于指数基金投资策略，虽然交易对象是跟踪股票指数的指数基金（主要是场内交易的ETF），但是研究与分析的对象是股票指数，所以我们要求股票指数要具有足够长的历史数据。由于我们的指数基金投资策略均为日K线级别的低频策略，所以选择的股票指数的历史数据长度最起码应该能覆盖一轮牛熊市。

从实际情况来看，由于A股市场大量的ETF发行时间都较晚，所有历史数据普遍不长，而股票指数的基日大多设立在2005年1月1日甚至更早，所以从这点来看，股票指数比ETF更适合作为分析研究的对象，也即历史回溯测试的对象。

另外，相较于个股，ETF天然更适合作为策略交易对象。对于个股而言，特别是市场参与者较少、交易金额与交易量不够大的个股，受非市场因素和人为因素的影响程度会比较高，甚至还有可能会被人为操控，而这是无法用投资策略去捕捉的。但是ETF是一篮子股票的组合，其背后反映的是同属一个板块或行业主题的一篮子股票的价格运行情况，是极难被个人操控的。ETF的市场价格运动可以有效地排除非市场因素、人为因素的干扰，真正反映出经济规律与市场规律，只有这种成分才是我们的投资策略有可能捕捉到的。

8.1.3　制定交易规则

有了策略逻辑和交易对象，接下来就是根据策略逻辑来制定交易规则。交易规则需要以明确且客观的方式告诉投资者什么时候应该买入，买入多少，什么时候又应该卖出，卖出多少，以及卖出之后又如何再次入场。

交易规则包括买入规则、卖出规则、风险控制规则和资金管理规则。其中，买入规则和卖出规则是策略必不可少的部分，而风险控制规则和资金管理规则并不是所有的投资策略都有，但这并不意味着它们是不重要的。从实际经验来看，真正具有实盘使用价值的有效投资策略的交易规则中往往包含风险控制与资金管理的成分。买入规则规定了什么情况发生时应该买入，卖出规则规定了什么情况发生时应该卖出。买入规则和卖出规则的制定一般直接源于策略逻辑，是利用策略逻辑所捕捉的市场规律去获取收益的最直接体现。

举个例子，我们发现当MACD指标发生金叉时，后市上涨的概率较高，而当MACD指标发生死叉时，后市下跌的概率更高，那么我们就可以在MACD指标发生金叉时立即买入，而当MACD指标发生死叉时立即卖出，这就是一套买入规则与卖出规则的形成过程。

风险控制规则主要是为了控制单笔交易的最大损失级，代表性技术是止损。

举个例子,假设有一个投资策略的买入规则是RSI指标从下上穿20,卖出规则是RSI指标从上下穿80。当我们根据买入规则买入之后,股价一直下跌,账户资产持续损失;根据卖出规则,在股价持续下跌的过程中,卖出信号可能一直不会被触发,也即这笔的最大亏损是不可控的,理论上来说可能是百分之百亏损。像这类投资策略的买入就很有必要设置止损规则,比如设置买入之后亏损5%就无条件卖出止损。

通过这个方法,可以把单笔交易的最大损失控制在指定的范围内。有一些投资策略的卖出规则是自带风险控制功能的,比如单均线策略,当股价上穿均线后买入,当股价下穿均线后卖出,买入之后只要股价下跌到一定程度,就迟早会下穿均线,从而触发卖出信号。从理论上来说,根据单均线策略买入之后的最大亏损的距离就是买入时股价与均线之间的距离,后续的均线值可以看出是所买入股票的跟踪止损价。

资金管理规则主要在于控制每次交易的量,即买入时买多少、卖出时卖多少。资金管理规则一般有一个特定的目标,比如控制持仓风险资产(比如股票、ETF等)的风险暴露水平、避免破产概率或者触及清盘线的概率、最大回撤控制等。如果是旨在控制持仓风险资产的风险暴露水平,当单位持仓资产的风险暴露水平较高时,少买入一些,反之,可以多买入一些。如果为了避免破产概率或者触及清盘线的概率,当账户资产亏损幅度越大,越应该少买入风险资产,反之,可以多买入一些,也即输后减仓、赢后加仓。这种资金管理方式也叫反鞅价鞅资金管理。如果是旨在控制最大回撤,那么当回撤值已经较大时,就应该少买入风险资产,反之,可以多买入一些。大致逻辑如此,但在策略具体实施时情况会复杂很多。

下面我们以单均线策略为例来说明一个完整的投资策略的交易规则是怎样的。单均线策略的交易标的为沪深300指数,假设沪深300指数可以直接无限细分交易。

单均线策略的交易规则为：

当沪深300指数的当日收盘价上穿其均线时，将所有可用资金用来买入沪深300指数；当沪深300指数的当日收盘价下穿其均线时，卖出持仓中的所有沪深300指数。这里的均线为以20日为周期的简单算术移动平均线。

用公式表示如下：

令P_t为沪深300指数在第t期的价格，沪深300指数的移动平均线MA_t的计算公式为：

$$MA_t = (P_t + P_{t-1} + \cdots P_{t-n+1})/n = \sum_{i=t-n+1}^{t} P_i$$

这里的$n=20$，也即MA_t为20日周期的简单算术移动平均线。

即策略资产中的沪深300指数持仓数量为N_t，可用现金为C_t，则单均线策略的买入规则和卖出规则分别为：

$$\begin{cases} \text{买入规则：当} P_t > MA_t \text{且} P_{t-1} \leqslant MA_{t-1} \text{时，买入} C_t/P_t \text{份沪深300指数} \\ \text{卖出规则：当} P_t < MA_t \text{且} P_{t-1} \geqslant MA_{t-1} \text{时，卖出} N_t \text{份沪深300指数} \end{cases}$$

由于单均线策略是自带风险控制功能的，所以我们可以不用格外为它的买入交易设置止损点。另外，作为一个简单策略，单均线策略是不含有资金管理规则的，它的每一次买入都按最大可用金额来买，每一次卖出都按最大可卖数量来卖，也就是我们通常所说的全仓进出。

8.1.4 历史回溯测试

所谓历史回溯测试（简称回测），就是将投资策略的交易在历史数据上复现一遍，即在历史回测区间内根据策略交易规则所产生的交易信号进行模拟交易，并记录所有模拟交易所产生的历史成交数据，从而对策略在历史上的收益风险表现和交易特征进行分析总结，以判断策略的有效性高低。

下面我们以单均线策略为例来演示历史回测的具体过程是怎样的。

选择沪深300指数为策略的唯一交易对象，并假设沪深300指数是可以无限细分交易的。设置策略初始资产为10000元，历史回测区间为2018年1月17日至2019年7月15日，单均线策略的具体策略逻辑见上一小节。图8-2所示为沪深300指数在历史回测区间内的日K线走势图，表8-1是单均线策略的历史成交明细表，表8-2是单均线策略的历史资产详情表。

图8-2　沪深300指数日K线图

表8-1　单均线策略的历史成交明细

信号发出时间	收盘价	均线值	交易方向	成交时间	成交价格
2018-12-17 15:00:00	3161.20	3186.82	—	—	—
2019-01-09 15:00:00	3078.48	3070.15	买入	2019-01-10 09:25:00	3077.48
2019-03-25 15:00:00	3742.83	3764.72	卖出	2019-03-26 09:25:00	3766.53
2019-03-29 15:00:00	3878.34	3777.84	买入	2019-04-01 09:25:00	3901.17
2019-04-25 15:00:00	3941.82	4009.64	卖出	2019-04-26 09:25:00	3921.89
2019-06-11 15:00:00	3719.28	3642.17	买入	2019-06-12 09:25:00	3706.86
2019-07-09 15:00:00	3793.13	3797.91	卖出	2019-07-10 09:25:00	3807.95

表8-2 单均线策略历史交易过程

时　间	收盘价	持仓数量	持仓市值	现　金	总资产	净　值
2018-12-17 15:00:00	3161.20	0	0	10000	10000	1.0000
2019-01-09 15:00:00	3078.48	0	0	10000	10000	1.0000
2019-03-25 15:00:00	3742.83	3.25	12155.9	0	12155.9	1.2156
2019-03-29 15:00:00	3878.34	0	0	12226.8	12226.8	1.2227
2019-04-25 15:00:00	3941.82	3.13	12348.1	0	12348.1	1.2348
2019-06-11 15:00:00	3719.28	0	0	12279.5	12279.5	1.2280
2019-07-09 15:00:00	3793.13	3.31	12559	0	12559.0	1.2559

在历史回溯测试的第一天，也就是2018年12月17日，沪深300指数的收盘价是3161.20，均线值为3186.82，收盘价位于均线之下，按照单均线策略的交易逻辑，此时应该空仓，即沪深300指数的持仓数量为0，现金为10000元。

至2019年1月9日收盘时，收盘价第一次位于均线之上，根据单均线策略的交易逻辑，触发买入信号，并计划在下一个交易日开盘时（2019-01-10 09:25:00）完成买入，也就是说，我们根据T日收盘时点的信息集生成交易信号，并于T+1日开盘时点完成交易。

从理论上来说，当然是T日收盘时点生成交易信号并且同时完成交易是最理想的状态，但是这样不具有实际可操作性，数据的获取、策略信号的计算都是需要一定时间的，而且这样做也没有容错空间。比如，一旦数据获取出现异常就无法准时完成交易。交易信号的执行时间选择T+1日开盘时点，虽然会存在隔夜股价跳空的可能，但这样策略的实际操作性强很多，T日收盘后我们有充足的时间来收集信息数据并计算出交易信号，也有容错空间，同时也有充足的时间来准备T+1日开盘时点的交易。

另外，还需要说明的一点是，在历史回测时，由于下一个交易日的开盘价是已知的，所以我们可以直接按照该价格模拟成交，也就是说，在使用上述单均线策略第一次买入时，成交价格是 2019 年 1 月 10 日的开盘价 3077.48，成交数量是 3.25 份（即 10000/3077.48）。但在实盘中使用策略时，我们是不知道下一个交易日的开盘价是多少的，这时候我们只能以当日的收盘价作为下一个交易日开盘价的预估价，并根据这个预估价来计算第二天的买入数量，为了防止下一个交易日大幅跳空高开导致资金不够买入原计划数量的股票，我们可以在计算买入数量时保守一些，比如计划买入数量 = 可用资金/（1.05×开盘预估价），一般会略微小于回测时的买入数量。

卖出的情况相对简单，因为不管第二天开盘价如何（对于股票指数，不考虑下一交易日全天封死跌停板导致无法卖出的情况），我们都可以按计划卖出数量进行卖出交易。

使用策略在 2019 年 1 月 10 日开盘时点完成第一次买入交易，以账户中所有可用现金买入了 3.25 份沪深 300 指数。自此，账户总资产数量也就随着沪深 300 指数的价格而波动。到 2019 年 3 月 25 日时，沪深 300 指数已经从买入成本价 3077.48 上涨到了 3742.83，账户总资产也从 10000 元增长到了 12164.2 元。此时恰逢沪深 300 指数价格下穿均线，根据策略交易逻辑，触发卖出信号，并计划在下一个交易日开盘时（2019-03-26 09:25:00）完成卖出操作，即卖出所持有的 3.25 份沪深 300 指数。

卖出完成后，账户恢复空仓状态，等待下一次买入信号发出，后面的交易过程就和前面一样了，这里不再赘述。

8.1.5　回测结果评价

通过对策略进行历史回溯，也即模拟策略在历史上的交易，可以得到一系列有价值的信息，这些信息主要包含两个部分：一是策略的资产序列，二是基于策略信号的交易信息，包括每一笔买卖交易的成交时间、成交价格、盈亏等。前者主要反映的是策略的投资绩效，后者主要反映的是策略的交易特征。

基于此，回测结果的评价也可分为两个部分，即基于策略资产序列的绩效评价和基于策略交易信息的交易特征分析。

1. 绩效评价

投资不仅仅要关注收益，还要关注所承担的风险，一个投资策略的绩效优劣必须同时综合收益和风险两个方面来判断。无数专业投资者都强调，对风险的控制应该放在首要位置。因此，一个好的投资策略首先应该能承担有限可控的风险，然后要能基于所承担的风险获得相应的收益作为补偿，所谓"低风险低收益，高风险高收益"就是这个道理。

对投资者而言，资产序列是进行投资最直观也是最终的结果体现。资产序列的最终值相较于初始值越大，则投资收益越高；资产序列的历史走势越稳，则投资风险越小。通过对资产序列数据进行提炼，我们可以得出一系列策略绩效评价指标。比如，评价策略收益高低的总收益率、年化收益率、评价策略风险的最大回撤比例、标准差(年化)，以及评价策略收益风险综合表现的收益风险比、夏普比率。接下来我们对这些指标一一进行说明：

（1）净利润

净利润是指策略在历史回测期间的投资总收益。净利润是一个绝对金额的概念，因此它必须结合本金来讨论，投入1万元赚了2000元和投入10万元赚了1万元，虽然后者的净利润更高，但很明显前者的投资结果更好。

（2）总收益率

总收益率是指策略在历史回测期间的投资总收益率。总收益率是一个相对的概念，它等于净利润除以所投入的本金的结果。总收益率是评价一个策略是否有意义的最基本指标，无论什么策略，如果它的总收益率小于零，那么是没有任何意义的，是绝对不能投入实盘使用的。

（3）年化收益率

假如有两个策略A和B，A策略的历史回测区间长度为1年，总收益率为20%，而B策略的历史回测区间长度为2年，总收益率为30%。虽然策略B的总收益率更高，但显然我们都会认为策略A的投资收益更好，这是因为策略B的总收益率虽然为30%，但是它花了两年时间，也即年化收益为15%，而策略A的年化收益率为20%，高于策略B。年化收益率是比较不同策略的收益能力高低的最直接指标。

年化收益率的计算公式为：

$$\text{年化收益率}=(1+\text{总收益率})^{N/L}-1$$

这里的L为历史回测区间的时间长度，也即交易日总数，N为一年内交易日的数量，默认可取$N=242$。

（4）最大回撤比例

在解释什么是最大回撤比例之前，我们先来说说什么是回撤比例。所谓资产的回撤比例是指当前的总资产从历史最高点开始回落的百分比例，而最大回撤比例是指历史上所经历过的最大的回撤比例，用来描述从开始投资后，可能面临的最糟糕的情况。

这里我们以图例来进行说明（图8-3），假设我们开始投资的时间点是1月1日，起始本金是100元（1月1日），1月2日和1月3日时总资产连续创历史新高，这时候的回撤比例为0%。1月4日时，总资产从历史最高点的110元回落到105元，回撤比例就是105/110−1=−4.5%，之后回撤比例继续扩大，在1月5日时达到−13.6%，此时总资产为95元，低于本金100元，本金出现亏损，亏损比例是5%。1月6日和1月7日，总资产逐步回升，回撤比例逐步缩小。在1月1日至1月7日这段时间，出现过回撤比例的绝对值最高是−13.6%，这个值就是最大回撤比例，分别见表8-3，如图8-3所示。

表8-3　最大回撤计算示例

时　间	总资产	总资产历史最高值	回撤比例	本金盈亏比例
1月1日	100	100	= 100/100−1 = 0%	0%
1月2日	105	105	= 105/105−1 = 0%	5.0%
1月3日	110	110	= 110/110−1 = 0%	10.0%
1月4日	105	110	= 105/110−1 = −4.5%	5.0%
1月5日	95	110	= 95/110−1 = −13.6%	−5.0%
1月6日	100	110	= 100/110−1 = −9.1%	0%
1月7日	105	110	= 105/110−1 = −4.5%	5.0%

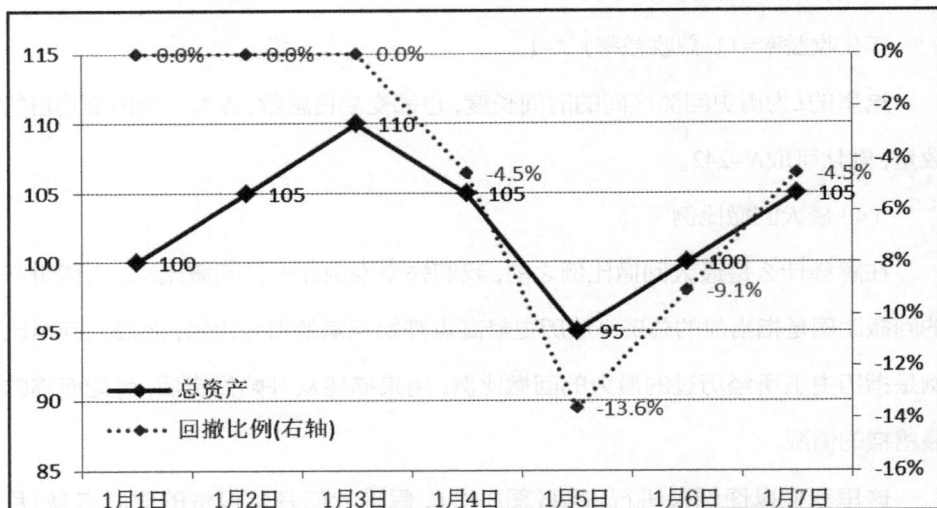

图8-3　最大回撤示例

（5）收益风险比

收益风险比也叫收益回撤比，是用来综合衡量一个投资策略在收益风险方面的综合表现，它的计算公式为：

收益风险比=年化收益率/最大回撤比例

一般而言，如果一个投资策略的收益风险比能达1倍左右，我们就认为这个策略是合格有效的。

无风险投资的最大回撤比例为0且没有违约风险，如银行存款、理财和货币基金等都是如此。任何一项风险投资的期望收益率必须超过无风险收益（比如3%~4%），否则就没有意义。

（6）标准差（年化）

标准差（Standard Deviation）是一个统计概念，用来反映个体间的离散程度，它的定义是总体各单位标准值与其平均数离差平方的算术平均数的平方根，用数学公式表示为：

$$标准差\ \sigma = \sqrt{\sum_{i=1}^{n}\frac{(x_i - \bar{x})}{n-1}}$$

其中，x_i 为样本数据，$\bar{x}$ 为 x_i 的平均数，n 为计算标准差所用的样本数据长度。

标准差可以用来度量策略资产走势的波动大小，策略资产的标准差越小，说明策略资产走势越稳健，投资该策略的波动风险越小；反之，策略资产的标准差越大，说明策略资产走势越不稳健，投资该策略的波动风险越大。

在实际计算中，我们需要先计算出策略资产序列的每一期收益率，然后再以该收益率序列作为样本数据，按照上述公式来计算标准差，但是这样计算的标准差是日标准差，还需要将它转换为年化标准差，换算公式为：

年化标准差=$\sqrt{N}$ ×日标准差

这里的 N 为一年内交易日的数量，默认可取 $N=242$。

（7）夏普比率

夏普比率由著名的诺贝尔经济学奖得主威廉·夏普提出，可以用来衡量投资策略的绩效表现。

夏普比率的计算公式为：

$$SharpRatio = \frac{E(R) - R_f}{\sigma}$$

上式中的 $E(R)$ 为策略的期望年化收益，R_f 为无风险收益率，$E(R)-R_f$ 代表的是投资风险资产相较于无风险资产可以获得的超额收益率大小，σ 为年化标准差。

夏普比率度量的是每承担一单位的风险可以获得的超额收益率。夏普比率是一个综合反映收益和风险表现的业绩评价指标，夏普比率越高，说明策略的业绩表现越好。

夏普比率和风险收益比较为相似，只不过风险收益比是用最大回撤来度量风险，度量的是在策略投资过程中所能遇到的最差的情况，即极端风险，而夏普比率是用标准差来度量风险，反映的是使用策略投资过程中的平均风险，强调整体的稳健性。

这里我们举个例子来说明风险收益比和夏普比率的不同，假如有一个策略，运行了一段时间，除了在其中某一时刻内发生过一次很大的回撤之外，剩余时间内的走势都非常稳健。像这种情况计算出来的标准差会很小，夏普比率会较高，但由于最大回撤很大，因而收益风险会比较低。

看似用夏普比率来评价策略的绩效更为全面合理，即使只发生过一次，但是最大回撤有着重要的实际意义。在策略投资过程中，当个人投资者遭遇较大级别的回撤时，如果资产回撤的幅度超过他对亏损的耐受程度，则很有可能使他放弃继续使用该策略。对机构投资者或者基金产品来说，仅有的一次大级别资产回撤就很有可能已经触及止损线或者清盘线。总之，只要发生一次大级别的回撤，就很有可能会直接宣布策略的失败。

因此，在实际投资过程中，我们更倾向于使用最大回撤来度量投资风险，用收益风险比来度量策略的业绩优劣。

2. 交易特征分析

策略在运行的过程中会产生很多信息，通过使用这些信息进行分析、总结，可以更深入地了解策略在各方面的特征与优缺点。交易特征无好坏之分，对交易特征的正确分析可以帮助我们更好地使用投资策略。

交易特征指标主要包括胜率、盈亏比、期望、交易频率等，下面我们对这些指标——进行分析：

（1）总交易次数

总交易次数是指策略在历史回测期间发出的买入次数与卖出次数之和。

（2）总交易回合数

总交易回合数是指策略在历史回测期间一买一卖所形成的交易回合数。对于买卖交易是轮流交替出现的情况，总交易回合数就是总交易次数的一半，但是对于买卖交易不是轮流交替出现，而是存在连续买入或连续卖出的情况，交易回合数统计起来相对复杂，没有统一的标准。

我们默认选择以完成一个卖出交易作为统计完成一个交易回合的基准，即对于每一次卖出交易，和离它最近的那次买入交易组成一个交易回合。这样总交易回合数就等于卖出交易的次数了。

（3）盈利次数

盈利的交易回合数。

（4）亏损次数

亏损的交易回合数。

（5）胜率

胜率是指单笔交易盈利的概率。胜率的计算方法很简单，它等于盈利交易笔数除以总交易回合数。胜率反映的是策略的买卖规则对股票未来价格走势的预测能力。在不考虑其他条件的前提下，如果策略的买卖规则无预测能力，那么胜率为50%，即买入之后，盈利和亏损的概率各占一半。但在实际情况中，考虑到交易成本的存在，这个胜率应该略微小于50%。

（6）平均盈利

平均盈利为所有盈利交易的平均收益比例。

（7）平均亏损

平均亏损为所有亏损交易的平均亏损比例。

（8）盈亏比

盈亏比等于平均盈利除以平均亏损。对一个投资策略而言，在它所有的交易特征中，胜率和盈亏比是最基本、最典型的两个，而且这两个指标必须综合在一起考虑才是有意义的。如果分别单独考虑胜率或者盈亏比，从概念的角度去理解，似乎胜率越高的策略或者盈亏比越高的策略投资效果也会越好。但事实并非如此，举个极端的例子，假设有这么一个策略，买入之后，只要盈利0.1%就立即卖出，亏损则永不卖出。虽然这会是一个胜率接近百分之百的策略，但它不会是一个好策略，因为它的盈亏比极低。反之，如果是买入之后只要亏损0.1%就立即卖出，盈利则永不卖出，那么它的盈亏比会极高，而胜率接近为0，这也不会是一个好策略。

对一个好策略而言，它一定是有着合适的胜率与盈亏比，比如高胜率高盈亏比、低胜率高盈亏比、高胜率低盈亏比，只要配比合理，都有可能成为好策略。比如趋势类策略，它的典型特征是低胜率、高盈亏比，胜率一般在35%～45%，盈亏比在2倍以上，而震荡类策略的典型特征是高胜率、低盈亏比，胜率一般在50%以上，盈亏比低于2倍，但在这两大类策略中都有很多业绩优良的投资策略。

（9）期望

前面我们说过，一个好的策略一定是有着合适的胜率与盈亏比，那么怎样配比的胜率和盈亏比算是好的呢？比如有策略A，胜率为32%，平均盈利为2%，平均亏损为1%，盈亏比为2，这是否是一个有价值的好的配比？

用期望指标可以很好地回答上面这个问题。所谓期望，是指单次交易所获得的收益率的期望值，期望反映了我们根据策略的交易规则进行买卖交易的胜算。期望大于0则说明按照策略信号进行的买卖交易是有胜算的，只要将有胜算的交易重复执行多次，长期下来必然是盈利的；反之，如果一个策略的期望小于等于0，那么按照策略进行买卖是没有胜算的，长期下来必然亏损。

期望是指每个交易回合平均可以多得的收益比例。

期望的计算公式为：

期望=胜率×平均盈利−(1−胜率)×平均亏损

回到前面的例子，根据策略A的胜率、平均盈利与评价亏损，可计算出期望等于−0.04%，期望小于0，因此这是一组没有价值的胜率和盈亏比。

（10）平均持仓时间

平均持仓时间为每个交易回合的平均持续时间。这里的时间单位为交易日。

（11）年化期望

期望是指单次交易所能获得的期望收益大小，但是单次交易耗时多长却没有提及，而年化期望则将交易耗时也考虑进去了。将期望换算为年化期望的计算公式为：

年化期望=期望×N/平均持仓时间

这里的N为一年内交易日的数量，默认可取$N=242$。

（12）交易周期

交易周期指平均每隔多长时间交易一次。

交易周期=回测时间长度/总交易次数

（13）交易频率

交易频率指平均每年交易的次数。

交易频率=总交易次数/测试期时间长度=1/交易周期

交易周期和交易频率反映的都是策略的交易频繁程度。一般来说，交易太频繁不是一件好事情，因为买卖交易是要付出手续费成本和流动性成本的，而且对手动交易者来说，频繁地执行交易也不是一件好事。

（14）平均股票仓位

平均股票仓位是指回测期间股票资产占总资产比例的平均值。

（15）换手率

换手率是指回测期间平均每年的成交总金额是其总资产的倍数。

在后文的投资策略回测分析中，我们将根据实际情况，从上述绩效评价指标和交易特征分析指标中选出一部分来对策略的回测结果进行分析与评价。

8.1.6　策略优化

策略优化，是指根据策略回测结果，对策略的交易规则及参数进行调试改进，以期达到更好的策略效果。当我们根据策略逻辑提出最初的交易规则并进行初步测试后，结果可能并不尽如人意。因此，我们需要考虑对策略进行优化。优化的内容主要有两个方向：交易规则和参数。

举例说明，假设根据RSI指标来构建一个震荡类策略，初步的交易规则设定为：当RSI指标小于20时买入，当RSI指标大于80时卖出。如果对这个策略进行历史回测，会发现两个很明显的问题，一是当根据策略逻辑买入后，如果股票价格一直下跌，很有可能不会触发卖出信号，这样单次交易的最大亏损量就不可控了。另外，对于波动较小的品种，RSI指标小于20和大于80的情况出现的频率都很低，因此策略的交易次数很少。

对于第一个问题，我们可以通过调整交易规则来改进，比如设置止损点，买入后如果亏损大于一定幅度，就先止损。这样单次交易的最大亏损就可控了。对于第二个问题，则可以通过调整参数来改进，比如将参数20和80改成30和70，即当RSI指标小于30时买入，当RSI指标大于70时卖出，一定可以增加买卖信号出现的频率。

8.1.7　策略的运行与监控

当策略的历史回测结果通过绩效评价被判定为是一个合格的投资策略之后，就可以投入实盘使用了。也有人认为，应该先投入模拟盘，模拟盘表现符合预期再投入实盘运行，不过我认为必要性不大。因为模拟盘和历史回测一样，都无法真实地模拟出实盘交易时的真实交易环境，比如盘口报价深度与广度、流动性成本等。而且和历史回测一样，模拟盘的策略效果表现得好也不能保证实盘业绩就一定好，但运行模拟盘会极大地拉长一个策略从研发到实盘使用的时间周期。

使用策略开始实盘运行后，我们还需要时时监控策略的运行情况，包括策略的收益风险表现是否符合预期、策略的主要交易特征是否和历史回测期间表现出来的一致。如果这两点都没有满足，就说明策略可能失效了。

8.2　策略研发的几个问题

在投资策略的研发流程中有几个问题是特别需要重视的。这几个问题或者是对策略的实际应用影响很大，或者本身是比较有争议的地方，比如交易成本、策略优化等。

8.2.1　交易成本

进行买卖交易需要付出交易成本，交易成本分为两个部分：手续费成本和流动性成本。手续费成本是证券公司向投资者收取的费用，就目前国内的情况而言，ETF买卖手续费一般在万分之一至万分之三，甚至更低，具体到不同的证券公司及不同的用户会有所不同。历史回测期间的手续费成本和实盘交易的是一致的，没有区别。

流动性成本是指投资者为了确保委托订单能立即成交所付出的对价成本，是预期成交价格和实际成交价格之差。举例说明，假设某只ETF最新盘口的卖价是1.001元，买价是1.000元，如果我们要确保买入订单立即成交，就必须以1.001元的价格委托买入，而如果要确保卖出订单立即成交，就必须以1.000元的价格委托卖出。总之，无论是买入还是卖出，为了获得能立即成交的流动性便利，就必须以对自己不利而对对手更有利的价格成交，这之间的差价就是流动性成本。

此外，策略资金量越大，交易品种的流动性越差，则对应的流动性成本越高。因此，流动性不够高的品种是不适合作为策略交易对象的。如果策略资金量很大，那么符合要求的品种会更少。

在实盘真实交易时，买卖盘口会是怎样的情况，需要付出怎样的流动性成本才能确保成交，是在历史回测时无法完全、准确地模拟出来的。这是历史回测相较于实盘交易的一个误差所在。策略交易频率越高，所需付出的交易成本也越高，历史回测和实盘交易的差别就会越大。

因此，我们在进行历史回测时，需要分析交易成本占策略收益的比例有多高，占比越高的策略，其历史回测与实盘交易的差别就可能越大。从实际情况来看，一般日级别的低频策略的效果对交易成本不会很敏感，而分钟、秒甚至毫秒级别的中高频策略对交易成本会很敏感，甚至交易成本会直接决定策略的有效性。对于这种策略，需要特别注意历史回测对实盘交易的参考价值。

我们后文所要讨论的ETF投资策略都是日级别的低频交易策略，普遍对交易成本不是很敏感。在对策略进行历史回测时，我们统一设定包括手续费成本和流动性成本的总交易成本为万分之五，对ETF来说，这已经是一个比较严格的设定了。

8.2.2　过度拟合与欠拟合

对于量化投资策略而言，过度拟合一直以来都是一个比较敏感的话题。过度拟合是很多人质疑历史回测结果有效性的最主要原因。确实，在做历史回测时，很多策略开发者都很容易陷入过度拟合的陷阱不能自拔，这是有心理层面的原因的。因为在做历史回测时，策略开发者可以不受约束地去追求最完美、最理想的策略效果，这本质上是人性中的贪欲在作祟。

策略优化并不是"魔鬼"，不但过度拟合是要不得的，而且欠拟合也是不行的。股票价格的走势可以认为是由两部分构成：其一是策略逻辑所捕捉的市场规律成分，剩余的统称为噪声，包括本策略逻辑所不能捕捉的市场规律成分和价格随机波动成分。策略优化就是要尽可能地去拟合策略逻辑所捕捉的市场规律成分，而忽视噪声。所谓过度拟合，就是不仅拟合了策略逻辑所捕捉的市场规律成分,还拟合了噪声,而欠拟合就是两者都没有拟合。由于欠拟合的历史回测结果一般都是不佳的,所以我们对这个概念关注得比较少。

如果正确地对策略进行优化,关键就是要看对优化程度的把握,不能过度拟合,也不能欠拟合。这一点在很大程度上要由策略开发者根据自己的经验和对策略逻辑的理解来决定。如果对优化的程度把握不好,那么还是建议更加警惕过度拟合,宁可从严。比如,交易规则设置要尽可能少,规则也要简单,策略参数同样也要少,一般不超过3个,1~2个为最佳。在没有充分理由的情况下,尽可能地使用技术指标的经典参数等。

8.2.3　历史回测的意义所在

有一些对量化投资策略的原理了解不深的人认为历史回测是没有作用的,因为回测结果再好的策略也是只代表历史,不能保证其在未来的实盘中一定会盈利。这么理解其实是不对的,确实,不管历史回测结果多好,都不能保证其在未来一定盈利,但这一点其实是对所有的投资者和投资方法都成立的。比如,历史业绩优秀的基金经理也并不能保证自己在未来仍然可以取得优秀的投资业绩,又比如做价值投资的主观交易者无论多么专业,也同样不能保证自己在未来就一定盈利。

从某种意义上来讲,主观交易者和客观(量化)交易者其实没有本质区别,均是基于对已有历史信息进行分析、总结与归纳来预测未来,并根据自己对未来的判断来决定自己的买卖交易,差别仅在于主观交易者主要是对历史信息进行定性分析,而客观交易者则是强调对历史信息进行完全的定量分析。

历史回测有价值的前提是策略在历史上所捕捉到的历史规律在未来仍然会继续有效。只有当这个前提成立时,回测的结果才具有参考价值。至于历史规律在未来会不会继续有效,更多的是需要从经济、金融理论逻辑的角度进行判断。这个道理对主观交易者也是一样的,比如价值投资者之所以会认可价值投资,归根到底是因为他坚信股票在未来的价格依然会由企业价值决定。如果这一点不成立，那么价值投资者基于历史信息所做的所有企业基本面分析工作都是没有意义的。主观交易和客观交易在很多方面的道理都是相似的，因此作为客观交易者、量化交易者，我们完全不应该排斥主观交易的东西，而是应该兼容并包、博采众长。

第 9 章

指数择时策略

———————————◆———————————

指数择时策略简单来说就是采用数量化分析方法，利用单个或多个技术指标的组合来对标的股票或股票指数进行低买高卖的操作，期望获得超越简单买入持有策略的收益风险表现。

指数择时策略的核心是客观型技术分析，或者说是我们前面所说的计算机化技术分析。其中，常见的趋势类技术指标如移动平均线（MA）、平滑异同移动平均线（MACD）、动量指标等，以及常见的震荡类技术指标，如相对强弱指数（RSI）、慢速随机指标（SKDJ）等都可以直接形成一整套指数择时策略。本章我们将先对基于这些技术指标构建的指数择时策略进行详细的分析与测试，从而深入了解这些经典技术指标的作用大小与功能特征。进一步地，我们还将对一些经典择时策略进行详细的历史回测，比如布林通道策略、海龟交易策略等。

这里需要提前说明的一点是，时至今日，这些已经完全公开化的经典技术指标或择时策略大多数已经不能为投资者创造出令人满意的超额收益了，但我们仍然有必要去了解它们的作用大小，理解它们的功能特征，因为它们是其他更为复杂并有效的指数择时策略的基础。

9.1 单均线策略

单均线策略可谓是最简单的投资策略。虽然时至今日，单均线策略的投资效果可能已经不尽如人意，但它依然有很多值得我们学习、借鉴的地方。

9.1.1 简单算术移动平均线（SMA）

所谓单均线策略，是指利用一根移动平均线来对股票进行择时买卖。这里的移动平均线，默认使用简单算术移动平均线（Simple Moving Average，简称SMA）。

作为趋势类指标，移动平均线可以平滑掉股票价格在短期内的无序噪声波动，反映出股票价格在相对更长时期内的趋势方向。单均线策略的买卖规则比较简单：股票价格上穿均线时买入，股票价格下穿均线时卖出。这背后隐含的逻辑是当股票价格上穿均线时，就认为股票价格已进入上涨趋势，应该买入股票并持有；反之，当股票价格下穿均线时，就认为股票价格已进入下跌趋势，应该卖出。总之，股票价格在均线之上时看多，股票价格在均线之下时看空。

下面使用量化回测方法来详细分析单均线策略的历史业绩表现及交易特征：

1. 交易标的

策略交易标的指数的选择主要遵循两个原则，一是所选标的指数对A股市场的代表性要尽可能的强，各标的指数所代表的板块或行业要尽可能有所差异，这样也能从经济逻辑的角度保证各标的指数之间的相关性相对较低。二是所选标的指数应有对应跟踪的规模较大、交易较活跃的场外和场内指数基金（主要是ETF），这样当将策略应用到实盘交易时才有适合的交易对象。

我们选取了12只对A股市场某个板块或行业具有很强代表性的股票指数，并分别单独利用单均线策略对其进行择时交易。这12只股票指数由5只规模指数和7只行业主题指数组成，规模指数包括上证50、沪深300、中证500、中证1000和创业板指,行业主题指数包括中证银行、证券公司、全指信息、有色金属、中证军工、中证消费和300医药。

在上述5只规模指数中,上证50指数由沪市A股中市值规模最大、流动性最好、最具代表性的50只股票构成,反映的是沪市超大盘股的股票价格表现。沪深300指数由沪深两市市值规模最大、流动性最好的300只股票构成,反映的是沪深两市大盘股的股票价格表现。中证500指数由沪深两市市值规模及流动性排名第301~800位的股票构成,与沪深300指数无重复成分股,反映的是沪深两市中小盘股的股票价格表现。中证1000指数由沪深两市市值规模及流动性排名第801~1800位的股票构成,与沪深300指数及中证500指数均无重复成分股,反映的是沪深两市小盘股的股票价格表现。创业板指则由深市创业板最具代表性的100只股票构成,综合反映创业板市场整体的运行情况。其中,上证50指数、沪深300指数和中证500指数是A股市场仅有的三个股指期货合约中的标的指数,也是被指数基金产品跟踪最多的标的指数,再加上创业板指,可以说这四只规模指数是A股市场最核心的4只指数。

剩下的7只行业主题指数分属不同的行业或主题,这使得它们的相关性相对较低,更能全面反映出待测试策略的应用效果。具体来说,中证银行、证券公司、有色金属、全指信息和中证军工均为强周期性的板块或行业,分别属于银行、非银金融、资源、信息技术和军工领域,中证消费、300医药均为弱周期的防御性板块或行业,分别属于主要消费和医药医疗领域。

表9-1为本章中指数择时策略所选择的交易标的股票指数一览表,表中所示ETF为跟踪该股票指数的代表性ETF产品。

表9-1 策略标的股票指数列表

编　　号	指数代码	指数名称	基　　期	ETF 代码	ETF 名称	类　　型
1	000016.SH	上证 50	2003-12-31	510050.SH	50ETF	核心规模指数
2	000300.SH	沪深 300	2004-12-31	510300.SH	300ETF	核心规模指数
3	399905.SZ	中证 500	2004-12-31	510500.SH	500ETF	核心规模指数

编　号	指数代码	指数名称	基　期	ETF代码	ETF名称	类　型
4	000852.SH	中证1000	2004-12-31	512100.SH	1000ETF	重要规模指数
5	399006.SZ	创业板指	2010-05-31	159915.SZ	创业板	核心规模指数
6	399986.SZ	中证银行	2004-12-31	512800.SH	银行ETF	周期/银行
7	399975.CSI	证券公司	2007-06-29	512880.SH	证券ETF	周期/非银
8	000819.SH	有色金属	2004-12-31	512400.SH	有色ETF	周期/资源
9	000993.SH	全指信息	2004-12-31	159939.SZ	信息技术	周期/信息技术
10	399967.SZ	中证军工	2004-12-31	512660.SH	军工ETF	周期/军工
11	399932.SZ	中证消费	2004-12-31	159928.SZ	消费ETF	防御/消费
12	399913.SZ	300医药	2004-12-31	512010.SH	医药ETF	防御/医药

此外，上述12只股票指数的基期均较早，这可为我们的量化回测提供足够多的历史样本数据。

2. 测试时间

2013年1月1日至2020年9月30日。

测试时间范围的选择主要考虑以下两点：

第一，测试时间范围的长度要合适。为保证量化回测的结果具有足够的统计意义上的说服力，根据策略信号产生的买卖笔数至少应该在30左右，这就要求测试时间范围足够长，具体多长，要根据策略的交易频率来定。频率越高的策略所需的测试时间范围越短，比如高频策略，可能一个月的时间就够了，对于我们日级别的交易策略，一般起码应该有5年以上。

但测试时间范围也不是越长越好，因为对过于久远的历史数据而言，市场结构可能已经发生本质变化，它们对现在及未来的市场的参考意义已经不大。加入过多这种没有什么参考意义的数据，反而会误导我们对策略效果的评价。

第二，测试时间范围最起码要覆盖一轮完整牛熊的周期，这样才能观测到策略在不同行情结构(牛市、熊市以及震荡市)下的表现，从而全面客观地评价策略的真实效果。

如果测试时间范围只包含牛市或熊市这种趋势市，那么趋势策略一般都会有较好的测试表现,而震荡策略则会有较差的表现;反之,如果测试时间范围只包含震荡市,那么震荡策略一般都会有较好的测试表现,而趋势策略则会有较差的测试表现。

我们所选择的时间范围为2013年1月1日—2020年9月30日,历时7.75年,共计1885个交易日,数据长度足够长。同时,测试期间不仅包含大牛市行情和大熊市行情,还包含震荡行情,以及大小盘分别占优的结构化行情,可以全面了解策略在不同行情下的表现情况。

3. 交易逻辑

当策略为空仓时,若股价位于均线之上,则买入并持有;当策略为持仓时,若股价位于均线之下,则卖出并空仓。

4. 参数设置

本策略含有1个参数,即均线的周期长度N,默认取N=20。

5. 测试结果

我们分别对各股票指数应用本策略进行历史回测,并从业绩表现和交易特征两个角度来分析测试结果。业绩表现是判断一个策略是否有效的最重要的衡量标准,而交易特征分析有助于理解策略实盘运行时所表现出来的一些特征,正确判断策略的运行状态是否正常,坚定策略执行的信心。

(1)业绩表现

表9-2所示是SMA策略($N=20$)应用于各股票指数的业绩表现。图9-1所示是SMA策略($N=20$)等权组合的历史净值走势。

表9-2　SMA策略($N=20$)测试结果——业绩表现

编　　号	证券名称	B&H 策略表现			SMA 策略表现			
		年化收益	最大回撤	收益风险比	年化收益	最大回撤	收益风险比	年化交易成本
1	上证 50	7.28%	44.70%	0.16	2.66%	29.29%	0.09	1.68%
2	沪深 300	7.97%	46.70%	0.17	2.52%	36.08%	0.07	1.51%
3	中证 500	8.59%	65.20%	0.13	6.72%	46.79%	0.14	1.93%

编　号	证券名称	B&H 策略表现			SMA 策略表现			
		年化收益	最大回撤	收益风险比	年化收益	最大回撤	收益风险比	年化交易成本
4	中证 1000	8.96%	72.35%	0.12	10.86%	41.96%	0.26	2.20%
5	创业板指	18.08%	69.74%	0.26	8.40%	60.34%	0.14	2.25%
6	中证银行	4.91%	37.08%	0.13	1.28%	32.09%	0.04	1.45%
7	证券公司	6.01%	73.22%	0.08	3.02%	45.22%	0.07	1.71%
8	有色金属	−2.88%	60.61%	−0.05	5.82%	30.91%	0.19	1.48%
9	全指信息	16.57%	69.70%	0.24	7.36%	56.48%	0.13	2.29%
10	中证军工	13.13%	71.40%	0.18	19.06%	35.76%	0.53	2.97%
11	中证消费	20.12%	42.66%	0.47	8.43%	32.94%	0.26	1.47%
12	300 医药	16.65%	43.55%	0.38	10.25%	31.21%	0.33	1.52%
	等权组合	11.63%	57.79%	0.20	7.95%	37.94%	0.21	1.88%

注：B&H策略为买入并持有策略。

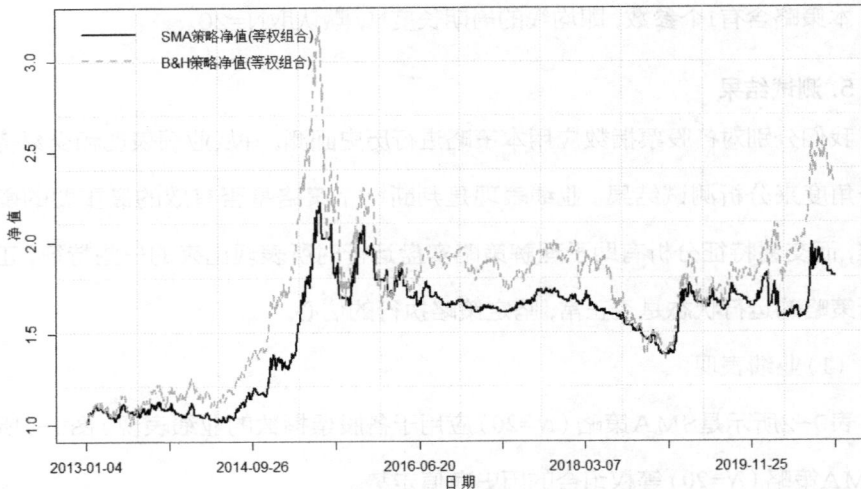

图9-1　SMA策略（$N=20$）等权组合的历史净值走势

在表9-2中，"B&H策略"为买入并持有策略，B&H策略的表现是指在测试时间范围初期买入该股票指数并一直持有到测试时间范围期末所能获得的投资业绩。其中，B&H策略的年化收益率即为股票指数在测试时间范围内自身的年化股价涨幅。"SMA策略表现"是指单均线策略在测试时间范围内的投资业绩表现。"等权组合"是指将资金等权重分配给各股票指数并采用B&H策略或SMA策略进行投资所能获得的业绩表现，可以理解为是根据策略来交易的各股票指数的平均表现。

从收益的角度来看，SMA策略的历史年化收益率并不高。从绝对的角度来看，SMA策略等权组合的年化收益率还不到10%，仅为7.95%。更重要的是，从相对的角度来看，这个收益率也显著低于B&H策略的年化收益率。具体来看，各股票指数的SMA策略年化收益均显著跑输了其股价历史年化涨幅。

因此我们可以认为，SMA策略没有创造超额收益的能力。对一个指标或策略来说，其首要能力是能为投资者创造出足够的绝对收益与超额收益，这是绝大多数投资者最为关心的一点。SMA策略在收益方面的表现无疑是不合格的，仅仅根据这一点，我们基本可以判定SAM策略不具有实际使用价值，单均线指标不适合直接用来指导我们制定实盘买卖决策，除非它在风险控制方面有非常出色的表现。

从风险的角度来看，SAM策略有一定的风险控制能力。SMA策略等权组合的历史最大回撤率为37.94%，显著低于B&H策略的57.79%。具体来看，各股票指数的SMA策略最大回撤也基本都显著小于其B&H策略的最大回撤。SMA策略之所以具有一定的风险控制能力，是因为作为趋势跟随类指标，它在下跌趋势行情中迟早会发出卖出信号，帮助策略使用者躲过部分下跌行情。

综合收益风险表现来看，SMA策略的收益风险比仅为0.21，而我们认为一个策略的收益风险比的合格值为1.0。显然，SMA策略离合格标准还有很远的距离。对于B&H策略来说，虽然它的历史年化收益率可以达到11.63%，尚在可接受范围之内，但它的问题在于，如果我们买入一只股票指数并一直持有，遇到大熊市将毫无抵抗能力，也即毫无对风险的控制能力。所以，B&H策略的历史最大回撤会很高，导致B&H策略的收益风险比会很低，这一点基本对所有股票指数都成立。

（2）交易特征

表9-3所示是SMA策略（N=20）应用于各股票指数的交易特征。

表9-3 SMA策略（N=20）测试结果——交易特征

编　号	证券名称	总交易回合	交易周期	胜　率	平均盈利	平均亏损	盈亏比	期　望	平均持仓时间	年化期望
1	上证50	116	8.1	29.31%	5.11%	1.56%	3.27	0.39%	8.9	10.72%
2	沪深300	103	9.2	30.10%	5.88%	1.93%	3.05	0.42%	10.7	9.56%
3	中证500	99	9.5	26.26%	7.60%	1.66%	4.58	0.77%	11.0	17.03%
4	中证1000	94	10.0	31.91%	8.36%	2.11%	3.96	1.23%	11.3	26.37%
5	创业板指	113	8.3	25.66%	10.32%	2.28%	4.52	0.95%	9.4	24.45%
6	中证银行	110	8.6	30.00%	4.37%	1.47%	2.97	0.28%	8.7	7.79%
7	证券公司	113	8.3	25.66%	10.64%	2.56%	4.15	0.82%	8.2	24.44%
8	有色金属	102	9.2	34.31%	6.49%	2.34%	2.78	0.69%	9.6	17.50%
9	全指信息	110	8.6	27.27%	9.74%	2.38%	4.09	0.92%	9.8	22.73%
10	中证军工	95	9.9	31.58%	10.64%	1.96%	5.42	2.02%	11.0	44.37%
11	中证消费	106	8.9	29.25%	7.61%	1.90%	4.00	0.88%	10.9	19.59%
12	300医药	102	9.2	30.39%	7.46%	1.84%	4.06	0.99%	11.6	20.60%
等权组合		1263	9.0	29.22%	7.76%	2.00%	3.87	0.85%	10.0	20.46%

在测试期范围内，SMA策略应用于各股票指数共计交易了1263个回合，交易周期为9.0，也即平均每9.0个交易日交易一次，交易频率偏中性。这个级别的交易频率对交易成本还不算敏感，这一点我们从表9-2中可以看出，SMA策略的年化交易成本为1.88%。以SMA策略的交易频率，我们采取手动的交易执行方式是完全可行的，这对没有程序化执行交易信号的普通个人投资者来说很重要。

SMA策略的胜率很低，各股票指数的胜率基本在30%左右，从指数等权组合来看，胜率仅为29.22%。虽然作为趋势跟踪类策略，SMA策略的胜率低于50%是很正常的，但是连30%都不到就未免太低了。当投资者采用SMA策略来进行交易时，每10笔交易里面只有3笔是盈利的，剩下7笔都是亏钱的。当面对连续亏损交易时，很容易打击投资者对策略有效性的信心，动摇投资者继续使用策略的决心，甚至导致投资者放弃使用策略。因此，低胜率策略对投资者的心理素质要求很高。

SMA策略每笔盈利交易的平均盈利率是7.76%，每笔亏损交易的平均亏损率是2.00%，其盈亏比为3.87。作为趋势跟随类策略，SMA策略也拥有高盈亏比的特征，因为SAM策略会"截断亏损，让利润奔跑"。当市场处于横盘震荡行情时，股价上穿均线触发买入信号之后，稍有回落就很容易跌破均线，从而触发卖出信号，这样的一笔交易往往亏损比例不大，持续时间也短。而当市场处于上涨趋势行情中时，股价往往会一直处于均线之上，根据策略信号买入之后会一直保持持仓，直至趋势减弱或结束，这样一笔交易的盈利往往很高，而且持续时间长，一般来说，市场大多数时间都处于震荡状态，真正的趋势行情较少，所以SMA策略的各笔交易基本上是由大量的小额亏损交易和少量的大额盈利交易组成的。

　　图9-2所示为SMA策略所有单笔交易收益率的频数分布图，从图中可以看出，SMA策略的亏损交易笔数明显超过盈利交易笔数，且亏损交易的收益率分布很集中，大多数亏损交易的收益率都分布在[-10%,0]以内，即使是最严重的单笔亏损，也没有超过-20%的，而盈利交易的分布情况相对来说分散得多，范围覆盖了(0,120%]。这样的单笔交易收益率分布也是低胜率、高盈亏比的一种体现。

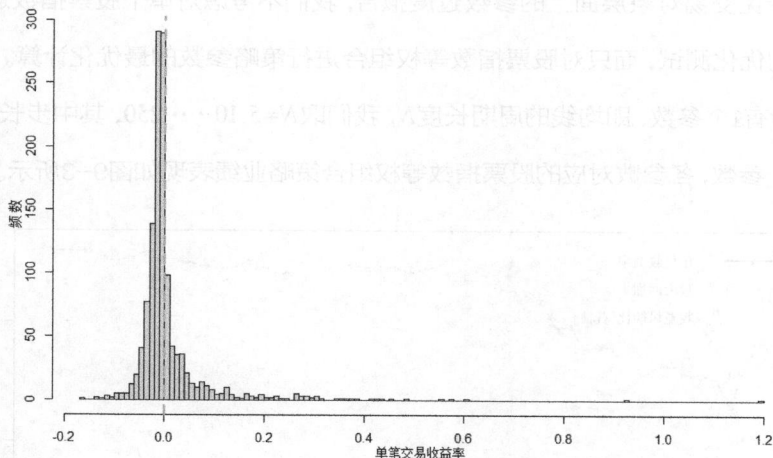

图9-2　SMA策略（N=20）单笔交易收益率分布

　　根据胜率、平均盈利和平均亏损，我们可以计算出策略单笔交易的盈利期望，即：

期望=胜率×平均盈利-(1-胜率)×平均亏损

= 29.22%×7.76%-70.78%×2.00%

=0.85%

SMA策略的期望为0.85%，它的直观意义是我们根据SMA策略的买卖信号每交易一个回合平均可以盈利0.85%，且平均耗时10.0个交易日，年化期望为20.46%，交易效率较为一般。

一个胜率低于50%的策略的盈亏比必须大于1，否则这个策略就不可能创造出正期望，即不能给投资者带来胜算。SMA策略的盈亏比虽然高达3.87，但是仍然难以弥补它在胜率上的劣势，导致它的年化收益较低。

对SMA策略而言，具有极低的胜率和极高的盈亏比是它的典型特征，这决定了它在实盘运行时可能出现的情形包括：连续多笔交易亏损、持续资产回撤、单笔交易亏损不大但使用策略的大部分盈利都来自少数几笔盈利交易。提前了解策略的交易特征，有利于我们在策略在实盘运行时正确判断策略的运行状态。

6. 参数优化

为避免交易对象层面上的参数过度拟合，我们不考虑对单个股票指数进行策略参数的优化测试，而只对股票指数等权组合进行策略参数的最优化计算。SMA策略只含有1个参数，即均线的周期长度N，我们取$N=5,10\cdots\cdots250$，其中步长为5，共计50个参数，各参数对应的股票指数等权组合策略业绩表现如图9-3所示。

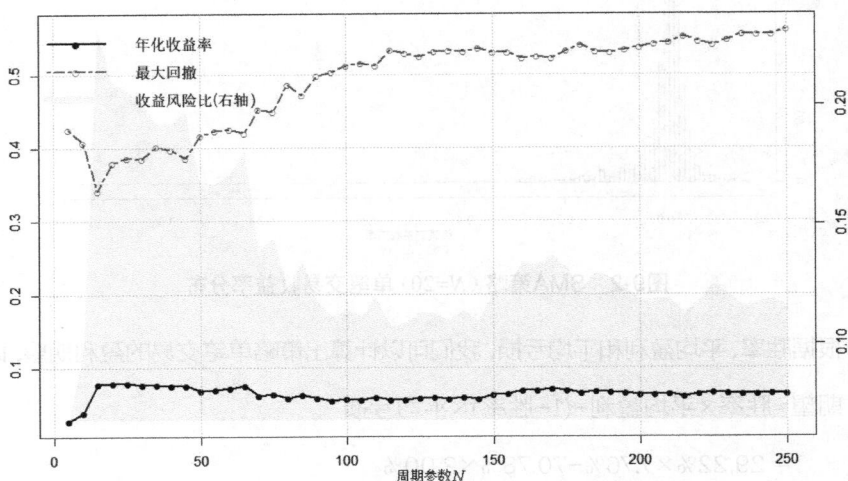

图9-3　SMA策略各参数对应的股票指数等权组合策略业绩表现

从上图可知，SMA策略不同参数对应的策略年化收益率基本在6%~8%，相差不大，可见SMA策略的年化收益率对参数不敏感。我们在进行前述测试分析时选择的代表性参数$N=20$时，对应的年化收益率7.95%位于这个区间的上沿。相对而言，SMA策略的最大回撤对参数更敏感一些，当参数取值范围在[15, 65]时，策略的历史最大回撤就在35%~40%，是所有参数中最低的一个区域，对应的策略收益风险比的区域也是最高的一个区域。

因此，SMA策略的最优参数范围为[15,65]，我们所选取的代表性参数$N=20$也位于这个范围之内，并且SMA策略的业绩表现对参数不敏感。但是即便是最佳参数区域，SMA策略的业绩表现也远达不到策略业绩评价的合格标准。

9.1.2　更复杂的移动平均线

移动平均线实际上是一个指标家族，SMA策略所使用的移动平均线是最简单也是最广泛使用的简单算术移动平均线（Simple Moving Average，SMA），除此之外，还有加权移动平均线（Weighted Moving Average，WMA）、指数移动平均线（Exponential Moving Average，EMA）、交易量加权移动平均线（Volume-Weighted Moving Average，VWMA）及佩里·考夫曼提出的自适应移动平均线（Adaptive Moving Average，AMA）。这些移动平均线均采用更为复杂的构造方法，部分还额外引入了更多的参数，这样做是否有价值，关键是要看它们的使用效果是否能显著优于简单算术移动平均线。这里我们以指数移动平均线（EMA）和自适应移动平均线（AMA）为代表，来看看这些复杂的移动平均线的效果如何。

指数移动平均线（EMA）对股价的近期变动较为敏感，对股价的远期变动反应相对迟钝，这是因为它在计算时对时间越近的数据点赋权越高，而远期数据点的权重将以指数速度衰减，直至影响微乎其微。EMA的数学公式为：

$$EMA_t=\frac{N-1}{N+1}\times EMA_{t-1}+\frac{2}{N+1}\times P_t=EMA_{t-1}+\frac{2}{N+1}\times(P_t-EMA_{t-1})$$

其中，EMA_t为第t期的指数移动平均值，P_t为第t期的股票价格，N为EMA的周期参数。对于周期参数为N的简单算术移动平均线(SMA)，第t期的股票价格P_t和第$t-1$期的股票价格P_{t-1}在第t期均线值的计算中所占的权重都是$\frac{1}{N}$，而在EMA中，第t期的股票价格P_t在第t期均线值计算中所占的权重是$\frac{2}{N+1}$，第$t-1$期的股票价格P_{t-1}在第t期均线值计算中所占的权重是$\frac{2}{N+1} \times \frac{N-1}{N+1}$，依照上述公式类推，第$t-k$期的股票价格$P_{t-k}$在第$t$期均线值计算中所占的权重是$\frac{2}{N+1} \times \left(\frac{N-1}{N+1}\right)^k$，远期数据对最新期均线值计算的影响将会以指数速度衰减。

对SMA和EMA而言，周期参数N的选择是一个权衡取舍的问题，当选择较短的周期参数N时，对应均线可以及时反映出市场趋势的变化，但在震荡市中会持续被无序的市场噪声干扰，频繁发出错误的买入信号；当选择较长的周期参数N时，对应均线虽然过滤掉很多无效的市场噪声，但当真正的市场趋势来临时又会反应迟钝。当市场处于趋势状态，股价沿一个方向快速运动时，短周期均线的应用效果更好，当市场在横盘震荡行情中拉锯时，长周期均线的应用效果更好。

为了解决这个问题，佩里·考夫曼提出了一种"自适应"的方法。他认为，当股价处于快速运动状态时，应采用较短的周期参数来计算均线值，而当市场处于横盘运动状态时，应采取较长的周期参数来计算均线值。这样均线的周期参数就是适应市场变化的，依市场状态而定，这就是自适应均线（AMA）的构造原理。他构建了效率系数指标（Efficiency Ratio，ER）来度量股价运动的效率，也就是市场的趋势性，效率系数越高，说明市场趋势性越强。这时应该采用短周期均线，反之则说明市场趋势性越弱，这时应该采用长周期均线。

自适应移动平均线（AMA）的具体计算过程主要分为两步：

第一步：计算市场效率系数（ER）

效率系数等于市场价格移动的绝对距离（Direction）与市场噪声波动之比，具体计算公式如下：

$Direction=P_t-P_{t-n}$

$$Volatility = \sum_{k=t-n+1}^{t} abs\,(P_k - P_{k-1})$$

$ER_t = Direction/Volatility$

其中, P_t为第t期的股票价格, n为计算ER的参数, 默认$n=10$。可知效率系数的取值范围为$[0,1]$。

第二步: 计算自适应移动平均线AMA_t。

AMA_t的计算公式和EMA_t的计算公式很像, 或者说AMA_t的计算公式就是将EMA_t的计算公式一般化, 回顾EMA_t的计算公式:

$$EMA_t = EMA_{t-1} + \frac{2}{N+1} \times (P_t - EMA_{t-1})$$

而AMA_t的计算公式为:

$$AMA_t = AMA_{t-1} + C_t \times (P_t - AMA_{t-1})$$

其中, AMA_t为第t期的自适应移动平均值, P_t为第t期的股票价格。

两者的差别仅在于, 在EMA_t中, 最新期的价格信息对最新期的均线值的影响的大小是固定不变的, 由EMA_t的周期参数N决定, 而在AMA_t中, 最新期的价格信息对最新期的均线值的影响大小是变动的, 由效率系数决定, 具体体现为C_t, C_t的计算方法如下:

$$C_t = smooth \times smooth$$

其中, $smooth = slowest + ER_t \times (fastest - slowest)$

$$fastest = \frac{2}{N_1 + 1}, \ slowest = \frac{2}{N_2 + 1}$$

公式中的N_1代表最快速的均线的周期参数, 默认$N_1=2$, N_2代表最慢速的均线的周期参数, 默认$N_2=30$。在每一期计算AMA_t的值时, 实际所用的周期参数将会根据市场运动的效率在N_1和N_2之间波动, 当市场效率系数为1时, AMA_t对应的周期参数为N_1, 而当市场效率系数为0时, 对应的周期参数为N_2。

在介绍完了指数移动平均线（EMA）和自适应移动平均线（AMA）的构造原理和计算方法之后, 我们以和SMA策略一致的量化回测方法来全面测试EMA策略和AMA策略的历史表现。其中, EMA的周期参数取$N=20$, AMA采用考夫曼设置的默认参数组。

表9-4　各均线策略等权组合测试结果——业绩表现

策略名称	年化收益	最大回撤	收益风险比	年化交易成本
B&H策略	11.63%	57.79%	0.20	0
SMA策略	7.95%	37.94%	0.21	1.88%
EMA策略	6.46%	44.48%	0.15	1.42%
AMA策略	3.32%	36.96%	0.09	1.62%

注：B&H策略为买入并持有的策略。

表9-5　各均线策略等权组合测试结果——交易特征

策略名称	总交易回合	交易周期	胜率	平均盈利	平均亏损	盈亏比	期望	平均持仓时间	年化期望
SMA策略	1263	9.0	29.22%	7.76%	2.00%	3.87	0.85%	10.0	20.46%
EMA策略	1053	10.7	25.55%	9.09%	1.89%	4.80	0.91%	12.2	18.15%
AMA策略	1339	8.4	29.65%	5.89%	1.87%	3.15	0.43%	7.1	14.64%

　　表9-4和表9-5是上述各均线策略分别应用于各股票指数的等权组合的历史回测结果。从历史年化收益来看，EMA策略和AMA策略甚至还不如SMA策略，与B&H策略更是相差甚远，并且它们在资产回撤控制方面也没有表现出优势。从指标的构造逻辑上来看，更为复杂的EMA和AMA似乎比SMA更为合理，但是历史回测结果并不支持这一猜想，EMA和AMA通过各自的机制均使它们市场的近期变化更为敏感，却恰恰忽视了移动平均线的初衷：平滑市场波动。

9.1.3　加入趋势方向过滤的单均线策略（DSMA）

　　在SMA策略中，我们是通过股票指数的价格与其移动平均线的位置关系来判断股价的趋势方向，股价位于均线之上则认为是处于上涨趋势行情，股价位于均线之下则认为是处于下跌趋势行情。这种判断方式没有考虑到震荡行情，实际上，当股价位于均线之上时不一定是上涨趋势行情，也可能是震荡行情；反之，当股价位于均线之下时也不一定是下跌趋势行情，也可能是震荡行情。股价位于均线之上只是上涨行情的必要条件，而非充分条件。反之，股价位于均线之下，只是下跌行情的必要条件, 而非充分条件。

　　我们在介绍均线指标时已经说过, 均线可以反映出股价的趋势方向, 也就是说, 利用均线可以判断出趋势的方向。这一点我们通过图9-4来说明, 图9-4所示是沪深300指数的K线图和它的一根均线, 我们用肉眼可以很直观地看出这根均线的走势方向是先下后上再横向, 以此暗示出沪深300指数的行情走势是先趋势性下跌, 然后趋势性上涨, 再震荡整理。

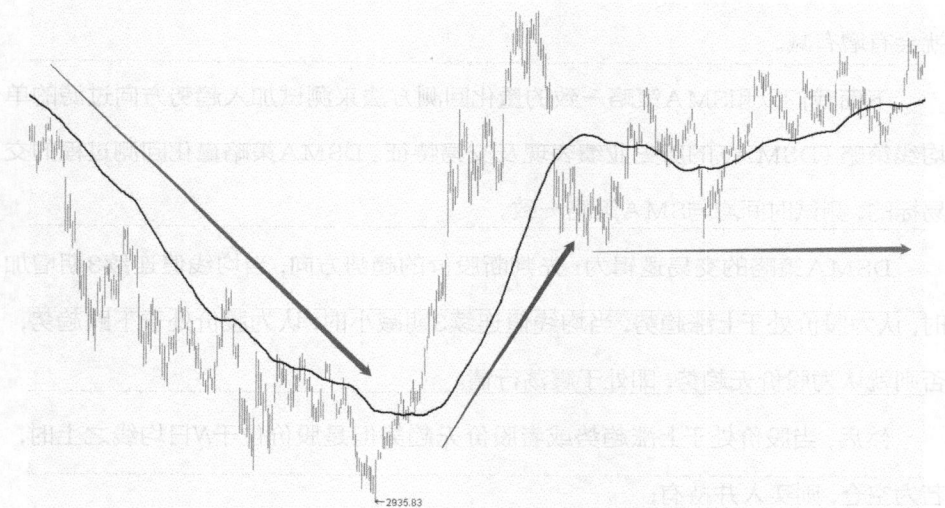

2935.83

图9-4　沪深300指数的K线图和均线

　　关键问题是, 我们如何将上述方法以数学定义的形式明确地表达出来, 只有这样才能在策略逻辑中将它转化成明确的交易规则。这里我们采用一种较为简单、有效的办法, 即当均线值连续M期增加时认为股价处于上涨趋势, 当均线值连续M期减小时认为股价处于下跌趋势, 否则就认为股价无趋势, 即震荡行情。从实际情况看, m的比较合理的取值范围为2~5, M太小则会比较敏感, 容易误判趋势; M太大则会比较迟钝, 不能及时识别出趋势的拐点变化。综合考虑, 我们默认取M=3。综上所述, 利用均线走势方向来判断趋势方向的具体方法为:

$$\begin{cases} （1）当MA_{t-3}<MA_{t-2}<MA_{t-1}<MA_t时，股份处于上涨趋势 \\ （2）当MA_{t-3}>MA_{t-2}>MA_{t-1}>MA_t时，股份处于下跌趋势 \\ 若（1）和（2）均不成立，则股价无趋势，即处于震荡行情 \end{cases}$$

其中，MA_t为第t期的均线值。

回顾图9-4，当股价处于上涨趋势时，均线的走势方向为向上，均线值自然是逐期增加的，当股价处于下跌趋势时，均线的走势方向为向下，均线值逐期减小，当股价处于震荡横盘走势时，均线通常也是横盘走势，这时的均线值相较于上期就会有增有减。

下面我们以和SMA策略一致的量化回测方法来测试加入趋势方向过滤的单均线策略（DSMA）的历史业绩表现及交易特征。DSMA策略量化回测过程的交易标的、测试时间均与SMA策略一致。

DSMA策略的交易逻辑为：先判断股价的趋势方向，当均线值连续3期增加时，认为股价处于上涨趋势，当均线值连续3期减小时，认为股价处于下跌趋势，否则就认为股价无趋势，即处于震荡行情。

然后，当股价处于上涨趋势或者股价无趋势但是股价位于N日均线之上时，若为空仓，则买入并持有；

当股价处于下跌趋势，或者股价无趋势但是股价位于N日均线之下时，若有持仓，则卖出。这里的均线为周期参数$N=20$的简单算术移动平均线（SMA）。

分别对各股票指数应用本策略进行历史回测，并从业绩表现和交易特征两个角度来分析测试结果。

1. 业绩表现

表9-6所示是DSMA策略（$N=20$）应用于各股票指数的业绩表现。图9-5所示为DSMA策略（$N=20$）等权组合的净值走势。

表9-6 SMA策略(N=20)测试结果——业绩表现

编号	证券名称	B&H策略表现			BOLL策略表现			
		年化收益	最大回撤	收益风险比	年化收益	最大回撤	收益风险比	年化交易成本
1	上证 50	7.28%	44.70%	0.16	-2.95%	45.18%	-0.07	0.26%
2	沪深 300	7.97%	46.70%	0.17	5.68%	29.12%	0.19	0.29%
3	中证 500	8.59%	65.20%	0.13	8.62%	43.81%	0.20	0.37%
4	中证 1000	8.96%	72.35%	0.12	9.04%	41.05%	0.22	0.36%
5	创业板指	18.08%	69.74%	0.26	17.23%	43.55%	0.40	0.40%
6	中证银行	4.91%	37.08%	0.13	-2.33%	40.48%	-0.06	0.25%
7	证券公司	6.01%	73.22%	0.08	2.41%	48.00%	0.05	0.25%
8	有色金属	-2.88%	60.61%	-0.05	3.74%	37.66%	0.10	0.23%
9	全指信息	16.57%	69.70%	0.24	14.13%	45.47%	0.31	0.41%
10	中证军工	13.13%	71.40%	0.18	6.35%	53.40%	0.12	0.33%
11	中证消费	20.12%	42.66%	0.47	7.24%	35.72%	0.20	0.37%
12	300医药	16.65%	43.55%	0.38	11.07%	25.87%	0.43	0.35%
	等权组合	11.63%	57.79%	0.20	7.72%	32.24%	0.24	0.32%

注:B&H策略为买入并持有策略。

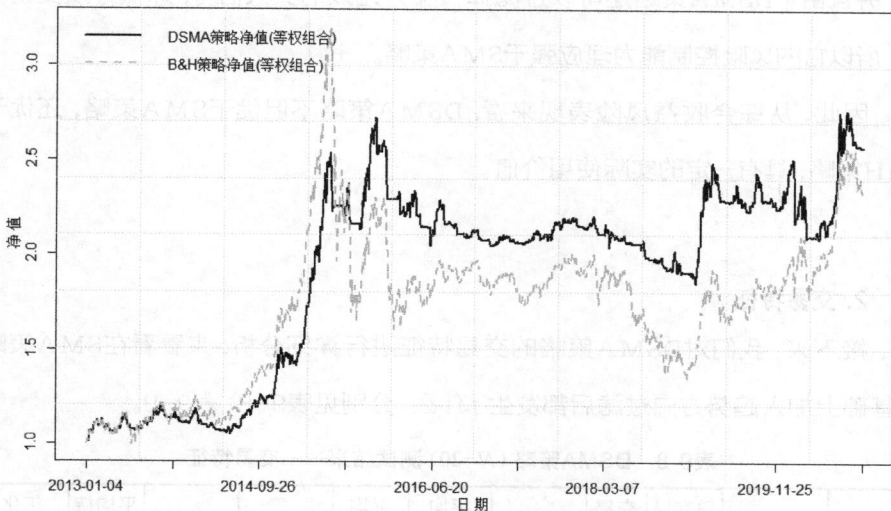

图9-5 DSMA策略(N=20)等权组合的净值走势

前面我们测试过SMA(N=20)策略的历史业绩表现,其等权组合的历史年化收益为7.95%,最大回撤为37.94%,收益风险比为0.21,而DSMA策略等权组合的年化收益率可达到12.88%，最大回撤降为31.99%，收益风险提升到了0.40倍。可见，在SMA策略的基础上加入趋势方向过滤不仅可以提高策略的投资收益，还可以降低策略的投资风险，说明这个过滤方法是有效的，它可以过滤掉一些无价值的、虚假的买入信号（见表9-7）。

表9-7　SMA策略和DSMA策略的等权组合测试结果——业绩表现

策略名称	年化收益	最大回撤	收益风险比	年化交易成本
B&H 策略	11.63%	57.79%	0.20	0
SMA 策略	7.95%	37.94%	0.21	1.88%
DSMA 策略	12.88%	31.99%	0.40	1.39%

注：B&H策略为买入并持有策略。

但是我们也应该注意的是，DSMA策略的年化收益率依然不高，只比B&H策略的年化收益率稍微高一点儿，但是它的历史最大回撤显著小于B&H策略，也即它具有一定的风险控制能力。这一点并不意外，因为和SMA策略一样，DSMA策略在下跌趋势行情中迟早会发出卖出信号，帮助策略使用者躲过部分下跌情况。并且由于DSMA策略还可以过滤掉一部分无效的买入信号，降低亏损交易笔数，所以它的风险控制能力理应强于SMA策略。

因此，从综合收益风险表现来看，DSMA策略不但优于SMA策略，还优于B&H策略，具有一定的实际使用价值。

2. 交易特征

接下来，我们对DSMA策略的交易特征进行详细分析，来看看在SMA策略的基础上加入趋势方向过滤后都发生了什么，分别见表9-8、表9-9。

表9-8　DSMA策略（$N=20$）测试结果——交易特征

编　　号	证券名称	总交易回合	交易周期	胜　率	平均盈利	平均亏损	盈亏比	期　望	平均持仓时间	年化期望
1	上证50	69	13.7	33.33%	6.79%	2.45%	2.77	0.63%	15.1	10.06%
2	沪深300	65	14.5	35.38%	7.12%	2.19%	3.25	1.10%	16.8	15.92%
3	中证500	60	15.7	26.67%	12.89%	2.25%	5.74	1.79%	18.4	23.50%

续表

编 号	证券名称	总交易回合	交易周期	胜 率	平均盈利	平均亏损	盈亏比	期 望	平均持仓时间	年化期望
4	中证1000	54	17.5	29.63%	15.95%	2.34%	6.82	3.08%	19.4	38.42%
5	创业板指	56	16.8	37.50%	14.77%	2.89%	5.11	3.73%	18.7	48.22%
6	中证银行	68	13.9	36.76%	5.16%	2.25%	2.29	0.47%	14.7	7.77%
7	证券公司	67	14.1	29.85%	13.48%	2.70%	5.00	2.13%	13.9	37.13%
8	有色金属	60	15.7	38.33%	8.44%	3.08%	2.74	1.34%	16.0	20.16%
9	全指信息	63	15.0	34.92%	14.12%	2.39%	5.90	3.37%	17.1	47.80%
10	中证军工	50	18.9	46.00%	11.92%	2.63%	4.54	4.06%	20.6	47.65%
11	中证消费	78	12.1	35.90%	7.39%	2.67%	2.77	0.94%	14.8	15.42%
12	300医药	69	13.7	31.88%	9.45%	1.94%	4.87	1.69%	17.0	24.13%
等权组合		759	14.9	34.52%	10.24%	2.46%	4.16	1.92%	16.7	27.88%

表9-9　各均线策略等权组合测试结果——交易特征

策略名称	总交易回合	交易周期	胜 率	平均盈利	平均亏损	盈亏比	期 望	平均持仓时间	年化期望
SMA策略	1263	9.0	29.22%	7.76%	2.00%	3.87	0.85%	10.0	20.46%
DSMA策略	759	14.9	34.52%	10.24%	2.46%	4.16	1.92%	16.7	27.88%

首先，我们来看交易次数，SMA策略在测试期内所有股票指数的总交易回合数是1263，而DSMA策略只有759个交易回合，少了40%，这是因为DSMA策略过滤掉了很多在下跌趋势中发出的虚假买入信号，因此，DSMA策略的胜率也明显高于SMA策略。

另外，当策略有持仓时，只要股价还处于上升趋势，即使跌破均线也不会卖出，这样做会拉长使用策略时各笔交易的平均持仓时间，DSMA策略的平均持仓时间为16.7个交易日，高于SMA策略的10.0个交易日。平均持仓时间的上升也会降低策略的总交易回合数。

DSMA策略的平均盈利和平均亏损都比SMA策略的更大，因为DSMA策略的平均持仓时间更长，并且DSMA策略平均盈利变大的程度要高于平均亏损变大的程度，从而使它的盈亏比也有所提升。DSMA策略的期望为1.92%，意思是DSMA策略每交易一个回合，平均可以盈利1.92%，平均耗时为16.7个交易日，而

SMA策略每交易一个回合平均盈利0.85%，平均耗时10.0个交易日。相比之下，DSMA策略的效率更高。

虽然从相对的角度来看，DSMA策略的投资业绩整体优于SMA策略，但是从绝对的角度来看，DSMA策略的期望收益还不够高，回撤也很大，离一个合格投资策略的标准还有一定的距离。

9.2　双均线策略（DoubleMA）

单均线策略（SMA）是利用股价与一根移动平均线的上下位置关系来决定持仓的多空，即股价位于均线之上时买入并持有，股价位于均线之下时卖出并空仓，而双均线策略（DoubleMA）是用两根均线的上下位置关系来决定持仓的多空，即短周期均线位于长周期均线之上时买入并持有，短周期均线位于长周期均线之下时卖出并空仓。

SMA策略虽然能在上涨趋势中抓住很大一部分行情，在下跌趋势中躲过大跌，但在震荡市时股价会在均线上下两侧来回拉锯，从而频繁触发无效的买入信号，且经常是买入之后价格就回落，卖出之后价格又反弹。总之，SMA策略对价格的无序噪声波动的过滤能力较差。

相较而言，DoubleMA策略在震荡市中受价格的噪声波动影响会小一些，来回拉锯交易的次数会少很多，但代价是在真正的上涨趋势启动时，其入场没有使用SMA策略快，而在上涨趋势结束时，出场又比使用SMA策略慢。

那么综合利弊来看，DoubleMA策略是否优于SMA策略呢？或者说我们是否有必要在单根均线的基础上再多引入一根均线呢？我们基于历史数据来回答这个问题。

下面我们以量化回测方法详细分析DoubleMA策略的历史业绩表现及交易特征。

1. 交易标的

我们选取了12只对A股市场某个板块或行业具有很强代表性的股票指数，并分别单独利用DoubleMA策略进行择时交易，这12只股票指数见表9-10。

表9-10　策略标的的股票指数列表

编　号	指数代码	指数名称	基　期	ETF 代码	ETF 名称	类　型
1	000016.SH	上证 50	2003-12-31	510050.SH	50ETF	核心规模指数
2	000300.SH	沪深 300	2004-12-31	510300.SH	300ETF	核心规模指数
3	399905.SZ	中证 500	2004-12-31	510500.SH	500ETF	核心规模指数
4	000852.SH	中证 1000	2004-12-31	512100.SH	1000ETF	重要规模指数
5	399006.SZ	创业板指	2010-05-31	159915.SZ	创业板	核心规模指数
6	399986.SZ	中证银行	2004-12-31	512800.SH	银行 ETF	周期 / 银行
7	399975.CSI	证券公司	2007-06-29	512880.SH	证券 ETF	周期 / 非银
8	000819.SH	有色金属	2004-12-31	512400.SH	有色 ETF	周期 / 资源
9	000993.SH	全指信息	2004-12-31	159939.SZ	信息技术	周期 / 信息技术
10	399967.SZ	中证军工	2004-12-31	512660.SH	军工 ETF	周期 / 军工
11	399932.SZ	中证消费	2004-12-31	159928.SZ	消费 ETF	防御 / 消费
12	399913.SZ	300 医药	2004-12-31	512010.SH	医药 ETF	防御 / 医药

2. 测试时间

2013年1月1日至2020年9月30日。

3. 交易逻辑

当策略为空仓时，若短周期均线位于长周期均线之上，则买入并持有；当策略有持仓时，若短周期均线位于长周期均线之下，则卖出并空仓。

4. 参数设置

本策略含有两个参数，即短周期均线的周期长度N和长周期均线的周期长度M。默认$N=10$、$M=30$。

5. 测试结果

分别对各股票指数应用本策略进行历史回测，并从业绩表现和交易特征两个角度来分析测试结果。

（1）业绩表现

表9-11所示是DoubleMA策略（$N=10, M=30$）应用于各股票指数的业绩表现。图9-6所示为DoubleMA策略（$N=10, M=30$）等权组合的净值走势。

表9-11　DoubleMA策略（$N=10, M=30$）测试结果——业绩表现

编号	证券名称	B&H 策略表现			DoubleMA 策略表现			
		年化收益	最大回撤	收益风险比	年化收益	最大回撤	收益风险比	年化交易成本
1	上证50	7.28%	44.70%	0.16	2.21%	36.33%	0.06	0.58%
2	沪深300	7.97%	46.70%	0.17	5.92%	36.55%	0.16	0.62%
3	中证500	8.59%	65.20%	0.13	9.16%	56.53%	0.16	0.60%
4	中证1000	8.96%	72.35%	0.12	8.66%	61.42%	0.14	0.66%
5	创业板指	18.08%	67.74%	0.26	17.52%	54.88%	0.32	0.94%
6	中证银行	4.91%	37.08%	0.13	1.13%	32.7%	0.03	0.63%
7	证券公司	6.01%	73.22%	0.08	11.97%	45.41%	0.26	0.81%
8	有色金属	−2.88%	60.61%	−0.05	2.98%	46.97%	0.06	0.47%
9	全指信息	16.57%	69.70%	0.24	13.66%	56.98%	0.24	0.72%
10	中证军工	13.13%	71.40%	0.18	8.21%	66.32%	0.12	0.67%
11	中证消费	20.12%	42.66%	0.47	6.16%	48.37%	0.13	0.48%
12	300医药	16.65%	43.55%	0.38	11.35%	37.75%	0.30	0.57%
	等权组合	11.63%	57.79%	0.20	8.94%	46.78%	0.19	0.65%

注：B&H策略为买入并持有策略。

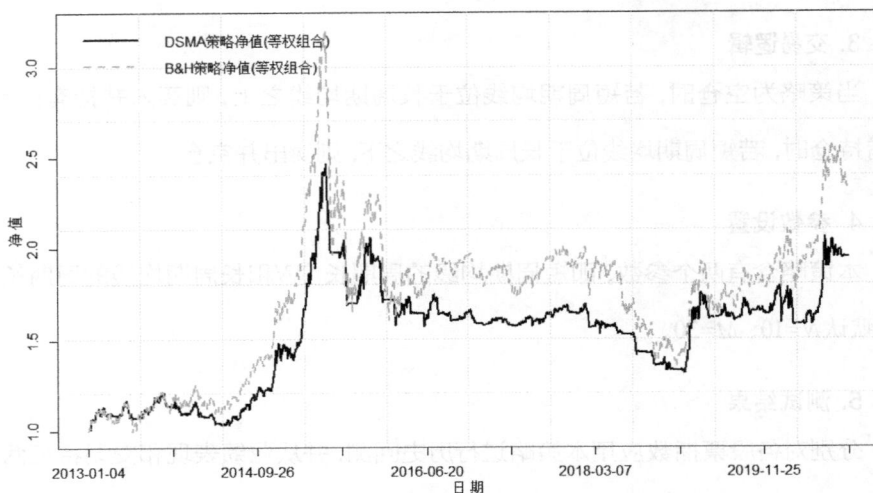

图9-6　DoubleMA策略（$N=10, M=30$）等权组合的净值走势

从策略收益的角度来看,DoubleMA策略的历史年化收益率仅为8.94%,即无法达到我们对期望投资收益的绝对要求,也明显低于B&H策略的历史年化收益,即DoubleMA策略没有创造超额收益的能力。

此外,DoubleMA策略的历史最大回撤高达46.78%,虽然略微低于B&H策略,但也远达不到我们投资风险控制的要求。综合收益风险比来看,DoubleMA策略还是略微低于B&H策略,显然DoubleMA策略没有实际使用价值。

在本章上一节中,我们曾经测试过单均线策略(SMA)的历史业绩表现,我们发现,双均线策略(DoubleMA)的收益风险表现和SMA策略的很接近。其实,单均线策略也可以被看作是双均线策略,即短均线周期为1日、长均线周期为N日的双均线策略。既然这两个策略的本质是一致的,那么拥有近似的收益风险表现也就合理了。

(2)交易特征(表9-12)

表9-12 DoubleMA策略($N=10, M=30$)测试结果——交易特征

编 号	证券名称	总交易回合	交易周期	胜 率	平均盈利	平均亏损	盈亏比	期 望	平均持仓时间	年化期望
1	上证50	38	24.8	44.74%	7.40%	4.39%	1.69	0.88%	26.9	7.97%
2	沪深300	37	25.5	48.65%	8.23%	4.53%	1.82	1.68%	30.0	13.50%
3	中证500	31	30.4	45.16%	12.99%	4.97%	2.61	3.14%	35.5	21.38%
4	中证1000	33	28.6	45.45%	12.08%	4.75%	2.54	2.90%	32.3	21.74%
5	创业板指	33	28.6	45.45%	17.08%	4.70%	3.64	5.20%	32.1	39.23%
6	中证银行	40	23.6	37.50%	7.40%	3.49%	2.12	0.59%	24.8	5.80%
7	证券公司	36	26.2	44.44%	16.87%	6.21%	2.72	4.05%	25.7	38.07%
8	有色金属	36	26.2	44.44%	10.74%	6.14%	1.75	1.36%	27.0	12.21%
9	全指信息	32	29.5	50.00%	15.52%	6.23%	2.49	4.64%	34.0	33.08%
10	中证军工	34	27.7	41.18%	16.57%	6.15%	2.70	3.21%	30.7	25.26%
11	中证消费	38	24.8	50.00%	9.46%	5.57%	1.70	1.95%	31.3	15.03%
12	300医药	35	26.9	51.43%	8.97%	3.44%	2.60	2.94%	34.7	20.50%
	等权组合	423	26.7	45.63%	11.75%	5.02%	2.34	2.63%	30.2	21.08%

从策略的构造原理来看,双均线策略(DoubleMA)对行情的反应灵敏度低于单均线策略(SMA),并且DoubleMA策略所选取的均线周期越长,对行情的

敏感程度越低。策略对行情反应不灵敏的好处是，在震荡行情时就能过滤掉更多地无序的噪声波动，更少地发出无效的买入信号，但随之而来的缺点是，在真正的趋势行情来临时也不能及时发出有效的买入(卖出)信号。DoubleMA策略和SMA策略相比最明显的交易特征应该是较低的交易频率与较高的胜率，这一点我们可以从表9-12中得到验证。

和SMA策略相比，DoubleMA策略的交易频率低得多，SMA策略的交易周期为9.0个交易日，即平均9.0个交易日交易一次，而DoubleMA策略的交易周期高达26.7，即平均26.7个交易日交易一次。相应的，DoubleMA策略的总交易回合数也会远低于SMA策略。DoubleMA的胜率达到了45.63%，而SMA策略的仅为29.22%，DoubleMA策略所发出信号的准确率大幅高于SMA策略，并且对于趋势类策略来说，45.63%也是一个较高级别的胜率了。虽然DoubleMA策略的盈亏比表现较为一般，仅为2.34倍，结合胜率来看，DoubleMA单次交易的期望更高，但遗憾的是，DoubleMA策略的平均持仓时间太长，导致它的交易效率不高。再者各股票指数的均线买卖信号相关性往往很高，从而导致DoubleMA策略的最终投资业绩较差。

（3）参数优化

DoubleMA策略拥有两个参数，短周期均线的周期长度N和长周期均线的周期长度M。我们取$N=5,10\cdots\cdots50$，其中步长为5，共计10个值；取$M=5,10\cdots\cdots250$，其中步长为5，共计50个值。同时要求N必须小于M，符合条件的参数组数共计445组，图9-7所示为这445组参数对应的股票指数等权组合的策略业绩表现。

从图9-7可知，DoubleMA策略不同参数组对应的策略年化收益率基本在6%~10%，不同参数组的策略年化收益率相差不大，可见DoubleMA策略的年化收益率对参数不是很敏感。在所有参数组中，最优参数组为（10,25），对应年化收益率为11.95%，区域最优参数组为（15,25），对应策略年化收益率为9.63%。我们所选的默认参数组为（10,30），对应策略年化收益率为8.94%。可见，我们主观所选的默认参数组在所有参数组中是一个较为普通的组。

至于各参数组的策略历史最大回测，基本集中在40%~55%。限于篇幅问题，我们这里不再赘述。总之，即使进行参数优化，DoubleMA策略也不能称为一个符合业绩评价标准的合格策略。

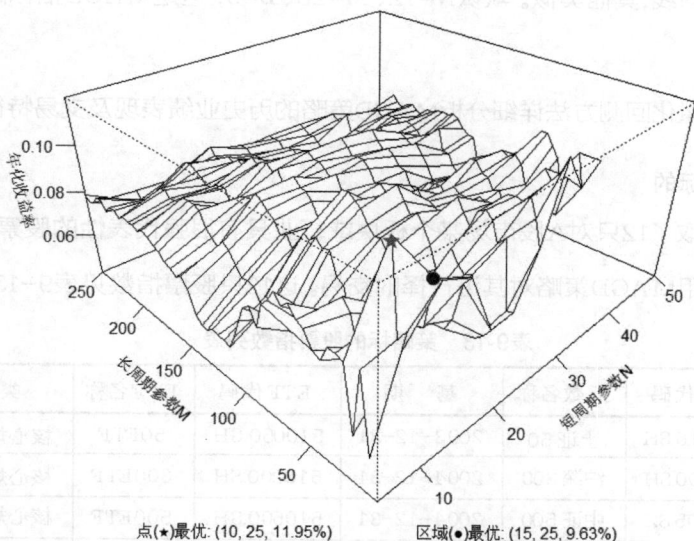

点(★)最优: (10, 25, 11.95%)　　区域(●)最优: (15, 25, 9.63%)

图9-7　DoubleMA策略各参数对应的股票指数等权组合的策略业绩表现

9.3　平滑异同移动平均线策略（MACD）

平滑异同移动平均线（Moving Average Convergence/Divergence，简称MACD），旨在利用股票价格的短期均线与长期均线之间的聚合与分离状况来识别股票价格强弱状态的转换。MACD指标的最终体现的是两根指数移动平均线的差值DIF和DIF的指数移动平均线DEA，并通过DIF和DEA的位置关系来判断买卖时机，当DIF上穿DEA时买入，当DIF下穿DEA时卖出，这即为MACD策略的核心交易规则。

MACD指标的计算方法可以表示为：

DIF=EMA（CLOSE,12）−EMA（CLOSE,26）

DEA=EMA（DIF,9）

其中，CLOSE代表股票收盘价，EMA（CLOSE,N）代表股票收盘价的M期指数移动平均线,其他类似。默认N=12、M=26、L=9,这是MACD指标的经典参数组。

下面以量化回测方法详细分析MACD策略的历史业绩表现及交易特征：

1. 交易标的

我们选取了12只对A股市场某个板块或行业具有很强代表性的股票指数，并分别单独利用MACD策略对其进行择时交易。这12只股票指数见表9-13。

表9-13　策略标的股票指数列表

编　号	指数代码	指数名称	基　期	ETF代码	ETF名称	类　型
1	000016.SH	上证50	2003−12−31	510050.SH	50ETF	核心规模指数
2	000300.SH	沪深300	2004−12−31	510300.SH	300ETF	核心规模指数
3	399905.SZ	中证500	2004−12−31	510500.SH	500ETF	核心规模指数
4	000852.SH	中证1000	2004−12−31	512100.SH	1000ETF	重要规模指数
5	399006.SZ	创业板指	2010−05−31	159915.SZ	创业板	核心规模指数
6	399986.SZ	中证银行	2004−12−31	512800.SH	银行ETF	周期/银行
7	399975.CSI	证券公司	2007−06−29	512880.SH	证券ETF	周期/非银
8	000819.SH	有色金属	2004−12−31	512400.SH	有色ETF	周期/资源
9	000993.SH	全指信息	2004−12−31	159939.SZ	信息技术	周期/信息技术
10	399967.SZ	中证军工	2004−12−31	512660.SH	军工ETF	周期/军工
11	399932.SZ	中证消费	2004−12−31	159928.SZ	消费ETF	防御/消费
12	399913.SZ	300医药	2004−12−31	512010.SH	医药ETF	防御/医药

2. 测试时间

2013年1月1日至2020年9月30日。

3. 交易逻辑

当策略为空仓时，若DIF位于DEA之上，则买入并持有；当策略有持仓时，若

DIF位于DEA之下, 则卖出并空仓。

4. 参数设置

本策略含有三个参数, 即计算DIF时所需要用到的短均线周期M和长均线周期N, 以及计算DEA时所需要用到的均线周期L。默认$N=12$、$M=26$、$L=9$。

5. 测试结果

我们分别对各股票指数应用本策略进行历史回测, 并从业绩表现和交易特征两个角度来分析测试结果。

（1）业绩表现

表9-14所示是MACD策略（$N=12, M=26, L=9$）应用于各股票指数的业绩表现。图9-8所示为MACD策略（$N=12, M=26, L=9$）等权组合的净值走势。

表9-14　MACD策略（$N=12, M=26, L=9$）测试结果——业绩表现

编号	证券名称	B&H 策略表现			MACD 策略表现			
		年化收益	最大回撤	收益风险比	年化收益	最大回撤	收益风险比	年化交易成本
1	上证 50	7.28%	44.70%	0.16	1.50%	38.66%	0.04	0.98%
2	沪深 300	7.97%	46.70%	0.17	8.03%	34.34%	0.23	1.16%
3	中证 500	8.59%	65.20%	0.13	12.40%	33.90%	0.37	1.54%
4	中证 1000	8.96%	72.35%	0.12	10.77%	36.39%	0.30	1.61%
5	创业板指	18.08%	69.74%	0.26	11.16%	55.40%	0.20	1.54%
6	中证银行	4.91%	37.08%	0.13	6.81%	19.45%	0.35	1.29%
7	证券公司	6.01%	73.22%	0.08	14.14%	56.19%	0.25	1.31%
8	有色金属	−2.88%	60.61%	−0.05	8.55%	32.92%	0.26	1.19%
9	全指信息	16.57%	69.70%	0.24	8.04%	40.04%	0.20	1.30%
10	中证军工	13.13%	71.40%	0.18	17.86%	41.29%	0.43	2.09%
11	中证消费	20.12%	42.66%	0.47	11.15%	29.13%	0.38	1.18%
12	300 医药	16.65%	43.55%	0.38	7.97%	28.63%	0.28	1.24%
	等权组合	11.63%	57.79%	0.20	10.33%	25.40%	0.41	1.37%

注：B&H策略为买入并持有策略。

MACD策略等权组合的历史年化收益率为10.33%, 比B&H策略的年化收益

率稍微低一点，MACD策略没有创造超额收益的能力。

从投资风险的角度来看，MACD策略等权组合的历史最大回撤虽然仍然不低，达到了25.40%，但已经明显低于B&H策略的历史最大回撤了。单独来看各股票指数，MACD策略历史最大回撤也是明显低于B&H策略的。这说明MACD策略已经有较好的风险控制能力了。

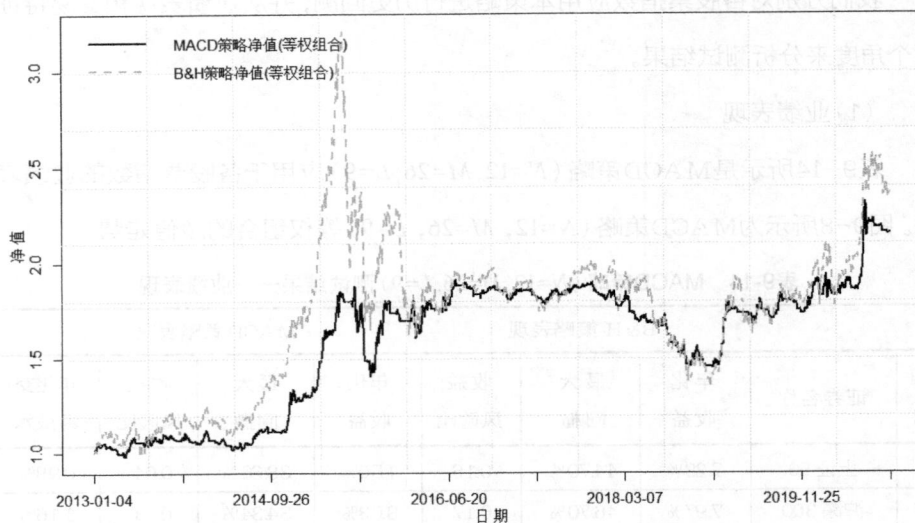

图9-8　MACD策略（*N*=12, *M*=26, *L*=9）等权组合的净值走势

MACD指标的核心功能在于度量均线势能的变化，或者说是股价的二阶差变化。当股价上涨开始乏力时，MACD指标往往能较早地发出卖出信号，使得策略能在股价开始拐头下跌时及时离场，这是MACD指标具有较好风险控制能力的原因。但是当遇到大型的趋势上涨行情时，MACD指标也会错误地过早离场。虽然根据策略逻辑，之后还会继续发出买入信号，但难免错失一段利润，所以在趋势上涨行情中，MACD策略的投资收益会不如股票指数的涨幅。从图9-8中可以看出，MACD策略在2014年至2015年的大牛市期间的收益大幅低于股票指数的涨幅。

得益于较好的风险控制能力，MACD策略的收益风险比为0.41，显著高于

B&H策略的0.20，所以综合收益风险来看，MACD策略优于B&H策略。但从绝对的角度来看，MACD策略的收益风险表现也达不到一个合格策略的标准，也就是说，MACD指标没有单独使用价值，它并不适合用来直接指导投资者进行买卖。

（2）交易特征

在测试期范围内，MACD策略总共交易了873个回合，交易周期为13.0，也即平均每13个交易日交易一次。这个级别的交易频率数偏中等，对交易成本不敏感，这一点可以从表9-15中看出，每年的交易成本耗损不到1.5%。

表9-15　MACD策略（$N=12, M=26, L=9$）测试结果——交易特征

编号	证券名称	总交易回合	交易周期	胜率	平均盈利	平均亏损	盈亏比	期望	平均持仓时间	年化期望
1	上证50	72	13.1	37.50%	6.39%	3.10%	2.06	0.45%	13.2	8.35%
2	沪深300	69	13.7	43.48%	5.91%	2.52%	2.34	1.15%	14.4	19.20%
3	中证500	77	12.2	42.86%	6.76%	2.45%	2.76	1.50%	13.0	27.99%
4	中证1000	79	11.9	35.44%	9.40%	2.93%	3.21	1.44%	12.8	27.34%
5	创业板指	72	13.1	37.50%	10.40%	3.65%	2.85	1.62%	14.2	27.63%
6	中证银行	74	12.7	43.24%	5.24%	2.32%	2.26	0.95%	12.9	17.79%
7	证券公司	62	15.2	41.94%	12.34%	4.27%	2.89	2.70%	15.5	42.12%
8	有色金属	71	13.3	33.80%	10.25%	3.22%	3.19	1.33%	13.9	23.19%
9	全指信息	75	12.6	33.33%	11.35%	3.71%	3.06	1.31%	13.2	24.03%
10	中证军工	71	13.3	42.25%	8.57%	2.54%	3.38	2.16%	14.0	37.26%
11	中证消费	75	12.6	40.00%	7.38%	2.59%	2.85	1.40%	13.3	25.44%
12	300医药	76	12.4	32.89%	7.89%	2.30%	3.42	1.05%	13.4	19.01%
	等权组合	873	13.0	38.60%	8.34%	2.96%	2.82	1.40%	13.6	24.98%

MACD策略的胜率为38.6%，这对于趋势类策略而言并不能算很低，平均每笔盈利交易的盈利率为8.34%，每笔亏损交易的亏损率为2.96%，盈亏比为2.82，均是典型的趋势类策略的特征。MACD策略的期望为1.40%，也即策略每交易一个回合，平均可以盈利1.40%，平均需要耗费13.6个交易日，折算成年化期望为24.98%，交易效率不高。

6. 参数优化

MACD策略拥有三个参数，这对于参数优化而言不是一个好事情。如果要同时优化三个参数有两个问题，一是候选参数组太多，对于分析比较不同参数组的表现的差别也会带来很大的困难；二是过多的参数优化容易导致过度拟合。一般来说，策略拥有一个或者两个待优化参数比较合适。MACD策略的三个参数分别为：计算DIF时所需要用到的短均线周期M和长均线周期N，以及计算DEA时所需要用到的均线周期L。我们取$N=2$，4……30，其中步长为2，共计15个值，取$M=6$，10……62，其中步长为4，共计15个值，取$L=3$，5……21，其中步长为2，共计10个值。同时要求N必须小于M，符合条件的参数组共计1760组。图9-9所示为MACD策略各参数组对应的股票指数等权组合的业绩表现。

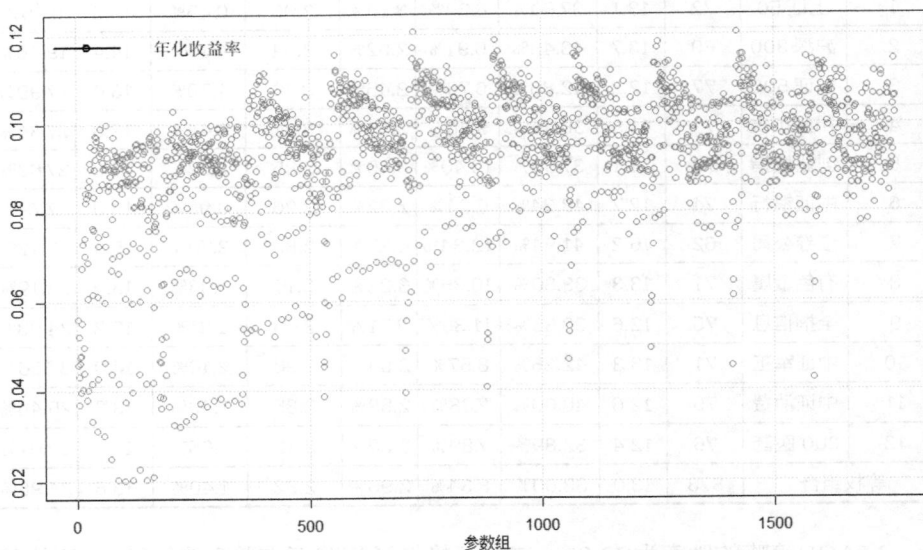

图9-9　MACD策略各参数对应的股票指数等权组合的业绩表现

从图中可以看出，MACD策略对参数有一定的敏感性，较为有效的参数组对应的策略年化收益率基本在8%~12%，MACD策略的默认参数组（12,26,9）对应的历史年化收益率为10.33%，在所有参数组中的收益表现已经处于中等偏上的位置，依靠参数优化所能带来的策略改进空间已经很小，且也无法获得显著高于B&H策略的收益表现。一般来说，除非有充分的理由，否则我们不应该放弃指标的经典参数组，而去选用其他参数组，特别是对MACD这种多参数指标而言。

9.4 动量策略（ROC）

所谓动量指标也称为变动率指标（Rate of Change，简称ROC），它等于最新的股票价格相较于N天前的股票价格的涨跌幅，即股价的N期涨跌幅。

动量指标可以显示出股价运行的方向，当股票的动量指标值大于0时，说明股票价格的运行方向是上涨的，这时候应该买入，而当股票的动量指标值小于0时，说明股票价格的运行方向是下跌的，这时候应该卖出。这就是动量策略的基本逻辑。

但是，当动量指标在0附近来回拉锯时，会导致频繁的无效交易。因此，我们考虑设置一个缓冲区域，要求当动量指标大于R时才买入；反之，要求当动量指标小于−R时才会卖出。这里的R我们称为缓冲参数，R≥0。

更一般地，我们可以要求当动量指标大于R1时才买入，当动量指标小于−R2时才卖出，这里的R1≠R2，即正负两边的缓冲区域是不对称的，但这样会引入两个参数，加上动量指标自身的参数N，总共就有三个参数了。在前面的内容中我们提到过，除非确实有必要，参数数量最好不要超过两个。因此，在我们的动量策略（ROC）中，我们只考虑正负两边缓冲区域对称的情况，即只引入一个参数R。下面我们以量化回测方法详细分析ROC策略的历史业绩表现及交易特征。

1. 交易标的

我们选取了12只对A股市场某个板块或行业具有很强代表性的股票指数，并分别单独利用ROC策略对其进行择时交易。这12只股票指数见表9-16。

表9-16 策略标的股票指数列表

编 号	指数代码	指数名称	基 期	ETF代码	ETF名称	类 型
1	000016.SH	上证50	2003-12-31	510050.SH	50ETF	核心规模指数
2	000300.SH	沪深300	2004-12-31	510300.SH	300ETF	核心规模指数
3	399905.SZ	中证500	2004-12-31	510500.SH	500ETF	核心规模指数
4	000852.SH	中证1000	2004-12-31	512100.SH	1000ETF	重要规模指数
5	399006.SZ	创业板指	2010-05-31	159915.SZ	创业板	核心规模指数
6	399986.SZ	中证银行	2004-12-31	512800.SH	银行ETF	周期/银行
7	399975.CSI	证券公司	2007-06-29	512880.SH	证券ETF	周期/非银
8	000819.SH	有色金属	2004-12-31	512400.SH	有色ETF	周期/资源
9	000993.SH	全指信息	2004-12-31	159939.SZ	信息技术	周期/信息技术
10	399967.SZ	中证军工	2004-12-31	512660.SH	军工ETF	周期/军工
11	399932.SZ	中证消费	2004-12-31	159928.SZ	消费ETF	防御/消费
12	399913.SZ	300医药	2004-12-31	512010.SH	医药ETF	防御/医药

2. 测试时间

2013年1月1日至2020年9月30日。

3. 交易逻辑

当策略为空仓时，若动量指标大于R，则买入并持有；当策略有持仓时，若动量指标小于$-R$，则卖出并空仓。

4. 参数设置

本策略含有两个参数，即计算动量指标值的动量参数N和缓冲参数R。默认$N=20$，$R=0.01$。

5. 测试结果

我们分别对各股票指数应用本策略进行历史回测，并从业绩表现和交易特征两个角度来分析测试结果。

（1）业绩表现

表9-17是ROC策略（$N=20, R=0.01$）应用于各股票指数的业绩表现。图9-10为对应ROC策略等权组合的净值走势。

表9-17　ROC策略（$N=20, R=0.01$）测试结果——业绩表现

编　号	证券名称	B&H 策略表现			ROC 策略表现			
		年化收益	最大回撤	收益风险比	年化收益	最大回撤	收益风险比	年化交易成本
1	上证 50	7.28%	44.70%	0.16	3.02%	31.76%	0.09	0.76%
2	沪深 300	7.97%	46.70%	0.17	7.18%	29.09%	0.25	0.78%
3	中证 500	8.59%	65.20%	0.13	14.27%	42.79%	0.33	1.20%
4	中证 1000	8.96%	72.35%	0.12	15.51%	41.78%	0.37	1.33%
5	创业板指	18.08%	69.74%	0.26	24.96%	49.24%	0.51	1.69%
6	中证银行	4.91%	37.08%	0.13	1.01%	34.99%	0.03	0.69%
7	证券公司	6.01%	73.22%	0.08	12.23%	42.28%	0.29	1.45%
8	有色金属	−2.88%	60.61%	−0.05	7.20%	41.73%	0.17	0.85%
9	全指信息	16.57%	69.70%	0.24	21.24%	44.25%	0.48	1.77%
10	中证军工	13.13%	71.40%	0.18	14.19%	50.46%	0.28	1.61%
11	中证消费	20.12%	42.66%	0.47	6.51%	35.87%	0.18	0.88%
12	300 医药	16.65%	43.55%	0.38	13.26%	24.67%	0.54	0.82%
	等权组合	11.63%	57.79%	0.20	13.13%	34.66%	0.38	1.16%

注：B&H策略为买入并持有策略。

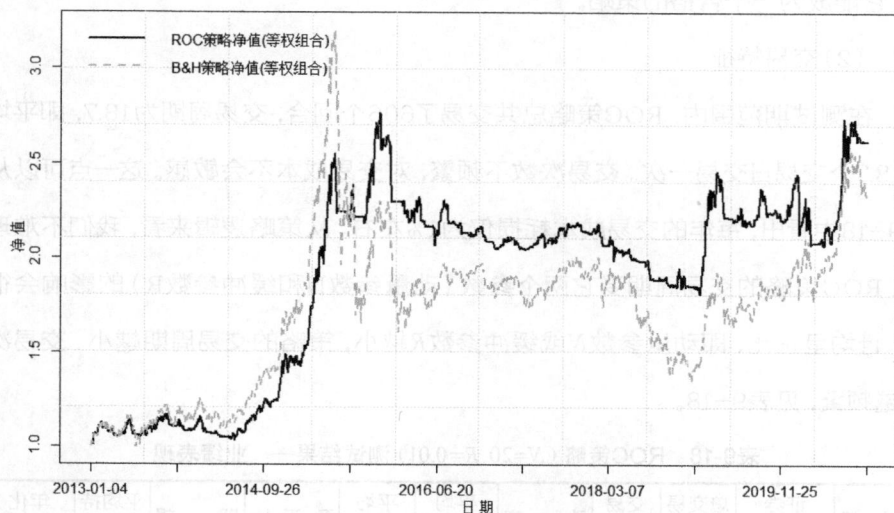

图9-10　ROC策略等权组合的净值走势

ROC策略等权组合的历史年化收益率为13.13%，稍高于B&H策略的历史年化收益。具体来看，ROC策略有差不多一半股票指数的收益表现优于B&H策略，诸如创业板指、证券公司及全指信息等，均是一些波动大、周期性强的指数，而对于像上证50、中证银行这种波动小的大盘指数，以及中证消费、300医药这类弱周期性的行业指数，ROC策略的收益表现普遍不如B&H策略。从这点来看，动量指标应用于那些波动大、周期性强的指数会有更好的效果。

在强烈的下跌趋势中，ROC策略迟早会发出卖出或者空仓信号，躲过部分下跌行情，所以ROC策略具有一定的风险控制能力，它的历史最大回撤也应该低于B&H策略。这一点在表9-16中可以得到验证，ROC策略的历史最大回撤为34.66%，显著低于B&H策略的57.79%。

ROC策略收益的能力比B&H策略稍微好一些，但风险控制能力要明显强于B&H策略，综合来看，ROC策略的投资业绩优于B&H策略，但ROC策略的风险收益比只有0.38，也达不到一个合格策略的标准。不过我们认为，ROC策略是有潜力的，值得我们对其进行更深入地研究，或许经过交易规则改进与参数优化之后，它能成为一个合格的策略。

（2）交易特征

在测试期范围内，ROC策略总共交易了606个回合，交易周期为18.7，即平均每18.7个交易日交易一次。交易次数不频繁，对交易成本不会敏感。这一点可以从表9-18中看出，每年的交易成本耗损仅为1%左右。从策略逻辑来看，我们不难理解，ROC策略的交易周期受它两个参数（动量参数N和缓冲参数R）的影响会很大，且均呈正比，即动量参数N或缓冲参数R越小，策略的交易周期越小、交易次数越频繁，见表9-18。

表9-18　ROC策略（$N=20, R=0.01$）测试结果——业绩表现

编　号	证券名称	总交易回合	交易周期	胜　率	平均盈利	平均亏损	盈亏比	期　望	平均持仓时间	年化期望
1	上证50	52	18.1	38.46%	7.60%	3.35%	2.27	0.86%	20.5	10.17%
2	沪深300	46	20.5	45.65%	7.74%	3.50%	2.21	1.63%	23.7	16.72%
3	中证500	43	21.9	44.19%	11.32%	3.05%	3.71	3.30%	25.4	31.40%
4	中证1000	46	20.5	36.96%	13.02%	2.36%	5.52	3.32%	22.9	35.15%

续表

编 号	证券名称	总交易回合	交易周期	胜 率	平均盈利	平均亏损	盈亏比	期 望	平均持仓时间	年化期望
5	创业板指	47	20.1	48.94%	13.79%	3.63%	3.80	4.90%	22.8	51.90%
6	中证银行	51	18.5	39.22%	5.89%	3.02%	1.95	0.47%	20.3	5.66%
7	证券公司	63	15.0	30.16%	17.21%	3.54%	4.86	2.72%	14.8	44.31%
8	有色金属	45	20.9	33.33%	12.83%	3.62%	3.54	1.86%	21.7	20.77%
9	全指信息	55	17.1	40.00%	14.05%	2.99%	4.70	3.82%	20.0	46.36%
10	中证军工	54	17.5	38.89%	12.95%	3.41%	3.80	2.95%	18.9	37.69%
11	中证消费	59	16.0	35.59%	9.65%	3.28%	2.95	1.33%	20.0	16.02%
12	300 医药	45	20.9	48.89%	8.83%	3.22%	2.74	2.67%	26.1	24.74%
等权组合		606	18.7	39.60%	11.18%	3.26%	3.43	2.46%	21.1	28.22%

作为一个趋势类策略, ROC策略的胜率在可接受范围之内, 为39.60%, 盈亏比为3.43, 期望值为2.46%, 也即策略每交易一个回合, 平均可以盈利2.46%, 平均需要耗费21.1个交易日, 折算成年化期望为28.22%, 交易效率尚可。

ROC策略拥有两个参数, 分别是动量参数 N 和缓冲参数 R。我们取 $N=2,4\cdots\cdots$ 100, 其中步长为2, 共计50个值, 取 $R=0,0.005\cdots\cdots0.05$, 其中步长为0.005, 共计10个值, 500组参数。图9-11所示是所有参数组对应的股票指数等权组合的策略业绩表现。

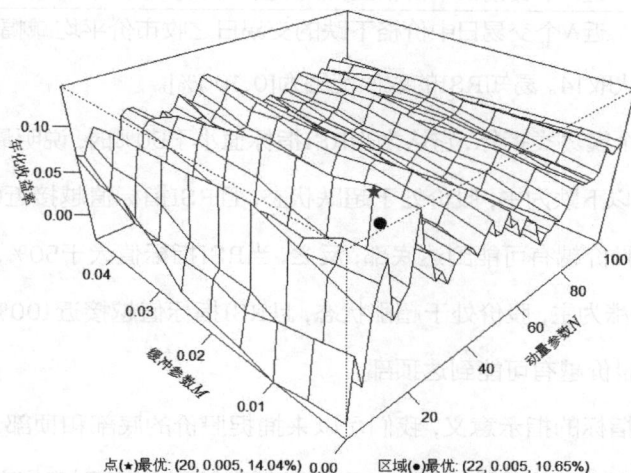

点(★)最优: (20, 0.005, 14.04%)　　区域(●)最优: (22, 0.005, 10.65%)

图9-11　ROC策略各参数组对应的股票指数等权组合业绩表现

从图9-11中来看，ROC策略不同参数组对应的策略年化收益率基本在0%~14%，策略收益表现对动量参数N较为敏感，但对缓冲参数R不太敏感。动量参数N比较有效的取值范围为[10,50]，这个参数范围对应的策略年化收益率基本在6%~12%。N的最佳取值在20左右，ROC策略的点最优参数组和区域最优参数组的参数N也是在20左右。缓冲参数R主要影响的是交易周期，缓冲参数R越大，交易周期越小，即交易越不频繁。交易频率有一个适合的区间，对应的缓冲参数R取值区间在[0.005,0.002]。默认参数组(20,0.001)是一个合适的取值区间，对应的策略业绩表现基本上代表了动量策略的真实表现。总的来说，动量策略的业绩表现虽然优于B&H策略，但从绝对角度上来讲，还达不到一个合格策略的业绩标准。

9.5　相对强弱指数策略（RSI）

相对强弱指数（Relative Strength Index，简称RSI），度量的是一段时间内股价运动总波幅中下跌部分的占比，RSI的计算公式为：

$$RSI=100-\frac{100}{1+RS}$$

其中，$RS=\frac{近N个交易日中价格上涨的交易日之收市价平均增幅}{近N个交易日中价格下跌的交易日之收市价平均减幅}$，N为RSI指标的参数，默认取14。易知RSI的取值范围为[0,100%]。

RSI是一个震荡类指标，它认为当RSI指标值小于50%时，说明最近一段时间内股价的运动以下跌为主，股价处于超跌状态，且RSI指标值越接近0就说明股价超跌越严重，股价越有可能到达底部；反之，当RSI指标值大于50%，说明最近股价的运动以上涨为主，股价处于超涨状态，且RSI指标值越接近100%就说明股价超涨越严重，股价越有可能到达顶部。

根据RSI指标的指示意义，我们可以来捕捉股价的底部和顶部，当股价位于底部或底部附近时买入待涨，当股价反弹至顶部或顶部附近时卖出离场。

　　具体操作时,以30%为临界值,即当RSI指小于30%时,认为股价已严重超跌,进入了底部区域。为避免刚进入底部区域就过早买入,我们可以等RSI指标从30%之下又重新上穿30%时再买入。相应的,当RSI指标大于70%时,认为股价已严重超涨,进入顶部区域,待RSI指标从70%之上又重新下穿70%时卖出。

　　RSI策略有两个参数,第一个是RSI的周期参数 N ,即它度量的是股价的超涨超跌情况的时间范围,在传统技术分析中默认取 N=14,第二个是临界参数 R ,这里我们默认取 R=30%。

　　上述买卖规则是RSI指标在传统技术分析理论中最常见的用法,我们姑且不论这个用法的经济逻辑是不是有问题,我们这里先使用量化回测方法来看看这个用法在历史上的业绩表现和交易特征。

1. 交易标的

　　我们选取了12只对于A股市场某个板块或行业具有很强代表性的股票指数,并分别单独利用BOLL策略对其进行择时交易,这12只股票指数见表9-19。

表9-19　策略标的股票指数列表

编　号	指数代码	指数名称	基　期	ETF代码	ETF名称	类　型
1	000016.SH	上证50	2003-12-31	510050.SH	50ETF	核心规模指数
2	000300.SH	沪深300	2004-12-31	510300.SH	300ETF	核心规模指数
3	399905.SZ	中证500	2004-12-31	510500.SH	500ETF	核心规模指数
4	000852.SH	中证1000	2004-12-31	512100.SH	1000ETF	重要规模指数
5	399006.SZ	创业板指	2010-05-31	159915.SZ	创业板	核心规模指数
6	399986.SZ	中证银行	2004-12-31	512800.SH	银行ETF	周期/银行
7	399975.CSI	证券公司	2007-06-29	512880.SH	证券ETF	周期/非银
8	000819.SH	有色金属	2004-12-31	512400.SH	有色ETF	周期/资源
9	000993.SH	全指信息	2004-12-31	159939.SZ	信息技术	周期/信息技术
10	399967.SZ	中证军工	2004-12-31	512660.SH	军工ETF	周期/军工
11	399932.SZ	中证消费	2004-12-31	159928.SZ	消费ETF	防御/消费
12	399913.SZ	300医药	2004-12-31	512010.SH	医药ETF	防御/医药

2. 测试时间

　　2013年1月1日—2020年9月30日。

3. 交易逻辑

当策略为空仓时，若RSI指标上穿30%，则买入并持有；当策略有持仓时，若RSI指标下破30%，则卖出并空仓。

4. 参数设置

本策略含有两个参数，即计算RSI指标的周期参数N和临界参数R。默认$N=14$、$R=0.3$。

5. 测试结果

我们从两个角度来分析策略的测试结果，即业绩表现和交易特征，分别见表9-20和图9-12。

（1）业绩表现

表9-20　RSI策略（$N=14, R=0.3$）测试结果——业绩表现

编　号	证券名称	B&H 策略表现			RSI 策略表现			
		年化收益	最大回撤	收益风险比	年化收益	最大回撤	收益风险比	年化交易成本
1	上证 50	7.28%	44.70%	0.16	1.32%	33.96%	0.04	0.09%
2	沪深 300	7.97%	46.70%	0.17	−0.13%	29.42%	0.00	0.09%
3	中证 500	8.59%	65.20%	0.13	1.76%	46.86%	0.04	0.09%
4	中证 1000	8.96%	72.35%	0.12	2.70%	48.70%	0.06	0.13%
5	创业板指	18.08%	69.74%	0.26	2.88%	39.43%	0.07	0.08%
6	中证银行	4.91%	37.08%	0.13	5.36%	17.88%	0.30	0.12%
7	证券公司	6.01%	73.22%	0.08	2.57%	47.37%	0.05	0.12%
8	有色金属	−2.88%	60.61%	−0.05	2.84%	49.27%	0.06	0.11%
9	全指信息	16.57%	69.70%	0.24	0.74%	41.22%	0.02	0.07%
10	中证军工	13.13%	71.40%	0.18	−3.39%	56.48%	−0.06	0.04%
11	中证消费	20.12%	42.66%	0.47	9.45%	34.27%	0.28	0.09%
12	300 医药	16.65%	43.55%	0.38	1.66%	32.14%	0.05	0.08%
	等权组合	11.63%	57.79%	0.20	2.61%	28.98%	0.09	0.09%

注：B&H策略为买入并持有策略。

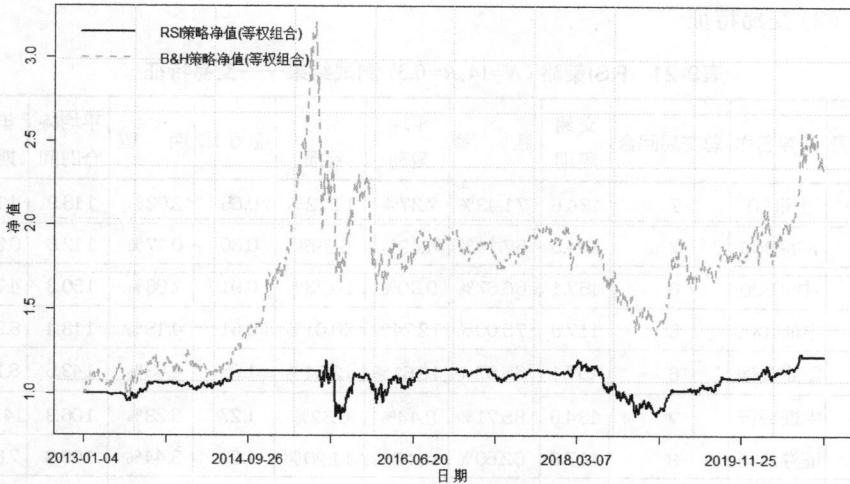

图9-12　RSI策略等权组合的净值走势

RSI策略的历史年化收益非常低，仅为2.61%，而各股票指数自身的平均历史年化涨幅都有11.63%。光从这点来看，RSI策略是毫无价值的，只会给我们的投资起到反作用。至于原因，我们可以从RSI的历史策略净值走势略微窥得，RSI策略在2014年7月至2015年5月这种大牛市行情中基本没有持仓，自然就没有收益。之所以会这样，是因为RSI策略在RSI指标值跌破30%再上穿时才会发出买入信号，而在这种历史级别的大牛市行情中，估计可能根本就没有较大的回调，RSI指标也就根本没有机会跌破30%，直至牛市行情结束进入熊市时，RSI指标才会跌破30%，这时候买入，随之而来的基本就是亏损了。

再看2016年年中至2017年年底这种整体震荡市行情，以及在2018年的熊市行情中，RSI策略的净值走势虽然表现得比B&H策略的更好，但也无法创造出明显的利润，最多是亏损较小。这一点可以从RSI策略的历史最大回撤值看出，RSI策略的历史最大回撤为28.98%，显著低于B&H策略的57.79%，但由于没有牛市的利润积累，回撤方面的表现显得毫无意义。

（2）交易特征

表9-21　RSI策略（N=14,R=0.3）测试结果——交易特征

编　号	证券名称	总交易回合	交易周期	胜　率	平均盈利	平均亏损	盈亏比	期　望	平均持仓时间	年化期望
1	上证50	7	134.6	71.43%	7.27%	11.12%	0.65	2.02%	116.9	4.18%
2	沪深300	7	134.6	57.14%	4.49%	5.59%	0.80	0.17%	112.6	0.36%
3	中证500	6	157.1	66.67%	9.80%	10.73%	0.91	2.96%	150.3	4.76%
4	中证1000	8	117.8	75.00%	12.24%	20.01%	0.61	4.18%	113.4	8.92%
5	创业板指	6	157.1	66.67%	13.51%	12.54%	1.08	4.83%	143.5	8.14%
6	中证银行	7	134.6	85.71%	8.44%	6.62%	1.27	6.28%	106.3	14.31%
7	证券公司	8	117.8	62.50%	12.23%	11.20%	1.09	3.44%	109.3	7.63%
8	有色金属	9	104.7	66.67%	16.83%	19.79%	0.85	4.63%	123.6	9.06%
9	全指信息	5	188.5	40.00%	19.33%	9.10%	2.12	2.27%	181.6	3.02%
10	中证军工	4	235.6	50.00%	12.81%	21.73%	0.59	-4.46%	214.8	-5.02%
11	中证消费	5	188.5	100.00%	16.05%	0.00%	NA	16.05%	133.2	29.16%
12	300医药	6	157.1	50.00%	11.96%	6.44%	1.86	2.76%	110.5	6.04%
等权组合		78	145.0	66.67%	11.81%	12.12%	0.97	3.83%	129.5	7.16%

　　通过对表9-21中RSI策略的交易特征进行分析，我们能进一步发现RSI策略的问题所在。RSI策略的总交易回合数太少，同时平均持仓时间长达129.5个交易日，这说明RSI策略不但不容易发出买入信号，买入之后也很难发出卖出信号。换句话说就是，RSI策略设置的买入规则和卖出规则都很难满足，不够贴合实际情况。RSI策略的买入规则需要RSI指标发生上穿30%的情形，而从历史情况看，对于股票指数这个波动相对较小的品种，RSI指标值位于30%之下的时候较少，类似的，RSI指标值位于70%以上的时候也较少，这就造成了RSI策略的买入信号和卖出信号都很少。一个交易信号太少的策略往往是消极被动的，难以创造出优秀的投资业绩。此外，交易信号太少，也即样本量太少，从统计意义上来说，其历史回测对未来的参考价值大打折扣。

　　从表9-20来看，RSI策略的胜率可以达到66.67%，但是盈亏比只有0.97，作为震荡类策略，RSI策略也拥有震荡类策略的典型特征，即高胜率、低盈亏比。

RSI策略的期望为3.83%，根据RSI策略来交易可以产生一定的正期望，也即按照RSI指标来买卖是有胜算的。但是RSI策略的交易效率非常低，其年化期望仅为7.16%。

（3）参数优化

RSI策略拥有两个参数，分别是计算RSI指标的周期参数N和临界参数R。我们取$N=2$，4……100，其中步长为2，共计50个值，取$R=0.1$，0.15……0.45，其中步长为0.05，共计8个值，合计400组参数。

图9-13所示为所有参数组对应的股票指数等权组合的策略业绩表现。

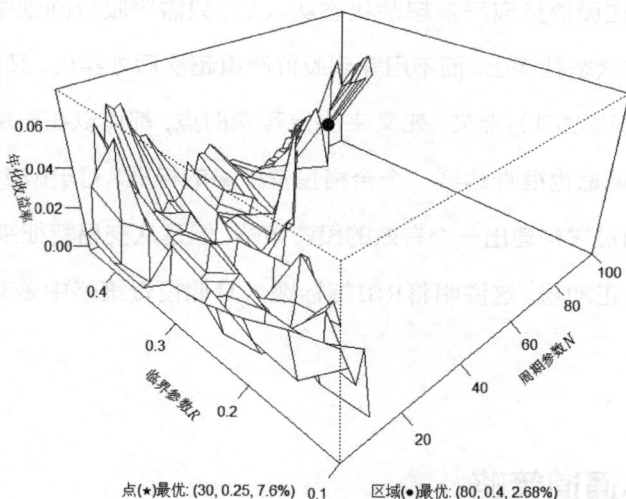

点(★)最优：(30, 0.25, 7.6%)　区域(●)最优：(80, 0.4, 2.68%)

图9-13　RSI策略各参数对应的股票指数等权组合的策略业绩表现

RSI策略的两个参数N和R优化的首要目的是让策略尽可能多发出一些买卖信号，从RSI指标的构造逻辑角度来看，周期参数N越小则买卖信号越多，临界R越接近0.5则买卖信号越多。

纵然根据RSI指标来交易可以产生正期望，但如果不能产生足够多的交易信号，获得超额投资收益就无从谈起。从图9-20来看，当周期参数N较小，或者临界参数R较为接近0.5时，可以产生相对较多的交易信号，策略表现也会相对更好一些。周期参数N较大和临界参数较小的组合很难产生足够的交易信号，甚至产生不利的交易信号。这种情况获得策略收益自然是无从谈起。

RSI策略的点最优参数对应的年化收益是7.6%，区域最优参数对应的年化收益是2.68%，策略年化收益对参数较为敏感，我们所选的默认参数组（$N=14,R=0.3$）对应的策略表现在所有参数组中较为普通，基本可以代表RSI策略的真实效果。

从策略收益角度看，RSI策略是没有实盘应用价值的。在本节中，我们构建的RSI策略是基于RSI指标在传统技术分析理论中最常见的用法，而实际上这个用法的经济逻辑是有问题的，如果我们对其做一点改进，可以达到更好的效果。

比如，当在股价呈现严重超跌状态买入后，只需等股价回到中性状态或者中性偏超涨的状态就卖出，而不用等到股价严重超涨后才卖出，又或者根据RSI指标和它的均线之间的金叉、死叉来决定买卖时点，都可以在一定程度上提升策略效果，但普遍也很难达到一个合格投资策略的标准。对于RSI指标来说，我们很难单独通过它构建出一个有效的投资策略，但是从交易特征来看，RSI指标也可以创造出正期望，这说明将RSI指标融入其他投资策略中是有可能带来改进的。

9.6 布林通道策略

通道技术是一种应用很广泛的多指标复合技术，通道技术一般是用来做趋势跟踪的，但是也可以作为震荡指标来用。

在通道技术中，最具有代表性的是布林通道，因此下面先对布林通道的用法及投资策略进行详细介绍，再简要介绍其他一些通道技术。

9.6.1 布林通道策略（BOLL）

布林通道（Bollinger Bands，简称BOLL）是一种股价通道指标，它由上、中、下三条轨道线组成。其中，中轨是一条股票价格的移动平均线，上轨等于移动平均线加上 M 倍的股价标准差，下轨等于移动平均线减去 M 倍的股价标准差。BOLL 的计算方法可以表示为：

中轨 $Smd = SMA(CLOSE, N)$

上轨 $Sup = Smd + M \times Sd$

下轨 $Sdn = Smd - M \times Sd$

其中，CLOSE 代表股票收盘价，$SMA(CLOSE, N)$ 代表股票收盘价的 N 期移动平均线，Sd 代表股价标准差。布林通道指标的计算过程中涉及两个参数，即均线的周期参数 N 和带宽参数 M，默认 $N=20$、$M=2$。实际上，在计算标准差时也有一个周期参数，但由于这个参数的影响较小且为了避免指标中的参数过多，默认用股价的 20 日标准差，如图 9-14 所示。

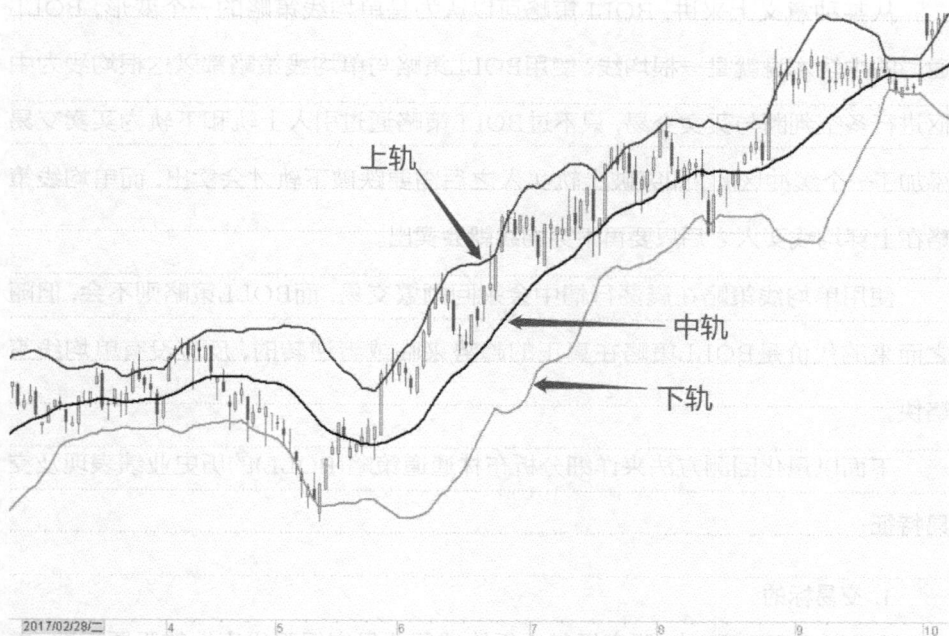

图9-14　BOLL通道

布林通道认为，中轨是股价运动的中枢，上轨是股价运动的压力线，下轨是股价运动的支撑线，上轨和下轨形成一个带状区间，带状大小由股价的波动大小来决定，股价波动越大则带状区间越宽，股价波动越小则带状区间越窄。波动大小的度量采用标准差。

在理想的情况下，股价会在上轨和下轨构成的带状区间内来回随机波动，当股价向上运动到上轨压力位时会受阻回落，当股价向下运动到下轨支撑位时会触底反弹。

股价运动的范围一般不会超过上轨和下轨构成的带状区间。如果股价的运动范围超出了带状区间，说明市场很有可能发生质的变化。向上突破上轨则说明市场可能进入新的上涨趋势，这时应该买入；向下跌破下轨则说明市场可能进入新的下跌趋势，这时应该卖出。这就是布林通道策略（BOLL）的核心思想。

从某种意义上来讲，BOLL策略可以认为是单均线策略的一个变形，BOLL通道的中轨本身就是一根均线，使用BOLL策略与单均线策略都以这根均线为中枢进行多空判断与买卖交易，只不过BOLL策略通过引入上轨和下轨为买卖交易添加了一个缓冲区间，即突破上轨买入之后需要跌破下轨才会卖出，而单均线策略在上穿均线买入之后只要再下穿均线就会卖出。

使用单均线策略在震荡行情中会来回频繁交易，而BOLL策略则不会，但随之而来的代价是BOLL策略在真正的趋势来临或者逆转时，反应没有单均线策略快。

下面以量化回测方法来详细分析布林通道策略(BOLL)的历史业绩表现及交易特征：

1. 交易标的

我们选取了12只对A股市场某个板块或行业具有很强代表性的股票指数，并分别单独利用BOLL策略对其进行择时交易，这12只股票指数见表9-22。

表9-22　策略标的股票指数列表

编　号	指数代码	指数名称	基　期	ETF代码	ETF名称	类　型
1	000016.SH	上证50	2003-12-31	510050.SH	50ETF	核心规模指数
2	000300.SH	沪深300	2004-12-31	510300.SH	300ETF	核心规模指数
3	399905.SZ	中证500	2004-12-31	510500.SH	500ETF	核心规模指数
4	000852.SH	中证1000	2004-12-31	512100.SH	1000ETF	重要规模指数
5	399006.SZ	创业板指	2010-05-31	159915.SZ	创业板	核心规模指数
6	399986.SZ	中证银行	2004-12-31	512800.SH	银行ETF	周期/银行
7	399975.CSI	证券公司	2007-06-29	512880.SH	证券ETF	周期/非银
8	000819.SH	有色金属	2004-12-31	512400.SH	有色ETF	周期/资源
9	000993.SH	全指信息	2004-12-31	159939.SZ	信息技术	周期/信息技术
10	399967.SZ	中证军工	2004-12-31	512660.SH	军工ETF	周期/军工
11	399932.SZ	中证消费	2004-12-31	159928.SZ	消费ETF	防御/消费
12	399913.SZ	300医药	2004-12-31	512010.SH	医药ETF	防御/医药

2. 测试时间

2013年1月1日—2020年9月30日

3. 交易逻辑

当策略为空仓时，若收盘价高于布林通道的上轨，则买入并持有；当策略有持仓时，若收盘价低于布林通道的下轨，则卖出并空仓。

4. 参数设置

本策略含有两个参数，即计算布林通道中轨的均线周期参数 N 和带宽参数 M。默认 $N=20$、$M=2$。

5. 测试结果

从两个角度来分析策略的测试结果，即业绩表现和交易特征。分别见表9-23和图9-15。

（1）业绩表现

表9-23　BOLL策略($N=20, M=2$)测试结果——业绩表现

编号	证券名称	B&H 策略表现			BOLL 策略表现			
		年化收益	最大回撤	收益风险比	年化收益	最大回撤	收益风险比	年化交易成本
1	上证50	7.28%	44.70%	0.16	3.07%	31.42%	0.10	0.31%
2	沪深300	7.97%	46.70%	0.17	8.19%	23.74%	0.34	0.31%
3	中证500	8.59%	65.20%	0.13	10.89%	34.61%	0.31	0.35%
4	中证1000	8.96%	72.35%	0.12	12.82%	26.49%	0.48	0.40%
5	创业板指	18.08%	69.74%	0.26	23.94%	26.85%	0.89	0.42%
6	中证银行	4.91%	37.08%	0.13	3.11%	25.98%	0.12	0.26%
7	证券公司	6.01%	73.22%	0.08	0.95%	57.34%	0.02	0.33%
8	有色金属	−2.88%	60.61%	−0.05	6.65%	33.05%	0.20	0.28%
9	全指信息	16.57%	69.70%	0.24	25.92%	25.20%	1.03	0.55%
10	中证军工	13.13%	71.40%	0.18	8.08%	50.46%	0.16	0.46%
11	中证消费	20.12%	42.66%	0.47	6.65%	38.74%	0.17	0.34%
12	300医药	16.65%	43.55%	0.38	10.86%	26.64%	0.41	0.37%
	等权组合	11.63%	57.79%	0.20	11.98%	22.95%	0.52	0.37%

注：B&H策略为买入并持有策略。

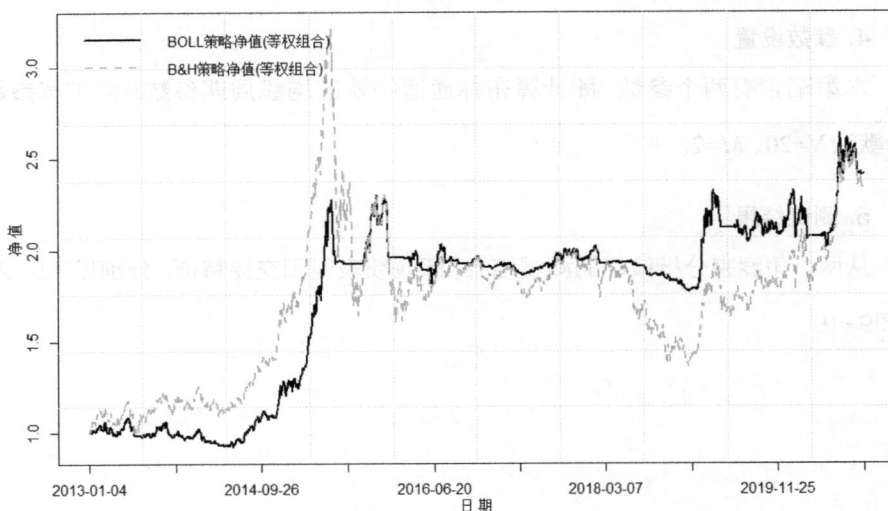

图9-15　BOLL策略等权组合的净值走势

BOLL策略等权组合的历史年化收益率为11.98%，和B&H策略的年化收益率基本一致。

BOLL策略在创造收益方面没有突出表现，它也没有创造显著超越B&H策略收益的能力，但BOLL策略在风险控制方面的表现较为突出，其等权组合的历史最大回撤仅为22.95%，大幅低于B&H策略的历史最大回撤，也显著低于我们前面所提到过的其他策略的历史最大回撤，如单均线策略。

BOLL策略在回撤方面的良好表现得益于两个方面的因素，一是作为趋势跟随策略，BOLL策略可以避开部分熊市下跌行情；二是BOLL策略在震荡市中可以过滤掉不少虚假信号，因此它在震荡市的损耗也相对较小，这一点可以从图9-15中看出，BOLL策略在2016年至2017年整体震荡市期间回撤较小。

BOLL策略的收益风险比为0.52，虽然离我们的合格标准值1.0还有一定的距离，但在经典技术指标策略中已经算是比较高的了。

（2）交易特征

表9-24　BOLL策略（$N=20, M=2$）测试结果——交易特征

编　号	证券名称	总交易回合	交易周期	胜率	平均盈利	平均亏损	盈亏比	期　望	平均持仓时间	年化期望
1	上证50	22	42.8	45.45%	10.61%	5.64%	1.88	1.75%	56.1	7.53%
2	沪深300	17	55.4	47.06%	17.08%	5.30%	3.23	5.23%	67.0	18.91%
3	中证500	16	58.9	31.25%	36.75%	4.06%	9.04	8.69%	49.0	42.91%
4	中证1000	15	62.8	60.00%	17.78%	5.56%	3.20	8.45%	56.6	36.11%
5	创业板指	12	78.5	75.00%	24.24%	3.10%	7.81	17.41%	80.9	52.06%
6	中证银行	19	49.6	47.37%	6.86%	3.02%	2.27	1.66%	64.1	6.27%
7	证券公司	23	41.0	34.78%	20.23%	7.97%	2.54	1.84%	40.7	10.95%
8	有色金属	17	55.4	29.41%	24.60%	4.46%	5.51	4.08%	48.4	20.44%
9	全指信息	13	72.5	84.62%	21.13%	3.45%	6.13	17.35%	78.8	53.24%
10	中证军工	22	42.8	27.27%	32.16%	5.63%	5.71	4.68%	43.8	25.86%
11	中证消费	20	47.1	35.00%	23.21%	6.17%	3.76	4.11%	57.4	17.34%
12	300医药	20	47.1	45.00%	15.50%	3.67%	4.23	4.96%	52.2	23.02%
	等权组合	216	52.4	44.44%	19.57%	5.20%	3.77	5.81%	56.2	25.04%

由于BOLL策略要求股票突破上轨之后才买入，并且买入之后需要再跌破下轨才卖出，所以BOLL策略的交易次数不会频繁，如表9-24所示，BOLL策略在测试期范围内的总交易回合数为216，交易周期长达52.6天，是一个交易极低频的策略，但也正因为如此，BOLL策略在震荡市时的损耗交易较少。作为趋势跟随策略，BOLL策略的胜率很高，达到了44.44%，并且它的盈亏比也比较高，达到了3.77%，单次交易的期望盈利达到了5.81%，不过BOLL策略单次交易的平均持仓时间过长，导致它的交易效率并不高，年化期望仅为25.04%。

6. 参数优化

BOLL策略拥有两个参数，分别是计算布林通道中轨的均线周期参数N和带宽参数M。我们取$N=5$，10，……，250，其中步长为5，共计50个值，取$M=0.5$，1.0……5，其中步长为0.5，共计10个值，合计500组参数。

图9-16所示是所有参数组对应的股票指数等权组合的策略业绩表现。

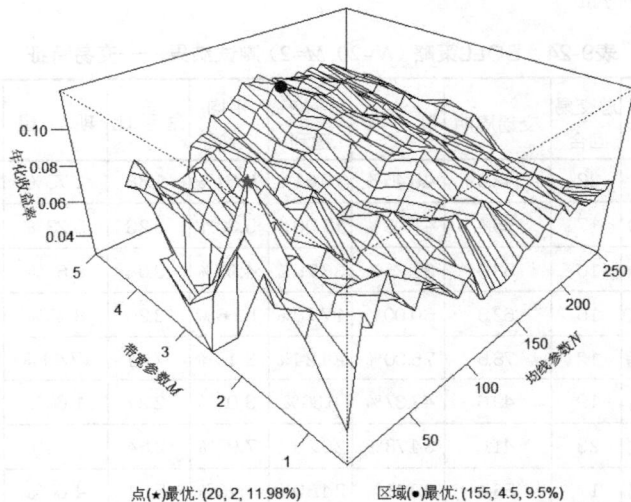

点(★)最优:(20, 2, 11.98%)　　区域(●)最优:(155, 4.5, 9.5%)

图9-16　BOLL策略各参数组对应的股票指数等权组合的策略业绩表现

从图9-16来看，BOLL策略不同参数组对应的策略年化收益率主要集中在6%~10%。点最优参数组（$N=20$，$M=2$）恰好是默认选择的经典参数组，其年化收益为11.98%；区域最优参数组为（$N=155$，$M=4.5$），对应年化收益为9.5%。BOLL

策略参数并不敏感，特别是当参数N和M的取值较大时，这时的BOLL策略将会退化成只对大型趋势有反映的超长线策略。

9.6.2　更多的股价通道指标

在布林通道中，上下轨和中轨之间的距离是基于股价标准差来定的，我们还可以用其他方法来设定上下轨和中轨之间的距离，比如平均真实波幅（ATR）或者固定比例。平均真实波幅也有度量股价波幅的作用，这一点和标准差类似，可以设置通道上轨为中轨加上M倍的ATR，设置通道下轨为中轨减去M倍的ATR，买卖规则和布林通道策略一致。这样就诞生了一个新的策略，即ATR通道策略，也称为肯特纳通道策略。固定比例通道则是在中轨的基础上加减固定比例的百分比形成上下轨，比如上轨等于1.05倍的中轨，下轨等于0.95倍的中轨，这样也可以形成一个通道策略。显然，固定比例的通道对市场的适应能力较弱。

接下来我们以和布林通道策略一样的买卖规则、一样的量化回测方法来看看肯特纳通道策略和固定比例通道策略的效果如何。肯特纳通道策略中的ATR指标在计算时周期参数取20，固定比例通道策略的比例默认取5%。

表9-25　各通道策略等权组合测试结果——业绩表现

策略名称	年化收益	最大回撤	收益风险比	年化交易成本
B&H 策略	11.63%	57.79%	0.20	0
布林通道策略	11.98%	22.95%	0.52	0.37%
肯特纳通道策略	10.53%	26.14%	0.40	0.44%
固定比例通道策略	10.12%	30.91%	0.33	0.32%

注：B&H策略为买入并持有策略。

从表9-25来看，各通道策略在回测期间的投资表现基本差不多，在布林通道策略选择最优参数组的前提下，肯特纳通道策略和固定比例通道策略的投资表现并不显著差于布林通道策略。可以说，这三个通道策略是没有本质区别的。实际上，这三个通道遵从的原理也没有本质区别，均是以均线为核心来跟踪市场的趋势行情，以上下轨构成的缓冲区间来降低策略在震荡行情中的拉锯交易损耗。

作为经典技术指标，通道策略在现今的金融市场中已难以创造出令人满意的超额收益，这一点不难理解。但是这并不代表通道策略所蕴含的投资思想已经过时；相反，我们认为通道策略中所包含的趋势跟踪与过滤的思想仍然很有参考价值，只是我们需要对它进行新的改进，才有可能重新发挥出更大的作用。

9.7　海龟交易策略

海龟交易策略的诞生源于交易界一个传奇的故事。1983年，美国著名的交易大师理查德·丹尼斯和他的朋友比尔·埃克哈特在新加坡一个海龟农场打下一个赌局，丹尼斯认为伟大的交易员是可以后天培养的，就像新加坡人养海龟一样，而比尔认为伟大的交易员是天生的，不可培养。

为此，丹尼斯在报纸上刊登了大幅广告，招募了13个人来参加他的交易培训计划活动，丹尼斯教授给他们期货的基本概念及他自己的交易方法和法则，这些学员就被称作"海龟"。在经过两个星期的培训之后，丹尼斯给了每人一个100万美元的账户进行期货交易。在外人看来，在两个星期内培养出一批交易员或许有些天方夜谭。但丹尼斯认为，只要学员能贯彻使用自己的交易方法和法则，两个星期时间绰绰有余。事实上，丹尼斯在第二年招募新一批"海龟"时，只用了一个星期就完成了培训。之后的4年里，"海龟"们利用丹尼斯所传授的交易策略在期货市场中取得了年化80%的收益。毫无疑问，丹尼斯赢得了赌局，他证明了只要有一套有效的交易方法和法则，很少或者根本没有交易经验的人都可以成为优秀的交易员。

《海龟交易法则》一书的作者柯蒂斯·费思是其中最优秀也是交易成绩最好的一个，并且在整个"海龟计划"期间，柯蒂斯的账户金额始终是最大的那个。丹尼斯传授给所有人的交易方法和法则都是一样的，那么为什么柯蒂斯的交易成绩是最好呢？因为柯蒂斯最能贯彻执行丹尼斯所教授的交易方法和法则，柯蒂斯拥有最完善的"海龟"交易思维。

在丹尼斯和他的"海龟"们所使用的交易策略中,最主要的就是唐奇安通道 (Donchian Chanels)策略。在后文中,我们所说的"海龟"交易策略即指唐奇安通道策略。

顾名思义,唐奇安通道也是一种股价通道指标,它的上轨是过去N日的最高价,它的下轨是过去N日的最低价。唐奇安通道的计算方法可以表示为:

上轨HHigh = HHV(High, N)

下轨LLow = LLV(Low, M)

其中,High为股价K线的最高价,Low为股价K线的最低价,HHV(High, N)为过去N日股价的最高价的最大值,LLV(Low, M)为过去M日股价的最低价的最小值。在交易中,丹尼斯和他的"海龟"们默认取N=40,且限定M=N/2,即M=20。在后文的量化回测中,我们也采用这个参数设置方法。图9-17所示为沪深300指数K线图的唐奇安通道指标示例。

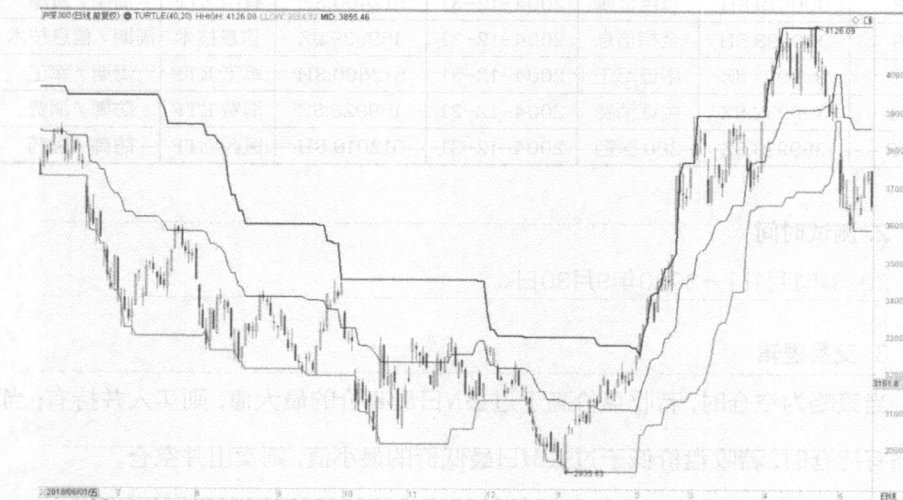

图9-17 沪深300指数K线图的唐奇安通道指标

其中,周期参数N=40日、M=N/2=20日,红线表示的是唐奇安通道的上轨,绿线表示的是唐奇安通道的下轨。

海龟交易策略的核心思想是突破，当股价向上突破由过去N日最高价所形成的上轨时，说明股价创下新高，这时应该入场做多，而当股价向下突破由过去M日最低价所形成的下轨时，说明股价创下新低，这时应该卖出或者做空。接下来我们以量化回测方法来详细分析海龟交易策略的历史业绩表现及交易特征。

1. 交易标的

我们选取了12只对A股市场某个板块或行业具有很强代表性的股票指数，并分别单独利用海龟交易策略对其进行择时交易。这12只股票指数见表9-26。

表9-26　策略标的股票指数列表

编　号	指数代码	指数名称	基　　期	ETF代码	ETF名称	类　　型
1	000016.SH	上证50	2003-12-31	510050.SH	50ETF	核心规模指数
2	000300.SH	沪深300	2004-12-31	510300.SH	300ETF	核心规模指数
3	399905.SZ	中证500	2004-12-31	510500.SH	500ETF	核心规模指数
4	000852.SH	中证1000	2004-12-31	512100.SH	1000ETF	重要规模指数
5	399006.SZ	创业板指	2010-05-31	159915.SZ	创业板	核心规模指数
6	399986.SZ	中证银行	2004-12-31	512800.SH	银行ETF	周期/银行
7	399975.CSI	证券公司	2007-06-29	512880.SH	证券ETF	周期/非银
8	000819.SH	有色金属	2004-12-31	512400.SH	有色ETF	周期/资源
9	000993.SH	全指信息	2004-12-31	159939.SZ	信息技术	周期/信息技术
10	399967.SZ	中证军工	2004-12-31	512660.SH	军工ETF	周期/军工
11	399932.SZ	中证消费	2004-12-31	159928.SZ	消费ETF	防御/消费
12	399913.SZ	300医药	2004-12-31	512010.SH	医药ETF	防御/医药

2. 测试时间

2013年1月1日—2020年9月30日。

3. 交易逻辑

当策略为空仓时，若收盘价高于过去N日最高价的最大值，则买入并持有；当策略有持仓时，若收盘价低于过去M日最低价的最小值，则卖出并空仓。

4. 参数设置

本策略只含有一个参数，即计算上轨的周期参数N，默认$N=40$；计算下轨的周期参数$M=N/2=20$。

5.测试结果

我们从两个角度来分析策略的测试结果,即业绩表现和交易特征,分别见表9-27和图9-18。

(1)业绩表现

表9-27 海龟交易策略(N=40, M=20)测试结果——业绩表现

编 号	证券名称	B&H 策略表现			BOLL 策略表现			
		年化收益	最大回撤	收益风险比	年化收益	最大回撤	收益风险比	年化交易成本
1	上证 50	7.28%	44.70%	0.16	−2.95%	45.18%	−0.07	0.26%
2	沪深 300	7.97%	46.70%	0.17	5.68%	29.12%	0.19	0.29%
3	中证 500	8.59%	65.20%	0.13	8.62%	43.81%	0.20	0.37%
4	中证 1000	8.96%	72.35%	0.12	9.04%	41.05%	0.22	0.36%
5	创业板指	18.08%	69.74%	0.26	17.23%	43.55%	0.40	0.40%
6	中证银行	4.91%	37.08%	0.13	−2.33%	40.48%	−0.06	0.25%
7	证券公司	6.01%	73.22%	0.08	2.41%	48.00%	0.05	0.25%
8	有色金属	−2.88%	60.61%	−0.05	3.74%	37.66%	0.10	0.23%
9	全指信息	16.57%	69.70%	0.24	14.13%	45.47%	0.31	0.41%
10	中证军工	13.13%	71.40%	0.18	6.35%	53.40%	0.12	0.33%
11	中证消费	20.12%	42.66%	0.47	7.24%	35.72%	0.20	0.37%
12	300 医药	16.65%	43.55%	0.38	11.07%	25.87%	0.43	0.35%
	等权组合	11.63%	57.79%	0.20	7.72%	32.24%	0.24	0.32%

注:B&H策略为买入并持有策略。

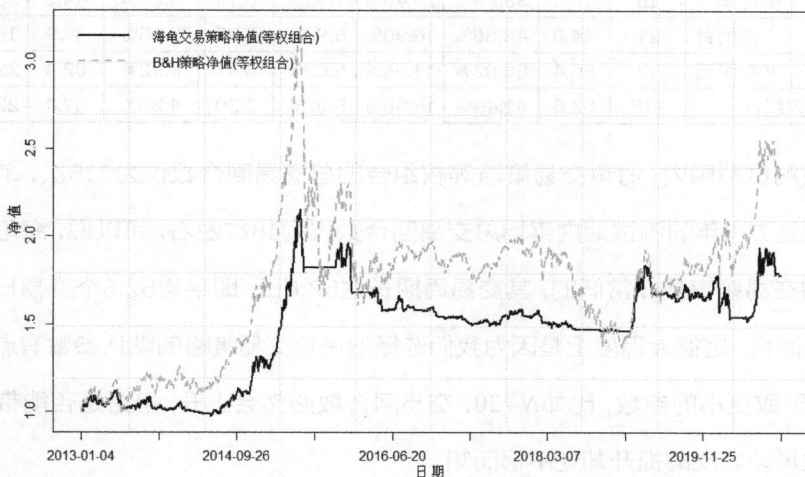

图9-18 海龟交易策略等权组合的净值走势

从策略年化收益来看，海龟交易策略完全达不到我们的预期，其在测试期内的年化收益仅为7.72%，显著低于B&H策略的收益表现。

海龟交易策略的历史最大回撤为32.24%，虽然显著低于B&H策略的历史最大回撤，但从绝对角度来看，也是一个较高级别的回撤值。

综合来看，海龟交易策略的收益风险比也仅为0.24，既无创造超额收益的能力，又无优秀的风险控制能力。显然，海龟交易策略目前已经没有单独使用的价值了。

（2）交易特征

表9-28　海龟交易策略（$N=40, M=20$）测试结果——交易特征

编　号	证券名称	总交易回合	交易周期	胜　率	平均盈利	平均亏损	盈亏比	期　望	平均持仓时间	年化期望
1	上证50	23	41.0	34.78%	10.95%	6.45%	1.70	−0.40%	36.5	−2.65%
2	沪深300	18	52.4	38.89%	15.45%	4.73%	3.27	3.12%	48.3	15.64%
3	中证500	17	55.4	41.18%	25.13%	5.59%	4.50	7.06%	51.9	32.94%
4	中证1000	16	58.9	43.75%	19.28%	4.48%	4.31	5.92%	49.1	29.15%
5	创业板指	15	62.8	46.67%	31.05%	6.17%	5.03	11.20%	63.1	42.96%
6	中证银行	20	47.1	35.00%	6.51%	4.27%	1.52	−0.50%	34.8	−3.47%
7	证券公司	17	55.4	29.41%	35.65%	8.58%	4.15	4.43%	35.2	30.46%
8	有色金属	16	58.9	37.50%	15.65%	5.41%	2.90	2.49%	45.0	13.40%
9	全指信息	17	55.4	52.94%	21.02%	5.78%	3.64	8.41%	52.9	38.45%
10	中证军工	18	52.4	38.89%	23.46%	7.43%	3.16	4.58%	44.3	25.02%
11	中证消费	21	44.9	42.86%	16.90%	5.93%	2.85	3.85%	47.9	19.49%
12	300医药	17	55.4	58.82%	14.04%	5.69%	2.47	5.92%	62.4	22.96%
等权组合		215	52.6	41.40%	18.96%	5.92%	3.20	4.38%	47.0	22.57%

在测试范围内，海龟交易策略等权组合的总交易回合数仅为215次，单个指数在长达7.75年的测试期内平均总交易回合数仅为18次左右。可以说，海龟交易策略的交易频率是非常低的，其交易周期长达52.6日，即平均52.6个交易日才交易一个回合。这很大程度上是因为我们选择的海龟交易策略的默认参数有点儿偏大，如果取更小的参数，比如$N=20$，交易回合数必然会上升，但这是否能带来策略收益风险表现的提升却还不得而知。

海龟交易策略也是趋势跟随类策略，它也有趋势策略低胜率、高盈亏比的典

型特征。从表9-28可以看出，海龟交易策略的胜率为41.40%，盈亏比为3.20，海龟交易策略在胜率和盈亏比方面的表现均较好，单次交易的期望盈利可以达到4.38%，但是它的平均持仓时间长达47.0个交易日。综合算下来，交易效率就并不算高了，其年化期望仅为22.57%。

（3）参数优化

海龟交易策略只含有一个参数，即计算上轨的周期参数N，默认$N=40$，计算下轨的周期参数$M=N/2=20$。我们取$N=2, 4\cdots\cdots200$，其中步长为2，共计100个参数，各参数对应股票指数等权组合策略业绩表现如图9-19所示。

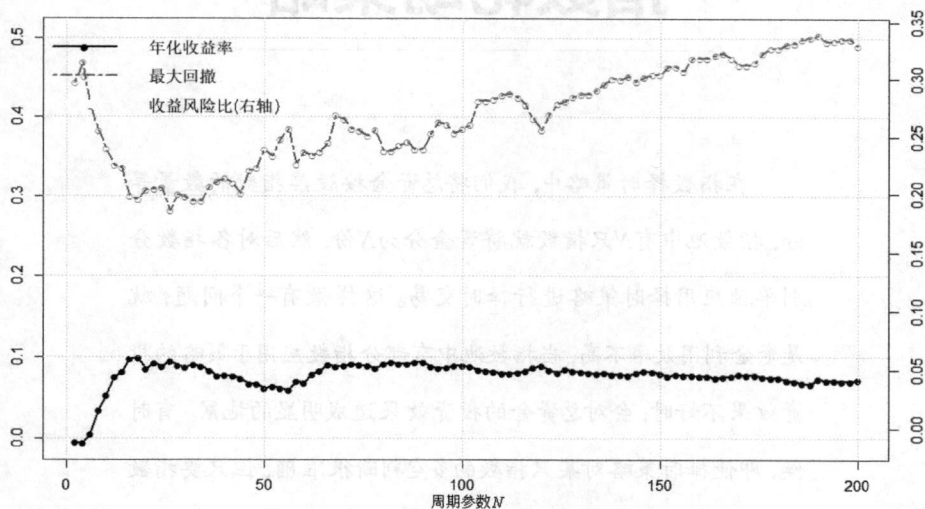

图9-19　海龟交易策略各参数对应股票指数等权组合策略的业绩表现

从图9-19中可以看出，海龟交易策略不同参数对应的策略年化收益率主要集中在6%~10%，策略年化收益对参数不太敏感，比较合适的参数取值范围在20~100。但是，当参数N在20~50时，策略的最大回测最小。相应的，此时策略拥有最高的收益风险比。我们默认所选的经典参数$N=40$是一个相对合理的选择。

第 10 章

指数轮动策略

在指数择时策略中，我们将总资金按股票指数的数量等分，指数池中有N只指数就将资金分为N份，然后对各指数分别单独应用择时策略进行择时交易。这样做有一个问题，就是资金利用效率不高，当指数池中有部分指数应用于策略的投资效果不好时，会对总资金的投资效果造成明显的拖累。有时候，即使择时策略对某只指数的多空判断很准确，但只要指数没有足够的买入并持仓的信号，而是一直空仓，一样会造成资金的低效利用。

指数轮动策略则不然，它会按照策略的既定规则从N只指数中优选出最具有投资价值的M只指数进行持仓，这里 $1 \leqslant M < N$。资金只会分配给高效的指数，而不会分配给低效的指数。显然，指数轮动策略的资金利用效率会明显高于指数择时策略，指数轮动策略的潜在收益也会明显高于指数择时策略。

10.1 从板块轮动说起

所谓板块轮动，是指在股市行情的发展过程中，市场的领涨龙头不断地从一个板块切换到另一个板块，在市场行情的不同阶段各自带领大盘轮番上涨的现象。这里我们所说的板块主要是指某个行业内的众多股票，如证券股、医药股，或者是特定市场风格的一类股票，如大盘股或者小盘股。

10.1.1 板块轮动的内在原因

板块之所以会轮动，主要有两个方面的原因：

（1）第一个原因是宏观经济方面的，在不同的经济政策下及在不同的经济周期阶段，不同的行业所处的发展环境与阶段是不完全一致的，有的处于朝阳阶段，有的处于夕阳阶段。这就导致行业及个股对投资者的吸引力会不断地发生变化，使得市场资金在不同时期追逐不同的热点，从而表现出行业轮动的现象。

（2）第二个原因是行为金融方面的，前期表现好的板块会得到更多的投资者关注，不断地吸引新的资金进入，推动板块持续上涨，直至在未来某个时刻出现拐点。

大量实证研究表明，A股市场存在明显的板块（行业或风格）轮动现象，不同行业或风格的股票经常轮换性地表现出相对的强势与弱势，此起彼伏。比如在某个时间段内，证券板块在强势上涨时，医药板块不怎么涨，而当市场因素发生转变时，证券板块开始滞涨，而医药板块接替上涨。如果我们能准确地把握行情轮动的切换点，始终配置强势板块对应的指数基金，那么就能大幅提高我们的投资收益。这就是指数轮动策略的原理。

使用指数轮动策略是期望利用不同指数的强势阶段在时间上的错位，不停地切换配置阶段最优的指数，以达到投资收益的最大化。在具体实践操作时，我们会利用单个或多个因子指标对候选指数进行评价、打分，评分越高的指数在未来越具有投资价值，然后从候选指数中选择评分排名靠前的指数买入并持有，并卖出已有持仓中评分排名靠后的指数，如此轮换调仓。这就是指数轮动策略的核心逻辑。

10.1.2　指数轮动策略的分类

指数轮动策略有很多种，我们可以根据标的资产类型、因子及调仓时点的不同分别对其进行分类。

1. 根据标的资产类型的不同分类

根据策略资产池中标的资产类型的不同，指数轮动策略主要分为行业轮动策略、风格轮动策略、大类资产轮动策略。

行业轮动策略的标的资产是多个不同的行业股票指数，比如证券公司指数、中证银行指数、中证消费指数等。这些行业指数都有相应的交易活跃的ETF，可以很方便地进行交易。

风格轮动策略旨在捕捉市场风格的切换。A股市场经常会出现这样一种现象：在不同的市场阶段，投资者对股票的类别是有偏好的，有时候偏好大盘股，有时候又偏好小盘股，有时候偏好价值股，有时候又会偏好成长股，被偏好的那类股票在股价上就会表现得相对强势。这种不同的交易行为就形成了市场风格。常见的风格轮动有：大盘与小盘、价值与成长、高贝塔与低贝塔等，其中最为常见的风格轮动为大盘与小盘。在投资实践中，我们一般以上证50指数和沪深300指数作为大盘股的代理变量，以中证500和创业板指作为中小盘股的代理变量。

根据美林时钟理论，大类资产主要分为股票、债券、商品和现金四大类，在不同的经济周期阶段，各类资产给投资者带来的投资回报率是不一样的。比如，在经济复苏阶段，股票是最好的大类资产，而在经济衰退阶段，债券是最好的大类资产。使用大类资产轮动策略的目的就是根据所处的经济周期阶段的不同去选择投资回报最好的那一类资产。

从理论上来说，只要是相关性较低的资产都可以拿来使用轮动策略，比如不同主题指数之间的轮动、不同股票市场的代表性指数之间的轮动，甚至行业指数、主题指数这些不同类别的指数也可以混合起来使用轮动策略。

2. 根据因子的不同分类

相较于股票而言，适用于股票指数投资价值评价的因子较少，其中比较实用的有估值类因子（市盈率、市净率、股息率）、成长类因子（净利润增速、营收增速）、动量类因子（一个月动量、三个月动量）、技术指标类因子（如RSI指标）。依照这四大类因子，可以将指数轮动策略分为相应的四大类。在投资实践中，基于动量因子的指数轮动策略是最为常见的。

从理论上来说，任何可以用于不同股票指数之间比较的因子都可以用来做指数轮动，动量指标之所以最为常用，是因为它不仅可以通过动量指标值的正负符号反映出股价运行的趋势方向，还可以通过动量指标值的绝对大小反映出股价运行的速度。这样不同指数之间的动量指标就可以直接拿来比较，非常简单有效，而均线、MACD这类最常见的技术指标根本做不到这一点。

3. 根据调仓时点的不同分类

指数轮动策略的调仓方式有两种，第一种是固定时间调仓，比如每个月调仓一次，届时买入策略因子评价排名靠前的指数，卖出策略因子评价排名靠后的指数。第二种是不定时间调仓，依市场情况而定，比如我们可以设置策略永远持仓因子评价排名前三的指数，当持仓中有任意一只指数的因子评价排名掉出前三就触发调仓，卖出因子评价排名前三位之后的指数，买入因子评价排名进入前三位的指数。

固定时间调仓的好处是方便，有利于交易的执行，因为交易频率和交易时间都是预先设置的，缺点是市场应变能力较差，当市场情况在短时间内发生较大变化时，不能做到及时应对，而是要等到预定时间到了之后再来处理。不定时间调仓则正好相反，市场应对能力强，但交易执行较为麻烦，因为交易时间是未知的，我们需要随时做好准备，以应对随时都有可能出现的交易信号。

在后续的内容里，我们会从上述各类指数轮动策略中选择具有代表性的进行量化回测与分析。

10.2 风格轮动策略

风格轮动是A股市场长期存在的一种现象，旨在捕捉市场风格轮动的风格轮动策略，也是A股市场中最基本也是长期有效的一种指数轮动策略。因此，这里我们先从风格轮动策略讲起。

10.2.1 A股市场风格轮动历史回顾

在A股市场的历史中，大盘占优、小盘占优、大小盘均衡三种状态曾发生多次来回切换。我们以上证50指数和沪深300指数作为大盘股的代理变量，以中证500和创业板指作为中小盘股的代理变量，图10-1所示是这四只代表性规模指数在2010年6月1日至2020年9月30日期间的价格走势，为方便比较，我们对各指数的价格做了归一化处理。这里起始日期之所以选择2010年6月1日，是因为上述四只指数中上市时间最晚的创业板指的基日就是2010年6月1日。

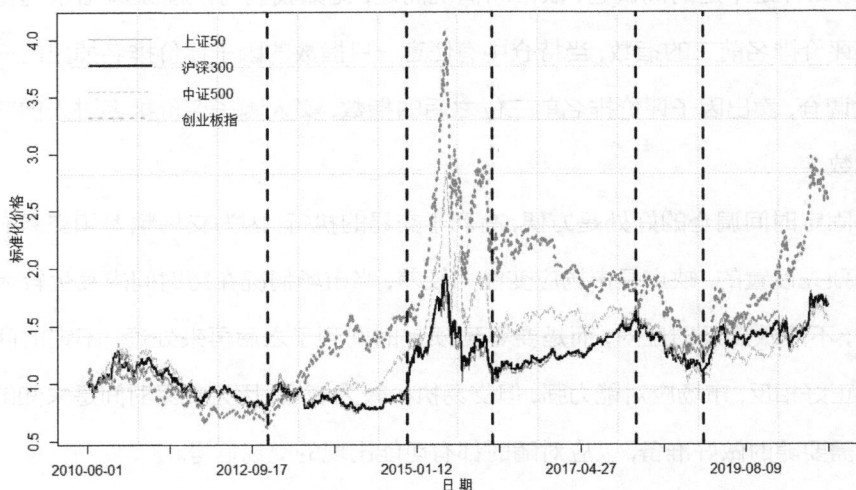

图10-1 A股市场大盘、小盘、大小盘风格转换历史回顾

2010年6月到2012年11月，代表大盘股的上证50指数和沪深300指数，以及代表中小盘股的中证500指数和创业板指数都处于长期慢熊市中，并且区间跌幅也差不多。其间，虽然大小盘风格的强弱也发生过阶段性的短期切换，但总体来说，大小盘风格的出现次数是均衡的。

从2012年12月开始至2014年11月，小盘风格的熊市进入尾声，步入牛市起点，但是大盘风格仍然处于熊市末期，其间小盘风格明显占优。

到2014年12月，大盘股在经历了长达四年的熊市之后也终于迎来了爆发，同样也进入牛市，而且是快牛市，但是好景不长，牛市行情于2015年6月见顶后直接转入快熊市。中小盘股的情况也类似，先是快牛市再是快熊市，只不过中小盘股上下波动的幅度比大盘股要大很多。总的来说，从2014年12月至2016年1月这段时间，大小盘风格相对也是均衡的。

由于在2015年的牛市期间，中小盘股的涨幅过大，导致从2015年6月牛市见顶至2018年12月的3年多时间里，中小盘股一直在为之前的疯涨还债，股价长期持续下跌，其间创业板最大跌幅更是高达70%。但是大盘股得益于基本面与合理估值的优势，从2016年2月至2018年1月走出了一波慢牛市。纵然大盘股在2018年2月也开始见顶进入慢牛市，但是其间跌幅也小于中小盘股。所以，从2016年2月至2018年12月，大盘风格明显占优。

2019年1月股市终于见底，大盘股和小盘股均开启了一波可观的反弹，至2020年9月，创业板指的涨幅已经高达120%了，明显高于上证50指数和沪深300指数30%~40%的涨幅。但是我们也发现一个问题，之前同样代表中小盘风格的中证500指数在此期间的涨幅却仅有25%左右，不但大幅低于创业板指的涨幅，也低于上证50指数和沪深300指数的涨幅。这是因为创业板指大约从2019年开始，权重成分股发生一系列明显的变化，纳入了很多高成长但是市值规模也很大的股票，比如宁德时代、迈瑞医疗、爱尔眼科、东方财富这些各行各业的大型龙头股，其市值规模即使放在沪深两市的所有股票中，经常也能排进前50名。自此，创业板指已经不是简单的中小盘风格指数了。受益于这些股票股价的大幅上涨，创业板指在此期间也取得了高涨幅。中证500的编制原则决定了它的成分股中不会有顶级的龙头股，因为它的成分股就是沪深两市市值排名第301~800位的股票，如果一个公司获得了巨大的发展壮大，股票市值也大幅上涨从而使市值排名上升，那么它就会脱离中证500的成分股。

从2019年开始，A股市场结构发生了一些变化，市场不再像以前那样喜欢炒小盘股炒概念，而是更喜欢有基本面业绩支撑的成长股与行业龙头股。这时候，市场已经没那么讲究大小盘风格了，而是更讲究成长与龙头股，成长代表的是业绩的快速增长，而龙头代表的是业绩增长的稳定性与确定性。

10.2.2　基于动量因子的大小盘风格轮动策略

影响大小盘风格轮动策略的因素有很多，包括宏观经济层面的、股票市场方面的，等等。每一次大小盘风格的切换都是诸多因素共同作用的结果，如果要详细去分析风格轮动的起因或许很难。但是，只要市场风格发生切换，就一定会体现在股价上，风格占优的一方必然在股价上有更好的表现，而动量就是一个很好的度量股价表现的指标。

前面我们已经介绍过动量指标，动量指标其实就是股价的N期涨跌幅，1个月动量就是最近1个月股价的涨跌幅，3个月动量就是最近3个月股价的涨跌幅。作为一个事后跟随指标，动量指标必然是滞后于股价变化的，但只要股价趋势运动延续的时间能较大程度地超过动量指标的周期参数N，动量指标就会有效。也就是说，动量指标有效的前提是市场风格持续的时间能较大程度地大于动量指标的周期参数N。

基于动量因子的轮动策略的核心逻辑就是认为市场风格会持续，过去一段时间内风格占优的资产在未来会继续占优，即强者恒强，弱者恒弱。我们只需始终持有动量指标值最高的资产，就可以一直处于风格占优的一边。

接下来，我们构建一个基于动量因子的大小盘风格轮动策略（Style Rotation Strategy based on Momentum，简称SRS_M），并以量化回测的方法对其历史表现进行详细分析，来看看这个策略在历史上的效果如何。

1. 交易标的

我们以沪深300指数作为大盘股的代理变量，以创业板作为小盘股的代理变量，策略交易标的指数见表10-1。

表10-1　策略标的股票指数列表

编　号	指数代码	指数名称	基　期	ETF代码	ETF名称	类　型
1	000300.SH	沪深300	2004-12-31	510300.SH	300ETF	核心规模指数
2	399006.SZ	创业板指	2010-05-31	159915.SZ	创业板	核心规模指数

2. 测试时间

2013年1月1日—2020年9月30日。

3. 交易逻辑

买入并持有指数池中动量排名第一的指数，并在动量排名发生变化时进行调仓。

4. 参数设置

本策略只含有一个参数，即动量指标的周期参数N，默认取$N=20$。

5. 测试结果

表10-2　SRS_M策略($N=20$)测试结果

策略名称	年化收益	最大回撤	收益风险比	年化交易成本	总交易次数	交易周期	平均股票仓位
B&H策略	13.78%	62.30%	0.22	0	0	—	100.0%
SRS_M策略	22.19%	56.35%	0.39	1.38%	154	12.2	100.0%

注：B&H策略为买入并持有策略的指数等权组合。

表10-2中的"B&H策略"为买入并持有策略，B&H策略的表现是指在测试初期以等权重分别买入各标的股票指数并一直持有到测试期末所能获得的投资业绩。B&H策略的业绩表现是我们所开发的策略是否有效的评价基准。对于我们

开发出的策略而言，它的业绩表现必须优于B&H策略才有意义，要么具有更高的投资收益，要么具有更低的投资风险，或者两者皆有。

在图10-2中，黑色粗线是SRS_M策略的历史净值走势，虚线是B&H策略（等权组合）的历史净值走势。含红色线段的线条表示的是沪深300指数的标准化价格走势，红色线段部分表示此时沪深300指数在策略持仓中，含绿色线段的线条表示的是创业板指的标准化价格走势，绿色线段部分表示此时创业板指在策略持仓中。

图10-2　SRS_M策略(N=20)的历史净值走势

从表10-2来看，基于动量因子的风格轮动（SRS_M）策略在测试期内的年化收益达到22.19%，显著高于B&H策略13.78%的历史年化收益。从绝对角度来看，SRS_M策略的年化收益也是比较高的，达到20%以上的级别。SRS_M策略在创造收益方面的表现无疑是令人满意的。

但是SRS_M策略的历史最大回撤高达56.35%，和B&H策略的历史最大回撤相差无几，说明SRS_M策略基本上没有控制风险的能力，这个级别的回撤是无法令人接受的。

从综合收益风险表现来看，SRS_M策略的收益风险比为0.39，虽然高于B&H策略的收益风险比，但是离我们的合格标准也还相差甚远。因此，SRS_M

策略不能直接应用于实盘。

SRS_M策略在长约7.75年的测试期范围内的总交易次数为154次,平均12.2个交易日交易一次,这个级别的交易频率不算高。该策略在交易成本方面的损耗也较小,年化交易成本仅为1.38%。

SRS_M策略会始终持有沪深300指数和创业板指中动量指标值最高的那只指数,换句话说就是,SRS_M会一直满仓持有股票资产,因此它的平均持仓率为100%,而这一点正是SRS_M策略基本没有风险控制能力的根本原因。因为在全面熊市行情时,沪深300指数和创业板指均会持续下跌,这时不管SRS_M策略持有哪只指数都会持续回撤。具体我们可以看图10-2,在2015年6月至2016年1月,以及2018年2月至2018年12月期间,SRS_M策略的净值走势基本和B&H策略一致,甚至其间SRS_M策略的回撤比B&H策略的还要大,SRS_M策略的历史最大回撤也是发生在这一期间。

SRS_M策略相较于B&H策略的超额收益主要来源于全面牛市行情和结构化牛市行情。在全面牛市行情时,不同风格的股票往往是以轮动上涨的方式接替推动大盘上涨,期间风格占优的股票必然会体现出更高的动量。这时SRS_M策略通过始终调仓买入并持有动量最高的股票很容易抓住各阶段风格占优的股票。

因此,我们可以从图10-2中看到,在2014年的11月至2015年5月的全面大牛市行情期间,SRS_M策略的净值涨幅高于B&H策略。另外,在结构化牛市行情中,比如,2016年2月至2018年1月的大盘股结构化行情及2019年1月至2020年6月的小盘股结构化行情中,SRS_M策略均能站在风格占优的那边。所以在这两段时间内,SRS_M策略都有不错的表现。

总之,通过利用动量指标进行轮动,SRS_M策略在全面牛市行情及结构化牛市行情中均会有较好的表现,且均能跑赢B&H策略,而在全面熊市行情及全面震荡行情中,SRS_M策略的表现均不好,特别是在全面震荡行情中会明显跑输B&H策略,但是从A股市场的历史来看,全面震荡行情发生的时间并不长。

基于动量因子来做风格轮动确实是一个可以创造出超额收益的方法，只是由于SRS_M策略由于没有风险控制能力，在历史上回撤太大，使得SRS_M策略自身并不是一个合格的策略。但是我们通过对SRS_M策略的缺点进行分析总结，认为它的这个缺点很容易改进，我们可以通过引入过滤条件使得SRS_M策略可以避开全面熊市行情。比如，可以要求目标股票指数的动量必须大于0或者它的价格必须处于均线之上才可以买入，即使它的动量在所有股票指数中是最高的。

6. 参数分析

SRS_M策略只含有一个参数，即动量指标的周期参数N，我们取$N=2,4\cdots\cdots$250，其中步长为2，共计125个参数，各参数对应的策略业绩表现如图10-3所示。

从图10-3可知，SRS_M策略不同参数对应的策略年化收益率基本在10%~20%，中枢位置为15%左右。策略收益对参数有一定的敏感性，但还在可接受范围之内，策略收益最高的参数取值位于[12,36]和[170,200]这两个区间之内，这两个参数区间对应的策略收益为20%左右，前者代表中期趋势级别的轮动，后者代表长期趋势级别的轮动。

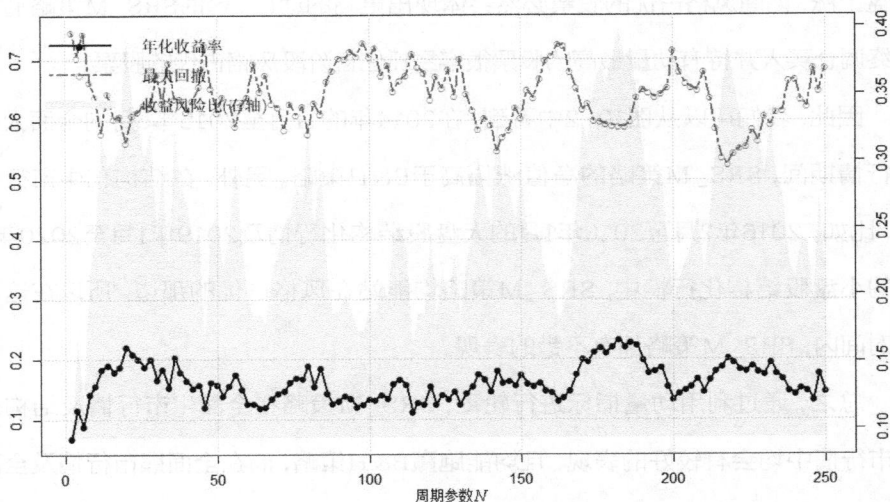

图10-3 SRS_M策略各参数对应的业绩表现

SRS_M策略不同参数对应的最大回撤在[60%,70%]，差别不大，均和B&H

策略的最大回撤差不多。SRS_M策略的交易逻辑决定了不管取哪个参数都会存在无法躲避全面大熊市的问题，都会在全面大熊市发生大级别的回撤。当策略参数在[12,36]和[170,200]这两个范围之内时，策略最大回撤基本在60%左右，在所有参数中位于偏低的位置，所以从综合收益风险比方面来看，SRS_M策略的最优参数应该在[12,36]和[170,200]这两个范围之内。但是，当参数取值在[170,200]区间时，交易信号会很少，也即历史回测的样本量较少，这样得出的测试结果从统计角度来看缺乏足够的说服力。并且当参数取值太大时对未来行情的适应能力也会较弱。因此，SRS_M策略的最优参数要从[12,36]中选取。我们所选的默认参数$N=20$是一个经典参数，也恰恰位于这个区间的中间位置，对应的策略表现也是中上。因此，默认参数$N=20$是非常合理的。

对SRS_M策略的改进并不在参数的选择上，而是在于如何加入有效的过滤条件使其可以避开全面熊市行情，从而大幅降低策略的回撤级别，甚至还可以提高策略收益。

10.2.3　加入正动量过滤条件的风格轮动策略

在全面熊市时，策略指数池中的所有指数均处于明显的下跌行情之中，这时候所有指数的动量均会为负，但基于动量因子的大小盘风格轮动策略(SRS_M)仍然会从所有指数中选择动量值最大的指数来买入并持仓。显然，这时策略资产会持续回撤。我们可以在SRS_M策略的基础上引入一个过滤条件，即持仓指数的动量必须大于0，即使该指数现在的动量值在所有指数中是最大的，如果所有指数的动量都不大于0，那么就空仓。通过这个方法，可以避开明显的全面下跌行情。我们称这样改进后的SRS_M策略为引入正动量过滤条件的风格轮动策略，记为SRS_M_P策略。

接下来以量化回测的方法对SRS_M_P策略进行详细分析来看看加入正动量过滤条件后策略是否有质的提升。

1. 交易标的

以沪深300指数作为大盘股的代理变量，以创业板作为小盘股的代理变量，那么交易标的指数见表10-3。

表10-3　策略标的股票指数列表

编　　号	指数代码	指数名称	基期	ETF代码	ETF名称	类型
1	000300.SH	沪深300	2004-12-31	510300.SH	300ETF	核心规模指数
2	399006.SZ	创业板指	2010-05-31	159915.SZ	创业板	核心规模指数

2. 测试时间

2013年1月1日—2020年9月30日。

3. 交易逻辑

买入并持有指数池中动量排名第一且动量大于0的指数。当持仓指数的动量排名不是第一或者动量不大于0时卖出，并买入新的符合上述买入条件的指数。如果所有指数都不符合买入条件，则空仓，即不持有任何指数。

4. 参数设置

本策略只含有一个参数，即动量指标的周期参数N，默认取$N=20$。

5. 测试结果

表10-4　SRS_M_P策略($N=20$)测试结果

策略名称	年化收益	最大回撤	收益风险比	年化交易成本	总交易次数	交易周期	平均股票仓位
B&H 策略	13.78%	62.30%	0.22	0	0	—	100.0%
SRS_M 策略 ($N=20$)	22.19%	56.35%	0.39	1.38%	154	12.2	100.0%
SRS_M_P 策略 ($N=20$)	28.67%	28.20%	1.02	1.80%	213	8.8	70.8%

注：B&H策略为买入并持有策略的指数等权组合。

从表10-4可以看出，在SRS_M策略的基础上加入正动量过滤条件之后，策略的业绩表现得到了质的提升，特别是在风险控制方面，SRS_M策略可以说是基本没有风险控制能力，它在历史上的最大回撤高达56.35%，而改进之后的SRS_

M_P策略最大回撤大幅降至28.2%。收益方面，SRS_M_P策略的年化收益达到28.67%，这是一个很优秀的收益水平，不但比年化13.78%的B&H策略高很多，也明显高于SRS_M策略的年化收益。也就是说，加入正动量过滤条件之后，SRS_M策略追求收益和控制风险的能力都有显著提升，SRS_M_P策略的收益风险比也达到1.02，超过我们的合格标准1.0。

正如我们所预期的那样，SRS_M_P策略的收益提升主要来源于在全面大熊市时的相对较小回撤，特别是在2015年6月至2016年1月这种快速大幅下跌的全面熊市中。SRS_M_P策略在全面牛市时也有非常优秀的表现，和SRS_M策略几乎一样，这是因为在全面牛市时，各指数的动量会持续大于0，正动量过滤条件基本没有派上用场的机会。SRS_M_P策略追求收益的能力不差于SRS_M策略，但控制回撤、降低利润回吐幅度的能力远高于SRS_M策略，最终综合下来的年化收益高于SRS_M策略也就在情理之中了。

我们也应注意到，SRS_M_P策略在2018年2月至2018年12月这种全面慢熊市时也会持续回撤，且回撤幅度不小于指数的自身跌幅。这似乎是因为在全面慢熊市时，股价的下跌以及大小盘风格的持有都有所反复，导致策略经常会发出虚假的看多信号和风格切换信号，如图10-4所示。

图10-4 SRS_M_P策略(N=20)历史净值走势

在加入过滤条件之后，SRS_M_P策略不但会发出捕捉大小盘风格切换的交易信号，还会发出旨在躲避下跌行情的交易信号，其交易次数会比SRS_M策略更多。SRS_M_P策略在测试期范围内的总交易次数为213次，比SRS_M策略多40%左右，对应的交易周期为8.8，也即平均每8.8个交易日交易一次，交易不算很频繁。由于过滤掉了部分行情，所以SRS_M_P会有部分时间是空仓，其历史平均股票仓位从100%降到70.8%。在实际投资过程中，当策略为空仓，即持有现金时，我们还可以使用现金进行为期一天的国债逆回购理财，获取额外的无风险收益。

6. 参数优化

SRS_M_P策略只含有一个参数，即动量指标的周期参数N，我们取$N=2$，4……250，其中步长为2，共计125个参数，各参数对应的策略业绩表现如图10-5所示。

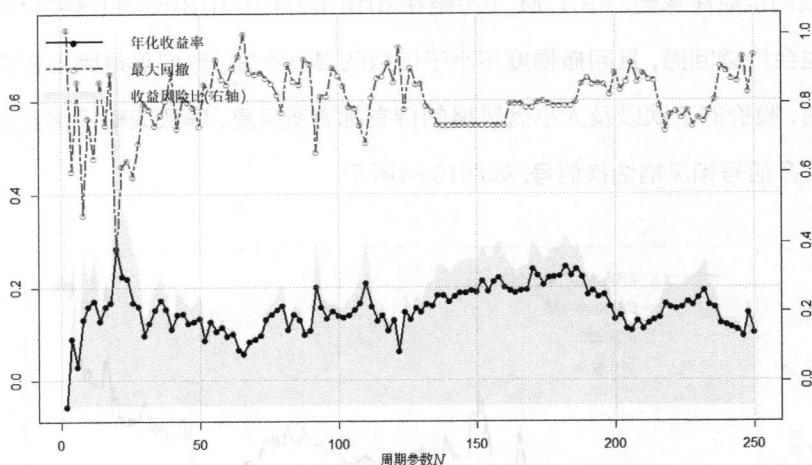

图10-5　SRS_M_P策略各参数对应的业绩表现

从图10-5中看出，SRS_M_P策略不同参数对应的年化收益率基本在10%~25%，中枢位置为15%左右，年化收益最高的两个位置是在$N=20$和$N=180$附近。当周期参数N的取值在[10,30]之间时，SRS_M_P策略的历史最大回撤相对最小，最低可以达到40%以下。综合收益风险表现来看，我们所选的默认参数也是动量指标的经典参数 $N=20$，基本上是SRS_M_P策略的最优参数。但是有个比较明显的问题是，在加入过滤条件之后，SRS_M_P策略对参数的敏感度似乎提高了，这或许是因为周期参数 N 不仅决定了风格轮动的周期级别，还决定了策略所过滤的下跌行情的周期级别，也即 N 对策略的影响力变大了。参数敏感性的升高使得SRS_M_P策略在未来是否能达到预期表现的不确定性变大，我们暂且应对此保持一份谨慎。

10.2.4　考虑动量缓冲空间的风格轮动策略

对于SRS_M_P策略而言，当动量指标恰好在零轴附近来回震荡时，会频繁地触发买卖交易信号，带来额外的拉锯交易损耗。因此，我们可以给动量指标设置一个缓冲空间，要求指数的动量排名第一且动量值大于 R 时才能买入，且对于正在持仓的动量最强指数，只有动量指数小于 $-R$ 时，才会卖出。这里的 $R \geqslant 0$，区间 $[-R, R]$ 就是缓冲空间，缓冲空间大小就是 $2 \times R$，默认 $R=1\%$。

我们考虑动量缓冲空间的风格轮动策略为SRS_M_PB策略。SRS_M_PB策略的具体交易逻辑为：买入并持有指数池中动量排名第一且动量大于 R 的指数。

当持仓指数的动量排名不是第一或者动量小于 $-R$ 时卖出，并买入新的符合上述条件的指数。如果所有指数都不符合买入条件则空仓，即不持有任何指数。

下面以和SRS_M_P策略同样的量化回测方法对SRS_M_PB策略进行测试，具体测试结果见表10-5。

表10-5　SRS_M_PB策略($N=20$)测试结果

策略名称	年化收益	最大回撤	收益风险比	年化交易成本	总交易次数	交易周期	平均股票仓位
B&H 策略	13.78%	62.30%	0.22	0	0	—	100.0%
SRS_M 策略 ($N=20$)	22.19%	56.35%	0.39	1.38%	154	12.2	100.0%
SRS_M_P 策略 ($N=20$)	28.67%	28.20%	1.02	1.80%	213	8.8	70.8%
SRS_M_PB 策略 ($N=20, R=1\%$)	29.85%	35.81%	0.83	1.39%	160	11.8	70.1%

注：B&H策略为买入并持有策略的指数等权组合

正如我们所预料的那样，考虑缓冲空间之后，最明显的变化就是策略的总交易次数明显下降，从原来的213次下降到160次，下降幅度为25%左右，交易周期从8.8增加到11.8，也即原来平均每8.8个交易日交易一次，而现在平均要11.8个交易日才交易一次。

策略的平均股票仓位基本没有发生变化，这是因为考虑缓冲空间后，买入的条件更难触发，但是卖出的条件也更难触发，两者正好相互抵消。

图10-6 SRS_M_PB策略($N=20, R=1\%$)的历史净值走势

图10-6所示为SRS_M_P策略和SRS_M_PB策略的历史净值走势，两者相似度非常高，考虑缓冲空间之后对原策略的收益和风险影响都不是很大，特别是收益方面。对于大小盘风格轮动策略而言，由于只在两只指数之间轮动，所以交易频率本身就不是很高，即使是不考虑缓冲空间的SRS_M_P策略，也是平均8.8个交易日才交易一次，这完全在可以接受的范围之内。因此，是否考虑缓冲空间影响不大。

10.2.5　加入均线过滤条件的风格轮动策略

在前述的SRS_M_P策略中,为了避免风格轮动策略在明显的全面下跌行情中时也一直满仓持有股票资产,引入正动量过滤条件,要求持仓指数的动量必须大于0,即使它的动量排名是第一。实际上,有很多类似动量指标的趋势类指标都可以起到过滤明显下跌行情的作用。比如均线,作为最常见的趋势类指标,当股价位于均线之上时,必然不会处于明显的下跌行情之中。均线在计算时有一个参数,记为周期参数M,由于我们希望均线反映的是比N期动量反映的更长的趋势,所以我们要求$N \leqslant M$。

这里我们仍然以量化回测的方法来对加入均线过滤条件的风格轮动策略进行详细的分析与测试,我们记此策略为SRS_M_MA策略。

1. 交易标的

以沪深300指数作为大盘股的代理变量,以创业板作为小盘股的代理变量,交易标的指数见表10-6。

表10-6　SRS_M_MA策略标的股票指数列表

编　号	指数代码	指数名称	基　　期	ETF 代码	ETF 名称	类　　型
1	000300.SH	沪深 300	2004−12−31	510300.SH	300ETF	核心规模指数
2	399006.SZ	创业板指	2010−05−31	159915.SZ	创业板	核心规模指数

2. 测试时间

2013年1月1日—2020年9月30日。

3. 交易逻辑

买入并持有指数池中动量排名第一且股价位于均线之上的指数。当持仓指数的动量排名不是第一或者股价跌破均线时卖出,并买入新的符合上述买入条件的指数。如果所有指数都不符合买入条件,则不持有任何指数。

4. 参数设置

本策略只含有两个参数，即动量指标的周期参数N和均线的周期参数M，且要求$N \leq M$，默认取$N=20$、$M=40$。

5. 测试结果

测试结果分别见表10-7和图10-7。

表10-7　SRS_M_MA策略（$N=20$）测试结果

策略名称	年化收益	最大回撤	收益风险比	年化交易成本	总交易次数	交易周期	平均股票仓位
B&H 策略	13.78%	62.30%	0.22	0	0	–	100.0%
SRS_M 策略（$N=20$）	22.19%	56.35%	0.39	1.38%	154	12.2	100.0%
SRS_M_P 策略（$N=20$）	28.67%	28.20%	1.02	1.80%	213	8.8	70.8%
SRS_M_MA 策略（$N=20, M=40$）	22.21%	39.17%	0.57	1.37%	224	8.4	70.2%

注：B&H策略为买入并持有策略的指数等权组合。

图10-7　SRS_M_MA策略（$N=20, M=40$）历史净值走势

从表10-7可以看出，在SRS_M策略的基础上加入均线过滤条件之后的策略，也即SRS_M_MA策略的历史年化收益为22.21%，和SRS_M策略的历史年化收益基本一致。SRS_M_MA策略的历史最大回撤为39.17%，小于SRS_M策略的56.35%。

总的来说，加入均线过滤条件后，策略的历史年化收益变化不大，但是最大回撤有一定程度的减小，说明加入均线过滤条件是有一定效果的，但是效果可能不如加入正动量过滤条件的，并且使用加入均线过滤的方法会额外增加一个策略参数。

对于SRS_M_MA策略的均线参数M应该如何设置，我们并没有经典的做法，只是从逻辑上来说，均线参数M应该大于等于动量参数N更为合理，也即在均线所反映的长期趋势下进行短期的动量轮动交易。

6. 参数分析

SRS_M_MA含有两个参数，即动量指标的周期参数N和均线的周期参数M，且要求M≥N。我们取N=2，4……100，其中步长为2，共计50个参数，取M=5，10……250，其中步长为5，共计50个参数，且要求N≤M。符合条件的参数组有2020组，各参数对应的策略业绩表现如图10-8所示。

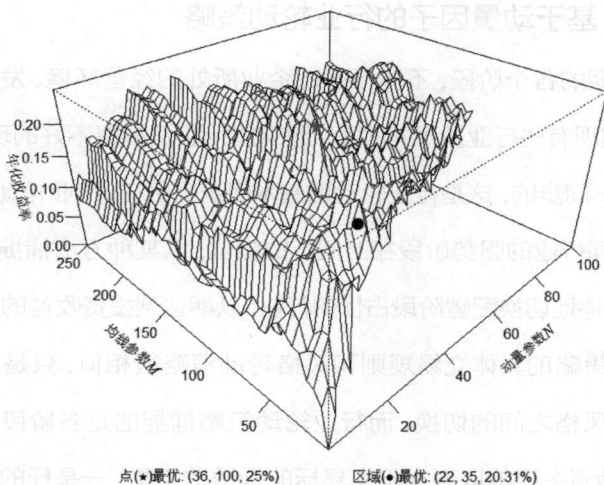

点(★)最优: (36, 100, 25%)   区域(●)最优: (22, 35, 20.31%)

图10-8　SRS_M_MA策略各参数组对应的业绩表现

从图10-8可以看出，SRS_M_MA策略不同参数对应的年化收益率基本在

10%~25%，中枢位置为15%左右。点最优参数是（36,100），对应的年化收益为25%，区域最优参数是（22,35），对应的年化收益是20.31%，我们所选的默认参数（20,40）也位于这个区域附近。策略的收益表现对参数有一定的敏感性，包括对均线参数M。和加正动量过滤条件相比，均线过滤条件的业绩并没有提升，而且还额外增加一个有一定敏感性的参数。因此，当我们在风格轮动策略中需要过滤全面熊市行情时，应该优先使用正动量过滤方法。

10.3　行业轮动策略

行业轮动策略捕捉的是市场风格的切换，行业轮动策略旨在捕捉行业之间的轮动切换，无论是不同市场风格的代理变量，还是不同行业的代理变量都是股票指数，所以这两种策略之间的区别主要在于它们各自在资产池中的标的股票指数，而两者所用的策略方法也可能是一样的。

10.3.1　基于动量因子的行业轮动策略

在经济周期的各个阶段，不同行业的企业所处的经营环境、发展形势是不完全一致的，会出现有些行业发展得很好，而有些行业发展得不好的现象，也即行业之间的发展是不同步的，这是行业轮动的基本面逻辑所在。行业轮动策略的根本目的就是利用不同行业的强势阶段在时间上的错位，以某种方法捕捉到各个阶段的占优行业，并不停地切换配置阶段占优的行业，以期达到投资收益的最大化。

行业轮动策略的具体交易规则和风格轮动策略很相似，只是风格轮动策略旨在捕捉市场风格之间的切换，而行业轮动策略捕捉的是各阶段市场强势行业之间的切换，两者主要的区别在于交易标的指数的不同：一是标的指数的类型不同，二是标的指数的数量不同。

在大小盘风格轮动策略中，我们以沪深300指数作为大盘股的代理变量，以创业板作为小盘股的代理变量, 而在行业轮动策略中, 我们将会选择多个不同行业的股票指数作为轮动标的。

对于行业轮动策略而言, 最常使用的因子依然是动量。这一点和风格轮动策略一样。因此, 我们先考虑基于动量因子的行业轮动策略, 之后再考虑基于技术指标类、价值类和成长类因子的情况。

下面我们构建一个基于动量因子的行业轮动策略 (Industry Rotation Strategy based on Momentum, 简称IRS_M), 并以量化回测的方法对其历史表现进行详细分析。

1. 交易标的

行业指数有很多, 以申万一级行业指数为例, 含有28只指数, 但我们不可能把这28只指数都纳入轮动标的指数池, 因为这样会导致强势行业的切换太频繁, 而且很多行业指数也没有可供正常交易的指数基金跟踪。

因此, 我们只能从所有行业指数中挑选部分进入指数池, 为了确保入选指数之间存在轮动效应, 也即它们各自的强势期存在错位, 我们应尽可能地选择分属不同大类行业的、相关性低的指数; 此外, 入选指数必须要有对应跟踪的规模较大、交易较活跃的场外和场内指数基金 (主要是ETF)。这样当我们将策略应用到实盘交易时, 才有适合的交易对象。

根据经验, 选择6~8只行业指数进入轮动标的指数池, 并且从其中选择两只动量最强的指数持仓较为合适。这里选择了证券公司、有色金属、全指信息、中证传媒、中证消费和300医药这6只指数进入轮动标的指数池。其中, 证券公司、有色金属、全指信息和中证传媒分属金融、资源、信息技术和传媒娱乐四大领域, 均为周期性板块, 而中证消费和300医药分属消费和医药两大领域, 均为弱周期的防御性板块。从经济逻辑的角度来看, 这6个行业之间会存在明显的轮动效应。

表10-8所示的是这6只行业指数的一览, 表中所示ETF为跟踪该股票指数的代表性ETF产品。

表10-8　行业轮动策略标的股票指数列表

编　号	指数代码	指数名称	基　期	ETF代码	ETF名称	类型
1	399975.CSI	证券公司	2007-06-29	512880.SH	证券ETF	周期/金融
2	000819.SH	有色金属	2004-12-31	512400.SH	有色ETF	周期/资源
3	000993.SH	全指信息	2004-12-31	159939.SZ	信息技术	周期/信息技术
4	399971.SZ	中证传媒	2010-12-31	512980.SH	传媒ETF	周期/传媒娱乐
5	399932.SZ	中证消费	2004-12-31	159928.SZ	消费ETF	防御/消费
6	399913.SZ	300医药	2004-12-31	512010.SH	医药ETF	防御/医药

2. 测试时间

2013年1月1日—2020年9月30日。

3. 交易逻辑

买入并持有指数池中动量排名前两位的指数，并在动量排名发生变化时进行调仓。

4. 参数设置

本策略只含有一个参数，即动量指标的周期参数N，默认取$N=20$。

5. 测试结果

表10-9　IRS_M策略（$N=20$）测试结果

策略名称	年化收益	最大回撤	收益风险比	年化交易成本	总交易次数	交易周期	平均股票仓位
B&H策略	12.64%	60.38%	0.21	0	0	–	100.0%
IRS_M策略	14.82%	58.42%	0.25	3.90%	511	3.7	100.0%

注：B&H策略为买入并持有策略的指数等权组合。

表10-9中B&H策略的表现是指在测试期初以等权重分别买入标的指数池中所有的指数并一直持有到测试期末所能获得的投资业绩。B&H策略的业绩表现是我们所开发的策略是否有效的评价基准。B&H策略在测试期内的年化收益为12.64%，其最大回撤为60.38%，收益风险比为0.21，和沪深300、创业板指等宽基指数的表现差不多。

基于动量因子的行业轮动策略（即IRS_M策略）的年化收益为14.82%，稍高于B&H策略。轮动策略由于可以切换配置阶段占优板块，所以在收益方面的表现往往会比较好。图10-9中的黑线表示的是IRS_M策略的历史净值走势,灰色虚线表示的是B&H策略的历史净值走势。IRS_M策略相较于B&H策略的超额收益主要来源于两个阶段,一是在2014年的11月至2015年5月的全面牛市阶段,各行业轮番带领大盘上涨,IRS_M策略利用动量因子可以抓住各阶段涨幅最快的那只指数,从而创造出超额收益,而在结构化牛市中,比如有一部分行业的股价表现很好,而另一部分行业的股价表现不好,利用动量因子很容易捕捉到股价表现好的行业。

我们再来看风险控制方面,IRS_M策略的历史最大回撤高达58.42%,基本和B&H策略一致,IRS_M策略并没有表现出较好的风险控制能力。IRS_M策略的历史最大回撤发生在2015年6月至2016年1月的全面大熊市期间,甚至在此期间IRS_M策略的最大回撤还高于B&H策略。这是因为即使是在全面大熊市期间,在众多行业之中也总有一些行业会相对强势,频频表现出反弹的迹象。这时IRS_M策略会频繁地发出行业切换的假信号。显然,加入过滤条件使得IRS_M策略可以避开全面大熊市,这是很有必要的。

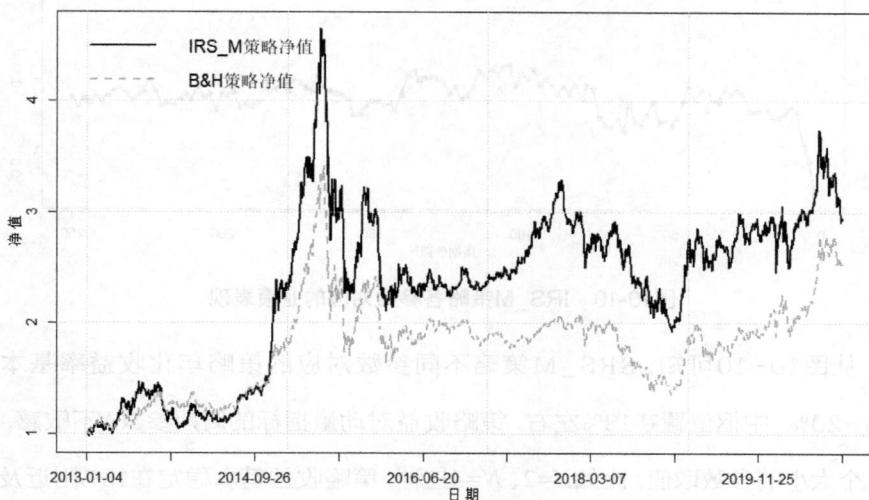

图10-9 IRS_M策略(N=20)历史净值走势

　　IRS_M策略在测试期范围内的总交易次数为511次，交易周期为3.7，也即平均3.7个交易日交易一次。对于手动执行的交易者来说，这是一个比较高的交易频率，交易执行起来相对比较麻烦，同时年化交易成本也达到3.9%，说明策略对交易成本较为敏感，而且当在IRS_M策略的基础上使用过滤全面熊市的方法之后，策略的交易频率还会继续提升。因此，有必要采用某种方法来降低策略的交易频率。

6. 参数分析

　　SRS_M策略只含有一个参数，即动量指标的周期参数N，我们取$N=2$，4……250，其中步长为2，共计125个参数，各参数对应的策略业绩表现如图10-10所示。

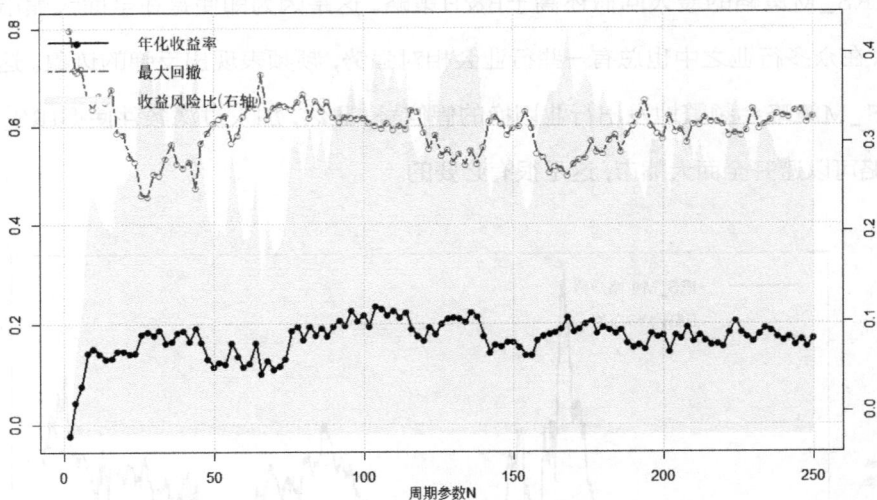

图10-10　IRS_M策略各参数对应的业绩表现

　　从图10-10可知，SRS_M策略不同参数对应的策略年化收益率基本在15%~20%，中枢位置在18%左右。策略收益对动量指标的周期参数N不敏感，除了几个太小的参数取值，比如$N=2$、$N=4$这种，策略收益基本稳定在15%附近及以上。策略收益最高的参数取值位于[80,140]，对应的策略收益在20%左右。此外，不同参数所对应的最大回撤基本在[50%,60%]，均处于一个非常高且不可接受的回撤级别，它们之间并没有本质区别。对于SRS_M策略，我们取的参数N=20并不处于最优参数区间，我们之所以取N=20，是因为20日是一个经典的参数，它反映的是月级别的趋势，普适性最强。考虑到SRS_M策略的业绩表现对参数并不敏感，且经典参数N=20对应的策略表现也并非很差，因此我们仍然选择使用这个参数。

10.3.2　对基于动量因子的行业轮动策略进行改进

正如我们在前面所说的那样，在全面熊市时，策略指数池中的所有指数均处于明显的下跌行情之中。这时所有指数的动量均会为负，但基于动量因子的行业轮动策略（IRS_M）仍然会从所有指数中选择动量排名靠前的指数来买入并持仓，这时候策略资产会持续回撤。

所以，我们要在IRS_M策略的基础上加入一个过滤条件，使其可以避开明显的全面大熊市行情。这其中最简单的过滤条件要求持仓指数的动量必须大于0，如果所有指数的动量都不大于0，那就空仓。通过这个方法，我们可以避开明显的全面下跌行情。我们称这样改进后的IRS_M策略为引入正动量过滤条件的行业轮动策略，记为IRS_M_P策略。

下面我们以量化回测的方法对IRS_M_P策略进行详细分析，来看看加入正动量过滤条件后策略是否有质的提升。

1. 交易标的

轮动标的行业指数见表10-10。

表10-10　RS_M_P策略标的股票指数列表

编　号	指数代码	指数名称	基　　期	ETF代码	ETF名称	类　　型
1	399975.CSI	证券公司	2007-06-29	512880.SH	证券ETF	周期/金融
2	000819.SH	有色金属	2004-12-31	512400.SH	有色ETF	周期/资源
3	000993.SH	全指信息	2004-12-31	159939.SZ	信息技术	周期/信息技术
4	399971.SZ	中证传媒	2010-12-31	512980.SH	传媒ETF	周期/传媒娱乐
5	399932.SZ	中证消费	2004-12-31	159928.SZ	消费ETF	防御/消费
6	399913.SZ	300医药	2004-12-31	512010.SH	医药ETF	防御/医药

2. 测试时间

2013年1月1日—2020年9月30日。

3. 交易逻辑

买入并持有指数池中动量排名前两位且动量大于0的指数。当持仓指数的动量排名不是前两位或者动量不大于0时卖出，并买入新的符合前述买入条件的指数。如果所有指数都不符合买入条件则空仓，即不持有任何指数。

4. 参数设置

本策略只含有一个参数，即动量指标的周期参数N，默认取$N=20$。

5. 测试结果

IRS_M_P策略（$N=20$）测试结果见表10-11。

表10-11　IRS_M_P策略（$N=20$）测试结果

策略名称	年化收益	最大回撤	收益风险比	年化交易成本	总交易次数	交易周期	平均股票仓位
B&H 策略	12.64%	60.38%	0.21	0	0	—	100.0%
IRS_M 策略	14.82%	58.42%	0.25	3.90%	511	3.7	100.0%
IRS_M_P 策略	17.30%	34.28%	0.50	4.12%	573	3.3	77.9%

注：B&H策略为买入并持有策略的指数等权组合。

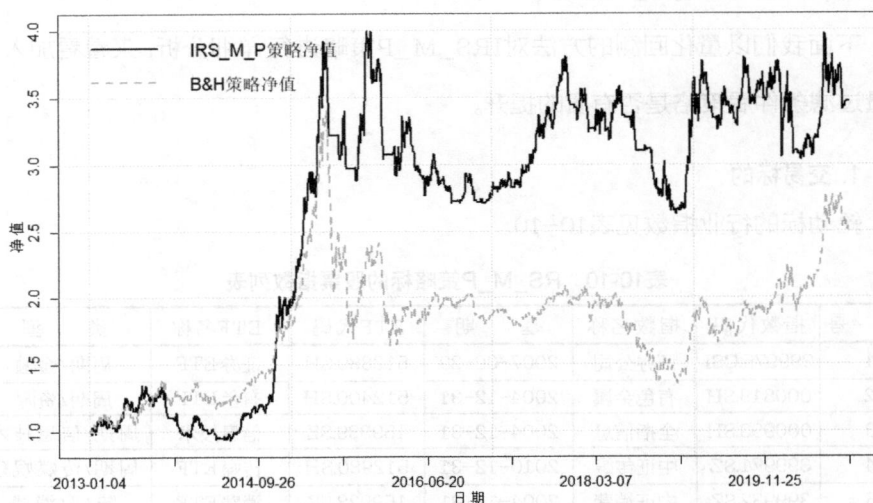

图10-11　IRS_M_P策略（$N=20$）历史净值走势

在IRS_M策略的基础上加入正动量过滤条件后，策略的收益有一定程度的提升，从原来的年化14.82%提升到17.3%。同时，策略的历史最大回撤有较大程度的下降，从原来的58.42%下降到34.28%，且如我们所预期的那样，策略在2015年6月至2016年1月的全面大熊市期间的回撤幅度变小。这一点可以从图10-11中看出。

综合来看，加入正动量过滤条件后，策略的收益风险比从0.25提升到0.50，策略效果得到质的提升。由于加入过滤条件之后，策略不但会发出捕捉行业轮动的交易信号，还会发出旨在躲避下跌行情的交易信号，所以总交易次数有所增加，从原来的511次增加到573次。对应的年化交易成本增加到4.12%，对交易成本更为敏感。IRS_M_P策略交易周期为3.3，即平均3.3个交易日交易一次，交易频率很高，对于手动执行交易来说成本很高。因此，有必要通过改进来降低策略的交易频率。

10.3.3　考虑缓冲空间的风格轮动策略

当动量指标恰好在零轴附近来回震荡时，IRS_M_P策略会频繁地发出无效的买卖交易信号，不仅增加策略的交易次数，还增加交易成本损耗。因此，我们需要给动量指标设置一个缓冲空间，要求当指数的动量排名前两位且动量值大于R时才能买入，且对于正在持仓的动量排名前两位的指数，也只有动量值小于$-R$时才会卖出。这里的$R \geqslant 0$，区间$[-R, R]$就是缓冲空间。缓冲空间大小就是$2 \times R$，默认$R=1\%$。

我们考虑了动量缓冲空间的行业轮动策略为IRS_M_PB策略。IRS_M_PB策略的具体交易逻辑为：买入并持有指数池中动量排名前两位且动量大于R的指数。当持仓指数的动量排名不是前两位或者动量小于$-R$时卖出，并买入新的符合前述买入条件的指数，如果所有指数都不符合前述买入条件则空仓，即不持有任何指数。

　　此外，我们还可以给动量排名设置一个缓冲空间，比如我们在买入动量排名前两位指数之后，可以等持仓指数的动量排名掉落到第三名之后再卖出，也即提供一个排名的缓冲空间。由于我们的指数池中总共只有6只指数，所以设置一个排名的缓冲空间是最合理的。换句话说，对于持仓指数，只有当其动量排名掉落到后50%才会因轮动而被卖出。当指数池中的指数数量较多时，设置排名缓冲空间是一个很有效的方法。

　　我们记此策略为IRS_M_PR策略，IRS_M_PR策略的具体交易逻辑为：买入并持有指数池中动量排名前两位且动量大于0的指数。当持仓指数的动量排名掉落到第三名之后或者动量小于0时卖出，并买入新的符合前述买入条件的指数。如果所有指数都不符合前述买入条件则空仓，即不持有任何指数。

　　我们还可以同时考虑动量缓冲空间和动量排名缓冲空间，该策略为IRS_M_PBR策略，IRS_M_PBR策略的具体交易逻辑为：买入并持有指数池中动量排名前两位且动量大于R的指数。当持仓指数的动量排名掉落到第三名之后或者动量小于$-R$时卖出，并买入新的符合前述买入条件的指数。如果所有指数都不符合前述买入条件则空仓，即不持有任何指数。默认$R=1\%$。

　　在相同的条件下对上述IRS_M_PB策略、IRS_M_PR策略及IRS_M_PBR策略进行量化回测，具体回测结果见表10-12。

表10-12　考虑缓冲策略（$N=20$）测试结果

策略名称	年化收益	最大回撤	收益风险比	年化交易成本	总交易次数	交易周期	平均股票仓位
B&H 策略	12.64%	60.38%	0.21	0	0	—	100.0%
IRS_M 策略	14.82%	58.42%	0.25	3.90%	511	3.7	100.0%
IRS_M_P 策略	17.30%	34.28%	0.50	4.12%	573	3.3	77.9%
IRS_M_PB 策略	18.93%	32.45%	0.58	3.93%	485	3.9	77.8%
IRS_M_PR 策略	18.46%	32.07%	0.58	2.74%	393	4.8	77.8%
IRS_M_PBR 策略	20.30%	32.85%	0.62	2.37%	303	6.2	78.2%

注：B&H策略为买入并持有策略的指数等权组合。

　　对于仅考虑动量缓冲空间的IRS_M_PB策略，它在测试期范围内的总交易次数从IRS_M_P策略的573次下降到485次，下降幅度约为15%，有一定的效果。IRS_M_PB策略的历史年化收益达到18.3%，比IRS_M_P策略更高，也显著高于B&H策略。另外，IRS_M_PB策略的历史最大回撤为32.45%，比IRS_M_P策略也略有下降，收益风险比提升到0.58。

对于仅考虑动量排名缓冲空间的IRS_M_PR策略，它的总交易次数下降得还更为明显，从IRS_M_P策略的573次下降到393次，下降幅度高达31.4%。这说明就降低交易频率而言，采用动量排名缓冲空间的做法要好于采用动量缓冲空间的。实际上，对于行业轮动策略，当我们引入更多的行业指数进入指数池时，交易频率会更为频繁。这时要控制策略的交易频率主要也是通过设置动量排名缓冲空间的方法，比如当行业轮动策略的指数池含有高达10只行业指数时，这时候如果我们的目标持仓指数数量还是2只，动量排名缓冲空间就得设置为两位才较为合理。另外，IRS_M_PR策略在收益和回撤方面的表现基本和IRS_M_PB策略是一致的，IRS_M_PR策略在业绩表现不变的前提下降低了交易次数。从这点来看，设置动量排名缓冲空间的方法优于设置动量缓冲空间的方法。

最后，我们再来看看同时考虑动量缓冲空间和动量排名缓冲空间的IRS_M_PBR策略。首先，它在测试范围内的总交易次数只有303次，相较于IRS_M_P策略的总交易次数下降47.1%，交易周期为6.2，也即平均6.6个交易日交易一次。虽然这还是一个不低的交易频率，但已经在可接受范围之内，而且相较于前述各种基于动量因子的行业轮动策略已经算很好了。同时，IRS_M_PBR策略的历史年化收益为20.30%，在表10-12的所有策略之中是最高的，且它的最大回撤32.85%也是相对较低的，其收益风险比达到0.62倍，是表10-12的所有策略中最高的。

IRS_M_PBR策略不仅拥有最好的业绩表现，而且它的交易频率也是最为合理的。因此，它的策略逻辑是基于动量因子的轮动策略中最为有效的。

10.3.4　基于均线能量的行业轮动策略

对于很多常见的技术指标来说，不同指数的技术指标值很难拿来直接进行比较。比如均线，我们在使用时，是通过股价与它的均线之间的位置关系来判断股价的趋势方向，但我们却无法通过各指数的均线来判断它们之间相对投资价值的高低，也就无法直接利用均线指标来做指数轮动。如果想使用均线这类指标来做指数轮动，就需要先对其进行改造，使不同指数之间的指标值可以直接进行比较，均线能量指标就是通过对均线进行改造、转换后得到的一个指标，不同指数之间的均线能量可以直接拿来进行比较。

所谓均线能量，就是当期的均线值已经累计上涨或下跌的期数。举个例子，假设最新均线值为 MA_t，若 $MA_t > MA_{t-1} > MA_{t-2} > MA_{t-3}$ 但 $MA_{t-3} \leqslant MA_{t-4}$，则第 t 期的均线能量 $ME_t = 3$，因为在第 t 期时，均线值已经累计增长 3 期了。反之，若 $MA_t < MA_{t-1} < MA_{t-2} < MA_{t-3}$ 但 $MA_{t-3} \geqslant MA_{t-4}$，则第 t 期的均线能量 $ME_t = -3$，因为在第 t 期时，均线值已经累计下跌 3 期了，其他情况以此类推。均线能量并没有在均线的基础上引入新的参数，仍然只有一个参数。

均线能量越大，说明均线持续上涨的时间越久，也即股价上涨趋势持续的时间越长，由于趋势是有延续性的，所以对于持续时间越长的趋势，我们越有理由相信它会继续上涨。

总之，当均线能量大于 0 时，说明股价的趋势是向上的，并且均线能量值越大，则越有可能继续上涨，反之，当均线能力小于 0 时，说明股价的趋势是向下的，并且均线能量的绝对值越大，则越有可能继续下跌。

均线能量本质是一个统计计数指标，不同指数的均线能量可以直接拿来做比较，均线能量越高的指数应该越值得买入并持有。反之，均线能量越低的指数越应该卖出。下面我们就以这个逻辑设计一个基于均线能量的行业轮动策略，记为 IRS_ME 策略，并以量化回测的方法对它在历史上的表现进行详细分析。另外，为了过滤掉明显的全面熊市行情，我们要求持仓指数的均线能量必须大于 0，为了避免频繁交易，我们考虑设置均线能量排名的缓冲空间。

1. 交易标的

轮动标的行业指数见表10-13。

表10-13　策略标的股票指数列表

编　号	指数代码	指数名称	基　期	ETF代码	ETF名称	类　型
1	399975.CSI	证券公司	2007-06-29	512880.SH	证券ETF	周期/金融
2	000819.SH	有色金属	2004-12-31	512400.SH	有色ETF	周期/资源
3	000993.SH	全指信息	2004-12-31	159939.SZ	信息技术	周期/信息技术
4	399971.SZ	中证传媒	2010-12-31	512980.SH	传媒ETF	周期/传媒娱乐
5	399932.SZ	中证消费	2004-12-31	159928.SZ	消费ETF	防御/消费
6	399913.SZ	300医药	2004-12-31	512010.SH	医药ETF	防御/医药

2. 测试时间

2013年1月1日—2020年9月30日。

3. 交易逻辑

买入并持有指数池中均线能量排名前两位且均线能量大于0的指数。当持仓指数的均线能量排名掉落到第三名之后或者均线能量不大于0时卖出，并买入新的符合前述买入条件的指数，如果所有指数都不符合买入条件，则空仓，即不持有任何指数。

4. 参数设置

本策略只含有一个参数，即计算均线能量所使用的均线的周期参数N，默认取$N=20$。

5. 测试结果

表10-14　IRS_ME策略（$N=20$）测试结果

策略名称	年化收益	最大回撤	收益风险比	年化交易成本	总交易次数	交易周期	平均股票仓位
B&H 策略	12.64%	60.38%	0.21	0	0	–	100.0%
IRS_ME 策略	24.84%	33.72%	0.74	2.31%	317	5.9	77.8%

注：B&H策略为买入并持有策略的指数等权组合。

基于均线能量的行业轮动（IRS_ME）策略在测试期内的历史年化收益为24.84%，而同期的B&H策略年化收益仅为12.64%，这说明均线动量是一个有效的行业轮动因子，它具有显著的创造超额收益的能力。

与动量因子类似，均线能量因子的在历史上的超额牛市也来源于全面牛市和结构化行情，具体可以看图10-12，其中2015年6月至2016年1月是全面牛市行情，在这段时间内，IRS_ME策略的净值涨幅比各股票指数的自身涨幅还要高。

因为它能通过均线能量指标切换选中阶段趋势最强的指数，在2016年2月至2018年1月是结构化行情，IRS_ME策略很容易通过均线能量指标选中趋势向上的指数，而避开趋势向下的指数，如图10-12所示。

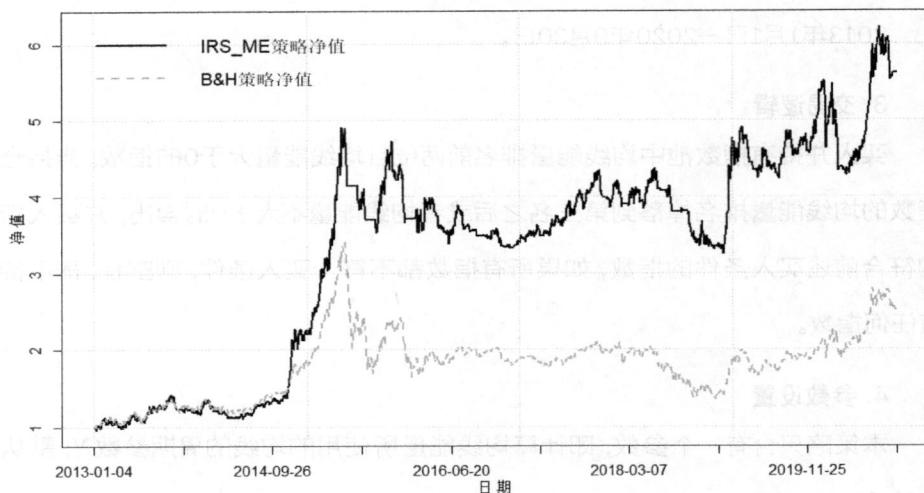

图10-12　IRS_ME策略（N=20）历史净值走势

IRS_ME策略在测试期范围的历史最大回撤为33.72%，显著低于B&H策略，其收益风险比达到0.74，也显著高于B&H策略。另外，IRS_ME策略在测试期范围内的总交易次数为317次，交易周期为5.9，这个级别的交易频率尚在可接受范围之内。

总的来说，均线能量是一个有效的行业轮动因子，基于均线能量的IRS_ME

策略也是一个效果不错的策略,虽然它的收益风险比还没有达到我们的合格标准1.0,但已经显著高于B&H策略,也普遍高于我们前述的基于动量的行业轮动策略。均线能量属于技术指标类因子,不过它是由经典技术指标改造后所得,是一个未公开化的因子。除此之外,也还有很多其他有效的技术指标类因子,等待我们一一去挖掘。

10.3.5 基于估值因子的行业轮动策略

估值因子可以用来评价股票指数的投资价值,然后从所有股票指数中选择投资价值最高的一只或多只来买入并持有。因此,从理论上来说,估值因子也可以应用于行业轮动策略。

估值因子有效理论的基础是均值回归,它认为高估值的股票指数在未来会以股价下跌的方式来回归合理估值,而低估值的股票指数在未来会以股价的上涨方式来回归合理估值。估值越低的指数,未来越有可能上涨。反之,估值越高的指数,未来越有可能下跌。

因此,我们可以根据估值因子来切换配置每个时间段内估值最低的指数。在估值因子中,最常见且通用性最强的莫过于市盈率(PE)和市净率(PB),它们均可以用来判断行业指数的估值高低。

市盈率和市净率各自适用的行业指数是不一样的。大致来说,市盈率适用于盈利相对稳定、周期性较弱的行业,比如消费,而市净率适用于账面价值相对稳定、周期性较强的行业,比如证券,但是这种划分是较为模糊的,还有许多行业很难明确的划分为是适合市盈率还是市净率。这里我们采用一个均衡的做法,即同时用市盈率和市净率来判断各行业指数的估值高低,各占50%的权重。

选好了估值因子后,剩下的问题就是如何用所选的估值因子来判断各行业指数之间的估值高低,遗憾的是,不同行业指数之间的市盈率或者市净率并不能拿来直接比较高低,比如银行业的市盈率可能永远低于医药行业的市盈率,但是不能说银行业的投资价值就永远高于医药行业。

因此，我们考虑估值的分位数指标，分位数是一个标准化的指标，不同行业指数之间的市盈率分位数或者市净率分位数是可以直接拿来进行比较的，市盈率分位数或者市净率分位数越低的行业指数，越具有投资价值。

基于估值因子的行业轮动策略，记为IRS_V策略，其核心思想就是选择各个时间段内估值最低的行业指数来买入并持有。

下面我们以量化回测的方法来详细测试这个策略在历史上的业绩表现：

1. 交易标的

轮动标的行业指数如下：

表10-15　策略标的股票指数列表

编　号	指数代码	指数名称	基　期	ETF代码	ETF名称	类　型
1	399975CSI	证券公司	2007-06-29	512880SH	证券ETF	周期/金融
2	000819SH	有色金属	2004-12-31	512400SH	有色ETF	周期/资源
3	000993SH	全指信息	2004-12-31	159939SZ	信息技术	周期/信息技术
4	399971SZ	中证传媒	2010-12-31	512980SH	传媒ETF	周期/传媒娱乐
5	399932SZ	中证消费	2004-12-31	159928SZ	消费ETF	防御/消费
6	399913SZ	300医药	2004-12-31	512010SH	医药ETF	防御/医药

2. 测试时间

2013年1月1日—2020年9月30日。

3. 交易逻辑

定义：估值分位数=（市盈率分位数+市净率分位数）/2。

买入并持有指数池中估值分位数最低的两只指数，并在估值分位数排名发生变化时进行调仓。

4. 参数设置

本策略只含有一个参数，即计算分位数时所使用数据的历史长度，默认使用过去5年的数据。

5. 测试结果

表10-16　IRS_V策略（N=20）测试结果

策略名称	年化收益	最大回撤	收益风险比	年化交易成本	总交易次数	交易周期	平均股票仓位
B&H 策略	12.64%	60.38%	0.21	0	0	–	100.0%
IRS_V 策略	9.57%	38.97%	0.25	0.04%	38	49.6	100.0%

注：B&H策略为买入并持有策略的指数等权组合。

从表10-16来看，基于估值因子的行业轮动（IRS_V）策略在测试期范围内的年化收益为9.57%，低于B&H策略的年化12.64%，这说明低估值指数组合相较于高估值指数组合没有超额收益。一般来说，当指数估值处于低位时，往往处于相对弱势行情，离估值的均值回归拐点可能还有很长一段距离，这时候我们如果过早地买入低估值指数，大概率也会继续处于弱势走势。

反之，当指数估值处于高位时，往往处于相对强势行情，离估值的均值回归拐点也可能还有很长一段距离，这时候我们如果过早地卖出高估值指数，就大概率会错失后面的强势行情，这就是估值因子在行业轮动策略中不能创造超额收益的根本原因。

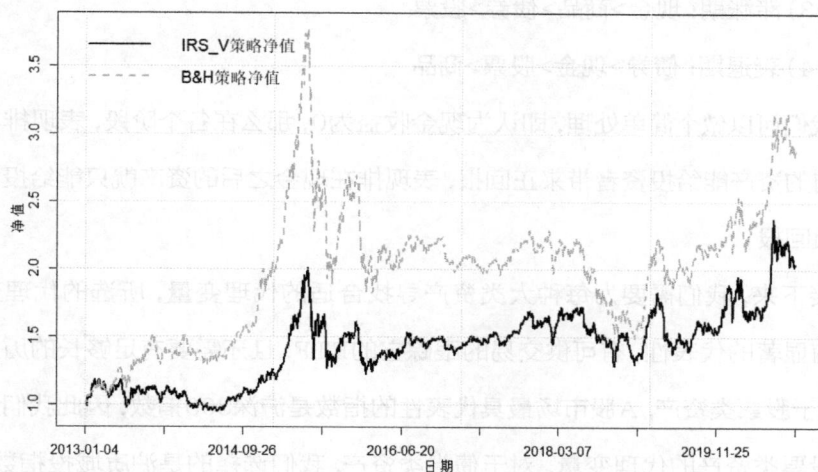

图10-13　IRS_V策略（N=20）历史净值走势

一般来说，低估值指数的潜在下跌空间和波动率都是低于高估值指数的，所以我们可以从图10-13中看到，IRS_V策略的净值波动性要明显小于B&H策略，IRS_V策略的历史最大回撤也小于B&H策略。

总的来说，和B&H策略相比，IRS_V策略没有能力创造出超额收益，虽然它的历史最大回撤要小于B&H策略，它的收益风险比仅为0.25，仅略高于B&H策略，离我们的合格标准1.0还有很大的距离。所以，我们认为基于市盈率分位数和市净率分位数的行业轮动策略不是一个有效的策略。

10.4　大类资产轮动策略

根据美林时钟理论，一个完整的经济周期可以分为四个阶段：复苏期、过热期、滞涨期和衰退期，股票资产、商品资产、债券资产和现金这四种大类资产所能给投资者带来的回报是不一样的，它们分别有各自表现最好的阶段，具体如下：

（1）复苏期：股票>债券>现金>商品

（2）过热期：商品>股票>现金>债券

（3）滞涨期：现金>商品>债券>股票

（4）衰退期：债券>现金>股票>商品

我们可以做个简单处理，即认为现金收益为0，那么在各个阶段，表现排在现金之前的资产能给投资者带来正回报，表现排在现金之后的资产就只能给投资者带来负回报。

接下来，我们需要为每种大类资产寻找合适的代理变量，所选的代理变量应该有显著的代表性，有可供交易的跟踪它的ETF，且还需要有足够长的历史数据。对于股票类资产，A股市场最具代表性的指数是沪深300指数，因此我们选择它做股票类资产的代理变量。对于债券类资产，我们选择的是沪质城投指数，它主要由沪市符合可质押债券要求的城投类债券组成，城投债的长期回报比国债高，同时价格波动也比国债要大，更适合纳入轮动策略。

最后是商品类资产，一类是作为风险资产的普通商品，比如石油、铜、螺纹钢、豆粕等，另一类是作为避险资产的贵金属商品，比如黄金、白银，目前A股市场跟踪普通商品的交易活跃ETF仅有豆粕ETF(代码：159985.SZ)，它跟踪的指数是豆粕期货价格指数，最具有代表性的贵金属商品自然是黄金，交易活跃的黄金类ETF有很多，其中最为活跃的是黄金ETF（代码：518880.SH），它跟踪的指数是SGE黄金9999现货指数。

各大类资产的代理变量的指数及其代表性ETF见表10-17。

表10-17　策略标的大类资产指数列表

编　号	指数代码	指数名称	ETF 代码	ETF 名称	资产类型
1	000300.SH	沪深 300	510300.SH	300ETF	股票
2	AU9999.SGE	SGE 黄金 9999 现货价格指数	518880.SH	黄金 ETF	贵金属商品
3	DCESMFI.DCE	豆粕期货价格指数	159985.SZ	豆粕 ETF	普通商品
4	H11018.CSI	沪质城投	511220.SH	城投 ETF	债券

图10-14所示是上述大类资产指数的历史价格走势，从图中看，上述四种大类资产体现出了明显的低相关性，甚至在某些时间段内是负相关的，具体可以参考图10-15，这四种大类资产的相关性非常低，仅豆粕和沪深300这两种风险资产之间存在一定的相关性，但也仅为0.23，这和A股市场各行业板块之间平均高达0.7~0.8的相关性相比是非常低的。

另外，债券在某些时候也有避险的作用，所以它和天然的避险资产——黄金之间存在一定的相关性。

图10-14 各大类资产历史价格走势

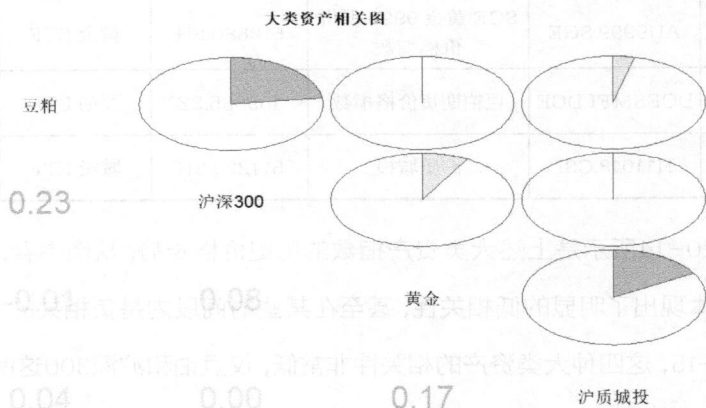

图10-15 各大类资产相关性图

　　各交易标的指数之间不相关甚至负相关，对我们构建轮动策略来说是非常有利的，因为这说明各交易标的指数的上涨很有可能是错位的，我们只需利用动量指标，就可以很轻松地抓住每个时间段内的强势资产。

　　下面我们构建一个基于动量因子的大类资产轮动策略，记为ARS_M策略，并以量化回测的方法对其历史表现进行详细分析。

1. 交易标的

表10-18　策略标的大类资产指数列表

编　号	指数代码	指数名称	ETF 代码	ETF 名称	资产类型
1	000300.SH	沪深 300	510300.SH	300ETF	股票
2	AU9999.SGE	SGE 黄金 9999 现货价格指数	518880.SH	黄金 ETF	贵金属商品
3	DCESMFI.DCE	豆粕期货价格指数	159985.SZ	豆粕 ETF	普通商品
4	H11018.CSI	沪质城投	511220.SH	城投 ETF	债券

2. 测试时间

2013年1月1日—2020年9月30日

3. 交易逻辑

买入并持有指数池中动量排名第一且动量大于0的指数。当持仓指数的动量排名不是第一或者动量不大于0时卖出，并买入新的符合上述买入条件的指数，如果所有指数都不符合买入条件，则空仓，即不持有任何指数。

4. 参数设置

本策略只含有一个参数，即动量指标的周期参数N，默认$N=20$。

5. 测试结果

表10-19　ARS_M策略（$N=20$）测试结果

策略名称	年化收益	最大回撤	收益风险比	年化交易成本	总交易次数	交易周期	平均仓位
沪深 300	7.97%	46.70%	0.17	0	0	–	100.0%
黄金	2.54%	36.18%	0.07	0	0	–	100.0%
豆粕	7.21%	32.25%	0.22	0	0	–	100.0%
沪质城投	6.34%	1.9%	3.42	0	0	–	100.0%
ARS_M 策略	18.74%	22.29%	0.84	1.08%	276	6.8	97.8%

在所有的大类资产中，长期回报最高的是股票类资产，但风险最高的也是股

票类资产，在我们所选的测试期内也大致如此，沪深300指数的历史年化涨幅为7.97%，在所有资产中位列最高。风险最低的大类资产无疑是债券，我们所选择的沪质城投在历史上的回报并不低，可以达到6%以上。

基于动量因子的大类资产轮动（ARS_M）策略在测试期内的历史年化收益为18.74%，显著高于任何一种大类资产自身的年化涨幅，说明采用动量因子对大类资产进行轮动是一个很有效的做法。从图10-16中的ARS_M策略的历史净值走势来看，策略的收益主要来自三部分，第一部分是2014年11月至2015年5月的股票牛市行情，第二部分是2016年的黄金上涨行情和豆粕牛市行情，第三部分是2019—2020年的股票上涨行情和黄金上涨行情。在策略运行的过程中，大类资产之间发生多次轮动，且每次行情持续的时间普遍较长，各大类资产之间的轮动切换其实并不频繁，策略在测试期内的总交易次数也仅有276次。

图10-16　ARS_M策略(N=20)历史净值走势

ARS_M策略的历史最大回撤为22.29%，显著低于沪深300指数的最大回撤，也低于我们前述的纯股票资产的轮动策略的最大回撤，这是因为当股票市场处于熊市行情时，大概率有其他资产正处于上涨行情，这时候我们的轮动策略很容易捕捉到处于上涨行情的资产，带动策略资产止跌企稳甚至稳步上升。债券资产在整个历史期间基本处于稳步上涨的状态，偶尔有回撤，幅度也很小，它可以成为我们策略的避风港，当其他大类资产表现处于弱势时，就会切换到债券资产。债券资产的动量指标基本会在大多数时候都大于0，所以即使我们在策略中加入了正动量的过滤条件，但真正空仓的时候也很少，策略在测试期内的平均仓位高达97.8%，ARS_M策略的收益风险比达到0.84，离我们的合格标准1.0已经非常接近，总的来说，大类资产轮动策略是一个很有效的做法。

第 11 章

股债平衡策略

————————◇————————

　　格雷厄姆在《聪明的投资者》一书中最早提出了股债平衡思想，即将股债资产按目标比例配置，当股债实际比例发生变化时再平衡调仓。股债平衡策略的思想虽然简单，却历久弥新，时至今日仍然有效，对我们的投资策略开发具有很大的参考价值。在本章中我们先详细介绍传统的股债平衡策略的逻辑思想，再分析其优缺点，并在此基础上提出一些改进方向，以期获得更好的股债平衡策略。

11.1　什么是股债平衡策略

格雷厄姆建议投资者将总资产的50%投资于股票类资产,剩下的50%则投资于债券类资产,且对于之后的投资组合配置调仓操作,最基本的指导原则就是尽可能符合实际情况的将股票类资产和债券类资产的比例维持在50%:50%。这便是股债平衡策略的基本思想。

一般而言,当股票价格持续上涨时,股票资产将逐渐变得昂贵甚至是危险,同时,股票资产的市值也会持续升高,从而导致股票资产在投资组合中的仓位占比超过初始目标仓位(即50%)。根据股债平衡思想,这时候应该卖出一部分股票类资产,并将回款投入债券类资产上,以使股债比例重新回到目标比例(即50%:50%);反之,当股票价格持续下跌时,股票资产将逐渐变得便宜和安全,同时股票资产的市值也会持续下降,从而导致股票资产在投资组合中的仓位占比低于初始目标仓位(即50%)。这时候应该卖出一部分债券类资产,并将回款买入股票类资产,以使股债比例重新回到目标比例(即50%:50%)。

当然,股票类资产和债券类资产的配置比例并非要求一定是50%:50%,也可以是其他任何比例,只是格雷厄姆认为50%:50%是一个最适合普通投资者的基准比例。至于其他比例,对于激进型的投资者,可以选择75%:25%的股债基准比例,而对于保守型的投资者,可以选择25%:75%的股债基准比例。

从股债平衡策略的逻辑原理出发,我们可以推断出它有如下优点:

(1)利用相关性不高(甚至负相关)的股票类资产和债券类资产来构建投资组合,可有效地降低总资产的波动程度,降低资产回撤比例,从而降低投资风险,这样可以显著提高投资策略的收益风险比。

(2)股债平衡策略的动态再平衡是通过"在股票上涨时卖出部分股票,在股票下跌时买入部分股票"的方式来实现的。从某种意义上来讲,也是实现了高抛低吸。从长期来看,这种高抛低吸的操作不一定能提高收益,但一定能降低风险。

（3）使用股债平衡策略的资产回撤往往会明显小于使用纯股票资产的投资策略，投资者在资产回撤时所承受的心理压力也会较小。此外，通过高抛低吸也能增进投资的愉悦感，从而使投资者更容易坚持使用该策略。

11.2 传统股债平衡策略

在实盘使用传统股债平衡策略时，我们需要先设置一个股票资产和债券资产的目标比例，或者说是股票资产占总资产的目标比例，即目标股票仓位，比如设置目标股票仓位为30%，那么目标债券仓位为70%，这时股票资产和债券资产的目标比例为3:7。

当股票资产或者债券资产的市场价格发生变化时，股票资产和债券资产的实际比例就会偏离目标比例，当偏离幅度达到一定程度时，就需要启动再平衡调仓，使股票资产和债券资产的实际比例重新回到目标比例。这里我们考虑以5%作为触发再平衡调仓的偏离阈值，即当股票资产的实际仓位与目标仓位之差超过5%时，就触发再平衡调仓。

股债平衡是一个很好的策略思想方向，但是传统股债平衡策略到底有多大的作用，又有些什么特征表现却还不得而知。因此，我们需要以量化回测的方法来对传统股债平衡策略详细地测试与分析。

1. 交易标的

使用股债平衡策略实际上是构建了一个股票类资产和债券类资产的大类资产组合，其中的股票类资产从理论上来说，既可以是单只股票或者股票组合，也可以是单只股票指数或股票指数组合。由于我们希望将投资策略关注的重点放在股债平衡方面，所以我们选择对股票市场整体代表性强的沪深300指数作为股票类资产的代理变量。在实盘交易时，我们可以选择基金规模最大的沪深300指数基金,即300ETF(代码:510300.SH)。

至于债券类资产,我们选择的中证全债指数(代码:H11001.CSI)作为其在量化回测过程中的代理变量,主要由沪深交易所和银行间市场的国债、国开债及地方政府债等低风险债券构成。这些债券的整体信用风险很低,但相应的到期收益率也不高。目前A股市场中并没有直接跟踪中证全债指数的基金产品,但考虑到这类低风险债券之间的价格走势相关性很高,因此我们可以采用其他已上市交易的低风险债券类基金来替代。从A股市场的实际情况来看,比较合适的替代基金有场内债券基金(ETF、LOF、封闭债基)、场外高信用债券基金、货币基金及国债逆回购。

传统股债平衡策略的标的指数见表11-1。

表11-1 传统股债平衡策略标的指数列表

编 号	指数代码	指数名称	基 期	ETF代码	ETF名称	资产类型
1	000300.SH	沪深300	2004-12-31	510300.SH	300ETF	股票
2	H11001.CSI	中证全债	2002-12-31	–	–	债券

2. 测试时间

2013年1月1日—2020年9月30日。

3. 交易逻辑

当股票资产的目标仓位与实际仓位之差大于5%时,触发再平衡调仓,使股票的实际仓位重新回到目标仓位。

这里股票资产的目标仓位由投资者预先设定,至于如何设置才合适,主要由投资者的风险偏好所定。有着不同风险偏好的投资者适合使用不同的目标股票仓位。一般来说,低风险偏好的投资者应该采用较低的目标股票仓位,而高风险偏好的投资者可以采用较高的目标股票仓位。这里我们分别考虑目标股票仓位为10%、20%……90%的情况。

4. 参数设置

本策略不含参数。

5. 测试结果

表11-2所示是不同目标股票仓位情况下股债平衡策略的历史业绩表现。当目标股债比例为"纯股票资产"时，意为百分之百持有股票资产，也即买入并一直持有沪深300指数。当目标股债比例为"纯债券资产"时，意为百分之百持有债券资产，也即买入并一直持有中证全债指数。当目标股债比例为"1∶9"时，意味着目标股票仓位为50%，当市场价格变化导致股票仓位小于45%或者大于55%时，就会触发再平衡调仓。

表11-2　传统股债平衡策略测试结果（调仓阈值取5%）

目标股债比例	目标股票仓位	目标债券仓位	年化收益	最大回撤	收益风险比	总交易次数	交易周期	平均股票仓位
纯股票资产	100%	0%	7.97%	46.70%	0.17	0	—	100.0%
纯债券资产	0%	100%	4.50%	4.28%	1.05	0	—	0.0%
10%∶90%	10%	90%	5.02%	5.14%	0.98	2	942.5	8.1%
20%∶80%	20%	80%	5.76%	8.13%	0.71	6	314.2	19.0%
30%∶70%	30%	70%	6.17%	13.74%	0.45	8	235.6	29.9%
40%∶60%	40%	60%	6.60%	18.96%	0.35	10	188.5	40.1%
50%∶50%	50%	50%	7.07%	23.50%	0.30	12	157.1	50.2%
60%∶40%	60%	40%	7.27%	29.18%	0.25	10	188.5	60.4%
70%∶30%	70%	30%	7.58%	33.46%	0.23	8	235.6	70.2%
80%∶20%	80%	20%	7.55%	38.54%	0.20	3	628.3	80.5%
90%∶10%	90%	10%	7.61%	43.76%	0.17	1	1885.0	90.6%

在大类资产中，从长期来看，股票类资产的回报率高于债券类资产，但同时风险也会在更大的程度上高于债券类资产，这一点在表11-2中得到了体现。纯股票资产在测试期范围内的年化涨幅为7.97%，最大回撤为46.7%，收益风险比仅为0.17，而纯债券资产的年化涨幅为4.50%，低于沪深300指数，但是纯债券资产的最大回撤仅为4.28%，收益风险比更是达到了1.05倍，这两点都明显高于纯股票资产。

不同目标股债比例的业绩表现基本位于纯股票资产和纯债券资产之间。以经典股债比例50%∶50%为例，其历史年化收益为7.07%，稍微低于纯股票资产的历史年化收益。

从图11-1可以看出，目标股债比例为50%：50%的传统股债平衡策略的净值
走势总体位于沪深300指数价格的净值走势和中证全债指数价格的净值走势之
间，见表11-3，该策略收益和沪深300指数的年化涨幅差不多，但净值波动却小
很多。

图11-1 传统股债平衡策略净值走势

表11-3 传统股债平衡策略（50%：50%）业绩表现

策略名称	年化收益	最大回撤	收益风险比	标准差（年化）	夏普比率	年化交易成本	总交易次数	交易周期	平均股票仓位
沪深300	7.97%	46.70%	0.17	23.15%	0.34	0	0	—	100.0%
中证全债	4.50%	4.28%	1.05	1.33%	3.38	0	0	—	0.0%
股债平衡（50%：50%）	7.07%	23.50%	0.30	11.48%	0.62	0.01%	12	157.1	50.2%

传统股债平衡策略的历史最大回撤为23.50%，远小于纯股票资产（沪深300
指数）的历史最大回撤，其收益风险比为0.30，显著高于纯股票资产的0.17。传统
股债平衡策略的标准差为11.48%，同样大幅低于沪深300指数的标准差，即该策
略的净值走势波动率要远小于沪深300指数的波动率。

其他目标股债比例的情况类似，与纯股票资产相比，股债平衡组合的收益率虽然会有所降低，但普遍下降幅度不高，而它的历史最大回撤往往能大幅度下降。从综合收益风险比例来看，股债平衡组合要显著优于纯股票组合。这就是股债平衡组合的一大优点，通过降低投资风险的方式来提高投资的收益风险比。

我们注意到一个问题，就是当目标股债比例的取值较为极端时，对应的股债平衡策略在历史上的总交易次数会很少。例如，当目标股债比例为10%：90%时，总交易次数仅为两次；当目标股债比例为90%：10%时，总交易次数更少，仅为一次。当目标股债比例往中间值50%：50%靠拢时，策略的总交易次数逐渐增加，但依然还是很少，中间值为50%：50%，对应的总交易次数也仅有12次。这说明我们设定的触发调仓的条件是不合理的，策略对行情的多空判断太少了，显得很消极，缺乏实际操作意义，而且从统计角度来看，当交易样本量太少时，不管测试结果如何，往往都是没有说服力的。

这里我们以目标股债比例为90%：10%的情况为例来说明为什么交易次数会这么少。

假如初始时，股票资产的市值为90元，债券资产的市值为10元，两者仓位比例为90%：10%。假设债券价格不变，以股票资产市值向上的情况为例，当股票价格上涨$x\%$之后，股票仓位从90%变成95%，触发再平衡调仓，这时候：

最新股票市值=$90\times(1+x\%)$

最新总资产=最新股票市值+最新债券市值=$90\times(1+x)+10$

最新股票仓位=最新股票市值/最新总资产=$[90\times(1+x\%)]/[90\times(1+x)+10]=95\%$

解得：$x\%=111.1\%$

也就是说，股票价格需要上涨到111.1%才会触发再平衡调仓。显然，这非常难，特别对沪深300指数这种规模指数，只有在大牛市时才可能有这么高的涨幅。这就不难理解为什么该策略在历史上只发生一次交易了。

表11-4显示当调仓阈值取5%时，在不同的目标股债比例下触发调仓所需的股票涨幅。

表11-4　触发调仓所需的股价涨幅（调仓阈值取5%）

目标股债比例	目标股票仓位	目标债券仓位	总交易次数	触发调仓所需 股价涨幅
10%：90%	10%	90%	2	58.82%
20%：80%	20%	80%	6	33.33%
30%：70%	30%	70%	8	25.64%
40%：60%	40%	60%	10	22.73%
50%：50%	50%	50%	12	22.22%
60%：40%	60%	40%	10	23.81%
70%：30%	70%	30%	8	28.57%
80%：20%	80%	20%	3	41.67%
90%：10%	90%	10%	1	111.11%

即使是交易次数最高的目标股债比例5：5触发调仓所需的股价涨幅也高达22.22%，这对于沪深300指数来说，一般也需要在中型级别的上涨趋势中才能达到这个级别的涨幅，而这种级别的趋势并不常见。

如果我们想要触发更多的调仓，可以下调调仓阈值，比如从5%下调到2.5%，对应策略测试结果及触发调仓所需的股价涨幅情况分别为见表11-5、表11-6。

表11-5　传统股债平衡策略测试结果（调仓阈值取2.5%）

目标股债 比例	目标股票 仓位	目标债券 仓位	年化 收益	最大 回撤	收益 风险比	总交易 次数	交易 周期	平均股票 仓位
纯股票资产	100%	0%	7.97%	46.70%	0.17	0	—	100.0%
纯债券资产	0%	100%	4.50%	4.28%	1.05	0	—	0.0%
10%：90%	10%	90%	5.10%	5.14%	0.99	6	314.2	9.5%
20%：80%	20%	80%	5.79%	8.57%	0.68	22	85.7	20.1%
30%：70%	30%	70%	6.17%	13.64%	0.45	24	78.5	30.2%
40%：60%	40%	60%	6.50%	18.69%	0.35	29	65.0	40.2%
50%：50%	50%	50%	6.80%	24.06%	0.28	29	65.0	50.2%
60%：40%	60%	40%	7.30%	28.33%	0.26	32	58.9	60.0%
70%：30%	70%	30%	7.57%	33.47%	0.23	25	75.4	70.2%
80%：20%	80%	20%	7.73%	38.06%	0.20	16	117.8	80.2%
90%：10%	90%	10%	7.71%	42.90%	0.18	3	628.3	90.2%

表11-6　触发调仓所需的股价涨幅（调仓阈值取2.5%）

目标股债比例	目标股票仓位	目标债券仓位	总交易次数	触发调仓所需股价涨幅
10%∶90%	10%	90%	6	28.57%
20%∶80%	20%	80%	22	16.13%
30%∶70%	30%	70%	24	12.35%
40%∶60%	40%	60%	29	10.87%
50%∶50%	50%	50%	29	10.53%
60%∶40%	60%	40%	32	11.11%
70%∶30%	70%	30%	25	12.99%
80%∶20%	80%	20%	16	17.86%
90%∶10%	90%	10%	3	37.04%

调仓阈值从5%下调到2.5%之后，策略触发调仓所需要的股价涨幅也基本降低50%左右，总交易次数基本增加一倍以上，并且各目标股债比例对应的策略表现水平也普遍有一定的提升，这进一步验证股债平衡策略的有效性。

此外，不同目标股债比例下，触发调仓所需的股价涨幅相差很大。这说明调仓阈值的设置不具有普适性，调仓阈值的设置应该根据目标股债比例的情况而定。

11.3　基于股价涨跌幅的股债平衡策略

在上一节中我们提到过，在传统股债平衡策略中，根据预设的调仓阈值来触发再平衡调仓这一方法不具有普适性，即不同的目标股债比例所适用的调仓阈值是不一样的，差异很大。因此，我们考虑根据股价涨跌幅来触发再平衡，即无论目标股债比例是怎样的，只要股票资产的市值变化超过一定比例就触发调仓。由于我们的股票资产中仅包含沪深300指数,所以实际上是沪深300指数的价格上涨或者下跌超过一定的比例就可以触发调仓。显然,这个方法的通用性比根据仓位变化来触发调仓更强。

那么,设置沪深300指数的价格上涨或下跌超过多少就触发调仓呢?如果这个股价变化阈值设置得太小(比如5%)会频繁触发再平衡调仓;反之,如果设置得太大(比如50%),很难触发再平衡调仓。

我们认为,可以根据沪深300指数的历史年化波动率的大小来决定,这里我们以根据最近一年数据计算的年化标准差来度量波动率。

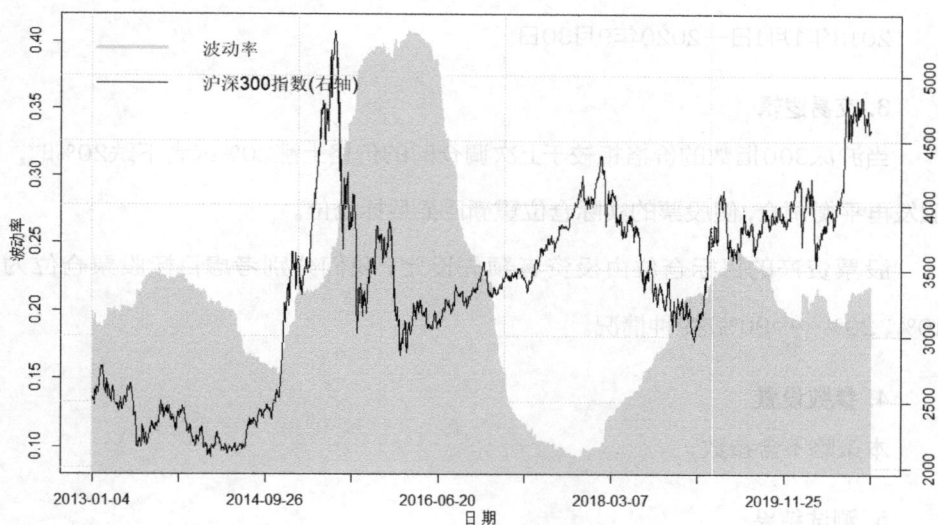

图11-2 沪深300指数的波动率及价格走势

图11-2中的灰色面积图表示的是沪深300指数的历史年化波动率走势,黑色实线表示的是沪深300指数的价格走势。从图中可以看出,沪深300指数的历史年化波动率一般位于15%~25%,中间值为20%。沪深300指数的年化波动率为20%,它的直观意思就是沪深300指数在一年之内的股价涨跌幅大概率(约68.3%)不会超过20%,这和我们的直观感受是一致的。

因此,我们可以取20%来作为触发再平衡调仓的股价变化阈值,即当沪深

300指数的价格上涨或下跌20%时就触发再平衡调仓。下面以量化回测的方法来对基于股价涨跌幅的股债平衡策略的历史表现进行详细分析。

1. 交易标的

基于股价涨跌幅的股债平衡策略交易的标的指数见表11-7。

表11-7　基于股价涨跌幅的股债平衡策略标的指数列表

编　　号	指数代码	指数名称	基　　期	ETF代码	ETF名称	资产类型
1	000300.SH	沪深300	2004-12-31	510300.SH	300ETF	股票
2	H11001.CSI	中证全债	2002-12-31	–	–	债券

2. 测试时间

2013年1月1日—2020年9月30日。

3. 交易逻辑

当沪深300指数的价格相较于上次调仓时的价格上涨20%或者下跌20%时，触发再平衡调仓，使股票的实际仓位重新回到目标仓位。

股票资产的目标仓位由投资者预先设定，我们分别考虑目标股票仓位为10%、20%……90%这9种情况。

4. 参数设置

本策略不含参数。

5. 测试结果

该策略测试结果见表11-8。

表11-8　基于股价涨跌幅股债平衡策略的测试结果（股价变化阈值取20%）

目标股债比例	目标股票仓位	目标债券仓位	年化收益	最大回撤	收益风险比	总交易次数	交易周期	平均股票仓位
纯股票资产	100%	0%	7.97%	46.70%	0.17	0	–	100.0%
纯债券资产	0%	100%	4.50%	4.28%	1.05	0	–	0.0%
10%：90%	10%	90%	5.11%	5.14%	0.99	11	171.4	9.8%
20%：80%	20%	80%	5.66%	8.59%	0.66	11	171.4	19.7%
30%：70%	30%	70%	6.15%	13.60%	0.45	11	171.4	29.6%
40%：60%	40%	60%	6.59%	18.40%	0.36	11	171.4	39.5%

目标股债比例	目标股票仓位	目标债券仓位	年化收益	最大回撤	收益风险比	总交易次数	交易周期	平均股票仓位
50%：50%	50%	50%	6.97%	23.45%	0.30	11	171.4	49.4%
60%：40%	60%	40%	7.29%	28.54%	0.26	11	171.4	59.4%
70%：30%	70%	30%	7.54%	33.40%	0.23	11	171.4	69.4%
80%：20%	80%	20%	7.74%	38.05%	0.20	11	171.4	79.5%
90%：10%	90%	10%	7.86%	42.48%	0.19	11	171.4	89.7%

表11-8呈现的是不同目标股票仓位情况下，基于股价涨跌幅的股债平衡策略的历史业绩表现。当目标股债比例为"纯股票资产"时，意为百分之百持有股票资产，也即买入并一直持有沪深300指数。当目标股债比例为"纯债券资产"时，意为百分之百持有债券资产，也即买入并一直持有中证全债指数。

首先，由于策略是根据股价涨跌幅来进行调仓的，所以不同目标股债比例的交易时点是完全一致的，交易次数和交易周期也完全一致。当我们设置股价变化阈值为20%时，策略在测试期范围内的总交易次数为11次，平均171.4个交易日调仓一次。参考传统股债平衡策略的情况，这是一个可以接受的结果。因此，股价变化阈值取20%是合理的，不管我们选择何种目标股债比例都可以这么设置，也就是说，这是一个通用的做法。

其次，基于股价涨跌幅的股债平衡策略的业绩表现总体上和传统股债平衡策略的差不多，没有本质上的区别，说明根据股价涨跌幅来做再平衡调仓不能提高策略的业绩表现。

11.4　基于估值的股债平衡策略

在传统股债平衡策略和基于股价涨跌幅的股债平衡策略中，我们先主观地基于个人对风险的偏好来决定目标股票资产的仓位设置，然后根据股票资产的仓位变化或者股价变化来调整股票资产的仓位。这样做略显消极，因为股票资产的仓位是由与它自身投资价值无关的因素决定的。按理来说，当股票资产的投资价值越高，后市看涨预期较强时，我们应该主动调高股票资产的仓位；反之，当股票资产的投资价值越低，后市看跌预期较强时，我们应该主动降低股票资产的仓位。

估值指标可以用来判断股票资产的投资价值。其中，市盈率（PE）和市净率（PB）是最常见的两个估值指标。以市盈率为例，按照使用它的逻辑，市盈率越低时股票越有投资价值，市盈率越高时股票越没有投资价值。那么接下来的问题就是如何用市盈率指标来判断股票的估值高低，以及如何根据市盈率计算出股票仓位的具体值。

在前文中我们说过，用市盈率来判断股票估值的高低有两种方法，即绝对法和相对法。绝对法是用估值的绝对水平高低来判断，比如市盈率小于10倍时为低估，市盈率大于20倍时为高估。但是这样做有个很严重的问题，就是低估和高估的临界数值很难确定，如果不从后视镜角度去看的话，同一指数在不同时期的临界值差异可能很大，比如对沪深300指数而言，20倍的市盈率放现在可能是难以企及的天花板，但放10年前就只是估值中枢而已。另外，由于不同类型股票指数的市盈率不适合直接相互比较，所以当股票资产中包含多只不同类型的股票指数时就更无法用绝对法来做判断了。总之，绝对法操作起来不严谨，也不具有通用性。

所谓相对法，就是用市盈率的历史分位数来判断估值的高低。相较而言，使用相对法就方便多了。分位数的取值范围限定在[0,100%]，当前分位数值越靠近0则说明估值越低；反之，越靠近百分之百则说明估值越高，并且同一指数在不同时间的分位数值，以及不同指数之间的分位数值都是可以直接比较的。因此，不管股票资产是单只指数，还是多只指数，都可以用相对法来判断估值的高低。

根据相对法，我们可以采用一个很简单的方法来计算出股票资产的目标仓位，即股票资产目标仓位等于(1−市盈率分位数)，这就是基于估值的股债平衡策略的核心逻辑。当股票资产是多只股票指数时，可以用所有指数的市盈率分位数的平均值计算。另外，分位数在计算时默认取最近五年的数据。

　　下面我们以量化回测的方法来对基于估值的股债平衡策略的历史表现进行详细分析。

1. 交易标的

基于估值的股债平衡策略交易的标的指数见表11-9。

表11-9　基于估值的股债平衡策略标的指数列表

编　号	指数代码	指数名称	基　　期	ETF代码	ETF名称	资产类型
1	000300.SH	沪深300	2004-12-31	510300.SH	300ETF	股票
2	H11001.CSI	中证全债	2002-12-31	–	–	债券

2. 测试时间

2013年1月1日—2020年9月30日。

3. 交易逻辑

股票资产的目标仓位=1-市盈率分位数。

当股票资产的实际仓位与目标仓位之差超过阈值（默认取10%）时触发再平衡调仓，使股票的实际仓位重新回到目标仓位。

同时，我们也考虑股票资产的目标仓位由市净率分位数决定的情况。

4. 参数设置

本策略不含参数。

5. 测试结果

为方便说明，我们记目标股债比例为50%∶50%的传统股债平衡策略为BS策略，记基于市盈率分位数的股债平衡策略为BS_PE策略，记基于市净率分位数的股债平衡策略为BS_PB策略。

表11-10　基于估值的股债平衡策略（50%∶50%）的业绩表现

策略名称	年化收益	最大回撤	收益风险比	标准差（年化）	夏普比率	年化交易成本	总交易次数	交易周期	平均股票仓位
沪深300	7.97%	46.70%	0.17	23.15%	0.34	0	0	–	100.0%
中证全债	4.50%	4.28%	1.05	1.33%	3.38	0	0	–	0.0%

续表

策略名称	年化收益	最大回撤	收益风险比	标准差（年化）	夏普比率	年化交易成本	总交易次数	交易周期	平均股票仓位
BS	7.07%	23.50%	0.30	11.48%	0.62	0.01%	12	157.1	50.2%
BS_PE	9.31%	21.28%	0.44	12.36%	0.75	0.10%	75	25.1	50.7%

从表11-10中可知，基于市盈率分位数的股债平衡策略（BS_PE）在测试期内的历史年化收益分别为9.31%，高于传统股债平衡策略（BS）的年化收益，也高于沪深300指数的年化涨幅。

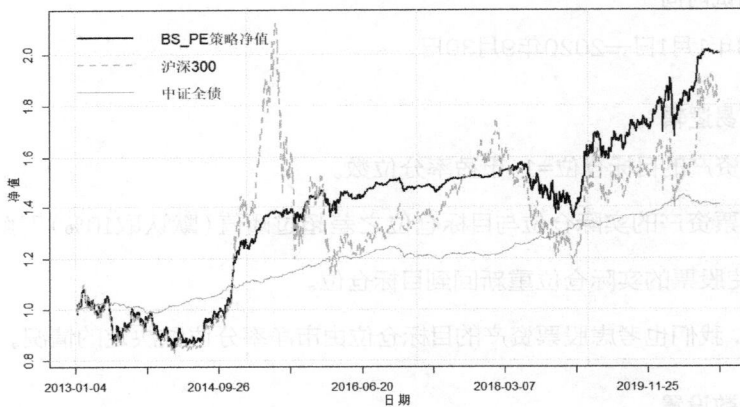

图11-3　BS_PE策略的净值走势

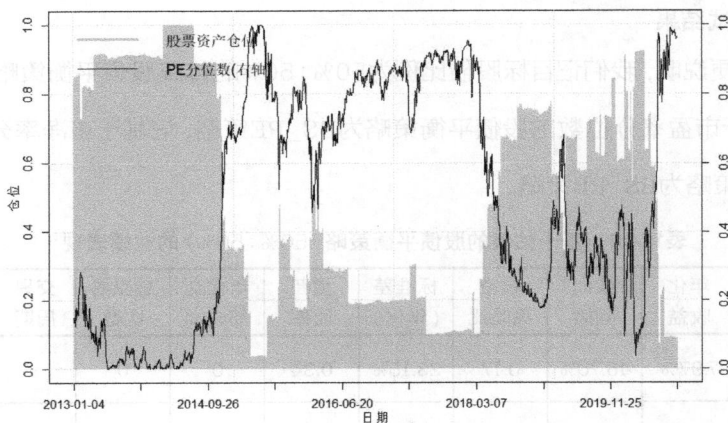

图11-4　BS_PE策略的股票仓位与PE分位数走势

图11-3所示是BS_PE策略的历史净值走势，图11-4所示是BS_PE策略的股票仓位与PE分位数走势。当市场在2013年初至2014年中处于熊市时，沪深300指数的PE分位数很低，基本在20%以下，对应的股票资产仓位在80%以上。当市场从2014年中开始步入牛市时，沪深300指数的PE分位数一路上升，且上升得很快，导致BS_PE策略的股票仓位下降得很快，在2015年初牛市中期时，仓位基本就已经持续保持在20%以下的位置，但也正因为如此，BS_PE策略基本完全躲过了2015年中开始的市场大跌行情。BS_PE策略的净值走势从2013年至2018年初均处于一种非常稳健的上升趋势中，直至2018年市场步入慢熊市，随着股价下跌，PE分位数下降得很快，对应的股票仓位迅速增加，使得该策略在此期间遭遇较大的回撤，但也明显小于沪深300指数自身的回撤。

BS_PE策略在历史上的最大回撤为21.28%，发生在2018年期间，和BS策略的历史最大回撤差不多，显著小于沪深300指数的最大回撤。

从综合收益风险表现来看，BS_PE策略的收益风险比为0.44，不仅高于传统股债平衡策略的收益风险比，也高于沪深300指数的收益风险比，说明基于市盈率分位数的股债平衡策略也是具有一定效果的。

另外，我们也测试了基于市净率分位数的股债平衡策略（BS_PB）的历史业绩效果，详见表11-11。BS_PB策略的年化收益达到10.74%，高于BS_PE策略，同时，两者的历史最大回撤基本上差不多，BS_PB策略的收益风险比高于BS_PE，当然也优于传统股债平衡策略和沪深300指数。这进一步验证了基于估值指标的股债轮动策略是有一定效果的。

表11-11　传统股债平衡策略（50%：50%）业绩表现

策略名称	年化收益	最大回撤	收益风险比	标准差（年化）	夏普比率	年化交易成本	总交易次数	交易周期	平均股票仓位
沪深300	7.97%	46.70%	0.17	23.15%	0.34	0	0	—	100.0%
中证全债	4.50%	4.28%	1.05	1.33%	3.38	0	0	—	0.0%
BS	7.07%	23.50%	0.30	11.48%	0.62	0.01%	12	157.1	50.2%
BS_PE	9.31%	21.28%	0.44	12.36%	0.75	0.10%	75	25.1	50.7%
BS_PB	10.74%	22.91%	0.47	14.26%	0.75	0.15%	107	17.6	62.7%

11.5　基于风险暴露平价的股债平衡策略

风险暴露平价是一个较为新颖的概念，它源于风险平价思想，但又与其有所不同。考虑到很多人对风险暴露平价这个概念还不清楚，因此先对风险暴露平价概念进行详细介绍，再基于风险暴露平价构建股债平衡策略，并对策略效果进行测试与评价。

11.5.1　什么是风险暴露平价

同样持有10万元市值的沪深300指数基金，在2015年时所面临的市场波动风险和2017年时的是截然不同的，这是因为这两个时点的沪深300指数的波动率大不相同，从而导致它们的风险暴露水平不同。

在介绍什么是风险暴露水平之前，我们先来回顾一下波动率的概念。

波动率度量的是股票价格波动比例的大小。股票波动率越大，其价格走势的不确定性越高，买入这只股票之后面临的是大涨大跌。股票波动率越小，则其价格走势越稳，买入之后面临的只是小涨小跌。波动率的度量有多种方法，我们采用的是用股票收盘价的收益率（默认30日）来度量波动率。

波动率是具有直观的实际意义的。假设沪深300指数的最新波动率为1.0%，根据3-sigma准则，沪深300指数一天的涨跌幅有68%的概率不会超过±1.0%，有95%的概率不会超过上下两倍的1.0%（即±2.0%），从概率上来讲，在20个交易日里，沪深300指数会有1天的涨跌幅超过±2.0%。

风险暴露水平度量的是股票资产波动金额的大小，它的计算公式为：风险暴露水平=股票市值×波动率=股票资产×股票仓位×波动率。

假设我们现在持有10万元的沪深300指数基金，且沪深300指数的最新波动率为1%，则当前的风险暴露水平为10万元乘以1%，即1000元。这背后隐含的意义是我们所持仓的沪深300指数基金当日盈亏波动有68%的概率不会超过1000元，有95%的概率不会超过2000元。

如果在前后两个时点股票资产的风险暴露水平相等,我们就说它们是风险暴露平价的。

举例说明,假设在2015年年中时,我们的股票资产(沪深300指数基金)市值为10万元,当时沪深300指数的波动率为3%,则此时股票资产的风险暴露水平为3000元(即10万元×3%)。再假设在2017年的某个时刻,我们的股票资产(沪深300指数基金)市值为30万元,沪深300指数波动为1%,此时股票资产的风险暴露水平也同样为3000元(即30万元×1%),我们就说这两个时刻是风险暴露平价的。

基于风险暴露平价的股债平衡策略就是通过调整股票仓位的大小,使股债组合中的股票资产在所有时刻保持风险暴露水平不变,即:

总资产(第t期)×股票仓位(第t期)×波动率(第t期)=总资产[第($t-1$)期]×股票仓位[第($t-1$)期]×波动率[第($t-1$)期]

根据上述逻辑,初期股票仓位所代表的风险水平在很大程度上是策略在整个运行期间的风险水平基准,如果初期股票仓位设置得高,那么策略在运行期间的风险水平就会高。当然,与之对应的期望收益也会更高。初期股票仓位的大小在很大程度上决定了策略的收益风险水平。

我们可以根据自身的风险偏好来主观地设置初期股票仓位。如果是风险厌恶型投资者,可以设置较低的初期股票仓位,比如20%;如果是风险偏好型投资者,可以设置较高的初期股票仓位,比如80%;如果是风险中性型投资者,可以设置为50%。

此外,我们也可以根据市场情况客观地决定初期股票仓位的大小,比如根据市场估值来决定初期股票仓位就是一个很合理的方法。如果初期时股票资产的估值较高,那么就设置较高的初期股票仓位;反之,就设置较低的股票仓位。具体操作时,可令初期股票仓位等于[1−(PE分位数+PB分位数)/2]。

11.5.2 基于风险暴露平价的股债平衡策略的历史回测

接下来，我们以量化回测的方法来对基于风险暴露平价的股债平衡策略的历史表现进行详细分析。

1. 交易标的

该策略交易的标的指数见表11-12。

表11-12 基于风险暴露平价的股债平衡策略标的指数列表

编　号	指数代码	指数名称	基　期	ETF代码	ETF名称	资产类型
1	000300.SH	沪深300	2004-12-31	510300.SH	300ETF	股票
2	H11001.CSI	中证全债	2002-12-31	–	–	债券

2. 测试时间

2013年1月1日—2020年9月30日。

3. 交易逻辑

第t期的目标股票仓位=总资产[第$(t-1)$期] × 目标股票仓位[第$(t-1)$期] × 波动率[第$(t-1)$期] / [总资产(第t期) × 波动率(第t期)]

当股票资产的实际仓位与目标仓位之差超过阈值（默认取10%）时，触发再平衡调仓，使股票的实际仓位重新回到目标仓位。

分别考虑初期股票仓位取20%、50%和80%的情况，以及由估值分位数决定的情况，这里的分位数根据最近五年的数据计算得出。

4. 参数设置

本策略只含有一个参数，即计算标准差时所采用的历史数据长度N，默认$N=30$。

5. 测试结果

为方便说明，我们记目标股债比例为50%：50%的传统股债平衡策略为BS策略，记为基于风险暴露平价的股债平衡策略为BS_REP策略。当初期股票仓位分别取20%、50%和80%时，分别记为BS_REP_20、BS_REP_50、BS_REP_80；

当初期股票仓位由估值分位数决定时,记为BS_REP_V。

表11-13　基于风险暴露平价的股债平衡策略(50%∶50%)的业绩表现

策略名称	年化收益	最大回撤	收益风险比	标准差(年化)	夏普比率	年化交易成本	总交易次数	交易周期	平均股票仓位
沪深300	7.97%	46.70%	0.17	23.15%	0.34	0	0	−	100.0%
中证全债	4.50%	4.28%	1.05	1.33%	3.38	0	0	−	0.0%
BS	7.07%	23.50%	0.30	11.48%	0.62	0.01%	12	157.1	50.2%
BS_REP_20	6.67%	7.07%	0.94	4.36%	1.53	0.02%	21	89.8	21.7%
BS_REP_50	9.71%	16.29%	0.60	9.40%	1.03	0.09%	108	17.5	48.9%
BS_REP_80	11.32%	22.78%	0.50	13.11%	0.86	0.11%	441	4.3	66.9%
BS_REP_V	11.28%	22.84%	0.49	12.72%	0.89	0.11%	404	4.7	65.0%

从表11-13可以看出,基于风险暴露平价的股债平衡策略的业绩表现不仅优于沪深300指数,也优于传统股债平衡策略。以BS策略和BS_REP_50策略为例,两者的目标股票仓位均为50%,为同一风险偏好级别的策略,两者在历史上的平均股票仓位也非常接近,拿它们进行比较很合理。BS策略的历史年化收益为7.07%,而BS_REP_50策略的历史年化收益为9.71%,BS策略的历史最大回撤为23.50%,BS_REP_50策略的历史最大回撤为16.29%。BS_REP_50策略的收益和风险表现都优于BS策略,它的收益风险比自然也是高于BS策略的。

从图11-5可以看出,BS_REP_50策略的历史净值走势很稳健,仅在2013年和2018年期间的回撤幅度和回撤时间稍长,BS_REP_50策略的最大回撤发生在2013年。从图11-6可以看出,2013年期间,股票市场处于熊市末期,股价仍然在持续下跌,但是波动率却越来越小。根据该策略逻辑,股票仓位会逐渐提高,这导致使用该策略在此期间持续回撤。之后,在2014年下半年牛市初期时,市场波动率仍然维持在较低的水平,这时候策略的股票仓位持续保持高位,直至进入牛市中后期,市场波动率急剧升高,策略的股票仓位快速下降。虽然错过了牛市中后期的涨幅，但是也躲过了牛末熊初的跌幅，反而降低了策略收益的波动率。BS_REP_50策略表现的最好阶段是2016年初至2018年初的慢牛市。在慢牛市中，市场波动率不但没有增加，反而持续下降，策略股票仓位持续提升，净值也持续上涨。在之后的熊市、熊牛快速转换行情中，市场波动率始终处于一个相对较高的水平，相应的策略股票仓位基本维持在20%~40%，好在其间策略净值也在持续上升。

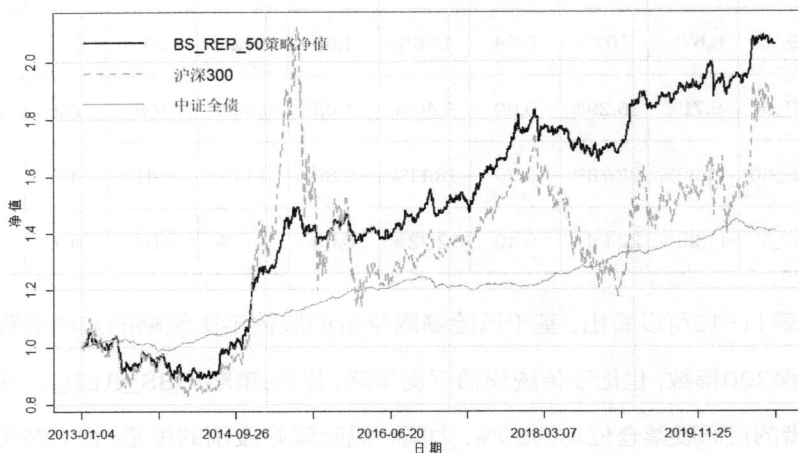

图11-5　BS_REP_50策略的净值走势

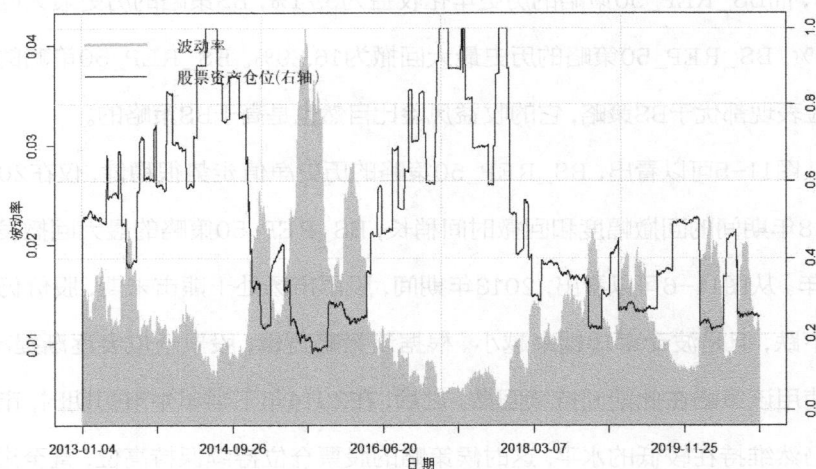

图11-6　BS_REP_50策略的股票仓位与波动率走势

　　基于风险暴露平价的股债平衡策略在运行期间的风险偏好水平很大程度上是由初期股票仓位决定的。初期股票仓位越低，则风险偏好水平越低，相应的策略收益和风险也越低。总的来说，收益和风险呈正相关，但并非简单的完全线性相关。具体选择怎样的初期股票仓位，第一要看投资者的风险偏好水平，第二要看策略的收益风险综合表现。

　　从表11–13可以看出，当初期股票仓位取20%时，策略的风险偏好最低，其在历史上的最大回撤仅为7.07%，年化标准差仅为4.36%。相应的，它的历史年化收益也不高，仅为6.67%。BS_REP_20策略和BS策略相比，收益并没有差多少，但是最大回撤低了很多，其收益风险比也是显著高于BS策略的。当初期股票仓位取50%时，策略的风险偏好提升较多，策略历史年化收益达到9.71%，最大回撤达到了16.29%。进一步地，当初期股票仓位取80%时，历史年化收益进一步地提升到11.32%，最大回撤也增加到22.78%。对于BS_REP_V策略，由于测试期初期的估值分位数为23.88%，所以它的初期股票仓位为76.12%，和BS_REP_80策略差不多，两者的收益风险表现也非常接近。

　　这里我们也注意到一个问题，当初期股票仓位取值越高时，或者说策略风险偏好越高时，它的交易频率也越高。具体来看，BS_REP_20策略在测试期内的总交易次数仅有21次，而BS_REP_80策略的总交易次数高达441次，策略的交易频率提升得非常快。这是因为目标股票仓位的取值越大时，其与实际股票仓位的差值也越容易超过阈值（默认取10%），从而触发再平衡调仓。所以如果需要避免交易频率太低或太高的情况出现，可以相应的调低或调高阈值。

11.5.3　风险暴露平价有效的原理

　　简单来说，基于风险暴露平价的股债平衡策略就是用波动率来决定股票仓位，波动率越低则股票仓位越高，波动率越高则股票仓位越低。波动率决定仓位的原理可能不像估值决定仓位的原理那么直观，但它确实是有效的，而且比估值决定仓位更有效，主要原因有以下两个：

1. 股票的波动率走势和股价走势并不是简单的正相关或负相关

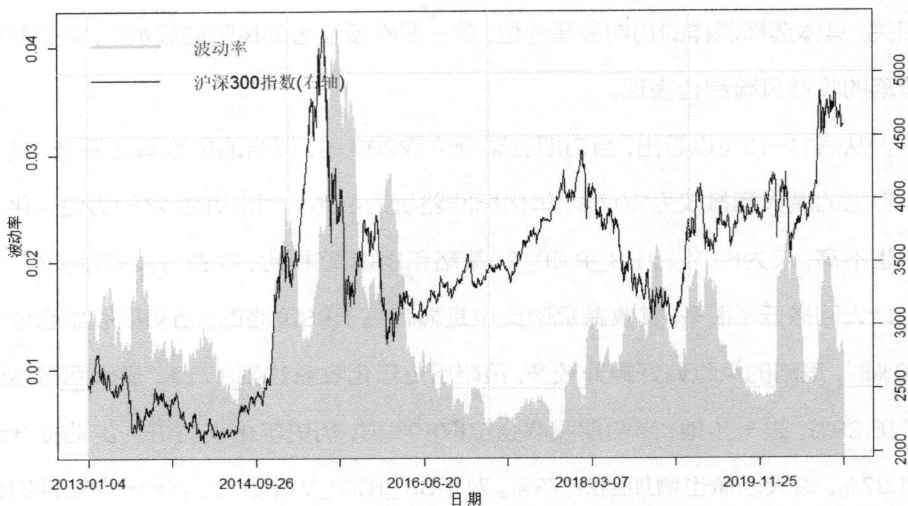

图11-7　沪深300指数价格与波动率走势

图11-7显示了沪深300指数的价格与波动率走势。一般而言，熊市末期、牛市初期的波动率最小，随着行情开始回暖，波动率一般不会马上增加。当牛市苗头出现时，波动率才会慢慢变大，而到牛市末期时，波动率往往会急剧升高，并且会延续到熊市初期和中期。另外，震荡市的波动率一般也是较小的。

波动率的这个变化规律显然是适合用来决定股票仓位的。牛市初期波动率很小，对应股票仓位最高；到牛市中期时，波动率一般不会升高很多，因此这时还能保持较高的股票仓位，而进入牛市末期时，波动率急剧升高，对应的股票仓位快速下降，并且低仓位会一直保持到熊市初期和中期。

2. 波动率具有不对称效应

同样级别的利好和利空出现时，虽然波动率都会升高，但利空造成的波动率升高的程度通常会比利多造成的波动率升高的程度更大。这样会导致我们在上涨行情时的减仓幅度相对变小，而在下跌行情时的减仓幅度相对变大。

至于波动率为什么会有不对称效应,这是因为人性是厌恶风险的,是厌恶不确定性的。当利好刚出现时,大众普遍会持谨慎态度,此时可能只有一小部分风险偏好较高的投资者买进,大多数人还在场外观望,随着上涨行情逐渐明朗,越来越多的人开始慢慢买进,波动率开始慢慢升高;反观利空出现时,大多数人的第一想法都是先行离场,规避风险,这样就容易造成投资者踩踏式出逃,波动率急剧升高。

11.6　基于波动率分位数的股债平衡策略

基于风险暴露平价的股债平衡策略本质上是用波动率大小来决定股票资产的仓位的,即波动率越大时股票资产仓位越小;反之,波动率越小时股票资产仓位越大。基于波动率分位数的股债平衡策略也是根据波动率大小来决定股票资产仓位的,它的核心逻辑是股票资产仓位等于(1-波动率分位数),依然是股票资产仓位和波动率大小成反比。

波动率分位数表示的是股票指数当前的波动率水平在历史区间所处的水平位置。假设波动率分位数为20%,就表示在历史上波动率只有20%的时候比当期的波动率还要低。波动率的度量仍然采用标准差方法。

与风险暴露平价方法相比,波动率分位数方法有一个好处,就是完全不用主观地决定初期股票资产的目标仓位取值。初期股票资产的目标仓位大小对后续策略的运行也没有影响,因为对基于波动率分位数的股债平衡策略而言,每一期的股票资产目标仓位都是客观地由波动率分位数决定的。

下面我们以量化回测的方法来对基于波动率分位数的股债平衡策略的历史表现进行详细分析。

1. 交易标的
该策略交易的标的指数见表11-14。

表11-14　基于波动率分位数的股债平衡策略标的指数列表

编　号	指数代码	指数名称	基　　期	ETF代码	ETF名称	资产类型
1	000300.SH	沪深300	2004-12-31	510300.SH	300ETF	股票
2	H11001.CSI	中证全债	2002-12-31	–	–	债券

2. 测试时间

2013年1月1日—2020年9月30日。

3. 交易逻辑

股票资产的目标仓位=1-波动率分位数。

当股票资产的实际仓位与目标仓位之差超过阈值（默认取10%）时，触发再平衡调仓，使股票的实际仓位重新回到目标仓位。

分位数在计算时默认取最近五年的数据。

4. 参数设置

本策略只含有一个参数，即计算标准差时所采用的历史数据长度 N，默认取 $N=30$。

5. 测试结果

为方便说明，我们记目标股债比例为50%：50%的传统股债平衡策略为BS策略，记基于波动率分位数的股债平衡策略为BS_VR策略。

表11-15　基于波动率分位数的股债平衡策略的业绩表现

策略名称	年化收益	最大回撤	收益风险比	标准差（年化）	夏普比率	年化交易成本	总交易次数	交易周期	平均股票仓位
沪深300	7.97%	46.70%	0.17	23.15%	0.34	0	0	–	100.0%
中证全债	4.50%	4.28%	1.05	1.33%	3.38	0	0	–	0.0%
BS	7.07%	23.50%	0.30	11.48%	0.62	0.01%	12	157.1	50.2%
BS_VR	10.69%	20.79%	0.51	10.44%	1.02	0.15%	110	17.1	56.3%

从表11-15来看，基于波动率分位数的股债平衡策略（BS_VR）在测试期内的历史年化收益为10.69%，不仅高于BS策略的年化收益，也高于沪深300指数的年化涨幅。

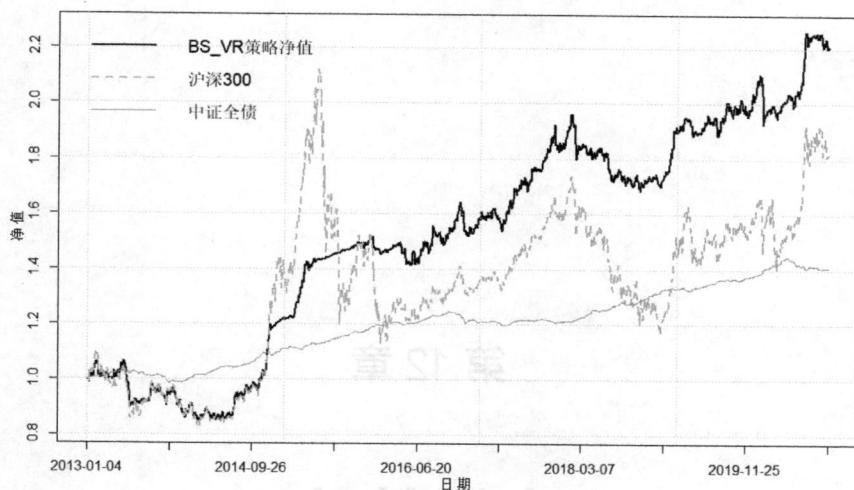

图11-8　BS_VR策略的净值走势

BS_VR策略的历史最大回撤为20.79%，发生在2013年的熊市末期，此时由于市场波动率较小，所以股票资产仓位维持在高位，策略净值走势和股价走势很接近。BS_VR策略的历史最大回撤稍微低于BS策略，大幅低于沪深300指数的历史最大回撤。图11-8所示为BS_VR策略的历史净值走势，总的来说，其走势很稳健，波动远小于沪深300指数。这是用波动率大小来决定股票仓位的方法的一个普遍优点。

BS_VR策略的收益风险比为0.51，显著高于BS策略和沪深300指数的收益风险比，但这也确实不算是一个高的收益风险比，离我们的合格标准1.0还有较大的距离。主要原因还是策略在2013年期间的回撤太大了。抛开这段时间不谈，策略在其他时间段的最大回撤并不高。

此外，BS_VR策略在测试期范围内的总交易次数为110次，交易周期为17.1，即平均17.1个交易日交易一次。这是一个适中的交易频率，很适合实际交易的执行。

总的来说，根据波动率分位数来决定股票仓位也是一种有效的方法，首先它能大幅度地控制投资风险，其次也能在一定程度上提高投资收益。

第 12 章

定投策略

　　基金定投是时下一种非常流行的投资方式，特别是在投资理财专业基础比较薄弱的工薪阶层中。基金定投也是一种被广泛宣传的投资方式，我们经常会听到关于基金定投的种种好处，如长期收益丰厚、可以穿越牛熊，分散择时风险、均摊买入成本、烫平市场价格波动风险、被动投资、克服人性弱点等。但事实是否真的如此，还是需要用逻辑和数据来说话。在本章中我们将秉持理性的逻辑，依据客观事实与数据对基金定投的优缺点及真实效果做一个全面地分析。

12.1　定投的概念与本质

所谓定投，是指对某种证券资产进行定期、定额的投资，即每隔一段固定的时间（比如每月）买入固定金额的该证券资产。

从理论上来说，所有的证券资产都可以用定期、定额的方式进行投资，包括股票、债券、商品和基金等。如果所投资的证券资产是基金，则称为基金定投。由于我们聚焦的是指数基金，所以我们后面提到的定投均是指数基金定投。一般认为，从长期来看，并没有证据能表明主动型基金的业绩表现能持续战胜指数基金，而主动型基金要收取更高昂的管理费用；此外，在众多主动基金中选择哪只来投资是一个难度很大、影响也很大的问题。不同主动基金的表现经常是天差地别的，而对于指数基金，我们可以直接选择对市场代表性最强的沪深300指数基金。

定投的频率可以是以日为单位，也可以是以周或者月为单位，具体可以根据投资者的自身情况来选择。一般来说，按日定投太频繁，操作起来不方便，由于定投的最广大用户群体——工薪阶级是按月领取收入的，所以普遍建议按月定投。对于希望与市场靠得更近、享受交易操作的投资者而言，也可以选择按周定投。

上面我们所说的定投是最原始也是应用最广泛的"普通定投"，与之相对应的是对"普通定投"策略进行改造之后的"智能定投策略"。在后文中，如果没有特别说明，我们所称的定投均为"普通定投"。

如果把普通定投拆开来理解，那就是"定期定额投入本金"到"买入持有策略"，即"定投=定期定额投入本金+买入持有策略"，定投的内容就这两个部分，它所有的功能特征、优缺点也源自于这两个部分。

1. 定期定额投入本金

"定期定额投入本金"是本金入场的一种方式，具有一定的弱化投资入场点的选择造成的影响和作用，也即定投在初期时能平均化入场价格。从理论上来说，任何投资策略都可以采用定期投入的本金入场方式，这种本金入场方式并非我们通常所说的定投特有。

"定期投入本金"意味着有定期的未来现金流可以使用，这是定投的核心价值所在。它带来了定投最有价值的一个功能：在股价下跌的过程中，有潜在的未来现金流可以用来买入更低价格的基金，从而摊薄买入成本。只要有"摊薄买入成本"这个功能在，我们是不怕所持有的基金价格下跌的，甚至反而希望基金价格下跌，因为这样可以以更低的成本积累更多的基金份额。但很遗憾，随着定投期数的增加，这个功能会逐渐弱化，直至微乎其微。这时候我们就会怕股票价格下跌了。对于这点我们可以用一句话来形容，即"定投前期怕涨不怕跌，后期怕跌不怕涨"。

2. 买入持有策略

在定投的定义中只告诉投资者如何买入，而没有涉及何时、何种情况下应该卖出，所以这是一个买入之后就一直持有不卖的策略，即买入并持有策略。"定期定额投入本金"只是一种本金入场方式，并不能从根本上改变定投的收益风险特征，真正决定定投的收益风险特征的是"买入并持有策略"。

前面说过，随着定投期数的增加，定投"摊薄买入成本"的作用会逐渐减弱，当定投累计期数较多之后（大约10期以上），"定期定额投入本金"这个本金入场方式的作用将会越来越小，直至可以忽略不计，这时候定投也将退化成"买入持有策略"，自然会和"买入持有策略"拥有类似的收益风险特征，也即相似的期望收益率和资金回撤幅度。

12.2 定投收益率的计算方法

要客观地评价普通定投策略是否有效，关键是看它的投资业绩表现是否比直接一次性买入标的资产的业绩表现得更好，也即普通定投策略是否优于一次性买入并持有的策略。要比较两个投资策略孰优孰劣，不仅需要知道它们在比较期间的收益率大小，更重要的是，计算出它们在比较期间的净值曲线。有了净值曲线才能全面地评价它们的优劣。举个例子，假如有一个债券投资策略在一年内的收益为8%，而有一个股票投资策略同期的收益为10%。如果仅比较收益率，无疑股票投资策略的更高，但是如果综合考虑策略的整体稳值性和性价比，很可能是债券投资策略更优。

对于本金是在初期一次性投入、其间不含现金流进出的投资策略，它的净值曲线很好计算，只需将每一期的最新资产除以初期资产即可。但是对于像定投这样包含未来现金流进出的投资策略，净值曲线计算起来则较为复杂，主要有三种方法：基金净值法、XIRR法、累计净值法。

1. 基金净值法

基金净值法普遍用于公募基金的单位净值计算。公募基金几乎每天都有投资者申购和赎回，也即每天都有现金流进出。基金净值法先根据每一期的期初和期末资产（含现金流进出）计算出当期收益率，然后再根据上一期的净值和当期收益率计算出当期净值。根据基金净值法来计算策略的净值曲线时，只需知道每一期策略的最新资产及现金流入流出的值即可。

这里我们举例说明，假设某个策略的总资产序列和现金流序列见表12-1。

表12-1　基金净值法计算示例

时　　间	总 资 产	现 金 流	当期收益率	净　　值
$t=0$	100	100	0.00%	1.0000
$t=1$	98	0	−2.00%	0.9800
$t=2$	105	10	−2.78%	0.9528
$t=3$	110	0	4.76%	0.9981
$t=4$	112	0	1.82%	1.0163
$t=5$	108	−5	0.93%	1.0258

第t期的现金流于期初时流入，正数表示流入，负数表示流出；期初资产为现金流入。

以 $t=5$ 期的净值计算为例，当 $t=5$ 时，当期收益率等于第5期的总资产除以第4期的总资产和第五期的现金流之和，即当期收益率=108/(112-5)=0.93%，当期净值等于 $t=4$ 时的净值乘以（1+当期收益率），即当期净值=1.0163×(1+0.93%)=1.0258。其他期的计算情况详见表12-1。

策略每一期的资产变化一部分来自策略的持仓证券的价格变化，一部分来自现金流的进出，但是每一期净值的变化却完全来自策略持仓证券的价格变化，现金流进出对净值的变化没有影响。因此，基金净值法考量的完全是策略的投资能力，剥离了现金流进出对净值曲线的影响。显然，这非常适合公募基金，因为对公募基金而言，需要展示的恰好就是策略（或者说是基金经理）的投资能力，而现金流进出完全来源于投资者的申购与赎回行为，公募基金只是被动应对，自然不应该对展示投资能力的净值曲线造成影响。定投策略的情况则恰好与之相反，因为在分析研究定投策略时，我们考量的重点本身就在于定期定额投入本金这种现金流进出方式对投资业绩的影响。所以，基金净值法不适用于定投策略的业绩评价。

2. XIRR法

XIRR法也叫内部收益率法。它假设在投资过程中，所有的现金流都能以收益率 R 获得投资回报，然后根据现金流出现的时间计算出所有现金流在期末的价值。XIRR法强调的是资金的使用效率，下面是根据XIRR法计算收益率 R 的计算公式：

$$C_1 \times (1+R)^{t_n-t_1} + C_2 \times (1+R)^{t_n-t_2} + \cdots + C_{n-1} \times (1+R)^{t_n-t_{n-1}} + C_n = PV_n$$

这里，R 为年化的内部收益率，也即根据XIRR法计算出的年化收益率，C_i 为 t_i 时刻的现金流进出，$i=1,2,\cdots n$，现金流入为正数，现金流出为负数，PV_n 为期末 t_n 时刻的终值。上述公式的求解涉及一个比较复杂的数据问题，需要用计算机来实现。

XIRR法在基金定投领域被广泛应用于年化收益率的计算，虽然难以手工计算, 但是在EXCEL中有现成的XIRR公式可以计算出内部收益率R。但是, XIRR法也存在一些问题。

第一, XIRR法的年化收益虽然可以很方便地用Excel或其他软件实现计算, 但用XIRR法计算净值曲线却很复杂, 且当现金流入与流出交替出现时, 还会出现年化收益率R的解不唯一的情况。

第二, XIRR法不仅假设所有的现金流在投资过程中都以收益率R获得投资回报, 还假设现金流在进入投资过程之前及在脱离投资过程之后都能以收益率R获得投资回报。显然, 这是不符合实际情况的。实际情况是, 资金在进入投资过程和离开投资过程之后, 能获得的投资收益是远小于在投资过程中的, 往往获得的只是较低的固定收益, 甚至是无风险收益。也就是说, XIRR法很容易夸大投资收益, 特别在投资期较短或者存在较大的现金流入流出时。

这里我举一个极端的例子来进行说明。假设我们在1月1日时投入100元到一个策略, 到1月2日时赚1%, 策略最新资产为101元, 同时我们出资100元, 只留下1元在这个策略上, 假设到12月31日时策略资产还是1元, 此时我们利用XIRR法计算出的策略年化收益率为216.9%, 而实际上我们的总盈利才是1元。之所以会出现这种情况, 是因为XIRR法假设我们在1月2日时出资100元, 以后每天都可以获得和当天一样的收益。显然, 这是不符合实际情况的。

3. 最大投入法

最大投入法是一种不太常见的方法, 根据最大投入法来计算净值曲线的方法为:

累积盈利=最新总资产−历史净现金流入

当期净值=1+累计盈利/历史最大累计投入

这里我们举个例子来进行说明, 假设某个策略的总资产序列和现金流序列见表12-2。

表12-2　最大投入法计算示例

时　间	总 资 产	现 金 流	累计投入	累计盈利	历史最大累计投入	净 值
$t=0$	100	100	100	0	100	1.0000
$t=1$	98	0	100	-2	100	0.9800
$t=2$	105	10	110	-5	110	0.9545
$t=3$	110	0	110	0	110	1.0000
$t=4$	112	0	110	2	110	1.0182
$t=5$	108	-5	105	3	110	1.0273

第t期的现金流于期初时流入，正数表示流入，负数表示流出；期初资产为现金流入。

以$t=5$期的净值计算为例，当$t=5$时，最新总资产为108元，历史上的净现金流入为105元，所以$t=5$时累计盈利为3元（108-105=3元）。虽然$t=5$时的累计投入为105元，但是历史最大累计投入却为110元，所以当期净值为1.0273（1+3/110=1.0273）。其他期的计算情况见表12-2。

最大投入法既考虑到了策略持仓证券的价格变化所引起的收益变化，也考虑到了现金流进出对收益的影响，同时也适用于复杂的现金流进出的情况，并且计算过程简单。可以说基本没有明显的缺点。

总的来说，上述三种净值曲线的计算方法各有特点，没有哪种计算方法是绝对最合适的，但综合来看，我们认为最大投入法是最适合结合定投策略使用的。因此，我们后面在计算各定投策略的净值曲线时，将采取最大投入法。

12.3　正确理解定投

当我们根据最大投入法计算出普通定投策略等净值曲线后，就可以全面地评价该策略在历史上的收益风险表现了，包括比较普通定投策略和一次性买入并持有策略的优劣，同时通过对普通定投策略的交易特征分析，我们还可以真正客观、深入地去理解定投的方方面面，包括关于定投的一些广为流传的观点是否正确，比如定投可以摊薄买入成本而使投资者不惧下跌等。

12.3.1 普通定投策略的长期回报如何

定投策略的长期回报率是投资者最关心也是最重要的一点，定投策略之所以能在广大投资者之间这么流行，首先必然是广大投资者认为定投策略能给他们带来令人满意的长期回报。因此，我们首先以量化回测的方法来看看普通定投策略在历史上的长期回报如何。

1. 交易标的

不同的股票指数的长期涨幅可能差别很大。那么，定投不同的股票指数的长期收益自然也可能差别很大。由于我们聚焦的是定投策略本身的表现，而非如何选择未来股价强势的指数。所以，这里我们选择了五只最能代表A股市场平均情况的核心宽基指数分别来做定投策略的标的资产，以求客观地反映出定投策略的真实长期回报。这五只宽基指数情况见表12-3。

表12-3 定投策略标的股票指数列表

编 号	指数代码	指数名称	基 期	ETF 代码	ETF名称	类 型
1	000016.SH	上证50	2003-12-31	510050.SH	50ETF	沪市超大盘
2	000300.SH	沪深300	2004-12-31	510300.SH	300ETF	沪深大盘
3	399905.SZ	中证500	2004-12-31	510500.SH	500ETF	沪深中小盘
4	000852.SH	中证1000	2004-12-31	512100.SH	1000ETF	沪深小盘
5	399006.SZ	创业板指	2010-05-31	159915.SZ	创业板	深市创业板

上证50指数由沪市A股中市值规模最大、流动性最好的最具代表性的50只股票构成，反映的是沪市超大盘股的股票价格表现。沪深300指数由沪深两市市值规模最大、流动性最好的300只股票构成，反映的是沪深两市大盘股的股票价格表现。中证500指数由沪深两市市值规模及流动性排名第301~800位的股票构成，与沪深300指数无重复成分股，反映的是沪深两市中小盘股的股票价格表现。中证1000指数由沪深两市市值规模及流动性排名第801~1800位的股票构

成，与沪深300指数及中证500指数均无重复成分股，反映的是沪深两市小盘股的股票价格表现。创业板指则由深市创业板最具代表性的100只股票构成，综合反映创业板市场整体的运行情况。

2．测试时间

2013年1月1日—2020年9月30日。

所选测试时间范围历时7.75年，共计1885个交易日。测试期覆盖了一轮以上的完整牛熊市周期，可以全面了解策略在不同行情下的表现情况。

3．交易逻辑

每月第一个交易日买入固定金额的标的指数。

4．参数设置

本策略不含参数。

5．测试结果

表12-4所示是普通定投策略应用于各股票指数的业绩表现。

表12-4　普通定投策略业绩表现

证券名称	B&H 策略表现			普通定投策略表现				
	年化收益	最大回撤	收益风险比	年化收益	最大回撤	收益风险比	标准差	夏普比率
上证 50	7.28%	44.70%	0.16	4.88%	47.14%	0.10	23.87%	0.20
沪深 300	7.97%	46.70%	0.17	4.77%	53.08%	0.09	23.23%	0.21
中证 500	8.59%	65.20%	0.13	2.45%	71.34%	0.03	26.79%	0.09
中证 1000	8.96%	72.35%	0.12	1.43%	77.82%	0.02	28.38%	0.05
创业板指	18.08%	69.74%	0.26	6.14%	75.49%	0.08	31.38%	0.20

注：B&H策略为买入并持有策略，定投策略的净值采用最大投入法计算。

从各指数的历史业绩表现来看，普通定投策略的长期回报很一般，而且历史最大回撤非常高，也即投资风险很高。综合来看，其收益风险比非常低。在我们所选的测试期范围内，普通定投的年化收益甚至还显著低于B&H策略的年化收益。图12-1所示是沪深300指数的普通定投策略历史净值走势，图中黑色实线代表的是策略净值走势, 灰色粗虚线代表的是沪深300指数价格走势, 灰色实线代表的是定投策略中持仓基金份额的买入成本价。当沪深300指数的最新价大于基金份额的买入成本价时说明策略此时是盈利的, 并且最新价与买入成本价之差越大, 盈利越高。

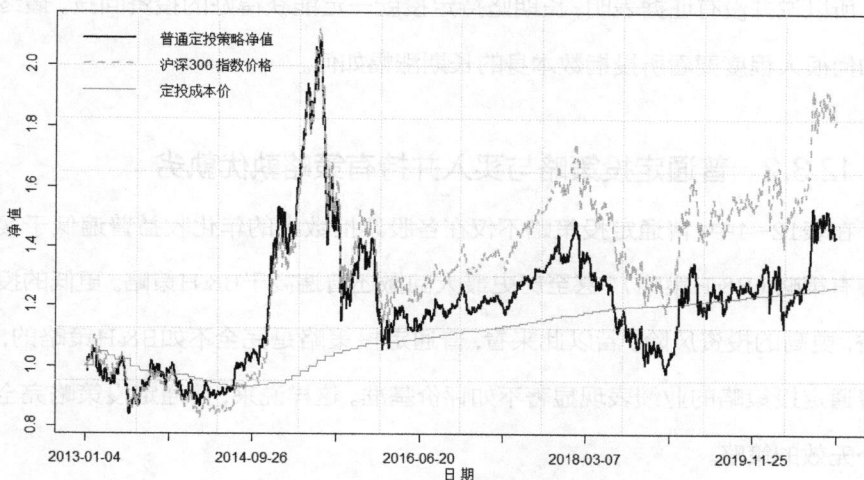

图12-1　普通定投策略净值走势

　　普通定投策略的净值走势和它所定投的标的指数的价格走势 (即B&H策略) 相关性非常高。这一点正如普通定投的定义所说的那样, 普通定投实际上就是定期定额投入本金到B&H策略, 普通定投策略的净值走势很大程度上取决于标的指数价格的走势。因此, 普通定投策略在长期的投资回报很大程度上取决于所投指数的长期涨幅。

　　普通定投的总收益等于标的资产持仓数量乘以单位盈利, 对于沪深300指数基金定投而言则为:

　　定投总收益=基金总份额×(基金的最新价格-基金的定投成本价)

　　随着基金定投期数的增加, 基金的平均买入成本价 (即定投成本价) 将逐步钝化, 也即不再发生明显的变化。这时候, 定投的总收益的多少在很大程度上就取决于基金的最新价格了。

如果最新的基金价格处于高位或者结束定投策略于价格高位，比如2015年初、2018年初，那么定投的回报就比较高；反之，如果最新的基金价格处于低位或者结束定投策略于价格低位，比如2016年初、2018年底，那么定投的回报就会很差。

所以说并没有证据表明，长期坚持定投就一定能获得好的投资回报。最终回报如何很大程度要看所投指数本身的长期涨幅如何。

12.3.2　普通定投策略与买入并持有策略孰优孰劣

在表12-4中，普通定投策略不仅在各股票指数上的年化收益普遍低于买入并持有策略（B&H策略），甚至历史最大回撤还普遍高于B&H策略。更低的投资收益，更高的投资风险。若以此来看，普通定投策略是完全不如B&H策略的，也即普通定投策略的业绩表现显著不如评价基准。这样说来，普通定投策略完全是一个无效的策略。

但是，定投这种定期定额的本金投入方式决定了它的相对业绩表现受入场时点的影响很大，并且在不同类型的行情走势下，普通定投策略与B&H策略的相对优劣势是不一样的。

接下来，我们以沪深300指数为例，从不同入场点和不同行情走势两个角度来比较普通定投策略和B&H策略在不同条件下的业绩表现。

1. 以不同入场点开始的长期定投

我们选择了4个历史上具有代表性的重要行情时刻作为普通定投策略的入场点，它们是熊末牛初时刻（2014.6.1）、牛市中期时刻（2015.1.1）、牛末熊初时刻（2015.6.1）及熊市中期时刻（2015.11.1），然后分别测试从这4个入场点开始到测试期末时间（2020.9.30）的普通定投策略的业绩表现，以反映不同入场点情况下普通定投策略与B&H策略的业绩表现差异，见表12-5。

表12-5   不同入场点情况下的普通定投策略业绩表现

入场点状态	时间范围	策略	年化收益	最大回撤	收益风险比	标准差	夏普比率
熊末牛初	2014-06-01 至 2020-09-30	普通定投	4.50%	52.36%	0.09	23.93%	0.19
		B&H	12.58%	46.70%	0.27	23.70%	0.53
牛市中期	2015-01-01 至 2020-09-30	普通定投	4.07%	46.70%	0.09	24.00%	0.17
		B&H	4.05%	44.45%	0.09	24.09%	0.17
牛末熊初	2015-06-01 至 2020-09-30	普通定投	4.45%	33.70%	0.13	24.07%	0.18
		B&H	-1.86%	46.70%	-0.04	23.44%	-0.08
熊市中期	2015-11-01 至 2020-09-30	普通定投	4.95%	33.35%	0.15	20.13%	0.25
		B&H	5.74%	32.46%	0.18	19.91%	0.29

注：B&H策略为买入并持有策略，定投策略的净值采用最大投入法计算。

表12-5给出了不同入场点情况下，普通定投策略与B&H策略的业绩表现情况。

当入场点是熊末牛初时，使用B&H策略显著优于普通定投策略，而当入场点是牛末熊初时，使用普通定投策略显著优于B&H策略（分别如图12-2、图12-3所示）。其他两种情况下，两者差别很小。

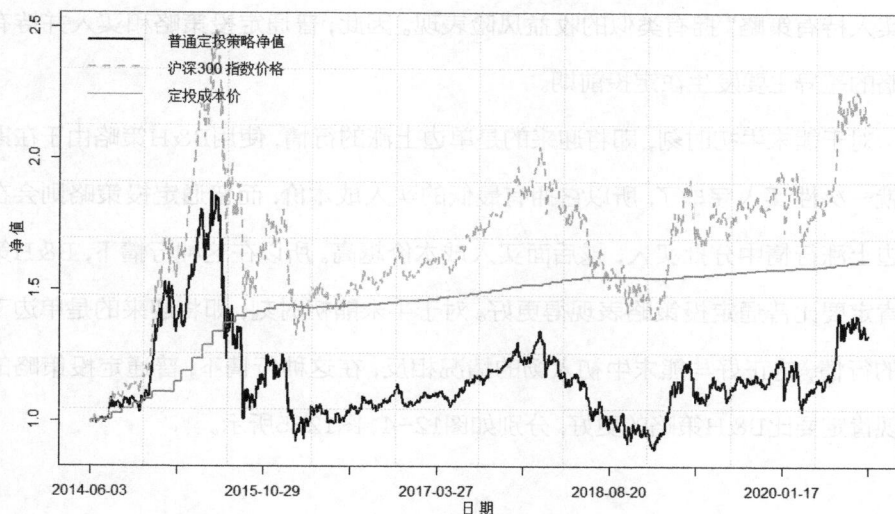

图12-2   熊末牛初时刻入场的普通定投策略表现

图12-3　牛末熊初时刻入场的普通定投策略表现

前面我们说过，普通定投策略的本质是定期定额投入本金到买入并持有策略，而随着定投期数的增加，"定期定额投入本金"这个本金入场方式的作用将会越来越小，直至忽略不计，这时候定投也将退化成"买入持有策略"，自然也会和"买入并持有策略"拥有类似的收益风险表现。因此，普通定投策略和买入并持有策略的差异主要发生在定投前期。

对于熊末牛初时刻，即将迎来的是单边上涨的行情，使用B&H策略由于在期初就一次性买入完毕了，所以它拥有最低的买入成本价，而普通定投策略则会在单边上涨行情中分批买入，越后面买入成本价越高。所以在这种行情下，B&H策略肯定要比普通定投策略表现得更好。对于牛末熊初时刻，即将迎来的是单边下跌的行情，这正好与熊末牛初入场的情况相反，在这种行情下，普通定投策略的表现肯定要比B&H策略的更好，分别如图12-4、图12-5所示。

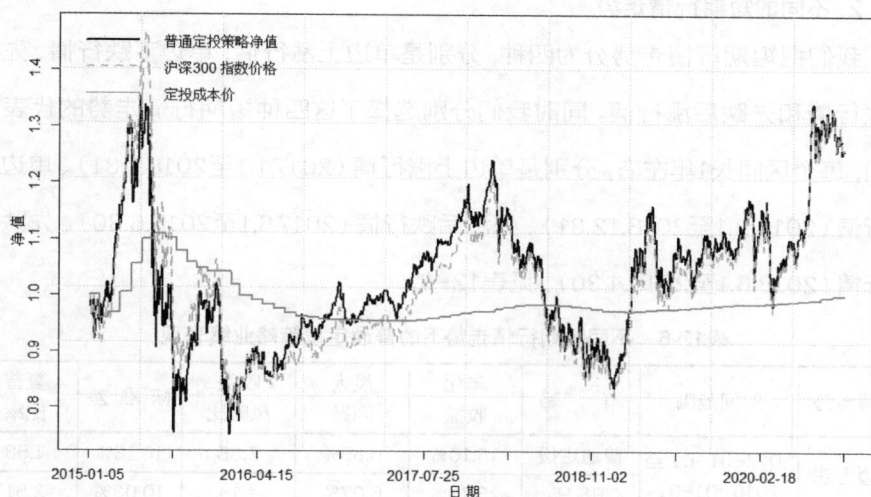

图12-4　牛市中期时刻入场的普通定投策略表现

图12-5　熊市中期时刻入场的普通定投策略表现

　　总之,普通定投策略与B&H策略的差异主要在于开始投资后的短期行情走势是怎样的,越往后两者的净值走势相似程度越高。下面我们就来分析在不同的短期行情走势下,普通定投策略与B&H策略的业绩表现差异。

2. 不同的短期行情走势

我们把短期行情走势分为四种，分别是单边上涨行情、单边下跌行情、先涨后跌行情和先跌后涨行情。同时我们分别选择了这四种短期行情走势的代表性区间，每个区间长1年左右，分别是单边上涨行情（2017.1.1至2018.1.31）、单边下跌行情（2018.2.1至2018.12.31）、先涨后跌行情（2017.6.1至2018.6.30）、先跌后涨行情（2018.6.1至2019.4.30），见表12-6。

表12-6　不同短期行情走势下的普通定投策略业绩表现

行情走势	时间范围	策　略	年化收益	最大回撤	收益风险比	标准差	夏普比率
单边上涨	2017-01-01 至 2018-01-31	普通定投	16.10%	6.85%	2.35	10.18%	1.58
		B&H	25.12%	6.07%	4.14	10.03%	2.51
单边下跌	2018-02-01 至 2018-12-31	普通定投	−17.04%	17.37%	−0.98	21.92%	−0.78
		B&H	−31.37%	30.03%	−1.04	21.65%	−1.45
先涨后跌	2017-06-01 至 2018-06-30	普通定投	−8.10%	23.16%	−0.35	14.99%	−0.54
		B&H	0.34%	22.01%	0.02	14.63%	0.02
先跌后涨	2018-06-01 至 2019-04-30	普通定投	14.77%	13.82%	1.07	23.10%	0.64
		B&H	4.11%	22.90%	0.18	23.45%	0.18

注：B&H策略为买入并持有策略，定投策略的净值采用最大投入法计算。

当行情走势为单边上涨时，普通定投策略和B&H策略都能获得较好的收益表现，但是B&H策略的收益明显更高，原因我们前面说过，在单边上涨行情中，B&H策略的买入全部发生在最低点，而普通定投策略则会在上涨过程中分批不断买入，虽然每一次买入都是盈利的，但是平均买入成本必然会不断抬高。由于单边上涨行情中，价格基本一直在上涨，所以普通定投策略和B&H策略的在此期间的回撤都很小，且两者的最大回撤差不多。因此，单边上涨行情中，B&H策略优于普通定投策略，如图12-6所示。

当行情走势为单边下跌时，普通定投策略和B&H策略的收益都会为负，但是普通定投策略的亏损幅度要明显更小。这是因为使用定投策略在下跌行情中会不断地以定投的方式买入，从而摊薄买入成本，而B&H策略一次性买在最低点。

无疑，定投策略的最大回撤也会同时小于B&H策略。所以在单边下跌行情下，定投策略优于B&H策略，如图12-7所示。

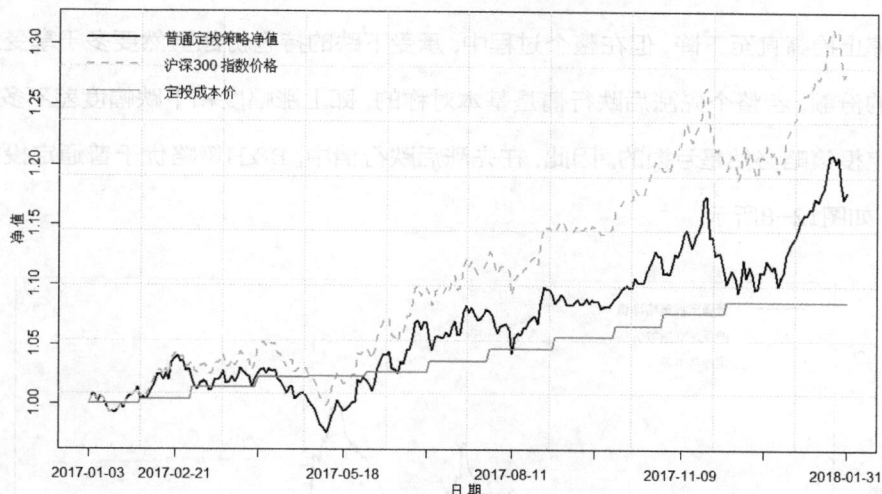

图12-6　单边上涨行情中普通定投策略的表现

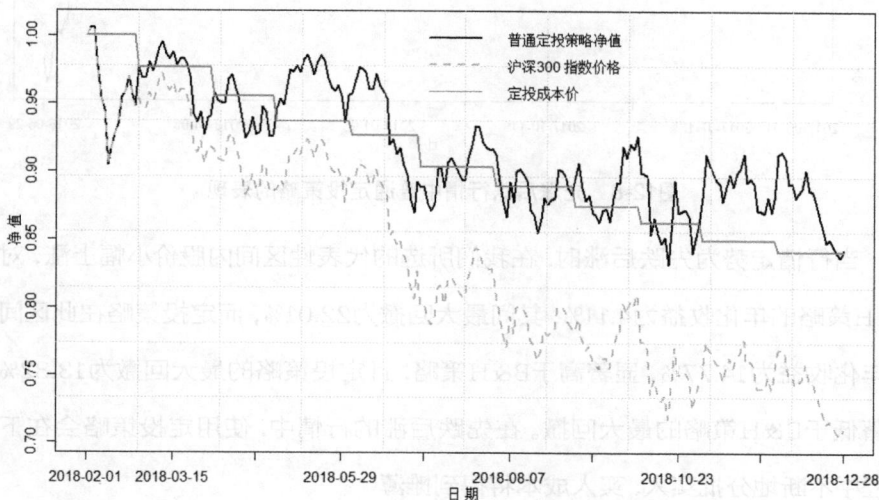

图12-7　单边下跌行情中普通定投策略的表现

当行情走势为先涨后跌时，在我们所选的代表性区间内，股价基本不涨不跌，对应B&H策略的年化收益为0.34%，其间最大回撤为22.01%，而定投策略在此区间内的年化收益为-8.10%，显著低于B&H策略，最大回撤为23.16%，和B&H策略的差不多。在先涨后跌的行情中，定投策略会在上涨过程中不断地分批买入，买入成本不断抬高；当上涨结束开始下跌时也会继续买入，买入成本开始停止抬高直至下降，但在整个过程中，承受下跌的持仓份额显然要多于享受上涨的份额，若整个先涨后跌行情是基本对称的，即上涨幅度和下跌幅度差不多，则定投策略必然是亏损的。因此，在先涨后跌行情中，B&H策略优于普通定投策略，如图12-8所示。

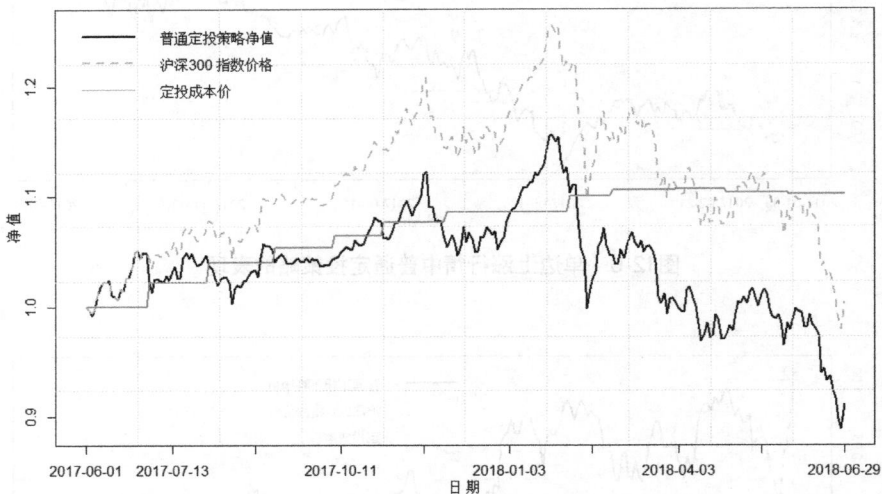

图12-8 先涨后跌行情中普通定投策略的表现

当行情走势为先跌后涨时，在我们所选的代表性区间内股价小幅上涨，对应B&H策略的年化收益为4.11%，其间最大回撤为22.01%，而定投策略在此区间内的年化收益为14.77%，显著高于B&H策略，且定投策略的最大回撤为13.82%，显著低于B&H策略的最大回撤。在先跌后涨的行情中，使用定投策略会在下跌过程中不断地分批买入，买入成本将得到摊薄。

所以在这个过程中，定投策略的回撤幅度会小于B&H策略。当价格开始上涨时，定投策略依然会不断买入，但在整个过程中，享受上涨的持仓份额显然要多于承受下跌的份额，所以定投策略在该期间能获得较好的收益，且会显著高于

B&H策略的收益。因此, 在先跌后涨行情中, 定投策略优于B&H策略, 如图12-9
所示。

图12-9　先跌后涨行情中普通定投策略表现

综上所述, 在单边上涨行情中, 定投策略能获得正收益, 但是收益低于B&H策
略; 在单边下跌行情中, 定投策略的收益为负, 但是亏损幅度小于B&H策略; 在先
跌后涨行情中, 即使其间股价涨幅为0或者小幅小于0, 即B&H策略的收益小于或
等于0, 定投策略也往往能获得正收益, 这种V形走势是对定投策略最有利的行情,
也即形成人们常说的"定投微笑曲线"; 在先涨后跌行情中, 即使其间股价涨幅为
0或小幅大于0, 即B&H策略的收益大于或等于0, 定投策略也往往会亏损, 这种
倒V形走势是对定投策略最不利的行情, 我们称为"定投哭泣曲线"。

在上述四种行情走势下, 定投策略和B&H策略各在两种情况下占优。可以
说, 它们追求收益的能力是差不多的, 也即定投策略没有创造出超额收益的能
力。但是在控制风险方面, 当行情走势为单边上涨或先涨后跌时, 定投策略和
B&H策略的最大回撤差不多; 当行情走势为单边下跌或者先跌后涨时, 定投策
略的最大回撤要显著低于B&H策略, 也即定投策略的风险控制能力强于B&H策
略。这种能力来源于定投策略在投资前期遇股价下跌可以不断买入摊薄成本, 但

这种能力也仅限于在投资前期，因为随着定投期数的增加，这种能力会不断被弱化直至微乎其微，届时定投策略的风险控制能力将会和B&H策略一样。

总之，定投策略追求收益的能力和B&H策略基本一致。在定投前期，定投策略拥有强于B&H策略的风险控制能力；在定投中后期，定投策略和B&H策略的风险控制能力基本一致。从综合收益风险表现来看，我们认为定投策略稍微优于B&H策略。

虽然从投资效果来看，定投策略相较于B&H策略略微有一些优势，但是我们认为这种略微的优势不足以成为我们选择定投策略的理由。

在投资时，究竟是选择定投策略还是B&H策略，更重要的还是看计划投入本金的现金流形式。如果计划投入的本金是类似工资、租金等的未来现金流，那无疑应该选择定投策略。如果是初期就全部拥有的一笔本金，则建议选择B&H策略。这时候如果选择定投，资金利用效率太低，而且将这笔本金分为多少份也是一个难题。若份额太多，单份投入金额太小，前期遇单边上涨行情则存在严重的踏空风险；若份额太少，单份投入金额太大，可能很快就投完了所有资金，没有新的资金可供继续定投。

12.3.3　定投摊薄买入成本的效果具体如何

在股价下跌的过程中，通过不断地以更低的价格买入加仓，可以持续拉低持仓成本价，但是这样做的前提是账户有足够的现金可供持续买入。对定投策略而言，因为它有持续的未来现金流可供使用，所以它天然适合在股价下跌过程中以更低的价格不断买入，从而持续拉低持仓成本。这就是定投"摊薄买入成本"的功能，也可以说是定投最主要也是最重要的功能。

但是，定投"摊薄买入成本"的作用并不是无限大的，随着定投期数的增加，定投摊薄买入成本的作用会逐渐弱化，直至忽略不计。当我们持续一期一期地进行基金定投时，基金的累计持仓市值也会持续增加，这时候再增加一份基金定投,其对全部基金平均买入成本的摊薄作用会持续减弱,直到微乎其微。

这里我们举个极端的例子:假设我们每期定投1元,且已经累计定投了100期,最新的基金份额为100份,持仓成本价也是1元。在第101期时,基金价格跌到0.5元,这时候我们依旧以比持仓成本价低50%的价格定投1元,投后持仓成本价下降到0.99元,下跌幅度为1%。由此可见,当定投的期数足够多之后,即使是在股价大幅下跌后继续买入,摊薄成本的作用也几乎微乎其微。

下面我们以中证500指数定投的实际历史数据为例做一个详细说明,我们选取定投摊薄买入成本功能最有发挥空间的下跌时间段为样本区间,即从2015年6月1日到2018年12月31日,仍然是每月月初定额投资。

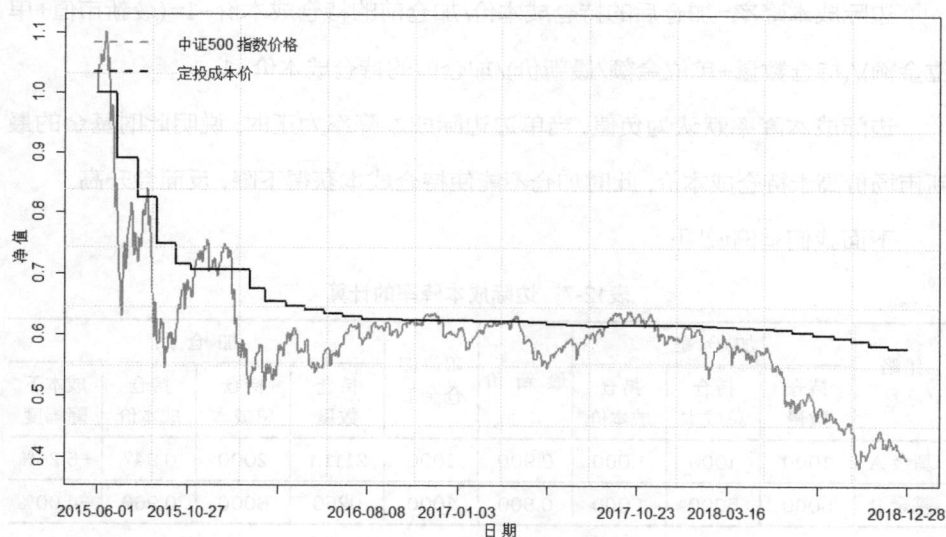

图12-10 中证500指数价格及定投成本价走势

在图12-10中,灰色实线代表的是中证500指数的价格走势,黑色实线代表的是中证500指数基金定投成本价的走势。可以看到,在刚开始定投时,随着中证500指数价格的持续下跌,定投成本价也随之显著走低。此时基金定投确实起到了摊薄成本的作用,但当定投期数达到10期左右之后,定投成本价的变化已不再明显;当定投30期左右到2018年初时,即使此时中证500指数开启了一波新的大幅下跌，此时定投成本价的下降幅度也很小了。这时候，定投摊薄成本的作用已经可以忽略不计了，定投的收益将完全取决于指数价格走势。

总之，定投策略确实有摊薄买入成本的作用，这种作用可以让定投策略在下跌行情中有一定的抵御价格下跌的能力，但是这种作用的大小是在不断变化的，当持仓市值相较于每期定投金额不高时，定投策略摊薄买入成本的作用很显著，但是当持仓市值相较于每期定投金额较高时，这种作用开始明显变小。

我们定义"边际成本降率"来衡量定投摊薄买入成本的作用大小。所谓边际成本降率，就是对已持有基金加仓单位资金后，基金持仓成本所获得的下降比例。它度量的是基金买入摊薄成本的作用大小。边际成本降率的计算公式如下：

边际成本降率=加仓后的持仓成本价/加仓前的持仓成本价−1=(最新市值+单位金额)/(持仓数量+单位金额/最新价)/加仓前的持仓成本价−1

边际成本降率默认为负值，当单边边际成本降率为正时，说明此时基金的最新市场价高于持仓成本价，此时加仓不能使持仓成本获得下降，反而会升高。

下面我们举例说明：

表12-7　边际成本降率的计算

策略名称	加仓前			最新价	单位加仓金额	加仓后			
	持仓数量	持仓总成本	持仓成本价			持仓数量	持仓总成本	持仓成本价	成本下降幅度
基金A	1000	1000	1.000	0.900	1000	2111.1	2000	0.947	−5.26%
基金B	5000	5000	1.000	0.800	1000	6250	6000	0.960	−4.00%

在表12-7中，我们假设有基金A，在加仓前，或者说当期定投前，它的持仓数量为1000份，持仓总成本为1000元，持仓成本价为1.0元，基金A的最新市场价格为0.9，相较于持仓成本价低了10%。当期定投金额为1000元，可以最新价0.9元买入1111.1份基金A，买入之后，持仓数增加到2111.1份，持仓总成本为2000元，持仓成本价下降到0.947元，成本下降幅度为−5.26%，也即基金A此时的边际成本降率为−5.26%。它代表的意思为，现在以最新价买入单位金额的基金A可使其

持仓成本下降5.26%。

类似的，基金B的边际成本降率为-4.0%，说明现在以最新价买入单位金额的基金B可使其持仓成本下降4.0%。这里我们注意到，虽然基金B的最新价相较于成本价的下跌幅度比基金A更大，但是基金B的边际成本降率却小于基金A，也即定投策略于基金A的摊薄买入成本的作用更强，这也说明定投摊薄买入成本的作用的大小并不完全是价格跌幅决定的。

要正确理解普通定投策略，关键是要从它的基本概念出发，即"定期定额投入本金"到"买入持有策略"。"买入持有策略"从根本上决定了它的收益风险特征，普通定投策略的业绩表现和买入持有策略相比不会有本质上的区别，策略的投资收益很大程度上取决于所投指数基金本身的长期涨幅。"定期定额投入本金"决定了它在特定条件下具有摊薄买入成本的作用，拥有一定的应对股价下跌的能力，由于使用买入持有策略是毫无投资风险控制能力的，所以普通定投策略的投资风险控制能力要优于买入持有策略，并且，"定期定额投入本金"的现金流入形式是天然适合用工资、租金收入这种未来现金流来进行投资的，而对于期初就拥有的一笔资金，则不适合使用普通定投策略来进行投资。

12.4 智能定投策略

普通定投策略有比较明显的局限性，首先是期望收益不高。

综合来看，普通定投策略的期望收益和所投股票指数在长期阶段内的涨幅差不多，两者的差异主要来源于入市初期的市场行情走势类型。以沪深300指数为例，其长期的年化收益率在10%左右，定投沪深300指数基金的长期年化收益也大致如此。对于投资回报要求不够高的投资者而言，这也是一个可以接受的收益级别。

普通定投策略最致命的缺点在于风险太大，也就是在定投的过程中可能遭受的亏损太大。我们回顾各主要核心宽基指数的普通定投策略在历史上的回撤表现，普遍可以达到50%以上，基本发生在2015年中开始的大熊市期间，见表12-8。

表12-8　普通定投策略的业绩表现

证券名称	B&H 策略表现			普通定投策略表现				
	年化收益	最大回撤	收益风险比	年化收益	最大回撤	收益风险比	标准差	夏普比率
上证50	7.28%	44.70%	0.16	4.88%	47.14%	0.10	23.87%	0.20
沪深300	7.97%	46.70%	0.17	4.77%	53.08%	0.09	23.23%	0.21
中证500	8.59%	65.20%	0.13	2.45%	71.34%	0.03	26.79%	0.09
中证1000	8.96%	72.35%	0.12	1.43%	77.82%	0.02	28.38%	0.05
创业板指	18.08%	69.74%	0.26	6.14%	75.49%	0.08	31.38%	0.20

注：B&H策略为买入并持有策略，定投策略的净值采用最大投入法进行计算。

对普通定投策略而言，亏20%~30%是比较常见的，亏40%~50%也是时有发生的，比如经历2015年开始的下跌行情的长期定投者。当账户遭受20%以上甚至更大幅度的亏损时，会逐渐给投资者带来心理压力，使投资者长期看不到任何希望。这会造成一个很严重的后果，即大多数人定投当遇到长期熊市行情时，大概率会坚持不下去。

综合收益风险来看，普通定投策略的收益风险比会非常低，离我们定义的策略合格的标准有非常大的距离。

但是，我们并不会直接放弃定投，而是应该取其精华去其糟粕，留下它的优点，对它的缺点进行改造，也即开发"智能定投策略"。

12.4.1　什么是智能定投策略

普通定投策略是"定期定额投入本金"到"买入持有策略"，我们也可以采用不定期或不定额的方式投入本金，或者我们也可以定额定投本金到其他策略，比买入并持有策略更好的策略，比如我们前面提到过的指数择时策略、指数轮动策略。理论上来说，任何投资策略都可以以定期定额的方式投入本金。经由上述改进之后的策略都可以称为"智能定投策略"。

在实际应用中，具有一定投资专业基础的定投者往往会采用智能定投策略，市面上也有很多智能定投类产品，比如支付宝中的慧定投，天天基金中的目标止盈定投等，各大公募基金公司App里也大多有类似的产品。

我们对目前的主流智能定投策略做了一个归纳，总结下来主要有下面这三大类：

1. 估值类

使用这类定投策略会根据所投股票指数的估值水平来决定每期定投的金额。常用的估值指标有：市盈率（PE）、市净率（PB）和股息率。一般是PE和PB越低，或者股息率越高时，会多投入一些金额，反之少投入一些金额，也即"低估多投，高估少投"，但低估时具体多投多少，高估时又少投多少也是一个重要的问题。大多数产品是让用户自己设置多投和少投的比例。

2. 技术指标类

这类定投策略根据技术指标来决定每期定投的金额。这其中最有名的就是支付宝的慧定投了，它以所投指数的500日均线为基准，当最新指数价格低于500日均线值时多投，并且低于的幅度越大，投得越多；反之，当最新指数价格高于500日均线值时少投，并且高于的幅度越大，投得越少。

这个方法也叫"均值偏离法"，它隐含的内在逻辑是"均值回归"，它认为当最新指数价格位于均线之下时说明此时价格是处于低位的，在未来会向中间的均衡值回归。因此，这时候应该多投一点；反之亦然。

当然，也有逻辑和慧定投反着来的，即最新指数价格在均线之上时多投，在均线之下时少投，这种策略的内在逻辑是"趋势跟随"。它的原理是当价格处于均线之上时看涨后市，因此这时候应该多投一点。

3. 目标类策略

目标类的定投策略所基于的逻辑一般和所投指数基金本身的估值、投资价值优劣没有多大关系，而是和投资者或者投资资产本身的情况相关。

比如目标投，如果投资者对10%的收益率觉得满意，那么就可以启用目标收益为10%的目标投。当定投的收益达到10%之后就无条件的结束定投，不管后面基金还有多大的涨幅，都认为和自身没有关系了。

另外还有价值平均策略，它是通过调整投资者每期投入的金额使投资者所持有的总基金资产在每一期都保持一个既定的增长速度。

上述这些智能定投策略到底有没有作用，或者说到底有多大作用？更进一步来说，到底有怎样的作用？是能提高投资收益，还是能降低投资风险？很少有人能正确地回答，更别说是全面客观地评价了。因此，接下来我们将以量化回测的方法对上述代表性智能定投策略进行详细的分析测试。

12.4.2　估值类智能定投策略

所谓估值类智能定投策略，是指根据估值指标来决定每期定投的金额的定投策略。估值类智能定投策略认为，当用估值指标判断标的资产处于低估值状态时应该多投入；反之，当用估值指标判断标的资产处于高估值状态时应该少投入、不投入甚至是卖出。这是估值类智能定投策略的核心逻辑，它有效的前提是均值回归，即低估值的指数会通过股价上涨来回归到中性估值，而高估值的指数会通过股价的下跌来回归到中性估值。这里还有一点需要说明，就是估值类智能定投策略只适用于指数基金定投的情况，而不适用于主动基金定投的情况，因为主动基金难以用市盈率或市净率来进行估值计算。

在估值类智能定投策略中最常用的估值指标为市盈率（PE）和市净率（PB），我们将分别以量化回测的方法来测试基于市盈率（PE）和市净率（PB）的智能定投策略在历史上的业绩效果，看看这类智能定投策略是否比普通定投策略更有效。

1. PE估值类智能定投策略

我们选择A股市场中最具代表性的宽基指数——沪深300指数作为定投策略的样本标的资产，测试时间范围为2013年1月1日至2020年9月30日。每月第一个交易日进行定投，但是会根据指数估值来决定当期合理的定投金额，即仍然是定期投资，但是可能不定额。

"低估多投，高估少投、不投或卖出"是估值类智能定投策略的基本原则，但是什么时候是低估，低估时多投多少，什么时候又是高估，高估时少投多少或者卖出多少，我们都需要对此设计合理且详细的交易规则。对于市盈率PE而言，我们设计了以下四种不同交易规则的智能定投策略。

策略一

从绝对估值的角度来看，利用市盈率PE将指数估值分为三种状态来应对，即低估、中性、高估，低估时多买入0.5份的单位金额，合理估值时正常买入，高估时少买入0.5份的单位金额，具体交易规则如下：

当PE<10时，指数低估，买入1.5份单位金额；

当10≤PE≤15时，指数估值合理，买入1份单位金额；

当PE>15时，指数高估，买入0.5份单位金额。

如果我们不从后视镜里去看历史，用PE的绝对值大小来判断指数的估值高低不是一件容易的事。估值高低的临界值很难选择，同一指数在不同时期、同一时期的不同指数临界值的选择可能都不一样。我们同时考虑沪深300指数的市盈率倒数和国债收益率的相对大小情况，同时参考历史，选择了10和15作为PE估值高低的临界值。

相对而言，用PE的分位数从相对角度来判断估值高低要容易得多，而且通用性很强。因此，我们重点考虑用PE分位数来设计定投规则。这里的PE分位数根据过去5年的历史数据计算而得。

策略二

从相对估值的角度来看，利用市盈率PE将指数估值分为三种状态来应对，即低估、中性、高估，低估时多买入0.5份的单位金额，合理估值时正常买入，高估时少买入0.5份的单位金额，具体交易规则如下：

当PE分位数<25%时，指数低估，买入1.5份单位金额；

当25%≤PE分位数≤75%时，指数估值合理，买入1份单位金额；

当PE分位数>75%时，指数高估，买入0.5份单位金额。

策略三

从相对估值的角度来看，利用市盈率PE将指数估值分为四种状态来应对，即低估、中性偏低、中性偏高、高估，低估时多买入0.5份的单位金额，中性偏低时正常买入，中性偏高时少买入0.5份的单位金额，高估时不买，具体交易规则如下：

当PE分位数<25%时，指数低估，买入1.5份单位金额；

当25%≤PE分位数<50%时，指数估值中性偏低，买入1份单位金额；

当50%≤PE分位数<75%时，指数估值中性偏高，买入0.5份单位金额；

当PE分位数>75%时，指数高估，停止买入。

策略四

从相对估值的角度来看，利用市盈率PE将指数估值分为四种状态来应对，即低估、中性偏低、中性偏高、高估，低估时多买入0.5份的单位金额，中性偏低时正常买入，中性偏高时不买，高估时卖出一份。具体交易规则如下：

当PE分位数<25%时，指数低估，买入1.5份单位金额。

当25%≤PE分位数<50%时，指数估值中性偏低，买入1份单位金额。

当50%≤PE分位数<75%时，指数估值中性偏高，停止买入。

当PE分位数>75%时，指数高估，卖出1份单位金额。

表12-9展示了上述四个PE估值类智能定投策略的业绩表现。

表12-9　PE估值类智能定投策略的业绩表现

名称	策略详情	年化收益	最大回撤	收益风险比	标准差	夏普比率
普通定投	每期定投1份单位金额	4.77%	53.08%	0.09	23.23%	0.21
策略一	低估:PE≤10时买入1.5份 中性:10<PE≤15时买入1份 高估:PE>15时买入0.5份	5.34%	52.94%	0.10	23.25%	0.23
策略二	低估:PE分位数≤25%时买入1.5份 中性:25%<PE分位数≤75%时买入1份 高估:PE分位数>75%时买入0.5份	5.62%	51.56%	0.11	23.23%	0.24
策略三	低估:PE分位数≤25%时买入1.5份 中性偏低:25%<PE分位数≤50%时买入1份 中性偏高:50%<PE分位数≤75%时买入0.5份 高估:分位数>75%时停止买入	6.35%	49.09%	0.13	23.26%	0.27
策略四	低估:PE分位数≤25%时买入1.5份 中性偏低:25%<PE分位数≤50%时买入1份 中性偏高:50%<PE分位数≤75%时停止买入 高估:PE分位数>75%时卖出1份	8.85%	43.79%	0.20	20.91%	0.42

定投策略的净值采用最大投入法计算。

在策略一中，我们选择10和15作为PE高低估临界值的做法包含一定的主观成分，不够客观，此方法的通用性很差，而且它也没有表现出令人满意的效果。所以我们首先放弃使用该策略。

策略二的定投原则是"低估多投，高估少投"，这样做带来了小幅度的业绩提升，策略二在测试期内的历史年化收益为5.62%，稍高于普通定投策略的4.77%。

策略三的定投原则是"低估多投，高估少投或不投"，对应年化收益率为6.35%，相较于策略二有小幅度提升。策略四的定投原则是"低估多投，高估不投或卖出"，对应的年化收益率进一步提升到8.85%，而且策略的最大回撤也有一定程度的提升。这说明对定投策略来说，在估值高位进行止盈、卖出一些份额是很有必要的。

与普通定投策略相比，各PE智能定投策略的年化收益均有一定的提升，但是幅度不大，说明利用PE指标来决定每期定投金额有一定的作用，但是作用可能有限。

2. PB估值类智能定投策略

接下来，我们再看看利用市净率PB来进行智能定投的情况，由于利用PB的绝对值大小更加难以判断指数估值的高低，所以我们这里只从相对的角度利用PB判断指数的估值高低，也即用PB分位数。我们设计了如下三种不同交易规则下的智能定投策略，具体如下：

策略一

从相对估值的角度来看，利用市净率PB将指数估值分为三种状态来应对，即低估、中性、高估，低估时多买入0.5份的单位金额，合理估值时正常买入，高估时少买入0.5份的单位金额。具体交易规则如下：

当PB分位数<25%时，指数低估，买入1.5份单位金额；

当25%≤PB分位数≤75%时，指数估值合理，买入1份单位金额；

当PB分位数>75%时，指数高估，买入0.5份单位金额。

策略二

从相对估值的角度来看，利用市净率PB将指数估值分为四种状态来应对，即低估、中性偏低、中性偏高、高估。低估时多买入0.5份的单位金额，中性偏低时正常买入，中性偏高时少买入0.5份的单位金额，高估时不买。具体交易规则如下：

当PB分位数<25%时，指数低估，买入1.5份单位金额；

当25%≤PB分位数<50%时，指数估值中性偏低，买入1份单位金额；

当50%≤PB分位数<75%时，指数估值中性偏高，买入0.5份单位金额；

当PB分位数>75%时，指数高估，停止买入。

策略三

从相对估值的角度来看，利用市净率PB将指数估值分为四种状态来应对，即低估、中性偏低、中性偏高、高估。低估时多买入0.5份的单位金额,中性偏低时正常买入,中性偏高时不买,高估时卖出一份。具体交易规则如下:

当PB分位数<25%时,指数低估,买入1.5份单位金额;

当25%≤PB分位数<50%时,指数估值中性偏低,买入1份单位金额;

当50%≤PB分位数<75%时,指数估值中性偏高,停止买入;

当PB分位数>75%时,指数高估,卖出1份单位金额。

表12-10展示了上述三个PB估值类智能定投策略的业绩表现。

表12-10　PB估值类智能定投策略的业绩表现

名称	策略详情	年化收益	最大回撤	收益风险比	标准差	夏普比率
普通定投	每期定投1份单位金额	4.77%	53.08%	0.09	23.23%	0.21
策略一	低估:PB分位数≤25%时买入1.5份 中性:25%<PB分位数≤75%时买入1份 高估:PB分位数>75%时买入0.5份	5.38%	52.35%	0.10	23.25%	0.23
策略二	低估:PB分位数≤25%时买入1.5份 中性偏低:25%<PB分位数≤50%时买入1份 中性偏高:50%<PB分位数≤75%时买入0.5份 高估:分位数>75%时停止买入	5.86%	51.59%	0.11	23.26%	0.25
策略三	低估:PB分位数≤25%时买入1.5份 中性偏低:25%<PB分位数≤50%时买入1份 中性偏高:50%<PB分位数≤75%时停止买入 高估:PB分位数>75%时卖出1份	6.68%	47.78%	0.14	22.96%	0.29

策略一的定投原则是"低估多投,高估少投",其收益表现相较于普通策略的年化4.77%提升到年化5.38%,策略二的定投原则是"低估多投,高估少投或不投",策略收益表现进一步小幅提升至年化5.86%,策略三的定投原则是"低估多投,高估不投或卖出",策略收益再次提升至年化6.68%。

总的来说,与PE估值类智能定投策略相似,PB估值类智能定投策略的年化收益相较于普通定投策略均有一定提升,说明利用PB指标来决定每期定投金额也是有一定作用的,但是作用程度有限。

3. 总结

当股票指数的PE指标值或PB指标值刚到达低位时，指数的价格往往处于下降趋势中，离价格反转可能还有很大的空间和很长的时间。这时候买入往往还有较大的下跌空间，但是定投由于有持续的未来现金流可用，恰好适合这种行情，因为可以在估值低位，在股价仍然下跌的过程中不断买入，估值回归的转折点虽然难以把握，但是估值终将会回归。估值回归的时间越晚，我们在估值低位积累的指数基金份额就越大，待反弹时的总收益也就越高。从这个逻辑的角度来看，在指数低估时坚持投入甚至多投是有效的，但是我们也不建议在低位过量多投，因为过量多投需要拿出更多的金额，而在实际情况中，适合做定投的如工资、租金收入这类现金流的每期数额基本是稳定的，很难拿出更多的资金来投入。

当股票指数的PE指标值或PB指标值刚到达高位时，定投策略将面临两个问题。一是新到达的现金流将以高价买入基金份额，二是对已持仓份额要不要考虑止盈。估值刚到达高位时，指数的价格往往还处于上涨趋势中，离股价反转可能还有很长的一段距离。如果止盈过早或过大，将会踏空后面的行情。如果止盈太迟或者过少，又会遭遇较大的利润回撤。对定投策略来说，应对估值高位行情比应对低位行情更复杂。根据我们前面的策略测试结果，定投在高位止盈是有必要的，但关键是如何有效止盈。

从测试的结果来看，基于PE和PB的估值类定投策略的效果差不多，并没有本质区别，这是因为PE和PB的走势是高度相关的，其分位数自然也会高度一致。所以它们的使用结果会很接近，图12-11所示是PE分位数与PB分位数的历史走势。

PE和PB的计算公式差别仅在于分母中的净利润和净资产，而这两者都是季度低频数据，一年仅变动4次，而分子中的股价数据是日频数据，每天都在变化。所以，作为日频数据的PE和PB，其日常的变动基本都是由股价变动导致的。

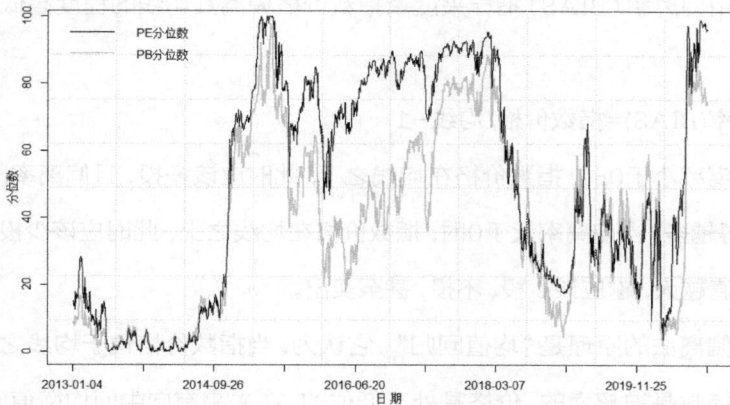

图12-11　PE分位数与PB分位数的历史走势

12.4.3　技术指标类智能定投策略

在所有的技术指标类智能定投策略中，"均线偏离法"定投策略最为常见。这里我们以均线偏离法为例，对它的业绩效果及特征做一个详细的分析介绍。

所谓均线偏离法，是以指数价格偏离其均线的程度高低来决定每期定投的金额。当指数价格在均线下方时多投一点，并且价格低于均线的幅度越大，投得越多；反之，当指数价格在均线上方时少投一点，并且价格高于均线的幅度越大，投得越少，如图12-12所示。

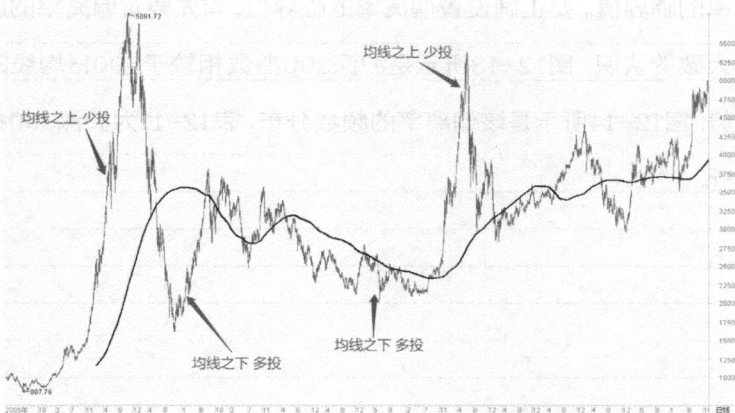

图12-12　沪深300指数与其均线走势

我们用偏离率（BIAS）指标来度量指数价格偏离其均线的程度高低，具体计算公式为：

偏离率(BIAS)=指数价格/均线－1

当偏离率小于0时，指数价格在均线之下，此时应该多投，且偏离率的绝对值越大，投得越多；当偏离率大于0时，指数价格在均线之上，此时应该少投，且偏离率的绝对值越大，越应该少投、不投，甚至卖出。

均值偏离法的原理是"均值回归"。它认为，当指数价格位于均线之下时，说明此时的指数是被超卖的，价格是处于低位的，在未来有向中间均衡值回归的倾向，也即通过上涨来向均线靠拢。因此，这时候应该多投一点。而当指数价格位于均线之上时，说明此时的指数是被超买的，价格是处于高位的，在未来有向中间均衡值回归的倾向，也即通过下跌向均线靠拢。因此，这时候应该少投一点。接下来，我们以量化回测的方法来看看均线偏离法定投策略的效果如何。

我们选择A股市场中最具代表性的宽基指数——沪深300指数作为定投策略的样本标的资产，测试时间范围为2013年1月1日至2020年9月30日，每月第一个交易日进行定投，但是会根据偏离率来决定当期合理的定投金额，即仍然是定期投资，但是可能不定额。

为了确定当均线偏离到何种程度时应该多投或少投多少金额，我们需要事先设置偏离率的临界值。要正确设置偏离率的临界值，首先要对偏离率的历史数据分布有个大致的认识。图12-13所示是沪深300指数相较于500日均线的偏离率的历史走势，图12-14所示是该偏离率的频数分布。表12-11为沪深300指数偏离率统计分析。

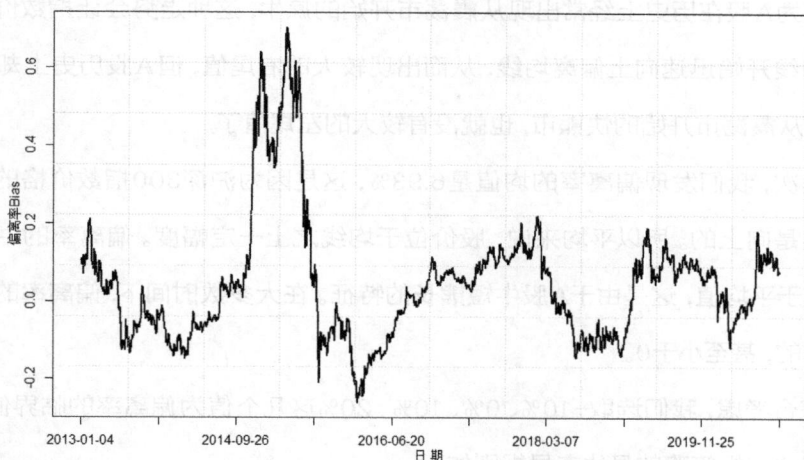

图12-13　沪深300指数相较于500日均线的偏离率历史走势

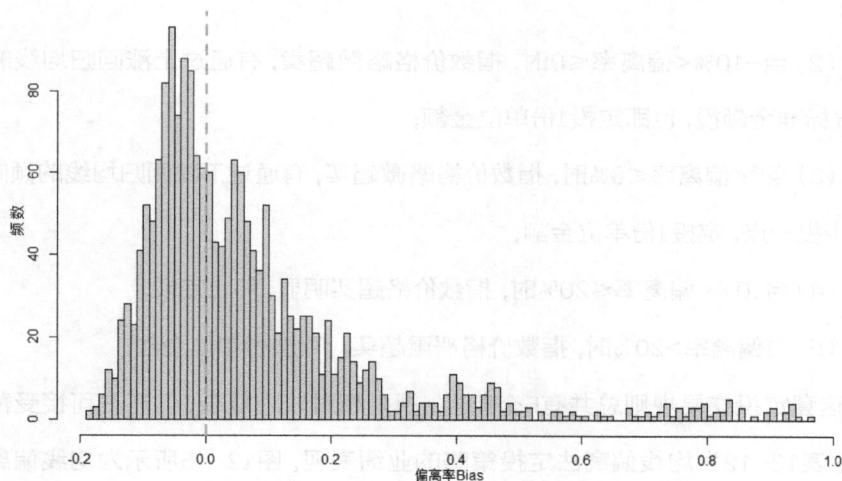

图12-14　沪深300指数偏离率频数分布

表12-11　沪深300指数偏离率统计分析

最小值	25% 分布数	中位数	平均值	75% 分位数	最大值
−18.32%	−5.18%	1.39%	6.93%	12.35%	96.14%

首先，从频率直方图来看，偏离率在[−20%，20%]范围内的分布很接近正态分布，且这个正态分布的均值为0左右。偏离率的右尾现象很严重，左尾却没有，

这是因为A股在历史上经常出现从震荡市开始的疯牛，这种走势会让指数价格从贴近均线开始迅速向上偏离均线，从而出现较大的右尾值，但A股历史上却基本没有过从震荡市开始的快熊市，也就没有较大的左尾值了。

其次，我们发现偏离率的均值是6.93%，这是因为沪深300指数价格的总体走向还是向上的。所以平均来说，股价位于均线之上一定幅度。偏离率的中位数明显小于平均值，这是由于A股牛短熊长的特征。在大多数时间下，偏离率的值都是较小的，甚至小于0。

综合考虑，我们选取−10%、0%、10%、20%这几个值为偏离率的临界值。均线偏离法定投策略的具体交易规则如下：

（1）当偏离率≤−10%时，指数价格超卖明显，需要多投，定投1.5份单位金额；

（2）当−10%＜偏离率≤0时，指数价格略微超卖，有通过上涨回归均线的倾向，按标准金额投，也即定投1份单位金额；

（3）当0＜偏离率≤8%时，指数价格略微超买，有通过下跌回归均线的倾向，此时少投一点，定投1份单位金额；

（4）当10%＜偏离率≤20%时，指数价格超买明显，停止定投；

（5）当偏离率＞20%时，指数价格严重超买，卖出1份单位金额；

这套定投交易规则总共有5个条件，规则相对较为复杂，但还在可接受范围之内。表12-12为均线偏离法定投策略的业绩表现，图12-15所示为均线偏离法定投策略的净值走势。

表12-12　均线偏离法定投策略的业绩表现

名　称	年化收益	最大回撤	收益风险比	标准差	夏普比率
普通定投	4.77%	53.08%	0.09	23.23%	0.21
均线偏离法	6.68%	47.78%	0.14	22.96%	0.29

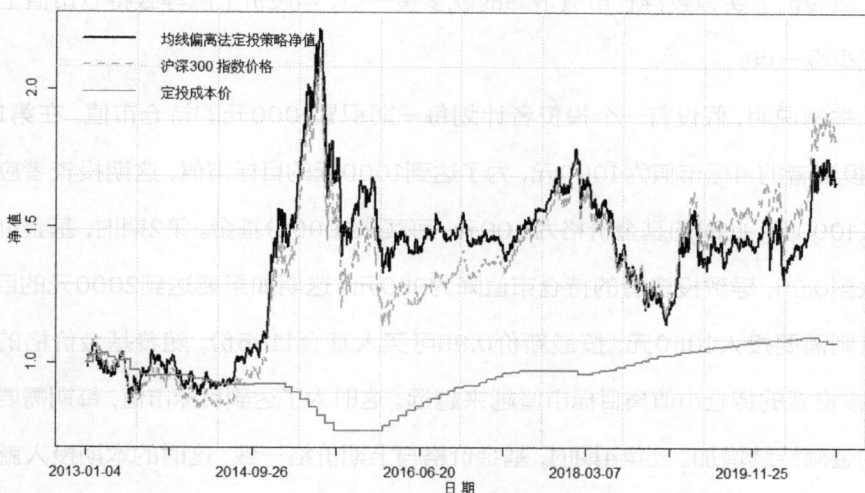

图12-15　均线偏离法定投策略的净值走势

从历史测试结果来看，均线偏离法相较于普通定投是有一定的效果提升的，但其收益风险表现并没有得到本质改变，仍然是收益不够高，回撤风险太大。

当然，这里我们只测试沪深300指数的均线偏离法定投策略，由于不同股票指数的均线指标参考价值差别较大，所以不同指数的均线偏离法定投策略的效果也有一定的差异。

12.4.4　目标类智能定投策略

目标类智能定投策略的交易规则主要根据投资者自身的投资目标设定。由于这类智能定投策略并没有使用某种方法去捕捉市场规律，所以其创造超额收益的能力往往很差或者没有，但它们会比较符合投资者的个人偏好。常见的目标类智能定投策略有价值平均策略、目标投。

1. 价值平均策略

价值平均策略也叫市值恒定策略。顾名思义，它的目的在于保持持仓市值的每期恒定增长，通过调整投资者每期投入的金额使持仓市值在每一期均以一个既定的幅度增加。

当股价下跌导致持仓市值下降时就多投一点，当股价上涨导致持仓市值上升时就少投一点。

举例说明，假设有一个投资者计划每一期积累1000元的持仓市值。在第1期时，投资者的目标市值为1000元，为了达到1000元的目标市值，这期投资者应该投入1000元，此时的基金价格为1.00元，可买入1000份基金。第2期时，基金价格下跌到0.95，导致投资者的持仓市值降为950元。这期如果要达到2000元的目标市值则需要投入1050元，按最新价0.95可买入基金1105份。随着基金价格的下跌，投资者的持仓市值离目标市值越来越远。这时为了达到目标市值，每期需要投入的金额持续增加。到第4期时，基金价格与上期价格一致，这时的本期投入就还是1000元。到第7期时，基金价格从0.85元上涨到0.9元，持仓市值变为6353元，此时要实现当期7000元的目标市值就只需要投入647元了。按最新的基金价格0.9元可买入基金917份。到第10期时，价格持续上涨回到1.0元，持仓市值涨至9474元。这时要实现当期10000元的目标市值只需投入526元即可，见表12-13。

表12-13　价值平均策略示例

期　　数	基金价格（元）	持仓份额（份）	持仓市值（元）	目标市值（元）	本期投入（元）	份额增加（份）	累计投入（元）
第1期	1.00	0	0	1000	1000	1000	1000
第2期	0.95	1000	950	2000	1050	1105	2050
第3期	0.90	2105	1895	3000	1105	1228	3155
第4期	0.90	3333	3000	4000	1000	1111	4155
第5期	0.85	4444	3778	5000	1222	1438	5377
第6期	0.85	5882	5000	6000	1000	1176	6377
第7期	0.90	7059	6353	7000	647	719	7025
第8期	0.90	7778	7000	8000	1000	1111	8025
第9期	0.95	8889	8444	9000	556	585	8580
第10期	1.00	9474	9474	10000	526	526	9106

从第1期到第10期，基金价格先从1.0元下跌到0.85元，再从0.85元上涨至1元。价格没有变，但是实现了894元的盈利，即第10期的投后市值10000元减去累计投入的9106元，相较于累计投入盈利9.82%。价值平均策略也拥有和普通定

投策略一样的在震荡市盈利的能力, 并且它的这种能力更强。因为价值平均策略为实现每期目标市值的恒定增长, 实际上在价格低位买入了更多份额, 不仅是以更低的单位价格买入, 而且还投入了更多的金额来买入, 且价格越低买得越多。在基金价格的上涨过程中, 使用价值平均策略又会降低投入, 也即在价格高位少投入。

可以说, 与普通定投策略相比, 价值平均策略具有双重的 "低位多买入份额, 高位少买入份额" 的能力, 所以它在震荡市的盈利能力也是强于普通定投策略的。

但是, 价值平均法也有一个突出的问题, 即在价格下跌的过程中, 需要投入的金额会越来越多, 特别是当定投期数较多时遇价格下跌, 为了保持目标市值恒定增长, 所需新投入的资金可能是标准金额的数倍甚至数十倍。显然这是不合理的, 因为定投策略最适合的资金形式, 像工资、租金收入等未来现金流每一期的可供投入金额总体是较为稳定的, 没有那么多的资金可供大幅加倍投入。

举个例子, 假设有一个投资者的月收入是10000元, 计划每月定投5000元, 采用价值平均策略, 持仓市值每期恒定增加5000元, 当投资者累计投入了50期后, 持仓市值为25万元, 在第51期时遇基金价格下跌20%, 持仓市值变为20万元, 而第51期的目标市值为25.5万元。为了实现这一目标, 投资者在第51期需新投入5.5万元, 是标准金额5000元的11倍。一般说来, 投资者当期肯定是很难拿出5.5万元来投入的。

所以, 价值均值策略的实际可操作性还有待商榷。不过我们可以采用一个简单的修正办法, 即设置每期投入金额的最大值最多只能是标准金额的3倍, 或者其他小额倍数。在上述例子中就是1.5万元, 这样就能具有比较实际的可操作性了, 但是效果可能会较大程度地偏离标准的价值平均策略的标准金额。

我们继续回到上面那个例子, 如果在第51期时基金价格上涨20%, 则最新持仓市值变为30万元, 而第51期的目标市值仅为25.5万元。这时候有两种处理方式, 第一种是卖出4.5万元市值的基金, 仍然实现第51期25.5万元的目标市值, 第二种是当期不投入。

2. 目标投

目标投的出发点很简单，就是预先设置一个投资目标，比如设定目标收益率5%或者实现5万元的盈利。一旦投资目标达成，就止盈退出此轮投资，重新开始新一轮的目标投资。

如果设置合理且能让投资者满意的目标收益率，以沪深300指数为例，它的年化波动率在20%左右。对于沪深300指数基金定投，如果我们设置5%的目标收益率，目标达成的概率会很高，但5%的收益较低，不一定能让投资者满意。如果目标收益率设置得太高，比如30%，那可能在很长时期内都达不到这个目标，对投资者的心理是一种考验。综合考虑，我们认为，对于沪深300指数基金定投，设置15%的目标收益较为合适。当然，不同的指数，合理的目标收益也会有所差异。

目标投本质是一个目标止盈的震荡类策略，在震荡行情中容易获得较好的投资效果，在价格高位达到收益目标，止盈退出，此时价格也差不多开始从高位回落，新的一轮目标投又恰好开始，先跌后涨的V形价格走势是对定投最有利的走势，即所谓的"微笑曲线"。在趋势上涨行情中，使用目标投会很快达成目标收益并止盈退出，然后在更高的价位开启新的一轮目标投；如果上涨趋势延续，依然可以继续盈利甚至第二次实现目标，但是绝对收益金额肯定是大幅低于普通定投策略的，因为目标投在上涨初期就清空了大部分基金份额。在趋势下跌行情中，目标投由于一直无法实现获得目标收益，所以需要持续定投，这和普通定投策略是一致的，也就是说，目标投和普通定投策略的区别主要在于在震荡行情和上涨行情中的表现不同，目标投在这两种行情下都可以实现盈利，但是收益均不会太高，而普通定投策略只在上涨行情中能实现盈利，但是盈利可能会很丰厚，远高于目标投。对于期望收益不高、对风险厌恶程度较高、期望尽快落袋为安的投资者，不妨优先选择目标投。

目标投还有一个较为关键的问题，就是如何分配每期投入的资金。由于目标投的资金来源不仅仅是稳定的未来现金流，还有上一期目标投结束时的退出金额，因此必然会涉及这笔金额怎样分配到未来定投中的问题。分配方式主要有两种，小额多份或大额少份。

如果采用小额多份的分配方式，遇趋势上涨行情会存在较为严重的踏空；如果采用大额少份的分配方式，遇趋势下跌行情又不足以应对长期的定投。总的来说，分配的问题主要还是要看对未来行情的判断。我们建议，在股票指数估值低位时采用大额少份的分配方式，因为这时候指数的下跌空间不大，而在股票指数估值高位时采用小额多份的分配方式，因为这时候指数的上涨空间有限，而下跌空间可能很大。

12.4.5　更广义的智能定投策略

普通定投策略的本质是定期定额投入本金到买入持有策略，其中的关键词有三个：定期、定额、买入并持有策略。从这三个点出发，我们可以将普通定投策略进行改进，得到不定期的、不定额的或者可投入其他任何投资策略的定投策略，这些策略都可以称为是智能定投策略。

在本章前面我们所讨论的智能定投策略主要是定额的定投策略根据某种逻辑改造成不定额的定投策略。类似的，我们也可以改造成不定期的定投策略，比如股价每跌10%就投入一份单位金额。但是我们发现，从这两个方向对定投策略进行改造始终难以得到令人满意的结果，定投策略的收益风险表现及特征本质上还是取决于它所投入的策略。如果所投入策略是买入并持有策略，那么会始终难以从根本上偏离买入并持有策略的收益风险表现及特征。由于买入并持有策略是一个期望收益一般但风险很大的策略，所以不定期或不定额投入本金到买入持有策略的智能定投策略的表现也会大致如此。

从理论上来说，任何投资策略都可以以定期定额的形式投入本金，比如我们前面提到过的股债平衡策略。举例说明，假设我们每期定投1万元到股债平衡策略，在第1期定投时根据策略逻辑应持有50%仓位的股票基金和50%仓位的债券基金，那么我们应该投入5000元到股票基金，投入5000元到债券基金。第2期定投时如果按照策略逻辑仍然是持有50%仓位的股票基金和50%仓位的债券基金，那么对第2期投入的1万元仍然是投入5000元到股票基金，投入5000元到债券基金。如果在第2期和第3期定投之间，股债平衡策略发出了调仓信号，调仓后的股票基金和债券基金的理论仓位应为60%和40%，那么我们应该先按策略逻辑将已有持仓比例调整成目标持仓比例，并且在第3期定投时，新投入的资金也按60%：40%的比例买入股票基金和债券基金。

定投天然适合投入本金是诸如工资、租金收入这类的稳定的未来现金流的投资者。对这类投资者来说，在每期未来现金流到达时，并不一定非要投入买入并持有策略，因为按照我们的策略评价标准，买入并持有策略不是一个合格的策略。我们完全可以考虑将未来现金流投入其他任何合格的投资策略，比买入并持有策略更有效的策略。

第 13 章

网格策略

———◦———

　　网格交易策略也是时下一种比较热门的策略，特别是在普通个人投资者之中广为流行。网格交易策略是一种非常契合人性的策略，因为它每一笔交易都旨在"高抛低吸"，每一次买入都旨在盈利退出。从理论上来说，网格交易策略的交易胜率是100%，这非常符合人性中贪婪、厌恶亏损的心理特征，很容易让投资者在投资的过程中心理愉悦。这可能是网格交易策略之所以流行的最重要原因。

　　但是投资的核心目的是追求稳健的收益，想知道网格交易策略对我们的意义有多大，关键还是要看它能给我们带来怎样的投资业绩，或者它对我们的投资有何种有价值的可借鉴的内容。在本章里，我们将本着客观、科学的态度，对网格交易策略的真实业绩效果、交易特征进行全面的分析与研究。

13.1　什么是网格交易策略

所谓网格交易策略，简单来说，就是将账户资金分成多份，股价每下跌一定幅度买入一份单位资金的股票，待反弹一定幅度就卖出这份股票，不断地低买高卖、高抛低吸。当股票价格在一定范围内波动时，这种做法会非常有效，可以不断地获取利润。网格交易策略通过阶梯式地设置多重买入价格和卖出价格，编织成一张网来捕捉股价的波动，就像渔夫撒网捕鱼一样，将一定范围内的鱼一网打尽。

当然，除了股票之外，网格交易策略也可以用于其他证券资产的投资，比如指数基金、可转债等。

如图13-1所示，黑色实线代表的是股价走势，当股价下跌3格时买入一份，当股价上涨3格时卖出一份。以此循环反复操作。其间股价不涨不跌，但是网格交易策略已经做了三次低买高卖的交易，共计赚取了9格的利润。

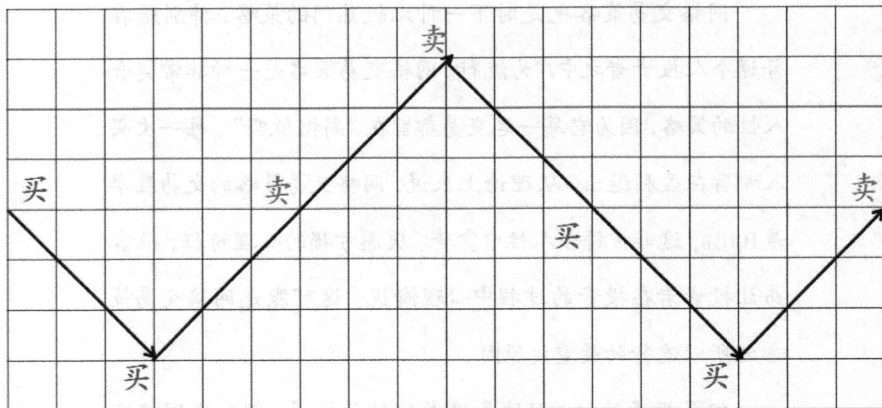

图13-1　网格交易示例

接下来我们再举一个实例来说明网格交易策略的具体操作过程：

假设初期时我们有60000元的本金，计划根据网格交易策略来交易一只指数基金（ETF），这只基金的最新价为1元，且我们预估这只基金的最大可能跌幅为25%左右。我们先将初始资金等分为6份，每份10000元。按基金的最新价格先买入1份，对于剩余的5份资金，我们设置网格大小为5%，即基金价格每下跌5%，就买入1份。最悲观的情况是，基金价格在未来果真下跌25%左右，我们则正好可以买完5份资金。当基金价格反弹时，对于买入的每份基金，每涨5%就止盈卖出一份，见表13-1。

表13-1　网格交易策略案例

时期	网格编号	基金价格	跌幅	涨幅	买入金额	买入份数	卖出份数	卖出金额	单笔盈利	基金份额	基金市值	可用现金	总资产
0	0	1.000	–	–	10000	10000	–	–	–	10000	10000	50000	60000
1	Buy_1	0.950	−5%	–	10000	10526	–	–	–	20526	19500	40000	59500
2	Buy_2	0.903	−5%	–	10000	11080	–	–	–	31607	28525	30000	58525
3	Buy_3	0.857	−5%	–	10000	11664	–	–	–	43270	37099	20000	57099
4	Buy_4	0.815	−5%	–	10000	12277	–	–	–	55548	45244	10000	55244
5	Buy_5	0.774	−5%	–	10000	12924	–	–	–	68471	52982	0	52982
6	Sell_5	0.812	–	5%	–	–	12924	10500	500	55548	45131	10500	55631
7	Sell_4	0.855	–	5%	–	–	12277	10500	500	43270	37006	21000	58006
8	Sell_3	0.900	–	5%	–	–	11664	10500	500	31607	28454	31500	59954
9	Sell_2	0.948	–	5%	–	–	11080	10500	500	20526	19451	42000	61451
10	Sell_1	0.998	–	5%	–	–	10526	10500	500	10000	9975	52500	62475

在初期（即第0期）时，基金价格为1.00元，账户中持有市值为10000元的基金和50000元现金。到第1期时，基金价格为0.95元，相较于初期价格下跌5%，触发了第一层网格买入，投入一份单位金额（即10000元）来买入基金，按此时的最新价0.95元可买入10526份，账户可用现金减少到40000元，但还持有19500元的基金，账户总资产合计为59500元。

第2期时，基金价格从第1期的0.95元的价格继续下跌5%到0.903元，触发第二层网格买入，依然买入一份单位金额的基金。按此时的最新价0.903元可买入11080份，账户持仓基金份额增加到31607份，最新基金市值为28525元，另有可用现金30000元，账户总资产为58525元，相较于初始资金亏损1475元。

随着基金价格的继续下跌，依次触发第三层、第四层和第五层网格，到了我们设置的最大网格层数，依次买入后基金份额变为68471份，市值52982元，账户中的可用现金变为0，总资产合计为52982元。这里，我们记第一层网格买入为Buy_1，第二层网格买入为Buy_2，以此类推。

从第6期开始，基金价格开始反弹，当基金价格从第5期的0.774元上涨5%至0.812元时触发了第5层网格买入的止盈退出。因此，我们将第5层网格买入的12924份基金按现价卖出，获得回款10500元，此份网格交易盈利500元。到第7期时，基金价格继续上涨至0.855元，相较于第四层网格买入的成本价0.815元上涨5%，触发第四层网格买入的止盈退出，卖出对应份额12277份，获得回款10500元。此份网格同样盈利500元。

随着基金价格的继续反弹，第三层、第二层和第一层网格买入依次被触发止盈卖出，每份盈利500元。至第10期时，基金价格基本回到了初期价格，账户中的基金份额也回到了初期的10000份，但是我们的可用现金增加到了52500元，比初期多出了2500元。也就是说，在基金价格下跌后涨基本持平的这个过程中，我们实现了约2500元的盈利，盈利比例为4.13%。

这就是网格交易策略的作用，利用预先设置的网格来被动地捕捉市场波动。当市场价格在我们预先撒出的网格的范围内波动时，我们就可以不断地低买高卖，赚取利润。

13.2　网格交易策略理论分析

上述例子是网格交易策略的一种理想情况，交易品种的价格呈横向来回震荡的走势，价格波动范围恰好和预先设置的网格范围一致，股价的波动被网格完全捕捉，但在实际情况中，这种理想的价格走势很少出现。在实际情况中，股票价格可能不是震荡走势，而是单边上涨或者单边下跌走势，或者是不规律的震荡走势，价格波动的范围大概率也和预设的网格范围大小不一致。总之，影响网格交易策略效果的因素很多，而这些因素不会像理论中所讲述的那样理想。

下面我们来详细分析网格交易策略在实际交易中的一些情况与问题。

13.2.1　网格交易策略在不同行情走势下的表现

简单来说，我们可以将证券价格的行情走势分为三类：下跌趋势行情、上涨趋势行情、震荡行情。

在下跌趋势行情中，根据网格交易策略的买入逻辑，股价每下跌一定幅度就买入一份，我们设置的多层网格买入会依次被触发。如果价格下跌的幅度超过最后一层网格买入价格，我们将买完所有份额，耗尽账户中的现金，之后即使价格再继续下跌，我们也没有更多的资金再买入。这时候比较理想的情况是，股价恰好在我们最后一层网格买入价格的附近开始止跌反弹，反弹后我们可以按计划将在价格低位买入的份额止盈退出。

但是也有可能是证券价格继续下跌，而且迅速远离最后一层网格买入价格的区域。在这种情况下，我们会满仓持有证券份额承受下跌，遭受大幅度的资产回撤，而且有可能在很长一段时间内都不会有止盈卖出的机会了。举个例子，假如我们在2015年中创业板指从4000点跌到3000点时按照预设的多层网格依次买完所有份额，最后一层网格买入对应的止盈价也在3000点以上，而在之后的5年多时间里，创业板指再也没有上过3000点，也即我们的网格交易策略再也没有机会止盈卖出过任何份额。

在上涨趋势行情中，根据网格交易策略的卖出逻辑，股价每上涨一定幅度就卖出一份，我们设置的多层网格卖出会依次被触发，如果价格上涨的幅度超过最后一层网格卖出价格，我们将卖出所有的持仓份额，账户资产全部变为现金。这时候，如果价格再继续上涨，我们将完全踏空后面的行情。在比较理想的情况下，价格到达最后一层网格卖出价格的区域附近后，短期内开始回落，给我们再次按网格买入的机会。

但是，当遇到真正的牛市行情时，证券价格突破最后一层网格卖出价之后再也不会回落到这个价格之下。比如，在2014年的牛市初期，沪深300指数从2000点上涨至2800点，涨幅达40%。这个级别的价格涨幅基本上足以让很多网格交易策略者卖出绝大多数的甚至所有的份额，但是沪深300指数突破2800点之后，就再也没有回落到2800点之下。由于股票市场趋势长期是向上涨的，或许沪深300指数永远也不会再回落到2800点以下。

震荡是网格交易策略最理想的行情走势，正如我们在上节中所举的例子那样，在震荡行情的价格回落阶段按照预设的网格分批买入，在震荡行情的反弹阶段按照预设的网格分批卖出止盈，完成一个买卖回合即可赚取一份利润。在震荡行情期间，证券价格本身可能不涨不跌，但网格交易策略却在源源不断地赚取利润，且价格来回波动的幅度越大、速度越快，利润越丰厚。

但是对于震荡行情也有一个问题，那就是我们设置的网格范围需要和股价的震荡区间高度差不多，否则网格交易策略的效果会大打折扣。如果设置的网格范围太小，则不能将价格波动全部纳入网中，不能充分利用市场价格波动赚取利润，而且在价格震荡区间的底部和顶部还会面临满仓下跌和空仓踏空的窘境。如果设置的网格范围太大，则买入价格低于震荡区间底部价格的网格将没有机会被触发。这样一来，资金的使用效率就会比较低，投资收益率自然也难以很高。

综上所述，网格交易策略不适用于下跌趋势行情和上涨趋势行情，即使在震荡行情走势中也要设置合理的网格买入计划，才能获得预期的投资收益。

13.2.2　怎样的交易标的适用于网格交易策略

对于使用网格交易策略而言，在价格下跌的过程中会持续买入，如果价格下跌的幅度足够大，所有的网格买入必将会被一一触发，且买入之后若价格没有反弹到目标价位就不会卖出，也不会止损，会一直持有。

所以，对使用网格交易策略而言，交易标的必须是不会走向价值毁灭、价格归零的，否则投入网格交易策略的本金也将尽数归零。就这点而言，股票指数基金是非常适合网格交易策略的，特别是对于类似沪深300指数、创业板指等的核心宽基指数。

因为从长期来看，只要经济社会是向前发展的，这些指数基金的价值不但不会归零，而且必然会上涨，也就是说，网格交易策略买入的所有份额最终都会有止盈退出的机会。不过这里也需要指出，对少数行业或主题窄基指数，虽然价值也不会归零，但是有可能在很长的时间内不上涨，纵然此时股市整体是处于上涨过程中。

股票则不然，经济社会的发展是一个优胜劣汰的过程。股市长期向上的过程中也伴随着大量公司的退市甚至破产。所以，如果我们选择单只股票作为网格交易策略的交易标的，则必须确保这不是一只在未来有可能退市甚至破产的股票，否则我们投入策略的本金也会和这只股票一起归零。

此外，与股票指数相比，股票的可能的波动范围更大，也相对更难预测。对单只股票来说，股价向下可以退市归零，向上可以涨10倍、20倍甚至更高。因此在初期时我们很难给网格交易设置合理的参数，以尽可能地将股价未来的波动范围纳入网中。相对而言，股票指数的价格波动范围则好预测得多了，特别是宽基指数，我们可以根据历史价格波动范围、指数估值等指标较为准确地预测股票指数价格的波动范围，并且股票指数的波动结构也相对稳定得多，很少发生突变。

因此，股票指数基金比股票更适合作为网格交易策略的交易标的。

13.2.3 如何设置合理的网格交易参数

假设计划投入网格交易策略的总资金为A，将资金分为N份，则单位资金大小unit=A/N。设置网格大小为R%，即价格每下跌R%，买入一份资金，买入后上涨R%止盈退出。

N和R%是网格交易最重要的两个参数。它们决定了网格范围的大小，即网格交易策略所能覆盖的价格波动范围的大小。网格范围大小近似等于N×R%。这里的N越大，R%越小，网格密度越高。网格密度高的好处在于可以多捕捉到一些小幅度的价格波动，代价是交易频率较高，交易成本更高，实际操作时也更麻烦。反之，N越小，则$R\%$越大，网格密度越低。N和$R\%$如何设置，关键要看股票指数的价格波动范围多大，但是要合理估算出股票指数的价格波动范围并不是一件容易的事。相对而言，向下的波动范围还好估算一些，毕竟股票指数是有价值底部支撑的，向上的波动范围则很难估算，因为股票指数能涨到哪里没有一个较好的度量标准，特别是在市场疯狂时。

如果我们担心初期入场后，价格并没有如预期中的那样持续下跌，给我们连续买入的机会，则可以考虑在初期时就直接买入多份，具体买多少份，可以根据初期时的市场位置高低而定。如果初期时市场价格处于低位，则可以一次性买多一些，反之则买少一些。

13.3 网格交易策略的真实历史效果

在上一节中，我们从理论的角度详细介绍了网格交易策略的属性特征，以及它在各种行情走势下的一个可能表现，但是这只是一种主观推论，可能并不够严谨。要获得对网格交易策略科学、客观的认识，还得基于历史数据来对其进行分析、评价。

13.3.1 网格交易策略的历史回测

前面我们从理论的角度详细介绍了网格交易策略的属性特征，以及它在各种行情走势下的一个可能的表现。这里我们以量化回测的方法来看看网格交易策略在历史上的真实表现如何。

1. 交易标的

选择对A股市场代表性最强的沪深300指数作为网格交易策略的交易标的，见表13-2。

表13-2　网格交易策略标的股票指数列表

编号	指数代码	指数名称	基期	ETF代码	ETF名称	类型
1	000300.SH	沪深300	2004-12-31	510300.SH	300ETF	核心规模指数

2. 测试时间

2013年1月1日—2020年9月30日。

3. 交易逻辑

首先，将初始资金*A*分为*N*份，即每份单位资金为*A/N*。初期先买入1份单位资金的指数，然后指数价格每下跌*R*%买入一份。对于每份买入，价格上涨*R*%则止盈退出。这里我们设置*N*=6，*R*%=5%。初期买入一份后还可以买入5份，可覆盖的最大股价跌幅为25%。考虑到在测试期起始日期时沪深300指数已经经过了长期的下跌，股价和估值均处于低位，这种设置是较为合理的。

当持仓中的所有份额均卖出之后开启新的一轮网格交易，将最新总资产重新分为*N*份。当指数价格自上轮网格交易结束之日起，从任意最高价回落*R*%时买入第一份，之后仍然是每下跌*R*%买入一份。对于每份买入，上涨*R*%则止盈一份。

测试时，如果当日最低价小于等于我们预设的网格买入价，则触发此份网格买入，并以此预设价格成交。如果当日最高价大于等于我们预设的网格止盈价，则触发止盈，并以此预设价格成交。同时，我们限制每个交易日最多交易一次。这样做是为了便利我们的实际操作，我们可以在每个交易日开盘前就提前下好委托买入订单和卖出订单，不需要在盘中时时盯盘。由于我们设置的网格大小*R*%为5%，就沪深300指数的波动率而言，极少会出现在一个交易日内买入订单和卖出订单均被触发的情况。

4. 测试结果

表13-3展示的是以沪深300指数为交易标的的网格交易策略在测试期范围内的业绩表现。

表13-3　沪深300指数为交易标的的网格交易策略的业绩表现

策略名称	年化收益	最大回撤	收益风险比	标准差（年化）	夏普比率	总交易次数	平均持仓份额	平均股票仓位
B&H	7.97%	46.70%	0.17	23.15%	0.34	–	–	100%
网格交易	3.57%	32.30%	0.11	17.96%	0.20	78	4.8	74.7%

注：B&H策略为买入并持有策略。

在测试期范围内，网格交易策略的历史年化收益为3.57%，显著低于B&H策略的7.97%。网格交易策略的历史最大回撤为32.30%，低于B&H策略的46.7%。考虑到网格交易策略并非像B&H策略那样持有百分之百仓位的股票资产，所以它的最大回撤低于B&H策略也在情理之中。从综合收益风险表现来看，网格交易策略的收益风险比只有0.11，低于B&H策略的0.17。

网格交易策略在长达7.75年的测试期范围内仅交易78次，也即有最多39个买卖回合，平均每年只有5个左右的买卖回合。这远远低于我们的预期。因为按照网格交易策略的交易逻辑，在价格波动时会不断地来回低买高卖，交易频率应该比较高才对。因此，下面对以沪深300指数为交易标的的网格交易策略的历史情况做一个详细分析。

图13-2所示为以沪深300指数为交易标的的网格交易情况。主图是沪深300指数的K线走势图，正三角代表的是买入标记，倒三角代表的是卖出标记，同一个交易回合的正三角和倒三角用虚线连线，黑色实线代表网格交易策略的净值走势。为了方便比较沪深300指数的K线价格走势和策略净值走势，我们对K线做了归一化处理，即将K线初始价格转化为1。附图表示的是网格交易策略的持仓份额走势，持仓份额最大为$N=6$份，最小为0份。

从图13-2可以看出，在策略运行初期，网格交易策略确实在一定程度上发挥了预期的作用。在2013年1月至2013年10月期间，沪深300指数总体呈震荡走势，期间触发了多轮网格买入与卖出。每一个交易回合均获得5%的利润。之后在2013年11月至2014年6月的下跌过程中连续买入的份额也在2014年7月至2014年10月期间顺利止盈退出。在这两个时间段，网格交易策略确实表现出了正收益、低回撤的特点，显著优于沪深300指数价格本身的表现。

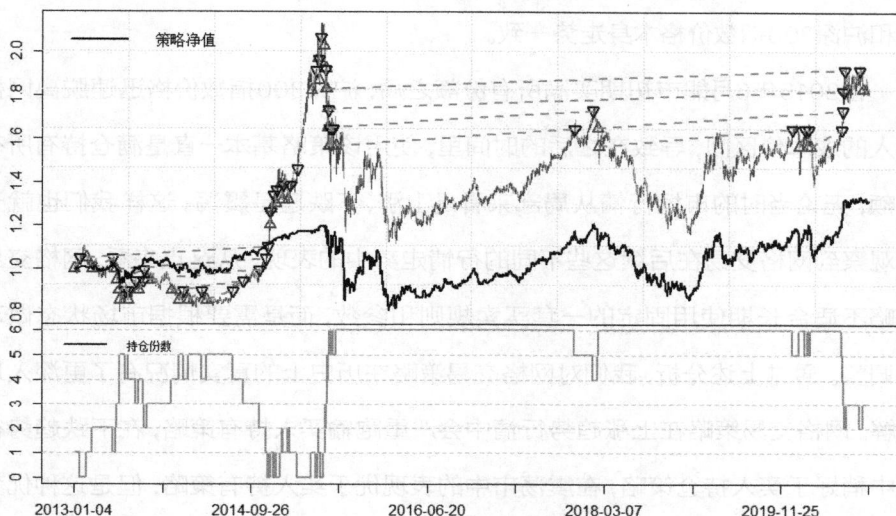

图13-2　沪深300指数网格交易情况

　　但是从网格交易策略在2014年10月卖出最后一份持仓之后，沪深300指数仍然在继续快速上涨。在此期间，网格交易策略严重踏空，直至2014年12月底沪深300指数在高位短暂剧震时，我们按策略逻辑重启的新一轮网格交易才第一次获得了买入机会。在之后2015年1月至2015年2月的指数震荡走势期间，我们再次获得了多轮按网格买卖的机会，但持仓份额始终保持在0~2份的低位。至2015年3月新的一波上涨启动时，我们很快止盈卖出所有持仓份额，之后持续完全踏空。2015年5月几乎已经是2014年开始的这轮牛市的最高位置了。回顾网格交易策略在这轮牛市期间的表现，是严重跑输指数的，网格交易策略在其间只获得了10%左右的收益，而指数本身涨幅高达100%以上。

　　在2015年6月熊市初期时，按照网格交易策略的买入逻辑，很快买满了6份，之后股价继续下跌，在很长的一段时间内，我们都没有获得止盈退出的机会，直至2017年11月才第一次获得止盈卖出的机会，而其他以更高价格买入的份额直到2020年7月才获得止盈卖出的机会。这就是为什么网格交易策略在测试期范围内的总交易次数大幅低于我们预期的原因所在。由于网格交易策略在熊市初期就很快买满了所有份额，也即满仓持有沪深300指数，因此在此期间，策略净值走势基本和沪深300指数价格本身走势一致。

在2015年6月熊市初期买满所有份额之后，沪深300指数价格迅速脱离网格买入的成本价区间，导致在之后的时间里，使用该策略基本一直是满仓持有所有份额，无论当时的市场行情从局部来看是上涨、下跌还是震荡。这样我们也就无法观察到网格交易在后续这些不同的行情走势中的表现。从这点来看，网格交易策略不适合长期使用固定的一套买卖规则和参数，而是需要根据市场状态做动态调整。通过上述分析，我们对网格交易策略在历史上的真实情况有了更深入地了解。网格交易策略在上涨趋势行情中会严重跑输买入持有策略，在下跌趋势行情中稍好于买入持仓策略，在震荡市中的表现优于买入持有策略，但是这种优势似乎比我们想象中得更小。

这是因为在现实市场中，真正完全适用于网格交易的那种理想的、有规律的震荡行情是很少见的。真实的震荡行情往往是不规则的，震荡区间的底部和顶部经常在变化，且震荡区间的走势也往往不是横向的，而是略微向上或向下的。这就导致价格波动很难被我们预设的网格交易充分捕捉。

总的来说，只要股票指数长期是向上涨的，那么网格交易策略的业绩表现就大概率不如买入并持有策略，并且股票指数的长期涨幅越大，网格交易策略的业绩不如买入持有策略的程度也越高。

13.3.2　更多的股票指数测试结果

为了更全面地了解网格交易策略的真实业绩表现，我们也考虑以其他各种类型的股票指数作为网格交易策略的标的，来看看它们在历史上的业绩表现如何，这些股票指数具体情况见表13-4。

表13-4　网格交易策略标的股票指数列表

编　号	指数代码	指数名称	基　期	ETF 代码	ETF 名称	类　型
1	000016.SH	上证 50	2003-12-31	510050.SH	50ETF	核心规模指数
2	000300.SH	沪深 300	2004-12-31	510300.SH	300ETF	核心规模指数
3	399905.SZ	中证 500	2004-12-31	510500.SH	500ETF	核心规模指数
4	000852.SH	中证 1000	2004-12-31	512100.SH	1000ETF	重要规模指数
5	399006.SZ	创业板指	2010-05-31	159915.SZ	创业板	核心规模指数
6	399986.SZ	中证银行	2004-12-31	512800.SH	银行 ETF	周期 / 银行
7	399975.CSI	证券公司	2007-06-29	512880.SH	证券 ETF	周期 / 非银
8	000819.SH	有色金属	2004-12-31	512400.SH	有色 ETF	周期 / 资源
9	000993.SH	全指信息	2004-12-31	159939.SZ	信息技术	周期 / 信息技术
10	399967.SZ	中证军工	2004-12-31	512660.SH	军工 ETF	周期 / 军工
11	399932.SZ	中证消费	2004-12-31	159928.SZ	消费 ETF	防御 / 消费
12	399913.SZ	300 医药	2004-12-31	512010.SH	医药 ETF	防御 / 医药

　　我们以和买入沪深300指数相同的网格交易策略逻辑和量化回测方法对上述股票指数一一进行测试, 测试结果见表13-5。

表13-5　各股票指数网格交易策略业绩表现

指数名称	策略名称	年化收益	最大回撤	收益风险比	标准差（年化）	夏普比率	总交易次数	平均持仓份额	平均股票仓位
上证 50	B&H	7.28%	44.70%	0.16	23.77%	0.31	–	–	100%
	网格交易	5.52%	30.50%	0.18	16.97%	0.33	110	4.6	70.3%
沪深 300	B&H	7.97%	46.70%	0.17	23.15%	0.34	–	–	100%
	网格交易	3.57%	32.30%	0.11	17.96%	0.20	78	4.8	74.7%
中证 500	B&H	8.59%	65.20%	0.13	26.73%	0.32	–	–	100%
	网格交易	-3.13%	57.71%	-0.05	22.89%	-0.14	53	4.4	71.8%
中证 1000	B&H	8.96%	72.35%	0.12	28.29%	0.32	–	–	100%
	网格交易	-5.30%	66.52%	-0.08	24.26%	-0.22	57	4.4	71.6%
创业板指	B&H	18.08%	69.74%	0.26	31.32%	0.58	–	–	100%
	网格交易	1.62%	63.01%	0.03	25.61%	0.06	101	4.5	72.7%

续表

指数名称	策略名称	年化收益	最大回撤	收益风险比	标准差（年化）	夏普比率	总交易次数	平均持仓份额	平均股票仓位
中证银行	B&H	4.91%	37.08%	0.13	24.34%	0.20	—	—	100%
	网格交易	5.86%	23.99%	0.24	15.08%	0.39	138	4.2	63.7%
证券公司	B&H	6.01%	73.22%	0.08	37.29%	0.16	—	—	100%
	网格交易	0.17%	65.19%	0.00	29.90%	0.01	131	5.3	79.5%
有色金属	B&H	−2.88%	60.61%	−0.05	30.16%	−0.10	—	—	100%
	网格交易	−3.49%	50.70%	−0.07	27.48%	−0.13	57	5.5	88.8%
全指信息	B&H	16.57%	69.70%	0.24	32.49%	0.51	—	—	100%
	网格交易	−0.53%	63.43%	−0.01	27.71%	−0.02	83	4.4	72.4%
中证军工	B&H	13.13%	71.40%	0.18	33.05%	0.40	—	—	100%
	网格交易	−1.16%	61.05%	−0.02	25.66%	−0.05	103	4.5	68.3%
中证消费	B&H	20.12%	42.66%	0.47	25.58%	0.79	—	—	100%
	网格交易	7.00%	26.54%	0.26	15.75%	0.44	139	2.8	44.5%
300医药	B&H	16.65%	43.55%	0.38	25.87%	0.64	—	—	100%
	网格交易	7.15%	30.93%	0.23	16.77%	0.43	148	3.2	48.8%

注：B&H策略为买入并持有策略。

在上述12只股票指数中，仅有中证银行的网格交易策略的收益表现略微优于B&H策略，而其他11只股票指数的网格交易策略的收益表现均低于B&H策略，而且普遍是大幅低于。这验证了我们在上一节末得出的结论，即只要股票指数长期是向上涨的，那么网格交易策略的业绩表现就大概率不如B&H策略，且股票指数的长期涨幅越大，网格交易策略的业绩不如B&H策略的程度也越高。

下面我们来看看中证银行的网格交易策略在历史上的表现。如图13-3所示。

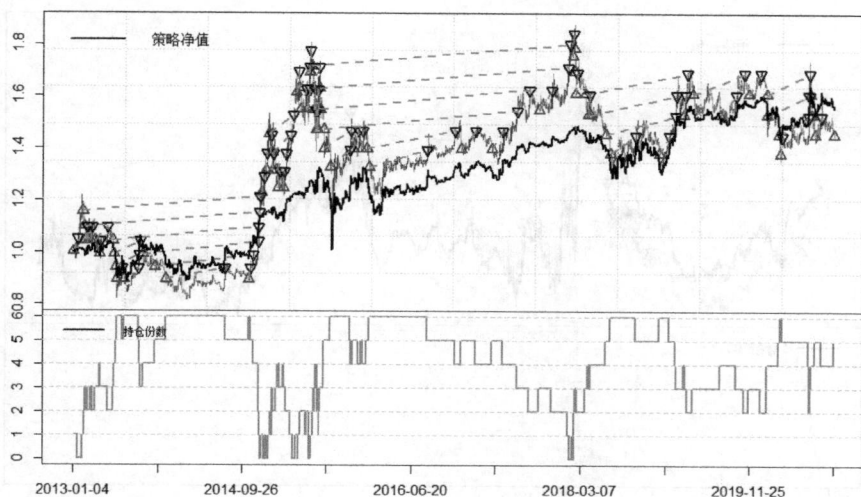

图13-3 中证银行指数网格交易情况

从图13-3可以看出，中证银行的网格交易策略的交易次数和分布情况在历史上有着一种比较正常的表现，在所有的时间段内都有一定的交易回合数。也就是说，它在所有时间段内都能利用网格交易低买高卖创造利润。因此，中证银行的策略净值曲线表现得很稳定，对应的年化标准差在所有指数中是最低的。中证银行在历史上的价格波动范围要明显低于其他很多指数，使得我们在初期设置的网格交易参数在整个测试期内均能有用武之地。这是中证银行网格交易策略表现较好的根本原因。

另外还有一只指数较为特殊，那就是有色金属指数。它是唯一一只在测试期范围内指数涨幅小于零的指数，因此，我们也来看看有色金属指数的网格交易策略在历史上的表现情况，如图13-4所示。

对于有色金属指数，它在历史上的价格上下波动的范围要明显高于中证银行指数，在2015年中的熊市初期买入有色金属指数所有份额后，股价基本就再也没有回到当初的买入点附近。这导致使用该策略在之后的时期基本一致满仓持有所有份额，再也没有利用网格交易低买高卖的机会。这一点与沪深300等指数的情况基本一致，所以有色金属指数的策略表现也差于B&H策略。

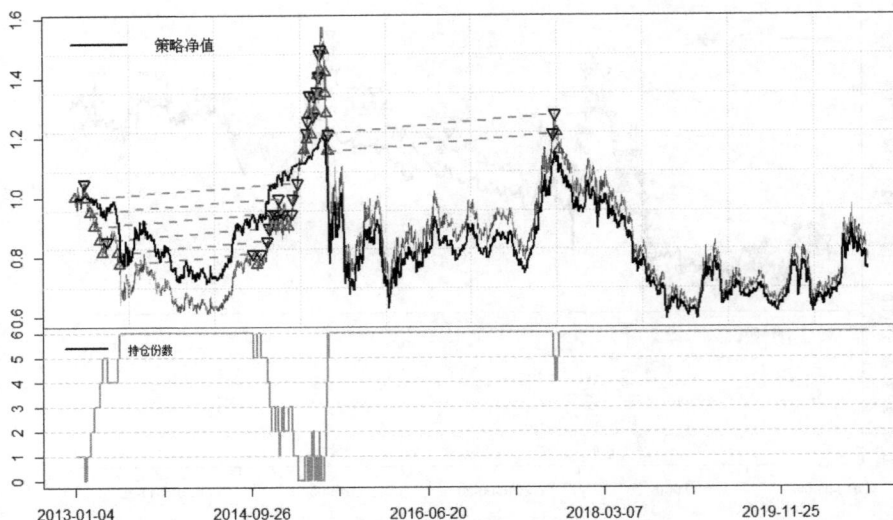

图13-4　有色金属指数网格交易情况

13.3.3　在震荡行情中的实际表现

在上涨趋势行情中，网格交易策略会很快卖出所有持仓的份额，且很难再有足够的买入机会，策略表现会大幅跑输B&H策略，而在下跌趋势行情中，网格交易策略会很快买完所有份额，且很难再有足够的卖出机会，因此使用该策略之后的表现基本和B&H策略一致。总的来说，网格交易策略在这两种行情走势下的表现大致一致，一般不会有太大的本质区别。但是网格交易策略在震荡行情的表现则会明显不同，震荡行情的不规则程度、网格交易策略的参数设置都会对投资效果有着显著的影响。这里我们选取几个有代表性的指数的震荡区间，来观察网格交易策略在其间的表现。

1. 交易标的：沪深300指数

时间范围：2019年4月15日至2020年6月30日

网格大小：$N=6$、$R\%=5$

测试结果：见表13-6。

表13-6　沪深300指数网格交易策略的业绩表现

策略 名称	年化 收益	最大 回撤	收益 风险比	标准差 （年化）	夏普 比率	总交易 次数	平均持仓 份额	平均股票 仓位
B&H	3.89%	16.08%	0.24	20.05%	0.19	–	–	100%
网格交易	6.72%	3.90%	1.73	6.20%	1.09	18	1.6	26.3%

注：B&H策略为买入并持有策略。

在上述时间范围内，沪深300指数总体呈震荡走势，其间网格交易策略对应的年化收益为6.72%，高于B&H策略的年化3.89%，且策略的最大回撤仅为3.90%，远小于B&H策略的最大回撤。无疑在震荡市中，使用网格交易策略优于使用买入持有策略，如图13-5所示。

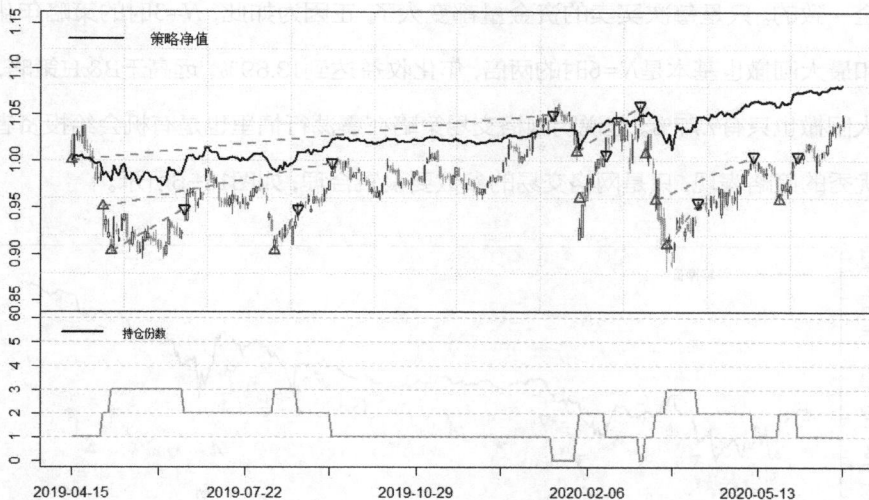

图13-5　沪深300指数网格交易情况

这里我们也发现，在上述时间范围内，实际最大的持仓份额数仅为3份，平均持仓份额更是只有1.6份，而我们将总资金分成了6份，即$N=6$，说明我们设置的网格范围对于此震荡区间来说太大了，资金利用效率不高。因此我们需要将网格范围缩小，这里我们考虑两种做法，第一种是将资金份数N减少至3，第二种是将网格大小$R\%$缩小到2.5%。

我们先来看N=3的情况，测试结果见表13-7。

表13-7　沪深300指数网格交易策略（N=3，R%=5%）的业绩表现

策略名称	年化收益	最大回撤	收益风险比	标准差（年化）	夏普比率	总交易次数	平均持仓份额	平均股票仓位
B&H	3.89%	16.08%	0.24	20.05%	0.19	–	–	100%
网格交易	6.72%	3.90%	1.73	6.20%	1.09	18	1.6	26.3%
网格交易(N=3，R%=5%)	13.69%	7.77%	1.76	12.51%	1.09	18	1.6	52.5%

注：B&H策略为买入并持有策略。

将N设置为3之后，资金的使用效率大升，而且基本正好覆盖价格的震荡区间，由于策略的买卖逻辑没有变化，所以N=3时的买卖信号和N=6时的买卖信号是完全一致的。只是每次买卖的资金量都变大了。正因为如此，N=3时的策略年化收益和最大回撤也基本是N=6时的两倍，年化收益达到13.69%，远高于B&H策略，且最大回撤也只有7.77%。这说明网格交易策略在震荡行情里也是有机会给投资者带来优秀的策略表现，只是网格交易的参数要设置合理，如图13-6所示。

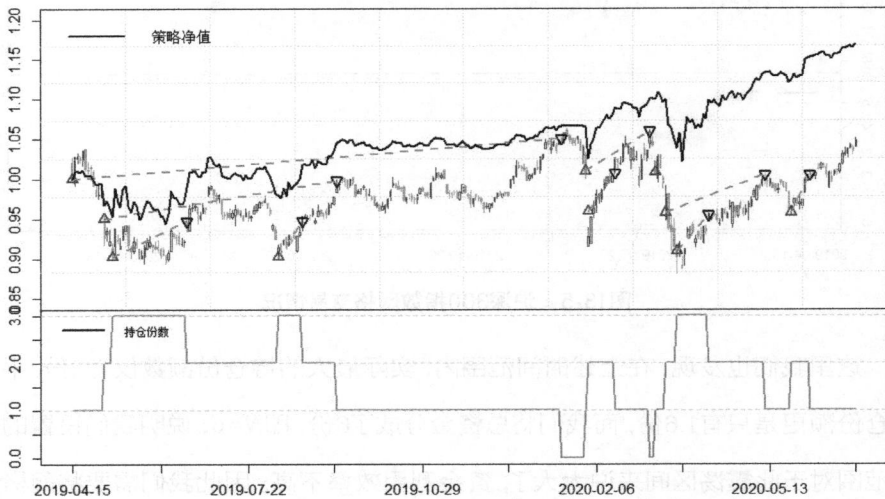

图13-6　沪深300指数网格交易(N=3，R%=5%)情况

接下来我们再看看R=2.5%的情况，测试结果见表13-8、图13-7。

表13-8　沪深300指数网格交易策略（$N=6$，$R\%=2.5\%$）的业绩表现

策略名称	年化收益	最大回撤	收益风险比	标准差（年化）	夏普比率	总交易次数	平均持仓份额	平均股票仓位
B&H	3.89%	16.08%	0.24	20.05%	0.19	–	–	100%
网格交易	6.72%	3.90%	1.73	6.20%	1.09	18	1.6	26.3%
网格交易（$N=3$，$R\%=5\%$）	13.69%	7.77%	1.76	12.51%	1.09	18	1.6	52.5%
网格交易（$N=6$，$R\%=2.5\%$）	8.18%	8.81%	0.93	10.92%	0.75	48	2.8	44.7%

注：B&H策略为买入并持有策略。

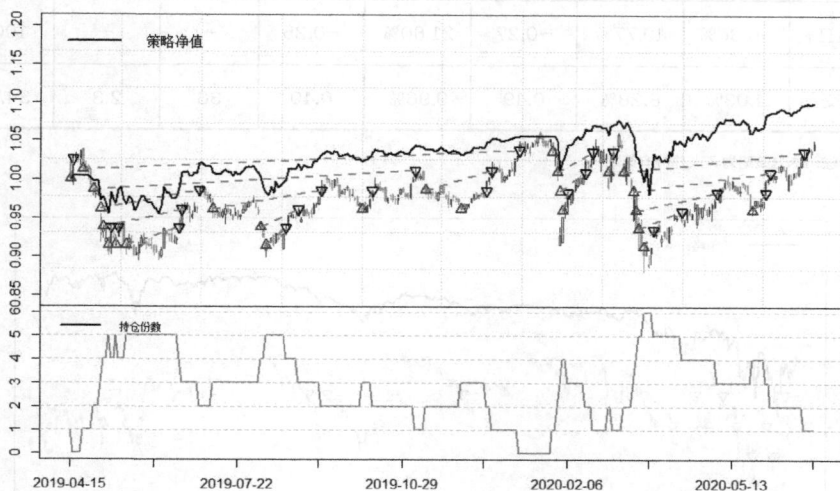

图13-7　沪深300指数网格交易（$N=6$，$R\%=2.5\%$）情况

将$R\%$设置为2.5%之后，使用网格交易策略获得了更多的交易机会，资金利用效率也得到了提升，策略的年化收益相较于原参数$R\%=5\%$时也有一定的提高，但是表现不如将N设置为3的情况好。当我们将$R\%$设置为2.5%之后，虽然覆盖了更多的价格波动，但是每个买卖回合创造的利润也变小了。在股价回落的过程中也会更早地买入，同时交易成本损耗明显提升。

总的来说，网格交易策略在震荡行情走势中是有价值的，在股价基本不涨不跌的情况下一般可以创造出一定的超额收益，但是网格交易策略的最终表现对网格参数的设置比较敏感，而且如果我们不以后视镜的角度去观察行情，网格参数

的设置其实是一件难事。

2. 交易标的：中证500

时间范围：2016年1月8日至2018年5月31日

网格大小：$N=6$、$R\%=5$

测试结果见表13-9、图13-8。

表13-9　中证500指数网格交易的策略业绩表现

策略名称	年化收益	最大回撤	收益风险比	标准差（年化）	夏普比率	总交易次数	平均持仓份额	平均股票仓位
B&H	−5.36%	19.77%	−0.27	21.60%	−0.25	−	−	100%
网格交易	4.03%	8.28%	0.49	9.96%	0.40	36	2.3	34.7%

注：B&H策略为买入并持有策略。

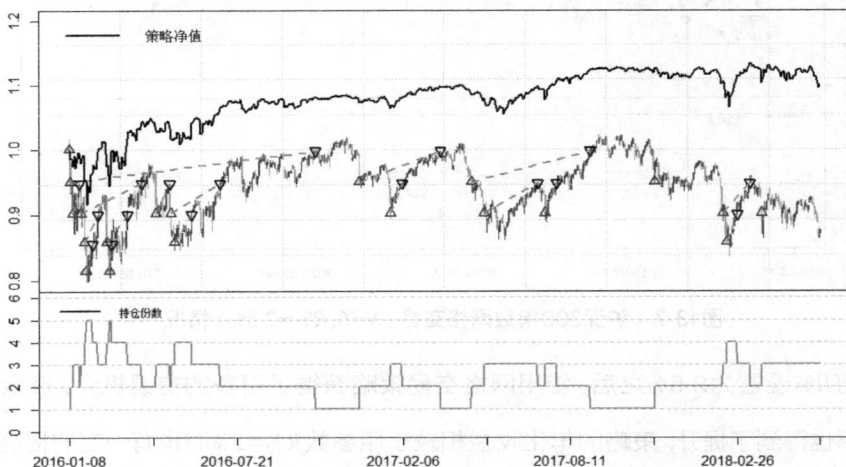

图13-8　中证500指数网格交易情况

在上述时间范围内，中证500指数基本在一个上下20%的区间内横向震荡，总的来说，这对网格交易策略而言是一个比较理想的行情走势，策略表现明显优于B&H策略，整体走势也较为稳健。网格交易的持仓份数最大为5份，但多数时间内在1~3份，平均持仓份额只有2.3份，资金利用效果较低，参数设置还有待改进。

3. 交易标的：有色金属

时间范围：2018年7月1日至2020年7月30日

网格大小：$N=6$、$R\%=5$

测试结果见表13-10、图13-9。

表13-10　有色金属指数网格交易策略的业绩表现

策略名称	年化收益	最大回撤	收益风险比	标准差（年化）	夏普比率	总交易次数	平均持仓份额	平均股票仓位
B&H	3.55%	27.50%	0.13	28.40%	0.13	—	—	100%
网格交易	11.20%	13.81%	0.81	14.66%	0.76	60	3.5	52.5%

注：B&H策略为买入并持有策略。

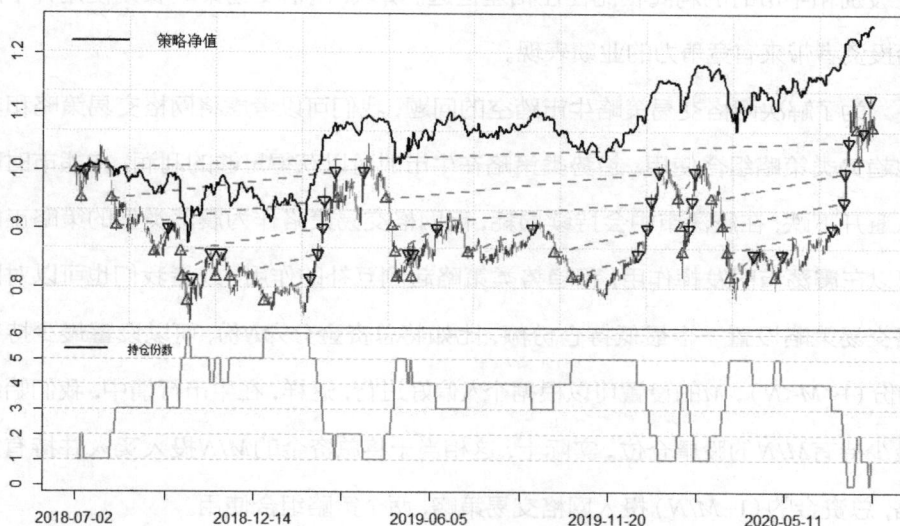

图13-9　有色金属指数网格交易情况

在上述时间范围内，有色金属指数总体处于一个宽幅震荡区间，震荡的幅度不高。我们设置的网格参数较为合理，网格交易的最大持仓份额多次触及了5~6次，资金利用效率较高。策略在此期间的总收益达到了20%以上，年化收益率为11.2%，显著优于同期使用B&H策略的表现。

13.4 网格交易策略存在的问题及应对方法

在前面的内容里我们从理论和实践的角度对网格交易策略进行了全面的分析与评价，网格交易策略表现出来了一定的使用价值，但也存在不少明显的问题。

13.4.1 网格交易策略并不适合长期使用

在牛市时，网格交易策略迟早会踏空，无法享受到股市利润最丰厚的阶段的回报，而在熊市时迟早会满仓持有承受下跌，在震荡市虽然能获得一定的利润，但是级别和牛市时的利润相比往往相差甚远。所以，网格交易策略长期使用并不能给投资者带来有竞争力的业绩表现。

为了解决网格交易策略牛市踏空的问题，我们可以考虑将网格交易策略和其他趋势类策略组合使用。趋势类策略在牛市时可以获得足够的利润，在熊市时可以避开下跌，在震荡市中会持续损耗，而网格交易策略作为震荡类型的策略正好可以在震荡市时发挥作用，和趋势类策略起到互补的作用。或者我们也可以对网格交易策略设置一个最低持仓份额，比如将总资金分为N份，可以设置最少持有M份（$1<M<N$），M的设置可以根据个人偏好进行，这样，在牛市行情中，我们始终最少持有M/N的股票仓位。实际上，这相当于将总资金的M/N投入买入并持有策略，总资金的（$1-M/N$）投入网格交易策略，两个策略组合使用。

13.4.2 网格参数如何设置

虽然震荡行情是网格交易策略最适应的行情走势，但是使用该策略在此期间最终能获得怎样的效果很大程度上是由我们设置的网格参数决定，如资金份数N和网格大小$R\%$是否能充分捕捉到震荡区间内的价格波动决定的。也就是说，策略的业绩表现对网格参数是比较敏感的。但是未来的震荡行情会以怎样的形式进行是很难预估的，也即N和$R\%$的设置是一件难事。N和$R\%$设置得太大，则资金利用效率会较低，投资收益也会低。N和$R\%$设置得太小则将无法覆盖价格波动。一种均衡的做法是采用多组不同的N和$R\%$，即采用多个不同参数的网格交易策略，以获得它们的平均表现。

此外，由于市场结构是不断在变化的，震荡行情的表现形态在变化，我们在初期设置的参数N和$R\%$也会出现失效的情况。所以我们可以考虑根据市场情况动态调整参数N和$R\%$的大小。

13.4.3　在策略运行初期买入多少份额

对网格交易策略而言，理性的情况是策略运行初期股价就开始下跌，然后在下跌的过程中分批买入。但是也有可能是策略运行初期股价就直接上涨，甚至是快速的趋势性上涨。所以我们在策略运行初期时应该直接买入一定的份额，具体买入多少份额可以根据当时的市场情况而定。如果当时市场处于低位，应该在初期多买入一些份额，处于高位则少买入一些份额，中性位置则正常买入。

13.4.4　何时启用网格交易策略

从理论上来说，如果我们能预测出未来行情的大致走势则可以在未来行情走势是震荡行情时启用网格交易策略，震荡行情结束时停用网格交易策略，但是对未来行情走势进行预测是一件很难的事，而且不可能有百分之百准确的方法。

在所有的行情时点中，我们认为熊市中后期是最适合启用网格交易策略的时期，在熊市中后期虽然无法知道下跌行情何时会结束，但是我们能知道潜在的下跌幅度已经有限，而且熊市结束时必然会有反弹行情。我们可以保守预测潜在的下跌空间还有多大，然后据此设置网格参数N和$R\%$。若价格如预期中的那样继续下跌，我们可以根据网格交易策略分批买入，由于熊市的底部往往是圆的，即股价在熊市末期时往往不会直接V形反转进入牛市，而是会有一段震荡区间。在这段区间网格交易策略正好可以发挥作用。待熊市结束开始进入牛市初期时，我们大概率已经积累了一定的利润。这时候我们可以利用长周期的趋势类指标来判断熊市是否已经结束。如果认为熊市结束了，则可以停用网格交易策略，转而启用趋势交易策略。

此外，为了避免策略在运行初期就直接进入上涨趋势行情，我们可以在初期先买入一定的份额。

第 14 章

股债平衡与指数轮动策略

在股债平衡策略中，我们默认使用沪深300指数作为股票
类资产的代理变量，但实际上，股票类资产不仅可以是单只股
票指数或者股票指数组合，也可以是以股票指数为交易标的
的投资策略，或者其他任何以股票为底仓资产的投资标的。总
之，只要是具有股票类资产的风险收益特征的和债券类资产
能起到分散互补作用的即可。因此，我们可以考虑以指数轮动
策略股票类资产来替代股债平衡策略中的股票类资产，形成股
债平衡与指数轮动。

在第11章我们所讨论的一系列改进版的股债平衡策略中，
比较有价值的方法有：基于估值来决定股票仓位、基于风险
暴露平价来决定股票仓位、基于波动率分位数来决定股票
仓位。在第10章我们所讨论的一系列指数轮动策略中，总的来
说，比较有价值的有：基于动量指标来进行指数轮动、基于均
线能量来进行指数轮动，且同时考虑加入熊市过滤条件和交
易缓冲空间条件。在本章中，我们将在上述基础上提出一系列
的股债平衡与指数轮动策略，并对它们的历史业绩表现和交易
特征进行详细分析。

14.1　估值与动量轮动

以估值来决定股票仓位是一种非常合乎逻辑的做法。当股票资产的估值较低时，说明股票资产的投资价值较高，此时应该调高股票资产的仓位；反之，当股票资产的估值较高时，说明股票资产的投资价值较低，此时应该调低股票资产的仓位。

在估值指标中，最常用的指标是市盈率（PE）与市净率（PB）。但是，如果直接用市盈率或者市净率的指标值很难定量地决定股票资产的仓位，且不同股票指数的市盈率和市净率也不能拿来一起进行运算。不过，市盈率和市净率的分位数却是一种非常适合用来决定股票仓位的方法的指标。我们只需令股票资产的目标仓位等于（1-估值的分位数）即可，可以定量地计算出股票资产的仓位，非常地简单，也是一种合理的做法。

此外，考虑到不同的股票指数适合的估值指标是不一样的，有些股票指数适用于市盈率估值，有些股票指数适用于市净率估值。因此，这里采用一种平均的做法，用市盈率分位数和市净率分位数的平均值来决定股票资产的仓位，即：

股票资产的目标仓位=1-（市盈率分位数+市净率分位数）/2

解决了股票资产的仓位问题之后，我们再来考虑如何配置股票资产部分。在股债平衡策略中，我们固定以沪深300指数作为股票资产的代理变量。这本质上是配置了以沪深300指数为交易标的的买入并持有策略（Buy and Hold Strategy）。按照我们的策略评价标准，买入并持有策略并不是一个合格的策略。我们当然可以配置比买入并持有策略更好的策略。这里我们先考虑配置指数轮动策略，且以最经典的动量因子作为轮动指标。

估值决定股票资产仓位，且股票资产部分配置基于动量因子的指数轮动策略，我们称为基于估值的股债平衡与指数轮动策略，记为RBS_ER策略。

下面我们以量化回测方法对RBS_ER策略的历史业绩及交易特征进行详细分析。

1. 交易标的

对于股票类资产, 我们选择了8只股票指数进入轮动标的指数池, 其中包括3只规模指数和5只行业指数。

规模指数包括沪深300、中证500和创业板指。总的来说, 这三只规模指数代表上市公司有着明显的区别, 而上证50指数由于和沪深300指数的重复度较高, 因此我们在这里没有将它纳入指数池。

行业指数包括证券公司、全指信息、中证传媒、中证消费和300医药。其中, 证券公司、全指信息和中证传媒分属金融、信息技术和传媒娱乐领域, 均为周期性板块, 而中证消费和300医药分属消费和医药两大领域, 均为弱周期的防御性板块。从经济逻辑的角度来看, 这五个行业之间会存在明显的轮动效应。

对于债券类资产, 我们选择的中证全债指数(代码: H11001.CSI)作为其在量化回测过程中的代理变量, 主要由沪深交易所和银行间市场的国债、国开债以及地方政府债等低风险的债券构成。目前A股市场中并没有直接跟踪中证全债指数的基金产品, 但考虑到这类低风险债券之间的价格走势相关度很高, 因此我们可以采用其他已上市交易的低风险债券类基金来替代。从A股市场的实际情况来看, 比较合适的替代基金有: 场内债券基金(ETF、LOF、封闭债基)、场外高信用债券基金、货币基金及国债逆回购。

表14-1为上述股票指数和债券指数的一览表, 表中所示ETF为跟踪股票指数的代表性ETF产品。

表14-1　RBS_ER策略标的股票指数列表

资　产	编　号	指数代码	指数名称	基　期	ETF 代码	ETF名称	类　型
股票	1	000300.SH	沪深 300	2004-12-31	510300.SH	300ETF	规模指数
	2	399905.SZ	中证 500	2004-12-31	510500.SH	500ETF	规模指数
	3	399006.SZ	创业板指	2010-05-31	159915.SZ	创业板	规模指数

续表

资　产	编　　号	指数代码	指数名称	基　　期	ETF 代码	ETF名称	类　　型
股票	4	399975.CSI	证券公司	2007-06-29	512880.SH	证券 ETF	周期 / 非银
	5	000993.SH	全指信息	2004-12-31	159939.SZ	信息技术	周期 / 信息技术
	6	399971.SZ	中证传媒	2010-12-31	512980.SH	传媒 ETF	周期 / 传媒娱乐
	7	399932.SZ	中证消费	2004-12-31	159928.SZ	消费 ETF	防御 / 消费
	8	399913.SZ	300 医药	2004-12-31	512010.SH	医药 ETF	防御 / 医药
债券	1	H11001.CSI	中证全债	2002-12-31	–	–	债券

2. 测试时间

2013年1月1日—2020年9月30日。

3. 交易逻辑

（1）股债平衡模块

股票资产的目标仓位=1-（市盈率分位数+市净率分位数）/2。当股票资产的实际仓位与目标仓位之差超过阈值（默认取10%）时触发再平衡调仓，使股票的实际仓位重新回到目标仓位。

这里的分位数是指数池中所有股票指数的分位数的平均值，根据最近5年的数据计算。

（2）指数轮动模块

买入并持有指数池中动量排名前两位且动量大于0的指数。当持仓指数的动量排名掉落到第三名之后或者动量不大于0时卖出，并买入新的符合前述买入条件的指数。如果所有指数都不符合买入条件，则空仓，即不持有任何指数。指数轮动模块调仓时，同时触发股债平衡模块的再平衡调仓。

4. 参数设置

本策略只含有一个参数，即动量指标的周期参数N，默认取N=20。

5. 测试结果

表14-2　RBS_ER策略的业绩表现

策略名称	年化收益	最大回撤	收益风险比	标准差（年化）	夏普比率	年化交易成本	总交易次数	交易周期	平均股票仓位
B&H	13.69%	61.33%	0.22	26.48%	0.52	0.00%	0	—	100.0%
中证全债	4.50%	4.28%	1.05	1.33%	3.38	0.00%	0	—	0.0%
RBS_ER	14.60%	24.16%	0.60	13.60%	1.07	2.43%	377	5.0	42.3%

注：B&H策略为买入并持有策略的指数等权组合。

　　表14-2中"B&H策略"的表现是指在测试期初以等权重分别买入标的股票指数池中所有的股票指数并一直持有到测试期末所能获得的投资业绩。B&H策略的业绩表现是我们所开发的策略是否有效的评价基准。

　　B&H策略在测试期内的历史年化收益为13.69%，其历史最大回撤为61.33%，收益风险比为0.22，收益表现尚可，但是风险太大。

　　另外，中证全债在测试期内的历史年化收益为4.5%，历史最大回撤仅为4.28%，投资风险非常小，但是收益太低。单独来看，纯股票资产与纯债券资产的表现正好处于两个极端，都不算是好的投资标的。基于估值的股债平衡与指数轮动策略（RBS_ER策略）在测试期内的历史年化收益为14.60%，高于B&H策略的年化收益。

　　同时，RBS_ER策略的历史最大回撤为24.16%，大幅低于B&H策略的历史最大回撤。RBS_ER策略的收益风险比为0.60，虽然离我们的策略合格标准1.0还有一定的距离，但也显著高于B&H策略。

　　在图14-1的主图部分中，黑色粗线代表的是RBS_ER策略的历史净值走势，虚线代表的是B&H策略的历史净值走势，红色细线是中证全债的单位价格走势，附图中的柱形图代表的是股票资产的仓位。

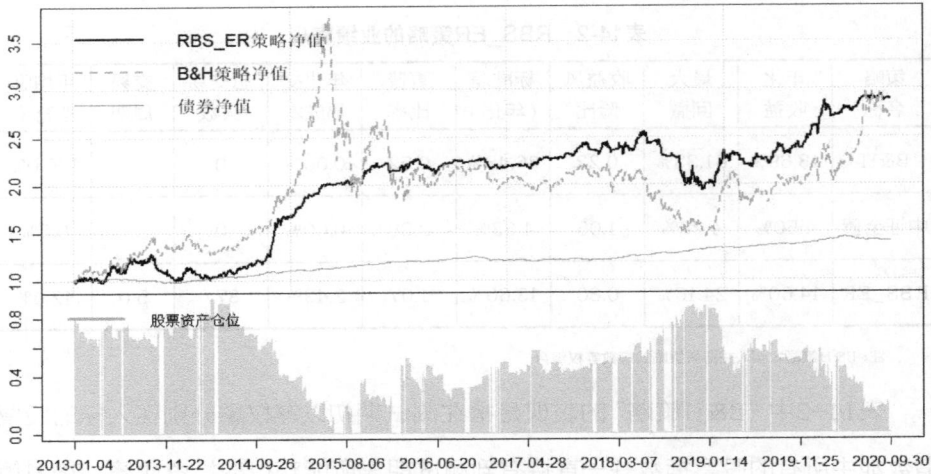

图14-1　RBS_ER策略的净值走势

总的来说，RBS_ER策略的历史净值走势很稳健，其年化标准差为13.60%，大幅低于B&H策略的26.48%，RBS_ER策略的夏普比率达到1.07倍。这是一个不错的表现。RBS_ER策略的最大回撤发生在2018年6月至2018年12月期间，在剩余的时间里，RBS_ER策略的回撤普遍不高。在多数时间里，RBS_ER策略的净值走势均呈震荡或者稳定上涨的状态。

另外，我们也注意到RBS_ER策略的交易频率比较高，它的交易周期为5.0次，也即平均每5.0个交易日交易一次。策略的年化交易成本达到2.43%，尚在可接受的范围之内。RBS_ER策略的交易频率之所以会比较高，是因为不仅股票资产仓位发生较大变化时会触发调仓，而且动量排名发生变化也会触发调仓。因此，它的交易频率必然会比纯股债平衡策略和纯指数轮动策略都更高。这一点对其他类型的股债平衡与指数轮动策略也依然是成立的。

接下来我们重点看一下RBS_ER策略的股票资产仓位变化。根据策略逻辑，RBS_ER策略的股票资产仓位等于(1-估值分位数)。这里的估值分位数是指市盈率分位数和市净率分位数的平均值；另外，当所有股票指数的动量均小于零时，不会持有任何股票资产。因此这时的股票资产仓位为零。在测试期范围内，RBS_

ER策略的平均股票仓位为42.3%，有效控制好股票资产仓位不但可以明显降低策略的资产回撤，对增加投资收益也是可以有很大的帮助的，当然这种帮助主要来自控制下跌行情中的利润回吐。

在2013年的熊市中后期，估值分位数虽然还没有降至最低区域，但基本维持在20%~40%，这时候RBS_ER策略的股票仓位在60%~80%，具体情况可以参考图14-2。

在此期间，指数轮动策略模块也表现不佳，导致RBS_ER策略的收益表现不如B&H策略。到2014年上半年熊市末期时，估值分位数降至最低点，基本为0，这时候股票资产仓位也达到了最高，并以此高仓位进入牛市。

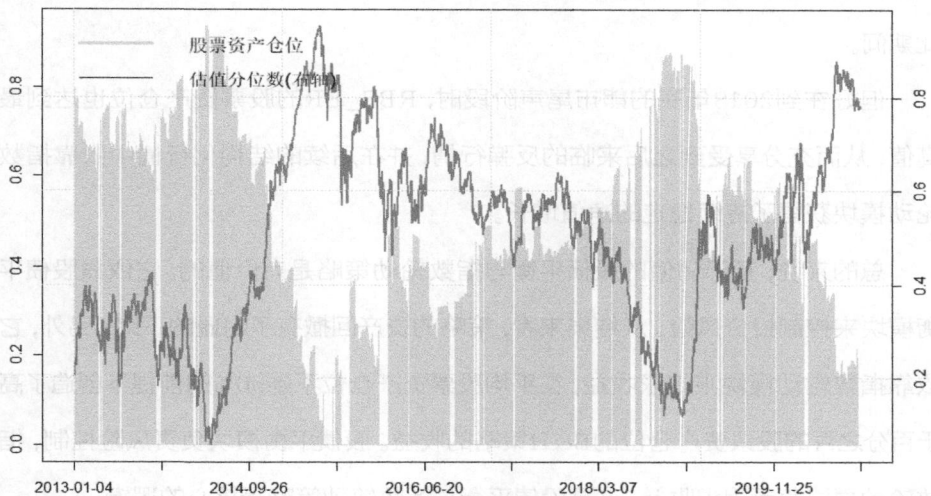

图14-2　RBS_ER策略的股票资产仓位和估值分位数

在牛市前期和中期，由于RBS_ER策略的股票资产仓位很高，且指数轮动模块在这种行情下可以始终捕捉到最强势指数，所以RBS_ER策略在这段时间的收益是优于B&H策略的。从2015年初开始进入牛市中后期后，估值分位数继续快速提升，RBS_ER策略的股票资产仓位快速下降到一个非常低的位置，虽然踏空了牛市中后期的行情，但也躲过了熊市初期最猛烈的那段大幅下跌。

在熊市初期和中期，虽然股价经历了较大幅度的回落，但是估值仍然处于高位，所以RBS_ER策略始终保持较低的股票仓位，从而平稳度过了熊市初期和中期的猛烈下跌。直到2017年左右，RBS_ER策略的股票资产仓位才开始慢慢提升，且得益于指数轮动模块在这段结构化行情下的优秀表现，其间RBS_ER策略跑赢了B&H策略。

之后是2018年初时的熊市，这段熊市和2015年中开始的熊市有明显的区别。2018年初时，指数的估值水平并不高，估值分位数基本在50%~60%，最多只能算是中性偏高的估值。这导致RBS_ER策略在熊市初期就持有不低的股票仓位，而在之后的下跌行情中，随着估值分位数的逐渐走低，更是持续加仓股票资产，导致策略遭受较大的回撤。实际上，RBS_ER策略的历史最大回撤就发生在此期间。

但好在到2018年底的熊市尾声阶段时，RBS_ER的股票资产仓位也达到最高值，从而充分享受到之后来临的反弹行情，并在后续的结构化行情中依靠指数轮动模块获得了持续稳定的净值增长。

总的来说，基于估值的股债平衡与指数轮动策略是有价值的。它依靠股债平衡模块来控制投资风险。从结果来看，策略的资产回撤有了明显的下降；另外，它依靠指数轮动模块来追求收益，在平均股票资产仓位不到50%的前提下创造了高于百分之百的股票资产仓位的B&H策略的收益。股债平衡模块负责风险控制，指数轮动模块负责追求收益，这是股债平衡与指数轮动策略最核心的逻辑。

但是从绝对的角度讲，基于估值的股债平衡与指数轮动策略(RBS_ER策略)的业绩表现还不够好，收益风险比仅为0.6倍，离我们的合格策略标准的1.0倍还有一定的距离，RBS_ER策略还不具有可以直接实盘操作的价值。因此，后续我们再来研究其他类型的股债平衡与指数轮动策略，以期可以获得真正具有实盘运用价值的投资策略。

14.2　风险暴露平价与动量轮动

如果在前后两个时点股票资产的风险暴露水平相等，我们就说它们是风险暴露平价的。风险暴露水平度量的是股票资产波动金额的大小，它的计算公式为：

风险暴露水平=股票市值×波动率=股票资产×股票仓位×波动率

利用风险暴露平价来决定股票资产仓位的逻辑在于，通过调整股票仓位的大小使股债组合中的股票资产在所有时刻保持风险暴露水平不变，即：

总资产(第t期)×股票仓位(第t期)×波动率(第t期)=总资产(第$t-1$期)×股票仓位(第$t-1$期)×波动率(第$t-1$期)

初期股票仓位所代表的风险水平在很大程度上是策略整个运行期间的风险基准水平，如果初期股票仓位设置得高，那么策略在运行期间的风险水平就会高。当然，与之相应的期望收益也会更高。初期股票仓位的大小在很大程度上决定了策略的收益风险水平。

默认地，我们可以令初期股票资产仓位等于[1-（PE分位数+PB分位数）/2]。

基于风险暴露平价决定股票资产仓位，且股票资产部分配置基于动量因子的指数轮动策略，我们称为基于风险暴露平价的股债平衡与指数轮动策略，记为RBS_REP策略。

下面我们以量化回测的方法对RBS_REP策略的历史业绩及交易特征进行详细分析。

1. 交易标的

对于股票类资产，我们选择了8只股票指数进入轮动标的指数池，其中包括3只规模指数和5只行业指数，规模指数包括沪深300、中证500和创业板指，行业指数包括证券公司、全指信息、中证传媒、中证消费和300医药。

对于债券类资产，我们选择中证全债指数（代码：H11001.CSI）作为其在量化回测过程中的代理变量。

上述股票指数和债券指数情况详见表14-3。

表14-3　RBS_REP策略标的股票指数列表

资产	编号	指数代码	指数名称	基期	ETF代码	ETF名称	类型
股票	1	000300.SH	沪深300	2004-12-31	510300.SH	300ETF	规模指数
	2	399905.SZ	中证500	2004-12-31	510500.SH	500ETF	规模指数
	3	399006.SZ	创业板指	2010-05-31	159915.SZ	创业板	规模指数
	4	399975.CSI	证券公司	2007-06-29	512880.SH	证券ETF	周期/非银
	5	000993.SH	全指信息	2004-12-31	159939.SZ	信息技术	周期/信息技术
	6	399971.SZ	中证传媒	2010-12-31	512980.SH	传媒ETF	周期/传媒娱乐
	7	399932.SZ	中证消费	2004-12-31	159928.SZ	消费ETF	防御/消费
	8	399913.SZ	300医药	2004-12-31	512010.SH	医药ETF	防御/医药
债券	1	H11001.CSI	中证全债	2002-12-31	—	—	债券

2. 测试时间

2013年1月1日—2020年9月30日。

3. 交易逻辑

（1）股债平衡模块

第t期的目标股票仓位=总资产（第t-1期）×目标股票仓位（第t-1期）×波动率（第t-1期）/[总资产（第t期）×波动率（第t期）]

其中，波动率以标准差来度量，且上述公式中的波动率为指数池中所有股票指数的波动率的平均值。

当股票资产的实际仓位与目标仓位之差超过阈值（默认取10%）时触发再平衡调仓，使股票的实际仓位重新回到目标仓位。

初期目标股票仓位=1-（市盈率分位数+市净率分位数）/2。这里的分位数是指数池中所有股票指数的分位数的平均值，根据最近5年的数据计算。

（2）指数轮动模块

买入并持有指数池中动量排名前两位且动量大于0的指数。当持仓指数的动量排名掉落到第三名之后或者动量不大于0时卖出，并买入新的符合前述买入条件的指数。如果所有指数都不符合买入条件，则空仓，即不持有任何指数。

指数轮动模块调仓时, 同时触发股债平衡模块的再平衡调仓。

4. 参数设置

本策略含有两个参数, 即动量指标的周期参数 N 和计算标准差时所采用的历史数据长度 L, 默认 $N=20$、$L=30$。

5. 测试结果

表14-4　RBS_RE策略的业绩表现

策略名称	年化收益	最大回撤	收益风险比	标准差（年化）	夏普比率	年化交易成本	总交易次数	交易周期	平均股票仓位
B&H	13.69%	61.33%	0.22	26.48%	0.52	0.00%	0	—	100.0%
中证全债	4.50%	4.28%	1.05	1.33%	3.38	0.00%	0	—	0.0%
RBS_REP	16.93%	26.70%	0.63	15.29%	1.11	3.00%	387	4.9	50.4%

注: B&H策略为买入并持有策略的指数等权组合。

基于风险暴露平价的股债平衡与指数轮动策略（RBS_REP策略）在测试期内的历史年化收益为16.93%, 高于B&H策略的年化收益。同时, RBS_RE策略的历史最大回撤为26.7%, 大幅低于B&H策略的历史最大回撤。RBS_REP策略的收益风险比为0.63, 显著高于B&H策略。

在图14-3的主图部分中, 黑色粗线代表的是RBS_REP策略的历史净值走势, 虚线代表的是B&H策略的历史净值走势, 红色细线代表的是中证全债的单位价格走势, 附图中的柱形图代表的是股票资产的仓位。总的来说, RBS_REP策略的历史净值走势很稳健, 其年化标准差为15.29%, 大幅低于B&H策略的26.48%, RBS_REP策略的夏普比率达到1.11倍。RBS_REP策略的最大回撤发生在2013年底至2014年上半年。在剩余的时间里, RBS_REP策略的回撤普遍不高。在多数时间里, RBS_REP策略的净值均呈稳定上涨的状态。图14-4所示展现的是RBS_REP策略的股票资产仓位和股票指数波动率。

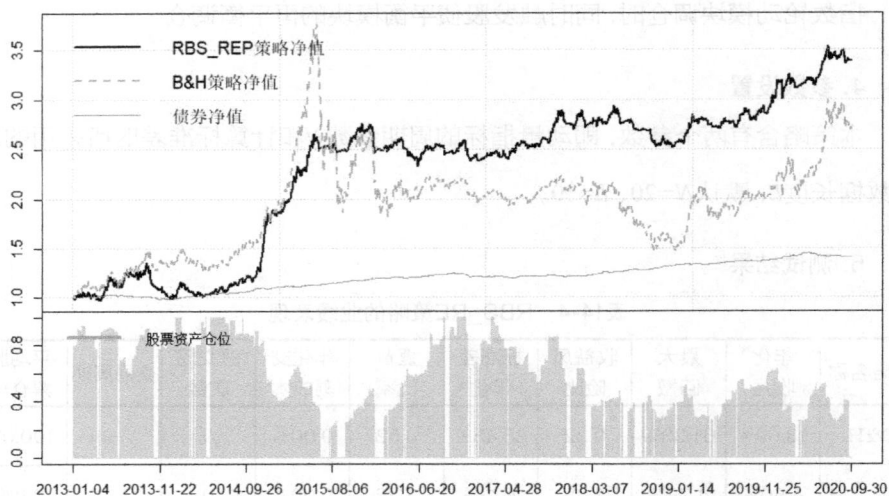

图14-3　RBS_ER策略的净值走势

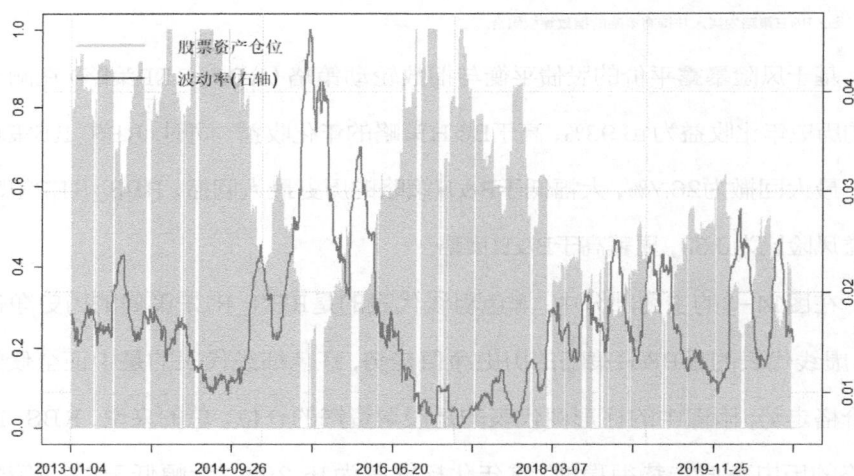

图14-4　RBS_REP策略的股票资产仓位和波动率

初期股票资产仓位由估值分位数决定，初期时市场处于熊市中后期，股票资产估值也处于低位，估值分位数在20%左右，对应的初期股票资产仓位为80%左右。之后，股价仍然在持续下跌，但是波动率却越来越小。根据策略逻辑，股票仓位会逐渐提高，同时指数轮动模块在此期间也表现不佳，双重不利的情况导致策略在此期间持续回撤，并且整个历史回测期间的最大回撤也发生在此期间。

至2014年牛市初期时，市场波动率仍然处于低位并且没有明显放大，从而使策略股票资产仓位持续保持高位，叠加指数轮动模块在牛市期间的超额收益表现，RBS_REP策略在此期间净值快速上涨，且显著跑赢了B&H策略。到牛市中后期时，波动率开始急剧上升，相应的，RBS_REP策略的股票资产仓位快速下降，虽然错过了牛市中后期的涨幅，但是也躲过了牛末熊初的快速下跌，从而提高了策略收益的稳定性。此外，指数轮动模块也有可以避开明显下跌行情的功能，所以策略在此期间反而回撤很小。

2016年初熊市快结束时，市场进入大盘股占优的结构化行情中，指数轮动模块在此期间也可以捕捉到大盘风格的股票指数，从而获得了超越B&H策略的收益，并且在此期间，市场波动率一直处于较低的位置，对应的股票资产仓位一直处于80%左右的高位，对增厚收益有利。

进入2018年初开始的熊市后，市场波动率开始提升，股票资产仓位从80%降至40%左右，相应的，策略股票仓位基本维持在40%左右，再叠加指数轮动模块躲避下跌行情的作用，RBS_REP策略在2018年期间的回撤幅度不高。

在2019年初开始的上涨行情中，RBS_REP策略的净值也获得了持续增长，虽然幅度不如B&H策略高，但是从整个测试期内来看，RBS_REP策略的总收益显著高于B&H策略，且策略净值走势的稳健性大幅强于B&H策略。

我们回到表14-4，RBS_ERP策略的交易频率也比较高，它的交易周期为4.9次，也即平均每4.9个交易日交易一次。同样，由于股债平衡模块和指数轮动模块都有可能产生交易信号，所以策略的交易频率会较高。策略的年化交易成本达到了3.0%，对交易成本有一定的敏感性。

总的来说，基于风险暴露平价的股债平衡与指数轮动策略（RBS_REP策略）也是一个比较有价值的策略了。无论从追求收益还是控制风险的角度来看，策略效果均显著优于B&H策略，除了在2013年底发生过较大幅度的回撤，在其他时间内的表现已经可以证明其是一个较为优秀的策略了。

14.3 波动率分位数与动量轮动

对基于风险暴露平价的股债平衡与指数轮动策略（RBS_REP策略）而言存在一个问题，那就是对于初期的股票资产仓位如何决定没有一种完全恰当的方法。但是，初期股票资产仓位又在很大程度上决定着使用策略在整个运行期间的风险收益水平，对策略运行的最终结果影响很大。在RBS_REP策略中，我们采取的是用估值分位数来决定初期股票资产仓位的方法，我们也可以主观设置初期股票资产仓位，基本上是各有利弊。

基于风险暴露平价的股债平衡策略本质上是用波动率高低来决定股票资产的仓位，即波动率越大时股票资产仓位越小；反之，波动率越小时股票资产仓位越大。因此，我们还可以考虑用波动率分位数来决定股票资产仓位，即股票资产仓位等于（1-波动率分位数）。同样是以波动率高低来决定股票资产的仓位，波动率与股票资产仓位成反比，但是计算起来更为简便合理。

用波动率分位数来决定股票资产仓位，且股票资产部分配置基于动量因子的指数轮动策略，我们称为基于波动率分位数的股债平衡与指数轮动策略，记为RBS_VR策略。

下面我们以量化回测方法对RBS_VR策略的历史业绩及交易特征进行详细分析。

1. 交易标的

对于股票类资产，我们选择了8只股票指数进入轮动标的指数池，其中包括3只规模指数和5只行业指数。规模指数包括沪深300、中证500和创业板指，行业指数包括证券公司、全指信息、中证传媒、中证消费和300医药。

对于债券类资产，我们选择中证全债指数（代码：H11001.CSI）作为其在量化回测过程中的代理变量。

上述股票指数和债券指数的情况详见表14-5。

表14-5　RBS_VR策略标的股票指数列表

资　　产	编　　号	指数代码	指数名称	基　期	ETF 代码	ETF 名称	类　　型
股票	1	000300.SH	沪深 300	2004−12−31	510300.SH	300ETF	规模指数
	2	399905.SZ	中证 500	2004−12−31	510500.SH	500ETF	规模指数
	3	399006.SZ	创业板指	2010−05−31	159915.SZ	创业板	规模指数
	4	399975.CSI	证券公司	2007−06−29	512880.SH	证券 ETF	周期 / 非银
	5	000993.SH	全指信息	2004−12−31	159939.SZ	信息技术	周期 / 信息技术
	6	399971.SZ	中证传媒	2010−12−31	512980.SH	传媒 ETF	周期 / 传媒娱乐
	7	399932.SZ	中证消费	2004−12−31	159928.SZ	消费 ETF	防御 / 消费
	8	399913.SZ	300 医药	2004−12−31	512010.SH	医药 ETF	防御 / 医药
债券	1	H11001.CSI	中证全债	2002−12−31	−	−	债券

2. 测试时间

2013年1月1日—2020年9月30日。

3. 交易逻辑

（1）股债平衡模块

股票资产的目标仓位=1−波动率分位数。

其中，波动率以标准差来度量，且这里的波动率分位数为指数池中所有股票指数的波动率分位数的平均值。分位数根据最近5年的数据计算。

当股票资产的实际仓位与目标仓位之差超过阈值（默认取10%）时触发再平衡调仓，使股票的实际仓位重新回到目标仓位。

（2）指数轮动模块

买入并持有指数池中动量排名前两位且动量大于0的指数。当持仓指数的动量排名掉落到第三名之后或者动量不大于0时卖出，并买入新的符合前述买入条件的指数。如果所有指数都不符合买入条件，则空仓，即不持有任何指数。

指数轮动模块调仓时同时触发股债平衡模块的再平衡调仓。

4. 参数设置

本策略含有两个参数，即动量指标的周期参数N和计算标准差时所采用的历史数据长度L，默认$N=20$、$L=30$。

5.测试结果

表14-6 RBS_VR策略的业绩表现

策略名称	年化收益	最大回撤	收益风险比	标准差（年化）	夏普比率	年化交易成本	总交易次数	交易周期	平均股票仓位
B&H	13.69%	61.33%	0.22	26.48%	0.52	0.00%	0	–	100.0%
中证全债	4.50%	4.28%	1.05	1.33%	3.38	0.00%	0	–	0.0%
RBS_VR	15.11%	19.61%	0.77	12.66%	1.19	2.45%	401	4.7	44.9%

注：B&H策略为买入并持有策略的指数等权组合。

基于波动率分位数的股债平衡与指数轮动策略（RBS_VR策略）在测试期内的历史年化收益为15.11%，高于B&H策略的年化收益；同时，RBS_VR策略的历史最大回撤为19.61%，大幅低于B&H策略的历史最大回撤。RBS_VR策略的收益风险比为0.77，离我们要求的合格的策略标准1.0已经比较近了，也显著高于B&H策略的收益风险比。

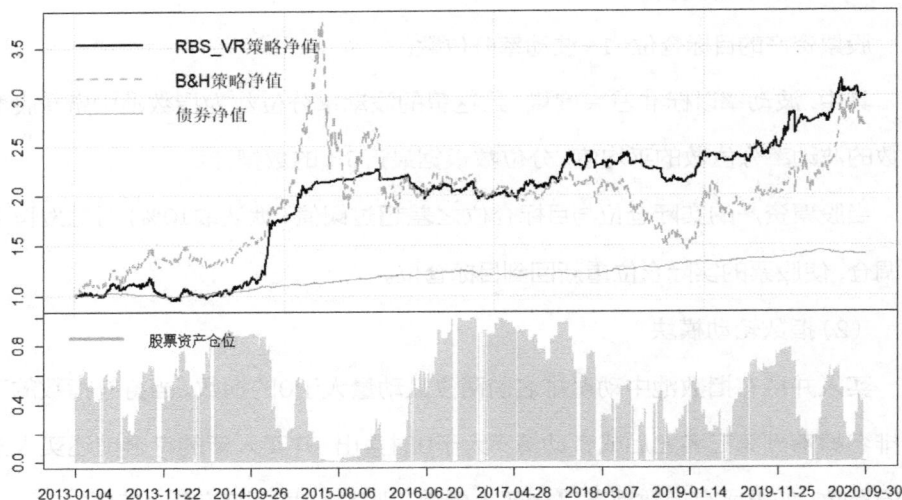

图14-5 RBS_VR策略的净值走势

在图14-5的主图部分中，黑色粗线代表的是RBS_VR策略的历史净值走势，虚线代表的是B&H策略的历史净值走势，红色细线代表的是中证全债的单位价格走势，附图中的柱形图代表的是股票资产的仓位。总的来说，RBS_VR策略的历史净值走势很稳健，其年化标准差为12.66%。这是一个很低级别的波动率，也大幅低于B&H策略的26.48%，RBS_VR策略的夏普比率达到了1.19倍。RBS_VR策略的最大回撤发生在2013年10月至2014年1月，在剩余的时间里，RBS_VR策略的回撤均很小。在多数时间里，RBS_VR策略的净值均呈横向震荡或稳定上涨的状态。

图14-6所示为RBS_VR策略的股票资产仓位和波动率分位数。

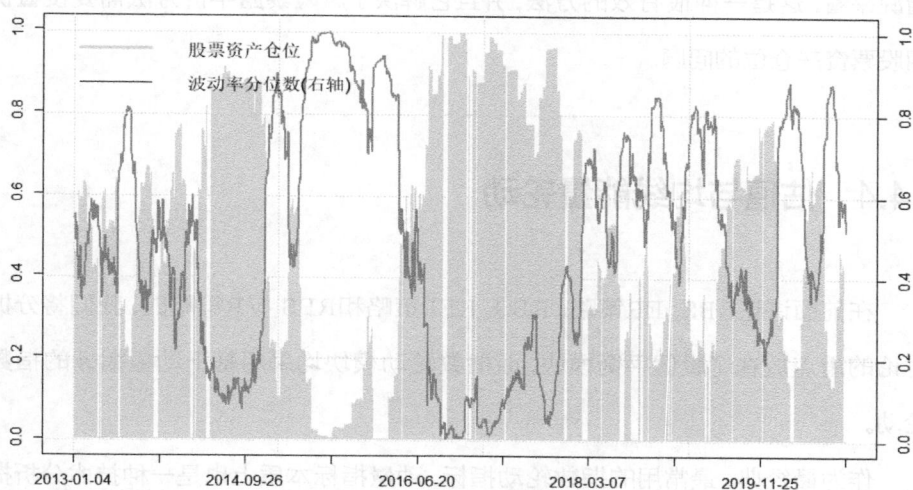

图14-6　RBS_VR策略的股票资产仓位和波动率分位数

基于风险暴露平价决定股票资产仓位的逻辑考量的是波动率的绝对值大小，而用波动率分位数来决定股票资产仓位的逻辑考量的是波动率的相对值大小。这两种逻辑本质上很接近，从策略在测试期内各阶段的风险收益表现来看也确实如此。但两者还是有一些差别的。举个例子说明：假如股票指数的波动率在过去5年的时间里每天缓慢地下跌一点，从1%降至0.9%，到最近一天时，波动率突然从0.9%上升到1.1%。这时候波动率的绝对值依然很小，如果基于风险暴露平价决定股票资产仓位，那么对应的是股票高仓位，但是这时的波动率相对值却很大，最近5年的分位数是100%。如果用波动率分位数来决定股票资产仓位，这时股票资产仓位应该为0。

上面我们举的例子虽然属于一种极端假设的情况，但在现实中，如果市场波动率在过去很长一段时间内保持了横向震荡的走势，这时候基于风险暴露平价来决定股票资产仓位和基于波动率分位数来决定股票资产仓位这两种方法的差异就会很大。

总的来说，基于波动率分位数的股债平衡与指数轮动策略（RBS_VR策略）也是一个有价值的策略，它依然反映了波动率决定股票资产仓位的逻辑。从实际情况来看，这是一种很有效的方法，并且它解决了风险暴露平价方法需要设置初期股票资产仓位的问题。

14.4　估值与均线能量轮动

在前面讲述RBS_ER策略、RBS_REP策略和RBS_VR策略时，我们将分析讨论的重点放在了股债平衡模块，而指数轮动模块均采用基于动量指标的指数轮动。

作为最经典、最常用的指数轮动指标，动量指标本质上也是一种技术分析指标。因此，其他技术指标只要可以像动量指标那样，既可以有效度量股票指数趋势强度与方向，又可以在不同股票指数之间进行相对大小的比较，就都可以应用于指数轮动。我们在第10章里所提出的均线能量就是这样的一个指标。

所谓均线能量，是指当期的均线值累计上涨或下跌的期数。均线能量越大说明均线持续上涨的时间越久，也即股价上涨趋势持续的时间越长。由于趋势是有延续性的，所以对于持续时间越长的趋势，我们越有理由相信它会继续上涨。当均线能量大于0时，说明股价的趋势是向上的，且均线能量值越大，则上涨的趋势越强；反之，当均线能力小于0时，说明股价的趋势是向下的，且均线能量的绝对值越大，则下跌的趋势越强。

均线能量本质上是一个统计计数指标，不同股票指数之间的均线能量可以进行直接比较，均线能量越高的股票指数应该是越值得买入并持有的。这就是基于均线能量的指数轮动策略的核心逻辑。

接下来我们考虑基于将均线能量的指数轮动策略与股债平衡策略相结合的情况。

我们用估值分位数来决定股票资产仓位，且股票资产部分配置基于均线能量的指数轮动策略，我们称为基于估值与均线能量的股债平衡与指数轮动策略，记为RBS_ME_ER策略。

下面我们以量化回测方法对RBS_ME_ER策略的历史业绩及交易特征进行详细分析。

1. 交易标的

对于股票类资产，我们选择了8只股票指数进入轮动标的指数池，其中包括3只规模指数和5只行业指数。规模指数包括沪深300、中证500和创业板指，行业指数包括证券公司、全指信息、中证传媒、中证消费和300医药。对于债券类资产，我们选择中证全债指数（代码：H11001.CSI）作为其在量化回测过程中的代理变量。

上述股票指数和债券指数详情见表14-7。

表14-7　RBS_ME_ER策略标的股票指数列表

资产	编号	指数代码	指数名称	基期	ETF代码	ETF名称	类型
股票	1	000300.SH	沪深300	2004-12-31	510300.SH	300ETF	规模指数
	2	399905.SZ	中证500	2004-12-31	510500.SH	500ETF	规模指数
	3	399006.SZ	创业板指	2010-05-31	159915.SZ	创业板	规模指数
	4	399975.CSI	证券公司	2007-06-29	512880.SH	证券ETF	周期/非银
	5	000993.SH	全指信息	2004-12-31	159939.SZ	信息技术	周期/信息技术
	6	399971.SZ	中证传媒	2010-12-31	512980.SH	传媒ETF	周期/传媒娱乐
	7	399932.SZ	中证消费	2004-12-31	159928.SZ	消费ETF	防御/消费
	8	399913.SZ	300医药	2004-12-31	512010.SH	医药ETF	防御/医药
债券	1	H11001.CSI	中证全债	2002-12-31	—	—	债券

2. 测试时间

2013年1月1日—2020年9月30日。

3. 交易逻辑

（1）股债平衡模块

股票资产的目标仓位=1-（市盈率分位数+市净率分位数）/2。

当股票资产的实际仓位与目标仓位之差超过阈值（默认取10%）时，触发再平衡调仓，使股票的实际仓位重新回到目标仓位。这里的分位数是指数池中所有股票指数的分位数的平均值，根据最近5年的数据计算。

（2）指数轮动模块

买入并持有指数池中均线能量排名前两位且均线能量大于0的指数。当持仓指数的均线能量排名掉落到第三名之后或者均线能量不大于0时卖出，并买入新的符合前述买入条件的指数。如果所有指数都不符合买入条件，则空仓，即不持有任何指数。

指数轮动模块调仓时，同时触发股债平衡模块的再平衡调仓。

4. 参数设置

本策略只含有一个参数，即计算均线能量所使用的均线的周期参数N，默认取$N=20$。

5. 测试结果

表14-8　RBS_ME_ER策略的业绩表现

策略名称	年化收益	最大回撤	收益风险比	标准差（年化）	夏普比率	年化交易成本	总交易次数	交易周期	平均股票仓位
B&H	13.69%	61.33%	0.22	26.48%	0.52	0.00%	0	—	100.0%
中证全债	4.50%	4.28%	1.05	1.33%	3.38	0.00%	0	—	0.0%
RBS_ME_ER	19.76%	23.08%	0.86	13.63%	1.45	2.29%	263	7.2	42.8%

注：B&H策略为买入并持有策略的指数等权组合。

基于估值与均线能量的股债平衡与指数轮动策略（RBS_ME_ER策略）在测试期内的历史年化收益为19.76%。对于稳健性策略，这是一个比较高的收益水平了，且大幅高于B&H策略的年化收益。同时，RBS_ME_ER策略的历史最大回撤为23.08%，大幅低于B&H策略的历史最大回撤。RBS_ME_ER策略的收益风险比为0.86，已经离我们的策略合格标准1.0非常接近了，也显著高于B&H策略。

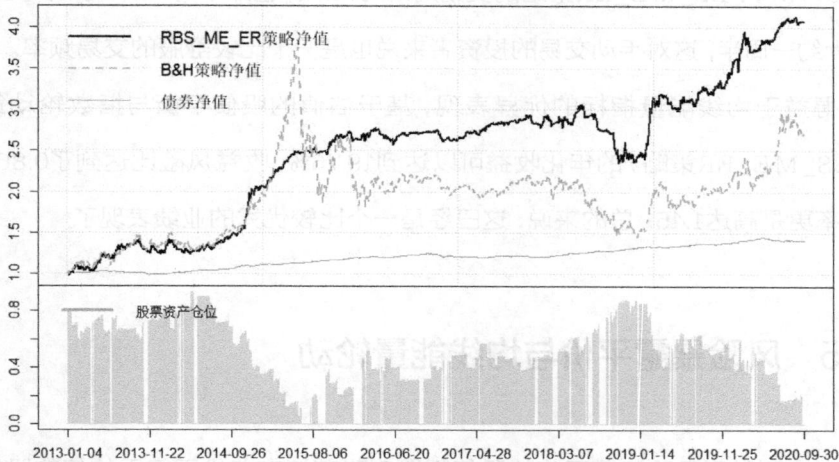

图14-7　RBS_ME_ER策略的净值走势

在图14-7的主图部分中，黑色粗线代表的是RBS_ME_ER策略的历史净值走势，虚线代表的是B&H策略的历史净值走势，红色细线代表的是中证全债的单位价格走势，附图中的柱形图代表的是股票资产的仓位。RBS_ME_ER策略的历史净值走势很稳健，其年化标准差为13.63%，大幅低于B&H策略的26.48%，RBS_ME_ER策略的夏普比率高达1.45倍。在整个历史测试期范围内，RBS_ME_ER策略的净值基本处于稳定上涨的状态。RBS_ME_ER策略的最大回撤发生在2018年6月至2018年12月期间。

与基于动量指标的指数轮动策略不同，基于均线能量的RBS_ME_ER策略在2013年至2014年熊市中后期也有着不同于B&H策略的表现；此外，在2019年初至2020年9月的上涨行情中，RBS_ME_ER策略甚至还略微优于B&H策略，而基于动量指标的指数轮动策略在这两段时间内都存在捕捉最强指数信号闪烁的问题，导致在这段时间内的表现不佳。从这一点来看，均线能量是一种比动量更为有效的指数轮动指标，均线能量度量的趋势更为稳健。这一点从RBS_ME_

ER策略的交易频率也可以看得出。RBS_ME_ER策略在测试期内的总交易次数为263次，而基于估值的股债平衡与指数轮动策略(RBS_ER策略)的总交易次数高达377次。RBS_ME_ER策略的交易周期为7.2天，也即平均7.2个交易日交易一次，大约一周半，这对手动交易的投资者来说也是一个比较舒服的交易频率。

得益于均线能量指标的优异表现，基于估值的股债平衡与指数轮动策略（RBS_ME_ER策略）的年化收益可以达到19.76%，收益风险比达到了0.86，夏普比率更是高达1.45。总的来说，这已经是一个比较优秀的业绩表现了。

14.5 风险暴露平价与均线能量轮动

考虑到基于风险暴露平价的股债平衡策略普遍有着优于基于估值的股债平衡策略的表现，我们接下来用风险暴露平价来决定股票资产仓位，且股票资产部分配置基于均线能量的指数轮动策略，我们称为基于风险暴露平价与均线能量的股债平衡与指数轮动策略，记为RBS_ME_REP策略。

下面我们以量化回测方法对RBS_ME_REP策略的历史业绩及交易特征进行详细分析。

1. 交易标的

对于股票类资产，我们选择了8只股票指数进入轮动标的指数池，其中包括3只规模指数和5只行业指数。规模指数包括沪深300、中证500和创业板指，行业指数包括证券公司、全指信息、中证传媒、中证消费和300医药。

对于债券类资产，我们选择中证全债指数（代码：H11001.CSI）作为其在量化回测过程中的代理变量。

上述股票指数和债券指数详情见表14-9。

表14-9　RBS_ME_REP策略标的股票指数列表

资　产	编　号	指数代码	指数名称	基　期	ETF 代码	ETF 名称	类　型
股票	1	000300.SH	沪深 300	2004–12–31	510300.SH	300ETF	规模指数
	2	399905.SZ	中证 500	2004–12–31	510500.SH	500ETF	规模指数
	3	399006.SZ	创业板指	2010–05–31	159915.SZ	创业板	规模指数
	4	399975.CSI	证券公司	2007–06–29	512880.SH	证券 ETF	周期 / 非银
	5	000993.SH	全指信息	2004–12–31	159939.SZ	信息技术	周期 / 信息技术
	6	399971.SZ	中证传媒	2010–12–31	512980.SH	传媒 ETF	周期 / 传媒娱乐
	7	399932.SZ	中证消费	2004–12–31	159928.SZ	消费 ETF	防御 / 消费
	8	399913.SZ	300 医药	2004–12–31	512010.SH	医药 ETF	防御 / 医药
债券	1	H11001.CSI	中证全债	2002–12–31	–	–	债券

2. 测试时间

2013年1月1日—2020年9月30日。

3. 交易逻辑

（1）股债平衡模块

第t期的目标股票仓位=总资产（第t–1期）×目标股票仓位（第t–1期）×波动率（第t–1期）/[总资产（第t期）×波动率(第t期)]

其中，波动率以标准差来度量，且上述公式中的波动率为指数池中所有股票指数的波动率的平均值。当股票资产的实际仓位与目标仓位之差超过阈值（默认取10%）时，触发再平衡调仓，使股票的实际仓位重新回到目标仓位。初期目标股票仓位=1–（市盈率分位数+市净率分位数）/2。这里的分位数是指数池中所有股票指数的分位数的平均值，根据最近5年的数据计算。

（2）指数轮动模块

买入并持有指数池中均线能量排名前两位且均线能量大于0的指数。当持仓指数的均线能量排名掉落到第三名之后或者均线能量不大于0时卖出，并买入新的符合前述买入条件的指数。如果所有指数都不符合买入条件，则空仓，即不持有任何指数。指数轮动模块调仓时，同时触发股债平衡模块的再平衡调仓。

4. 参数设置

本策略只含有两个参数，即计算均线能量所使用的均线的周期参数N和计算标准差时所采用的历史数据长度L，默认$N=20$、$L=30$。

5. 测试结果

表14-10　RBS_ME_REP策略的业绩表现

策略名称	年化收益	最大回撤	收益风险比	标准差（年化）	夏普比率	年化交易成本	总交易次数	交易周期	平均股票仓位
B&H	13.69%	61.33%	0.22	26.48%	0.52	0.00%	0	—	100.0%
中证全债	4.50%	4.28%	1.05	1.33%	3.38	0.00%	0	—	0.0%
RBS_ME_REP	23.47%	15.47%	1.52	15.00%	1.56	2.77%	272	6.9	50.4%

注：B&H策略为买入并持有策略的指数等权组合。

基于风险暴露平价与均线能量的股债平衡与指数轮动策略（RBS_ME_REP策略）在测试期内的历史年化收益为23.47%，且最大回撤仅为15.47%，收益风险比达到了1.52倍，超过了合格策略的平均标准1.0。可以说，这是一个非常优秀的策略表现。策略的收益水平足够令人满意，特别是对稳健型投资者来说，且风险不高，从而性价比很高。此外，RBS_ME_REP策略的交易频率也在一个很合适的位置，平均7.9日交易一次。

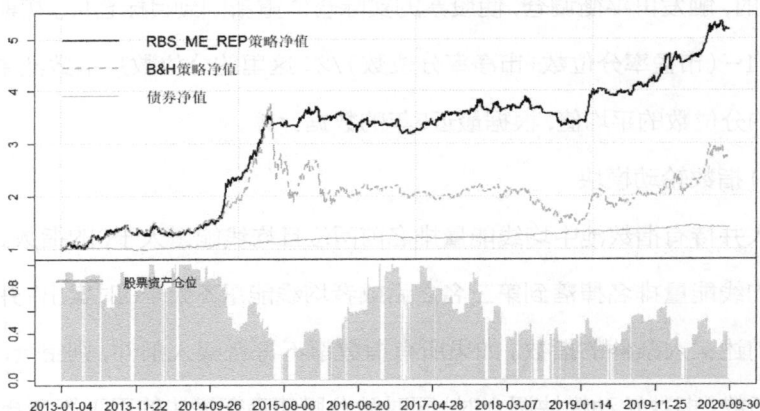

图14-8　RBS_ME_REP策略的净值走势

在图14-8的主图部分中，黑色粗线代表的是RBS_ME_REP策略的历史净值走势, 虚线代表的是B&H策略的历史净值走势, 红色细线代表的是中证全债的单位价格走势, 附图中的柱形图代表的是股票资产的仓位。

从历史净值走势来看, RBS_ME_REP策略的盈利能力和风险控制能力都很强, 在牛市中依靠基于均线能量的轮动模块, 有着不差于B&H策略的表现, 而在熊市中又能在很大程度上控制住资产回撤, 所以它的净值曲线走势很稳健, 在整个测试区间基本处于稳定上涨的状态, 偶有回撤也普遍幅度不大, 历史最大回撤发生在2014年2月至2014年4月期间。

RBS_ME_REP策略有着非常优秀的业绩表现, 完全符合我们对优秀策略的评价标准, 达到了可以投入实盘运行的级别。

14.6　波动率分位数与均线能量轮动

我们再考虑用波动率分位数来决定股票资产仓位, 且股票资产部分配置基于均线能量的指数轮动策略, 我们称为基于波动率分位数与均线能量的股债平衡与指数轮动策略, 记为RBS_ME_VR策略。

下面我们以量化回测方法对RBS_ME_VR策略的历史业绩及交易特征进行详细分析。

1. 交易标的

对于股票类资产, 我们选择了8只股票指数进入轮动标的指数池, 其中包括3只规模指数和5只行业指数。规模指数包括沪深300、中证500和创业板指, 行业指数包括证券公司、全指信息、中证传媒、中证消费和300医药。

对于债券类资产, 我们选择中证全债指数 (代码: H11001.CSI) 作为其在量化回测过程中的代理变量。

上述股票指数和债券指数详情见表14-11。

表14-11　RBS_ME_VR策略标的股票指数列表

资　产	编　号	指数代码	指数名称	基　　期	ETF代码	ETF名称	类　　型
股票	1	000300.SH	沪深300	2004-12-31	510300.SH	300ETF	规模指数
	2	399905.SZ	中证500	2004-12-31	510500.SH	500ETF	规模指数
	3	399006.SZ	创业板指	2010-05-31	159915.SZ	创业板	规模指数
	4	399975.CSI	证券公司	2007-06-29	512880.SH	证券ETF	周期/非银
	5	000993.SH	全指信息	2004-12-31	159939.SZ	信息技术	周期/信息技术
	6	399971.SZ	中证传媒	2010-12-31	512980.SH	传媒ETF	周期/传媒娱乐
	7	399932.SZ	中证消费	2004-12-31	159928.SZ	消费ETF	防御/消费
	8	399913.SZ	300医药	2004-12-31	512010.SH	医药ETF	防御/医药
债券	1	H11001.CSI	中证全债	2002-12-31	－	－	债券

2. 测试时间

2013年1月1日—2020年9月30日。

3. 交易逻辑

（1）股债平衡模块

股票资产的目标仓位=1−波动率分位数。

其中，波动率以标准差来度量，且这里的波动率分位数为指数池中所有股票指数的波动率分位数的平均值。分位数根据最近5年的数据计算。

当股票资产的实际仓位与目标仓位之差超过阈值（默认取10%）时，触发再平衡调仓，使股票的实际仓位重新回到目标仓位。

（2）指数轮动模块

买入并持有指数池中均线能量排名前两位且均线能量大于0的指数。当持仓指数的均线能量排名掉落到第三名之后或者均线能量不大于0时卖出，并买入新的符合前述买入条件的指数。如果所有指数都不符合买入条件，则空仓，即不持有任何指数。指数轮动模块调仓时，同时触发股债平衡模块的再平衡调仓。

4. 参数设置

本策略只含有两个参数，即计算均线能量所使用的均线的周期参数N和计算标准差时所采用的历史数据长度L，默认$N=20$、$L=30$。

5. 测试结果

表14-12　RBS_ME_VR策略的业绩表现

策略名称	年化收益	最大回撤	收益风险比	标准差（年化）	夏普比率	年化交易成本	总交易次数	交易周期	平均股票仓位
B&H	13.69%	61.33%	0.22	26.48%	0.52	0.00%	0	–	100.0%
中证全债	4.50%	4.28%	1.05	1.33%	3.38	0.00%	0	–	0.0%
RBS_ME_VR	19.00%	13.39%	1.42	12.36%	1.54	2.08%	295	6.4	44.9%

注：B&H策略为买入并持有策略的指数等权组合。

基于波动率与均线能量的股债平衡与指数轮动策略（RBS_ME_VR策略）在测试期内的历史年化收益为19.00%，最大回撤仅为13.39%，收益风险比达到了1.42倍，超过了合格策略的平均标准1.0。策略整体表现非常稳健，其年化标准差也仅为12.36%，夏普比率达到了1.54倍。这也是一个很优秀的策略表现，策略的收益水平对稳健型投资者来说已经足够，投资风险很低，投资性价比很高。

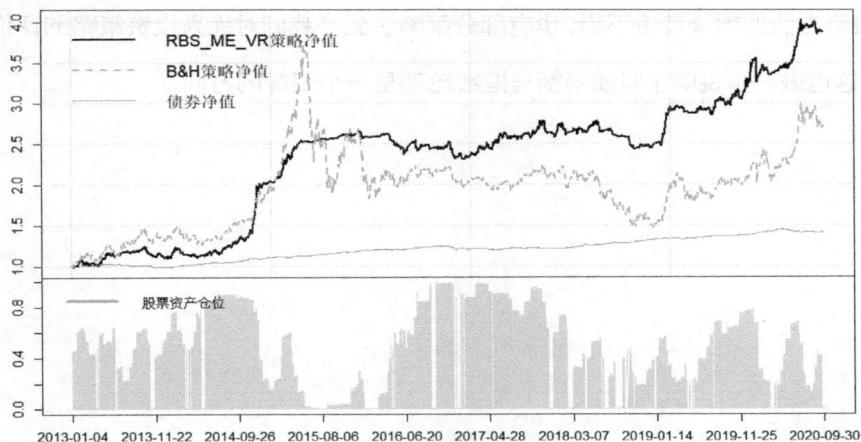

图14-9　RBS_ME_VR策略的净值走势

在图14-9的主图部分中，黑色粗线代表的是RBS_ME_VR策略的历史净值走势，虚线代表的是B&H策略的历史净值走势，红色细线代表的是中证全债的单位价格走势，附图中的柱形图代表的是股票资产的仓位。

从历史净值走势来看，RBS_ME_VR策略在2013年至2014年初的熊市中后期表现小幅差于B&H策略，虽然基于均线能量的轮动模块在牛市中有着出色的表现，但是策略在2015年的牛市中期时股票仓位降得太快，导致总资产收益在牛市中后期大幅跑输B&H策略。之后，依靠低股票仓位，策略平稳度过了熊市初中期，在2018年的熊市中策略也有着很小的回撤。RBS_ME_VR策略第二波主要收益来源于2019年初开始的上涨行情。在这一期间，RBS_ME_VR策略的收益表现还略微优于B&H策略。

总的来说，RBS_ME_VR策略也是一个优秀的投资策略，收益虽然不算很高，但是风险控制得很好。综合下来，收益风险比达到1.42，夏普比率也达到1.54，符合我们对优秀策略的评价标准，达到可以投入实盘运行的级别。

股债平衡模块控制风险，指数轮动模块追求收益，这是股债平衡策略与指数轮动策略的核心逻辑，并且资产回落程度控制得好，也能提高使用策略的最终收益水平。在本章中，我们讨论了一系列股债平衡策略与指数轮动的策略方法。这些策略方法的效果普遍不错，也有部分策略达到了我们对优秀投资策略的评价标准。这也进一步说明了股债平衡与指数轮动是一个很好的方向。

第 15 章

网格定投策略

————◦◦◦————

作为广为流行的两种投资策略，普通定投策略和网格交易策略都有各自的功能价值，但也都存在比较突出的缺陷。如果单独使用它们，很难有令人满意的业绩表现。我们发现，这两个策略的优缺点恰好是互补的，如果我们取其精华，将它们有机地结合起来，则可以得到一个更有价值的投资策略，即网格定投策略。

顾名思义，网格定投策略同时兼具了定投策略和网格策略的性质，在股价下跌过程中，我们会挑选"摊薄买入成本"效果的最好的股票指数，以及潜在下跌空间最小的股票指数，一份一份地逐步加仓买入；在股价上涨过程中，我们又会挑选上涨空间最小的指数，一份一份地逐步止盈。

看上去就像网格交易策略那样一份一份地低买高卖，但是我们网格交易的对象是多种股票指数，并且不同股票指数以及同一股票指数在不同时点的网格大小不是直接主观设置的，而是我们根据市场情况计算而得来的。

而且我们用来加仓买入的资金来源是像定投资金那样，来自未来现金流，而不是已经拥有的一笔资金。对网格交易策略而言，资金利用效率较低是一个普遍存在的问题，但是如果用于网格买入的资金来自未来现金流，那么这个问题的影响就会大减。

总的来说，网格定投策略既拥有定投"摊薄买入成本"和"未来现金流投入"的特点，又拥有网格交易策略分层买入和分层止盈退出的特点，且网格定投策略的交易标的是多只股票指数，每次买入时择优选择最合适的股票指数，持仓股票指数中有任意一只触发了止盈退出条件就卖出，又用卖出的回款重新买入当下最合适的股票指数。如果都不合适，则买入债券基金。

下面我们分三步来详细介绍网格定投策略的使用步骤。这里假设我们每月有1万元的现金流可供定期投入，且将每期资金分成两份，每份5000元，每份资金可购买一只股票指数基金。

15.1 第一步：构建初始资产组合

虽然网格定投策略的投入本金主要来源于未来现金流，但是我们可以初期先投入几份资金。这样做有两个好处：一是可以配置一个初始资产组合，后续现金流到来之后可以用来加仓初始资产组合中最合适的标的；二是可以避免初期时股市就直接进入上涨趋势行情而导致严重踏空。至于初期时投入多少份资金，可以根据自身可用资金量大小和市场所在位置的高低来判断。

网格定投策略的资产组合主要包括股票指数基金和债券基金。其中，股票指数基金以A股为主，美股等其他境外市场为辅；债券基金主要起防御作用，即当股票指数基金缺乏足够的投资价值时，先将部分资金配置在债券基金上，以待日后调仓使用。也就是说，在网格定投策略中可作为网格分层买入的资金不仅有未来现金流，卖出现有持仓中的债券基金的回款。

股票类资产分为A股和境外股票市场两大类，A股资产包含大盘指数基金、中小盘指数基金、行业指数基金，以及主题、策略等其他类指数基金。A股资产是我们的主要投资对象。境外股票市场资产主要是美股的指数基金，其他还有诸如德国、日本等市场的指数基金也可考虑。初始资产组合的配置既可以根据基本面逻辑和估值来挑选长期走势好看的指数，这样的指数长期持有的收益高，也可以持有潜在下跌空间较小的、波动性高的指数，这样的指数适合按照网格计划来低买高卖。

债券类资产包括货币基金、纯债基金和混合债基。

假设在初期时投入3万元，共计6份资金，并采用如表15-1所示的资产组合配置：

表15-1　网格定投策略初始资产组合配置

资产配置		证券代码	证券名称	最新价	持仓数量	市　　值	仓位占比
股票	A 股 大盘	510050.SH	300ETF	3.901	1300	5071	16.9%
	中小盘	510050.SH	500ETF	5.822	800	4658	15.5%
	中小盘	159915.SZ	创业板	1.961	2500	4903	16.3%
	行业	512880.SH	证券 ETF	0.938	5400	5065	16.9%
	主题	159905.SZ	深红利	1.897	2600	4932	16.4%
股票	境外股市 港股	159920.SZ	恒生 ETF	1.509	3300	4980	16.6%
	美股	–	–	–	–	–	–
	其他	–	–	–	–	–	–
债券	债券基金	–	–	–	–	–	–
	货币基金	–	–	–	–	–	–
	现金	–	–	–	–	–	–
合计						30000	100.0%

表15-1中各ETF对应的股票指数见表15-2。

表15-2　网格定投策略标的股票指数列表

编　号	指数代码	指数名称	基　期	ETF代码	ETF名称	类　型
1	000300.SH	沪深300	2004-12-31	510300.SH	300ETF	大盘
2	399905.SZ	中证500	2004-12-31	510500.SH	500ETF	中小盘
3	399006.SZ	创业板指	2010-05-31	159915.SZ	创业板	中小盘
4	399975.CSI	证券公司	2007-06-29	512880.SH	证券ETF	行业
5	399324.SZ	深证红利	2002-12-31	159905.SZ	深红利	主题
6	HSI.HI	恒生指数	1964-7-31	159920.SZ	恒生ETF	港股

15.2　第二步：定投买入

在每期定投资金到账时，我们或者买入还未持仓但后市走势开始被看好的指数基金，或者加仓已持仓的指数基金，至于加仓哪些指数基金，主要基于两个指标：边际成本降率和潜在下跌空间。

1. 加仓指标一：边际成本降率最高

在前面的章节里我们说过，把普通定投拆开来理解，就是"定期定额投入本

363

金"到"买入持有策略"，即"定投=定期定额投入本金+买入持有策略"。

"定期投入本金"意味着有定期的未来现金流可以使用，这是定投的核心价值所在。它带来了定投最有价值的一个功能，即在股价下跌的过程中，有潜在的未来现金流可以用来买入更低价格的基金，从而摊薄买入成本。只要有"摊薄买入成本"这个功能在，我们是不怕所持有的基金价格下跌的，甚至反而希望基金价格下跌，因为这样可以以更低的成本买入更多的基金份额。

但是随着定投期数的增加，这个功能会逐渐弱化，直至微乎其微。至于摊薄买入成本的作用有多大，我们可以用边际成本降率来度量。因此，我们在每期进行定投时，就应该把资金用到摊薄成本效果最好的指数基金上去，也即加仓成本边际降率最高的指数。

所谓边际成本降率，是指对已持有基金加仓单位资金后，基金持仓成本所获得的下降比例。边际成本降率的计算公式如下：

边际成本降率=加仓后的持仓成本价/加仓前的持仓成本价-1

$$=\frac{最新市值+单位金额}{持仓数量+单位金额/最新价}/加仓前的持仓成本价-1$$

边际成本降率默认为负值，当边际成本降率为正时，说明此时基金的最新市场价高于持仓成本价，此时加仓不能使持仓成本下降，反而会升高。

下面我们举例进行说明，具体见表15-3。

表15-3　边际成本降率计算

策略名称	加仓前			最新价	单位加仓金额	加仓后			
	持仓数量	持仓总成本	持仓成本价			持仓数量	持仓总成本	持仓成本价	成本下降幅度
基金A	1000	1000	1.000	0.900	1000	2111.1	2000	0.947	-5.26%
基金B	5000	5000	1.000	0.800	1000	6250	6000	0.960	-4.00%

在表15-3中我们假设有基金A，加仓前的持仓数量为1000份，持仓成本价为1.0元，假如我们按最新的市场价格0.9元加仓买入单位资金的基金A，则可以使

基金A的持仓成本从1.0元下降到0.947元，成本下降幅度为-5.26%，也即基金A的边际成本降率为-5.26%。

对于基金B，加仓前的持仓数量为5000份，持仓成本价为1.0元，假如我们按最新的市场价格0.8元加仓买入单位资金的基金B，则可以使基金B的持仓成本从1.0元下降到0.960元，成本下降幅度为-4.00%，也即基金B的边际成本降率为-4.00%。

虽然基金B的最新价相较于成本价下跌了20%，远高于基金A的10%，但基金A的边际成本降率大于基金B。此时，按照摊薄买入成本的逻辑，我们应该优先加仓基金A。

2. 加仓参考指标二：潜在下跌空间最小

在持续下跌行情中，通过不断地定投可以摊薄买入成本，这是定投的核心优点，但同时也会带来一个严重的后果：持续地买入会使风险资产越积越多，如果该资产价格一直下跌，会使投资者被越套越深，虽然持仓资产的亏损比例越来越小，但持仓资产的亏损金额却越来越大。

举个例子，假如在2015年创业板指数4000点时开始定投它，那么在接下来最低跌到1200点的长达4年的熊市行情中，虽然持有成本在下降，但亏损金额却越来越大，并且看不到扭亏为盈的希望。之所以会这样，是因为4000点的创业板指潜在下跌空间太大了，在这种情况下还去持续加仓买入，只能是一场灾难。

因此，我们在选择定投买入的标的指数时，应该尽可能地挑选潜在下跌空间比较小的指数，即通过测算出的潜在下跌空间来决定加仓的时机。

在实际投资中，我们可以考虑根据支撑位来计算潜在下跌空间。举例说明，图15-1所示为沪深300指数在2018年6月至2019年12月的K线走势图，沪深300指数的最新价约为4000点，沪深300指数往下的第一支撑位为3600点，潜在下跌空间为10%。这一支撑位是沪深300指数在2019年3月至2019年8月所形成的震荡区间底部。从技术分析的角度来讲，股价在这个位置上是会受到支撑的，当股价跌到这个位置时会有较高的概率止跌反弹。因此，当沪深300指数价格跌到3600点时，我们可以考虑买入一份，这里即为在沪深300指数的第一层网格买入。类似的，当沪深300指数跌到3000点，也即第二重底部时，我们可以再买入一份，即在沪深300指数的第二层网格买入。需要说明的是，这里所说的底部并非百分之百牢不可破的，只是价格在此处大概率会触底反弹，在这个位置买入是有胜算的。

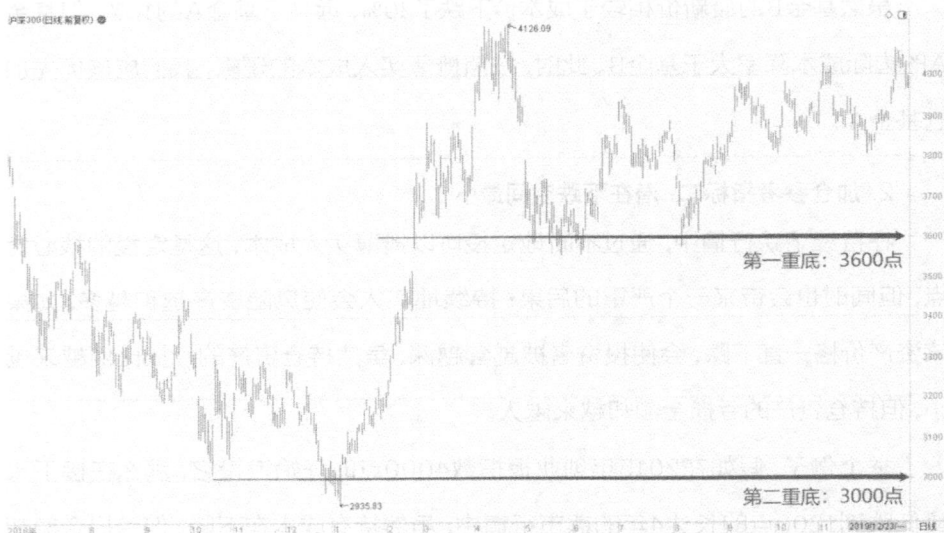

图15-1　沪深300指数的支撑位

其他股票指数的底部测算方法与沪深300指数类似。这里还有一个问题，就是2019年12月的3000点和2018年12月的3000点的投资价值是不一样的，因为股票指数背后的上市公司每年都在创造利润，股票指数按理来说应该有一个自然增长，所以2019年12月的3000点是比2018年12月的3000点更便宜的，时间间隔越久，这个差距就越大。因此，我们在测试时间较为久远的底部时，可以考虑股票指数的估值、盈利等因素，对底部的测试进行一定的修正。

在网格定投策略中，网格买入计划中价格是根据指数的支撑位而定的，在一定程度上捕捉了市场规律，而网格交易策略中的网格买入价格是根据固定比例而定的, 跟市场无关。显然, 前者的做法更为有效。

　　假设在某个时刻, 网格定投策略资产组合中各股票指数边际成本降率和底部测算结果见表15-4。

表15-4　持仓股票指数的边际成本降率与底部测算

资产类别		指数代码	指数名称	最 新 价	边际成本降率	底部测算			
						第一重底		第二重底	
						价格	潜在跌幅	价格	潜在跌幅
A 股	大盘	000016.SH	上证 50	3286.9	10.37%	2900	−11.8%	2550	−22.4%
	大盘	000300.SH	沪深 300	4681.1	6.86%	4000	−14.6%	3550	−24.2%
	中小盘	399905.SZ	中证 500	6358.0	13.87%	5600	−11.9%	4950	−22.1%
	行业	399986.SZ	中证银行	5967.8	0.40%	5800	−2.8%	5500	−7.8%
	行业	399975.CSI	证券公司	922.6	7.03%	750	−18.7%	670	−27.4%
	行业	h30165.CSI	房地产	5580.1	1.47%	5300	−5.0%	4950	−11.3%
	主题	399324.SZ	深证红利	11419.2	8.46%	9800	−14.2%	8500	−25.6%
境外股市	港股	HSCEI.HI	恒生国企	9617.9	−0.70%	9600	−0.2%	8550	−11.1%
	港股	HSI.HI	恒生指数	24119.1	−1.11%	23500	−2.6%	21500	−10.9%

　　在表15-4中, 边际成本降率最低的股票指数依次是恒生指数、恒生国企、中证银行, 指数价格离第一重底部最近的分别是恒生国企、恒生指数、中证银行, 因此本期现金流我们应该优先用于加仓这三只指数中的某只或多只。

15.3　第三步: 止盈卖出

　　与普通定投策略不含有卖出规则不同, 网格定投策略含有类似网格交易策略那样的主动止盈卖出规则。网格定投策略的止盈卖出逻辑和买入逻辑类似, 是通过测算出指数的顶部位置来提前主动止盈的, 对于无法测算顶部的品种, 则采用跟踪止盈策略。

　　在实际投资中, 我们可以以压力位作为指数价格的顶部。举例说明, 图15-2

所示为沪深300指数在2017年10月至2019年7月的K线走势图，沪深300指数的最新价约为3600点，沪深300指数往上的第一压力位为4100点，这一压力位是沪深300指数在2019年3月至2019年7月所形成的震荡区间顶部的位置。从技术分析的角度来讲，股价在这个位置上是会受到明显的阻力的，当股价涨到这个位置时，会有较高的概率见顶回落。因此，我们可以提前在4100点这个位置委托止盈卖出订单，即在沪深300指数的第一层网格止盈卖出。类似的，当沪深300指数上涨到4400点时会触及第二重顶部，我们可以再止盈一份，即在沪深300指数的第二层网格止盈卖出。这里所说的顶部也并非百分之百不会被突破，只是价格在此处大概率会见顶回落，在这个位置止盈卖出是一个很合适的做法。

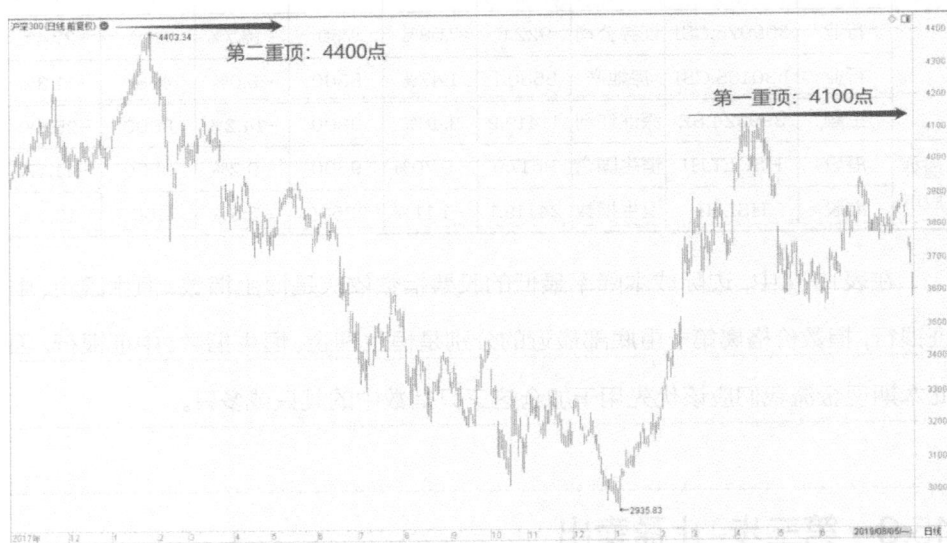

图15-2　沪深300指数的压力位

其他指数的顶部测算方法与沪深300指数类似，也同样可以将指数的估值和盈利因素纳入考虑，以期获得更准确的顶部测算。

在网格定投策略中，止盈价格的设置是根据指数的压力位而定的，在一定程度上捕捉了市场规律，而网格交易策略中的止盈是根据固定盈利比例而定的，跟市场无关。显然，网格定投策略的做法更为有效。假设在某个时刻，网格定投策略资产组合中各股票指数顶部测算结果见表15-5。

表15-5　持仓股票指数的顶部测算

资产类别		指数代码	指数名称	最新价	顶部测算			
					第一重顶		第二重顶	
					价格	潜在跌幅	价格	潜在跌幅
A股	大盘	000016.SH	上证50	2806.7	3150.0	12.2%	3475.0	23.8%
	大盘	000300.SH	沪深300	3867.0	4375.0	13.1%	4645.0	20.1%
	大盘	399330.SZ	深证100	4737.9	5100.0	7.6%	–	–
	中小盘	399905.SZ	中证500	5406.3	5850.0	8.2%	6600.0	22.1%
	中小盘	399006.SZ	创业板指	2086.7	2250.0	7.8%	–	–
	行业	399986.SZ	中证银行	5923.9	6400.0	8.0%	6950.0	17.3%
	行业	399975.CSI	证券公司	685.1	780.0	13.8%	980.0	43.0%
	主题	399324.SZ	深证红利	9355.6	10500.0	12.2%	–	–
境外股市	港股	HSCEI.HI	恒生国企	9561.0	11500.0	20.3%	12500.0	30.7%

表中"–"表示该指数向上已无压力位，启用跟踪止盈退出。网格定投策略在下跌行情中会依托所测算出的股票指数底部不断买入，积累份额，当股票指数反弹到顶部时，则开始按计划止盈，用止盈的回款先买入债券基金，为后续指数下跌留下加仓的资本。

如果遇到持续性上涨行情，股票部分会连续止盈，股票仓位自然是会越来越低。这时候，我们会逐渐加大剩余持仓份额的止盈难度，直至启用跟踪止盈。具体操作是，当股票仓位降至6成以下时，开始逐渐提高止盈难度，而当股票仓位降至3成以下时，开始启用跟踪止盈；只有当指数跌破关键均线（比如20日）时，才会卖出。

15.4　总结

网格定投策略在震荡行情中可以获得相对不错的业绩表现，在趋势市中也能获得一定的收益，虽然大概率跑不赢指数自身的涨幅，且网格定投策略由于有未来现金流可以在股价下跌的过程中不断买入摊薄成本。因此，它也有能力应对下跌行情。从本质上来说，网格定投策略是一个震荡性质的投资策略，但是它不像普通定投策略和网格交易策略那样有着明显的缺陷。它的策略逻辑比较完备且完善，具有成为一个优秀投资策略的潜质。

同时，网格定投策略也是一个半主观、半客观的投资策略，它的买入、卖出信号并非完全客观标准，部分需要由投资者主观决定。因此，网格定投策略的最终投资业绩究竟会如何，也在一定程度上因人而异。

读 者 意 见 反 馈 表

亲爱的读者：

感谢您对中国铁道出版社有限公司的支持，您的建议是我们不断改进工作的信息来源，您的需求是我们不断开拓创新的基础。为了更好地服务读者，出版更多的精品图书，希望您能在百忙之中抽出时间填写这份意见反馈表发给我们。随书纸制表格请在填好后剪下寄到：北京市西城区右安门西街8号中国铁道出版社有限公司大众出版中心 张亚慧收（邮编：100054）。或者采用传真（010-63549458）方式发送。此外，读者也可以直接通过电子邮件把意见反馈给我们，E-mail地址是：lampard@vip.163.com 。我们将选出意见中肯的热心读者，赠送本社的其他图书作为奖励。同时，我们将充分考虑您的意见和建议，并尽可能地给您满意的答复。谢谢！

所购书名：_____

个人资料：

姓名：_____ 性别：_____ 年龄：_____ 文化程度：_____

职业：_____ 电话：_____ E-mail：_____

通信地址：_____ 邮编：_____

您是如何得知本书的：

□书店宣传 □网络宣传 □展会促销 □出版社图书目录 □老师指定 □杂志、报纸等的介绍 □别人推荐
□其他（请指明）_____

您从何处得到本书的：

□书店 □邮购 □商场、超市等卖场 □图书销售的网站 □培训学校 □其他

影响您购买本书的因素（可多选）：

□内容实用 □价格合理 □装帧设计精美 □带多媒体教学光盘 □优惠促销 □书评广告 □出版社知名度
□作者名气 □工作、生活和学习的需要 □其他

您对本书封面设计的满意程度：

□很满意 □比较满意 □一般 □不满意 □改进建议

您对本书的总体满意程度：

从文字的角度 □很满意 □比较满意 □一般 □不满意
从技术的角度 □很满意 □比较满意 □一般 □不满意

您希望书中图的比例是多少：

□少量的图片辅以大量的文字 □图文比例相当 □大量的图片辅以少量的文字

您希望本书的定价是多少：

本书最令您满意的是：

1.

2.

您在使用本书时遇到哪些困难：

1.

2.

您希望本书在哪些方面进行改进：

1.

2.

您需要购买哪些方面的图书？对我社现有图书有什么好的建议？

您更喜欢阅读哪些类型和层次的书籍（可多选）？

□入门类 □精通类 □综合类 □问答类 □图解类 □查询手册类 □实例教程类

您在学习计算机的过程中有什么困难？

您的其他要求：